中国式
现代化道路
与
人类文明新形态

王立胜◎著

江西高校出版社
JIANGXI UNIVERSITIES AND COLLEGES PRESS

图书在版编目(CIP)数据

中国式现代化道路与人类文明新形态/王立胜著. --南昌:江西高校出版社,2022.6(2023.3 重印)
ISBN 978-7-5762-2852-6

Ⅰ.①中… Ⅱ.①王… Ⅲ.①中国特色—社会主义建设模式—研究 Ⅳ.①D616

中国版本图书馆 CIP 数据核字(2022)第 079551 号

出版发行	江西高校出版社
社　　址	江西省南昌市洪都北大道 96 号
总编室电话	(0791)88504319
销售电话	(0791)88511423
网　　址	www.juacp.com
印　　刷	江西千叶彩印有限公司
经　　销	全国新华书店
开　　本	700 mm×1000 mm 1/16
印　　张	26
字　　数	360 千字
版　　次	2022 年 6 月第 1 版
	2023 年 3 月第 3 次印刷
书　　号	ISBN 978-7-5762-2852-6
定　　价	78.00 元

赣版权登字-07-2022-560

编辑的话

本书是中国社会科学院哲学所党委书记、副所长王立胜研究员近年来对中国式现代化道路、人类文明新形态、“两个相结合”等具有标志性、创造性的重大新论断进行理论研究和阐释的原创理论著作。全书分上、下两编。上编共13章,主要围绕与中国式现代化道路有关的新论断新命题进行理论思考,内容包括对中国式现代化道路的现代性建构、中国式现代化道路与人类文明新形态的关系、党的百年经济探索历程与中国道路形成的内在逻辑等进行的哲学思考和对社会主义生产目的、新发展阶段、新发展理念、共同富裕、全面建成小康社会等进行的政治经济学思考;下编共9章,主要围绕与“两个相结合”有关的重大新论断进行理论思考,内容包括对马克思主义与中华优秀传统文化的融合、“两个相结合”与马克思主义中国化、中华文化和中国精神的时代精华、马克思主义中国化新的飞跃等进行的哲学思考,并在此基础上提出构建中华新文化的设想。

王立胜研究员是一位执着于理论追求的学者型领导,具有深厚的马克思主义理论功底和宽广的学术视野,始终深怀时代使命感,在繁忙的领导工作之余关注时代,勤奋思考,笔耕不辍。“中国式现代化道路”“人类文明新形态”等全新理论命题提出后,他即给予高度关注,及时开展学理化研究和阐释,形成了一批具有原创性的高水平理论成果,在构建和发展中国理论方面做出了应有的贡献。我们近年来一直致力于马克思主义哲学和政治经济学领域的学术著作出版,对有关的学术动态和出版情况进行了长期追踪。本书出版的缘起即是我们通过学习和研读王立胜研究员近年发表的有关成果,深感其具有很高的理论价值和时代意义,很有必要在这些成果基础上整理、扩展和深化为一部较为系统的学术专著,否则恐有遗珠之憾。萌生这一想法后,我们不揣冒昧地向王立胜研究员表达了构想并荣幸地得到了他的鼎力支持。经过近一年的构思、整理和编辑工作后,本书终于呈现给读者。

我们认为,本书的特色和贡献主要体现在以下三方面:一是聚焦最新重大新命题、新论断，及时进行理论研究和阐释，回应时代关切，对深化中国式现代化道路、人类文明新形态、“两个相结合”等重大论断的学理研究具有重要意义。二是通篇运用了大历史观进行理论阐释，在历史和现实的基础上进行辩证综合的理论思考，具有历史纵深感，实现了理论逻辑、历史逻辑和实践逻辑的统一，体现了理论阐释的科学性和生命力。三是在对“两个相结合”进行深入思考的基础上，提炼出了构建中华新文化这一具有原创性的学术概念，在建立具有中国特色、中国风格、中国气派的话语体系，为人类文明新形态实践提供理论支撑方面做出了有益探索。

特别值得一提的是，本书的序言不仅对全书的总体思路进行了整体性说明，还对中国式现代化道路和人类文明新形态之间的内在辩证关系做了概括性论述。这一研究目前在学界尚不多见，这为本书的理论价值添上了厚重的一笔。

2022 年 5 月 27 日，习近平总书记在主持中共中央政治局第三十九次集体学习时发表的重要讲话中指出：“要讲清楚中国是什么样的文明和什么样的国家，讲清楚中国人的宇宙观、天下观、社会观、道德观，展现中华文明的悠久历史和人文底蕴，促使世界读懂中国、读懂中国人民、读懂中国共产党、读懂中华民族。”我们期盼本书能在“讲清楚中国”方面尽一份绵薄之力。

在编辑过程中，王立胜研究员对理论事业的执着追求、学问人品令我们景仰和感动，也激励着我们做好出版工作，在此对王立胜研究员的帮助和支持专致谢意。本书在出版过程中先后得到了中央党校原校委委员、副教育长兼科研部主任韩庆祥教授，中国新闻出版研究院前院长、现任中国编辑学会会长郝振省研究员的具体指导，他们的宝贵建议为本书进一步增色添彩。此外，省内有关专家也对本书给予了大力关心和指导，在此一并致谢。专家和学者们的无私帮助和鼓励是我们做好学术出版的不竭动力。

本书于 2022 年 6 月出版，10 月重印。此次重印，王立胜研究员根据党的二十大精神对书稿做了适当修改，在此对王立胜研究员再次致谢。

本书编辑

2022 年 10 月

序

党的十九届六中全会审议通过的《中共中央关于党的百年奋斗重大成就和历史经验的决议》指出:“党领导人民成功走出中国式现代化道路,创造了人类文明新形态,拓展了发展中国家走向现代化的途径,给世界上那些既希望加快发展又希望保持自身独立性的国家和民族提供了全新选择。”①党的二十大报告强调:“中国式现代化的本质要求是:坚持中国共产党领导,坚持中国特色社会主义,实现高质量发展,发展全过程人民民主,丰富人民精神世界,实现全体人民共同富裕,促进人与自然和谐共生,推动构建人类命运共同体,创造人类文明新形态。”②这是作为执政党的中国共产党立足于中华民族伟大复兴的战略全局和世界百年未有之大变局的时代高度对自身百年来领导中国革命、建设和改革历史经验的规律性总结,这个结论反映了中国共产党对自身历史和世界历史规律的科学把握和历史自觉,正是这种历史自觉奠定了中国共产党和中国人民对中国道路和中华文明历史自信和文化自信的认识论基础。这种基于中国国情的特殊性所探索的反映中国现代性的中国式现代化道路对于中国的发展自然具有重要的实践意义和理论价值,同时作为在全球化整体性规约背景下所开拓的特殊道路正是由于它被全球化的整体性所规制因而也必然具有全球意义。我们不能忘记马克思主义哲学的一个基本的原理:普遍性存在于特殊性之中。在实践过程中,只有具体的普遍性,没有抽象的普遍性,当抽象的普遍进入实践的时候,普遍的即刻就成为特殊的。“中国式现代化道路”和“人类文明新形态”是全新的理论命题,甫一提出就引起学术界和理论界的高度关注,笔者也不例外,在学习和研究习近平总书记《在庆祝中国共产党成立100周年大会上的讲话》和《中共中央关于党

① 《中共中央关于党的百年奋斗重大成就和历史经验的决议》,《人民日报》2021年11月17日第1版。

② 习近平:《高举中国特色社会主义伟大旗帜 为全面建设社会主义现代化国家而团结奋斗——在中国共产党第二十次全国代表大会上的报告》,人民出版社2022年版,第23—24页。

的百年奋斗重大成就和历史经验的决议》的过程中逐渐形成了自己的一些认识和体会。这些认识和体会就构成了本书的主要内容。这些内容分上下两编,共22章分22个专题展开阐释和研究。其中,上编是中国式现代化道路的思考,下编是“两个相结合”的思考。之所以这样安排,主要是基于中国式现代化道路、人类文明新形态、“两个相结合”等重大论断之间具有内在逻辑关系,“两个相结合”是开辟中国式现代化道路、创造人类文明新形态的有效路径,只有将三者融合在一起研究才能更好地讲清楚问题。因此,上编侧重于从中国式现代化道路看人类文明新形态,下编侧重于对“两个相结合”的路径机理进行思考。

由于本书的具体内容是分专题展开的,各个专题之间就难免缺乏严密的逻辑性和思维的连贯性,尤其没有从整体上对中国式现代化道路和人类文明新形态进行专题性研究,所以,笔者打算在这里对这个问题先做些概括性的说明,尤其是对中国式现代化道路与人类文明新形态的关系予以初步研究。

一、中国式现代化道路是中国共产党立足于中国国情独立探索出的现代化实践新路径

党的十九大报告明确提出:“中国共产党人的初心和使命,就是为中国人民谋幸福,为中华民族谋复兴。这个初心和使命是激励中国共产党人不断前进的根本动力。”①党的二十大报告强调:“从现在起,中国共产党的中心任务就是团结带领全国各族人民全面建成社会主义现代化强国、实现第二个百年奋斗目标,以中国式现代化全面推进中华民族伟大复兴。”②说明实现社会主义现代化正是为人民谋幸福、为民族谋复兴的题中应有之义,中国共产党自成立以来,坚持把马克思主义基本原理同中国具体实际相结合、同中华优秀

① 习近平:《决胜全面建成小康社会 夺取新时代中国特色社会主义伟大胜利——在中国共产党第十九次全国代表大会上的报告》,《求是》2017年第21期。

② 习近平:《高举中国特色社会主义伟大旗帜 为全面建设社会主义现代化国家而团结奋斗——在中国共产党第二十次全国代表大会上的报告》,人民出版社2022年版,第21页。

传统文化相结合,在实践中开辟了中国式现代化新道路,取得了社会主义中国现代化建设的伟大成就。

(一)中国共产党人探索中国式现代化的历史进程

新中国成立后,中国共产党人在旧中国一穷二白、百废待兴的基础上,开始探索"建设一个什么样的社会主义现代化国家、怎样建设社会主义现代化国家"的重大课题。早在新中国成立初期,毛泽东同志就提出建设一个伟大的社会主义国家的目标,他说:"我国人民应当努力工作,努力学习苏联和各兄弟国家的先进经验,老老实实,勤勤恳恳,互勉互助,力戒任何的虚夸和骄傲,准备在几个五年计划之内,将我们现在这样一个经济上文化上落后的国家,建设成为一个工业化的具有高度现代文化程度的伟大的国家。"①在此目标指导下,我们在 1964 年底召开的第三届全国人大第一次会议上正式确立了"四个现代化"的任务:"就是要在不太长的历史时期内,把我国建设成为一个具有现代农业、现代工业、现代国防和现代科学技术的社会主义强国,赶上和超过世界先进水平。"②

改革开放后,面对我们经历的社会主义建设时期的曲折历程,党中央再一次坚定了建设社会主义现代化国家的目标,并把这一现代化目标概括为"小康社会"。1979 年 12 月,邓小平在会见日本首相大平正芳时说:"我们的四个现代化的概念,不是像你们那样的现代化的概念,而是'小康之家'。"③ 1984 年 3 月,邓小平在会见日本首相中曾根康弘时说:"翻两番,国民生产总值人均达到八百美元,就是到本世纪末在中国建立一个小康社会。这个小康社会,叫做中国式的现代化。翻两番、小康社会、中国式的现代化,这些都是我们的新概念。"④在此背景下,党的十三大正式提出了"三步走"的战略目标,即第一步到二十世纪八十年代末解决人民温饱问题;第二步到二十世纪末使

---

① 中共中央文献研究室编:《毛泽东文集》第六卷,人民出版社 1999 年版,第 350 页。
② 周恩来:《政府工作报告》,《建国以来重要文献选编》第 19 册,中央文献出版社 1998 年版,第 483 页。
③ 邓小平:《邓小平文选》第二卷,人民出版社 1994 年版,第 237 页。
④ 邓小平:《邓小平文选》第三卷,人民出版社 1993 年版,第 54 页。

人民生活达到小康水平;第三步到二十一世纪中叶基本实现现代化,达到中等发达国家水平。在此后的中国现代化建设实践中,党的十三届四中全会以后,以江泽民同志为主要代表的中国共产党人;党的十六大以后,以胡锦涛同志为主要代表的中国共产党人,团结带领全国各族人民,把中国现代化事业不断推向前进,中国大踏步赶上了时代。

中国特色社会主义进入新时代,以习近平同志为核心的党中央,带领全国各族人民决胜全面建成小康社会,并着眼于“两个一百年”奋斗目标的历史交汇期,做出了分两步走全面建成社会主义现代化强国的总的战略安排:从二〇二〇年到二〇三五年基本实现社会主义现代化;从二〇三五年到本世纪中叶把我国建成富强民主文明和谐美丽的社会主义现代化强国。① 如今,第一个百年奋斗目标已经实现,我们正在向着第二个百年奋斗目标的新征程胜利进军。

(二)中国式现代化道路的新特征

中国式现代化是马克思主义基本原理同中国具体实际相结合、同中华优秀传统文化相结合的产物。习近平总书记强调:“当代中国的伟大社会变革,不是简单延续我国历史文化的母版,不是简单套用马克思主义经典作家设想的模板,不是其他国家社会主义实践的再版,也不是国外现代化发展的翻版。社会主义并没有定于一尊、一成不变的套路,只有把科学社会主义基本原则同本国具体实际、历史文化传统、时代要求紧密结合起来,在实践中不断探索总结,才能把蓝图变为美好现实。”②中国式现代化道路不是从马克思主义的本本中抄来的,也不是从西方既有文明模式借来的,而是立足自身实际探索出来的。一方面,中国式现代化道路坚持了科学社会主义的基本原则,同时又结合了中国的具体实际,不断丰富着马克思主义的社会发展理论,开辟了马克思主义在21世纪的新境界。另一方面,这一道路又吸收了中华传统文化

① 习近平:《高举中国特色社会主义伟大旗帜 为全面建设社会主义现代化国家而团结奋斗——在中国共产党第二十次全国代表大会上的报告》,人民出版社2022年版,第24页。

② 习近平:《习近平谈治国理政》第三卷,外文出版社2020年版,第76页。

中的优秀精华，赋予了传统儒家思想新的内涵和时代意义，彰显了中华文化的独特魅力与智慧。党的二十大报告指出：中国式现代化，是中国共产党领导的社会主义现代化，既有各国现代化的共同特征，更有基于自己国情的中国特色。中国式现代化是人口规模巨大的现代化，是全体人民共同富裕的现代化，是物质文明和精神文明相协调的现代化，是人与自然和谐共生的现代化，是走和平发展道路的现代化。① 这五个方面都是中国式现代化的特征，但是，笔者认为，以下两个方面具有本质性。

坚持以人民为中心是中国式现代化道路的根本特征。人民性是马克思主义的鲜明特征，马克思主义揭示出一个最深刻道理，就是人民是社会历史的主体和创造者。同样，中华传统文化中也存在着“以人为本”“民贵君轻”的民本思想，注重突出人的价值。中国式现代化道路继承了马克思主义理论的人民性和中华传统文化中的民本思想，坚持以人民为中心的价值立场和价值理想，切实做到发展为了人民、发展依靠人民、发展成果由人民共享，在广大人民群众的现实实践中创造着中国式现代化的新成就。

实现全体人民共同富裕是中国式现代化道路的本质要求和重要特征。正如习近平总书记所指出的那样：“共同富裕是社会主义的本质要求，是中国式现代化的重要特征。”②党的二十大报告亦把实现全体人民共同富裕作为中国式现代化的本质要求之一。在马克思主义看来，未来的共产主义社会将彻底消除阶级之间、城乡之间、脑力劳动与体力劳动之间的差别和对立，将真正达成“生产将以所有的人富裕为目的”③。同样，中华传统文化中也长期存在着“不患寡而患不均”的社会理想，追求社会平等和正义。中国式现代化道路充分继承和吸收了这些理念，不断追求共同富裕，努力让发展成果更多更公平惠及全体人民，不断促进人的全面发展，充分彰显了社会主义制度的巨大优越性。

---

① 习近平：《高举中国特色社会主义伟大旗帜 为全面建设社会主义现代化国家而团结奋斗——在中国共产党第二十次全国代表大会上的报告》，人民出版社 2022 年版，第 22—23 页。

② 习近平：《扎实推动共同富裕》，《求是》2021 年第 20 期。

③ 中共中央马克思恩格斯列宁斯大林著作编译局编译：《马克思恩格斯全集》第四十六卷下册，人民出版社 1979 年版，第 222 页。

二、人类文明新形态打破了西方中心论的"神话"

在过去一段时间,西方社会凭借其长期以来积累的强大政治经济文化实力,在全世界范围内推广其自由民主的意识形态和以资本逻辑为主导的工业现代化道路,极力强调西方中心论调,宣传西方文明形态的普世性和唯一性。但事实上,西方文明形态自身存在诸多问题,西方文明形态也绝不是世界上唯一的现代化道路。如今,中国式现代化道路所创造的人类文明新形态,正是对西方文明形态的扬弃和超越,打破了西方中心论不可战胜的"神话"。

(一)西方文明形态的兴起及本质

西方文明形态是以资本主义生产为核心的社会文明形态。历史上,这种生产方式和社会形态曾经起到过巨大革命性作用,马克思、恩格斯在《共产党宣言》中说过:"资产阶级在它的不到一百年的阶级统治中所创造的生产力,比过去一切世代创造的全部生产力还要多,还要大。"①这种生产方式和社会形态,代表了当时先进的生产力和生产关系,有力突破了封建藩篱的禁锢,极大提高和丰富了社会的文明程度,有效加快了世界全球化进程,深刻改变了世界的面貌。这种文明形态的兴起和发展,是历史进步的必然。

马克思在《资产阶级和反革命》一文中指出:"1648 年革命和 1789 年革命,并不是英国的革命和法国的革命,而是欧洲的革命。……这两次革命不仅反映了发生的地区即英法两国的要求,而且在更大程度上反映了当时整个世界的要求。"②根据这一论述,可以把英国资产阶级革命作为世界近代史的开端。换言之,正是 1648 年英国资产阶级革命为资本主义开启了其全面主导世界的历史进程,这是资产阶级在世界范围内正式登上政治舞台的起点。而

① 中共中央马克思恩格斯列宁斯大林著作编译局编译:《马克思恩格斯选集》第一卷,人民出版社 2012 年版,第 405 页。

② 中共中央马克思恩格斯列宁斯大林著作编译局编译:《马克思恩格斯选集》第一卷,人民出版社 2012 年版,第 442 页。

在整个全球的现代化进程中，西方的文化力量相较于其政治力量而言则更早显露端倪。自文艺复兴以来，西方社会的主流观念就已经开始转变，由神性转向人性，由宗教转向科学，由关注天国转向关心人世。这种转变在随后的宗教改革中爆发出来，并转化为现实的社会改革运动。启蒙运动以后，理性主义站上了西方世界精神领域的制高点。在物质层面上，自 18 世纪 60 年代英国发起第一次工业革命，至 19 世纪 60 年代以“电气革命”为标志的第二次工业革命，为资本主义的全球扩张奠定了扎实的物质基础。自此，西方中心主义的文化传统、科学技术和生产力的爆炸式增长与西方资本主义强国在全球范围内的殖民主义扩张紧密结合，酝酿形成了一条以资本主义为政治主导、以工业革命为物质基础、以西方文明为话语框架体系的全球工业化发展道路。这条道路以西方文明为主轴，以资本主义物质财富增长为主线，震碎了人类千百年来的文化传统，开启了人类文明的崭新篇章。它就是世界现代史最终汇聚出来的人类社会的现代化之路，凝结为以西方精神传统为主导的工业文明形态。

西方文明形态，其本质上是由资本逻辑所支配的。所谓资本逻辑，就是资本增殖的逻辑。马克思在《资本论》中深刻地揭示出：“生产剩余价值或赚钱，是这个生产方式的绝对规律。”①资本在这个世界上，唯一的目的就是实现自身的增殖：凡是有利于资本增殖的事物，资本就会对其予以保留；凡是阻碍资本增殖的事物，资本就会对其进行无情地消灭。资本这种增殖的特性也在其主导的社会文明形态中体现了出来：资本追求增殖，造成了严重的“马太效应”，小资本不断向大资本聚集，社会日益分化为贫富悬殊的两大群体，整个社会的冲突、对立与撕裂也愈加严重；资本追求增殖，就要不断进行时间和空间上的扩张，这就导致多数西方国家采取扩张主义和霸权主义，以图控制更多资源、财富与利润；等等。

① 中共中央马克思恩格斯列宁斯大林著作编译局编译：《马克思恩格斯文集》第五卷，人民出版社 2009 年版，第 714 页。

（二）人类文明新形态对西方文明形态的扬弃与超越

任何现存的事物都不是永恒的，这是马克思的唯物辩证法揭示出的深刻道理。马克思在《资本论》第二版的跋文中说："辩证法，在其合理形态上，引起资产阶级及其空论主义的代言人的恼怒和恐怖，因为辩证法在对现存事物的肯定的理解中同时包含对现存事物的否定的理解，即对现存事物的必然灭亡的理解；辩证法对每一种既成的形式都是从不断的运动中，因而也是从它的暂时性方面去理解；辩证法不崇拜任何东西，按其本质来说，它是批判的和革命的。"①西方文明形态曾经占据人类文明形态的主导，但这种主导不是完全的和永恒的，其文明形态本身也存在着贫富分化、社会撕裂、霸权主义等诸多问题。随着其缺陷的日益暴露，这种文明形态在全球的统治力也就愈发下降。中国式现代化道路开辟的人类文明新形态，正是对西方文明形态的扬弃与超越，在对西方文明形态的反思与超越中实现了人类社会形态的新进步。

人类文明新形态打破了文明形态唯一性的"神话"。长期以来，西方社会一直致力于宣传文明形态的唯一性，认为人类历史只能存在一种文明形态，即西方式的资本主义社会文明形态，要求世界各国都要追求西方文明形态。中国式现代化道路开辟的人类文明新形态，有效打破了这种虚假的唯一性，用现实证明人类除西方文明形态外还可以存在其他类型的文明形态。这就给世界各国人民独立探索适合本国自身的文明形态提供了智慧和启示。正如党的二十大报告所指出的那样，"科学社会主义在二十一世纪的中国焕发出新的蓬勃生机，中国式现代化为人类实现现代化提供了新的选择，中国共产党和中国人民为解决人类面临的共同问题提供更多更好的中国智慧、中国方案、中国力量，为人类和平与发展崇高事业作出新的更大的贡献！"②需要注意的是，人类文明新形态不是某一种具体的文明形态，中国式现代化道路只是人类文明新形态中的一种类型而非全部类型，中国也绝不会强制要求其他

① 中共中央马克思恩格斯列宁斯大林著作编译局编译：《马克思恩格斯选集》第二卷，人民出版社2012年版，第94页。

② 习近平：《高举中国特色社会主义伟大旗帜 为全面建设社会主义现代化国家而团结奋斗——在中国共产党第二十次全国代表大会上的报告》，人民出版社2022年版，第16页。

国家复制中国式现代化道路。世界各族人民应当依据自身的历史文化、资源条件、人口国情、发展目标,独立探索和总结适合自身的现代化道路。

人类文明新形态对内高扬人的主体性。资本逻辑支配下的西方文明形态,以资本增殖为核心,长期忽视人的主体性与价值性,不可避免造成了人的异化和片面化问题,带来了社会基层固化、底层人民生活困苦等一系列社会问题。人类文明新形态超越了这些不足与缺陷,真正做到实现人和发展人,突出了人民群众的社会主体地位和历史决定作用,切实维护了最广大人民群众的利益和需求,不断满足着人民群众对美好生活的向往。

人类文明新形态对外主张和平共赢。历史地看,西方的现代化之路大多是与扩张主义、霸权主义联系在一起的,这种方式严重破坏了世界的和平秩序,带来了极大的不稳定因素。与之截然不同的是,中国式现代化走的是一条和平共赢之路,中国始终是世界和平的建设者、全球发展的贡献者、国际秩序的维护者,并日益成为全球公共产品的重要提供者。习近平总书记指出:“中国人民是崇尚正义、不畏强暴的人民,中华民族是具有强烈民族自豪感和自信心的民族。中国人民从来没有欺负、压迫、奴役过其他国家人民,过去没有,现在没有,将来也不会有。”①人类文明新形态在对外交往中摒弃了非此即彼的零和博弈与冷战思维模式,强调和而不同,主张在不同社会制度、不同人种、不同民族间平等对话与合作共赢,以共同体的高度看待和把握人类命运,坚持发展优先、团结优先,反对任何形式的霸权主义和强权政治,切实维护了世界和平与人类安全,推动了全球治理体系改革和建设,营造了良好国际秩序。

三、在辩证统一中把握中国式现代化道路与人类文明新形态

习近平总书记在庆祝中国共产党成立100周年大会上的重要讲话中指出:“我们坚持和发展中国特色社会主义,推动物质文明、政治文明、精神文明、社会文明、生态文明协调发展,创造了中国式现代化新道路,创造了人类文明新形

① 习近平:《在庆祝中国共产党成立100周年大会上的讲话》,《求是》2021年第14期。

态。”①按照历史唯物主义，任何时代精神都是历史发展的时代产物，文明形态的演变必然与社会发展道路的改革和变化相辅相成、辩证统一。中国式现代化道路与人类文明新形态同样是辩证统一、一体两面的关系，中国式现代化道路开辟了人类文明新形态，人类文明新形态又规范着中国式现代化道路。

（一）中国式现代化道路开辟了人类文明新形态

一百多年来，中国共产党以史为鉴、开创未来，充分坚持和发展中国特色社会主义，不断探索出一种不同于以往既有工业文明形态的人类文明新形态。与以西方精神传统为主导的工业文明形态相比，从中国式现代化道路中生发出来的人类文明新形态具有鲜明的新特点。与西方精神传统主导下的工业文明既有形态对于物质财富无限扩张的资本追逐本质不同，人类文明新形态力图推动物质文明、政治文明、精神文明、社会文明、生态文明协调发展。

人类文明新形态生成于现代化建设的中国实践。实践的观点是马克思主义首要的和基本的观点，实践性是马克思主义区别于其他一切理论的最鲜明特征。恩格斯曾深刻地指出：“马克思的整个世界观不是教义，而是方法。它提供的不是现成的教条，而是进一步研究的出发点和供这种研究使用的方法。”②马克思主义一经传入中国，就给当时苦苦探寻救国救民真理的中国人民提供了全新而又充满希望的选择。一代又一代中国共产党人不断将马克思主义基本原理同中国革命、建设、改革和新时代的具体实际相结合，不断推动马克思主义中国化时代化大众化进程，不断运用马克思主义的世界观和方法论指导中国现代化建设实践，取得了辉煌的成就。人类文明新形态的诞生离不开现代化建设的中国实践，没有中国式现代化道路的新实践新突破新创造，就不可能有人类文明新形态的出现。我们党在现代化建设的历史进程中，绝不拘泥于马克思主义的教条和本本，而是不断创新马克思主义、发展马克思主义，在理论与实践的有机互动中探索现代化建设新道路，从而拓展了人类文明新形态。

---

① 习近平：《在庆祝中国共产党成立100周年大会上的讲话》，《求是》2021年第14期。

② 中共中央马克思恩格斯列宁斯大林著作编译局编译：《马克思恩格斯选集》第四卷，人民出版社2012年版，第664页。

正如日本启蒙思想家福泽谕吉所说的那样:“文明并不是死的东西,而是不断变化发展着的。变化发展着的东西就必然要经过一定的顺序和阶段,即从野蛮进入半开化,从半开化进入文明。现在的文明也正在不断发展进步中。”①新时代中国特色社会主义对人类文明新形态的理论建构,创造性地总结了人类多元文明互通互鉴的交流历程,重塑了人类文明发展的未来格局和走向,为构建共同繁荣的现代化世界图景做出了不可磨灭的理论贡献。建设人类文明新形态,不仅有助于推动人类事业向前更进一步,也为世界展现了中华民族在追求现代化之路上所展现的多元融合的文明特征。

(二)人类文明新形态规范着中国式现代化道路

中国式现代化所创造的人类文明新形态是一种显著区别于西方资本主义社会的文明形态。这种文明形态也规范着中国道路的发展和进步,中国绝不能走改旗易帜的资本主义发展道路。近代史上,中国曾经进行过建立资产阶级共和国的尝试,但事实却是国家依旧贫弱和分裂,生产力水平依旧落后,人民依旧生活在水深火热之中,由此说明西方式的资本主义道路绝不适应我国国情、绝不符合人民意愿。与此同时,当今世界一些发展中国家受西方现代化文明的影响,没有结合自身实际而是照搬照抄西方制度体系与意识形态,结果不仅没能实现自身的发展和富强,反而带来了政治腐败、经济停滞、社会秩序混乱等不良后果,由此说明照搬照抄西方文明形态同样不会实现现代化和自身进步。在选择发展路径上,我们必须头脑特别清醒,决不能犯颠覆性错误。中国特色社会主义是党和人民的选择,是历史的选择,我们推进社会主义现代化建设,必须始终坚持社会主义的原则和方向,不断坚定中国特色社会主义道路自信、理论自信、制度自信、文化自信。

人类文明新形态规定着中国式现代化建设必须走和平发展道路。中国共产党既是为中国人民谋幸福的政党,也是为人类进步事业而奋斗的政党。中国共产党领导人民创造出的中国式现代化道路是一条和平发展的道路,这

① 福泽谕吉:《文明论概略》,北京编译社译,商务印书馆2017年版,第11页。

条道路绝不以牺牲和掠夺他国利益为自身发展的基础,而是始终高举和平、发展、合作、共赢的旗帜,恪守维护世界和平、促进共同发展的宗旨。当今世界是和平与发展的世界,是休戚与共、风雨同舟的世界,实现持久和平与安全是全世界人民共同的期盼。人类文明新形态顺应了这一世界人民的期盼,坚决反对一切危害世界和平与安全的行为,努力构建人类命运共同体。因此,人类文明新形态所规定的中国式现代化道路,就必须坚持和平发展的道路,切实承担自身国际责任,做世界和平的坚定维护者和促进者。

中国式现代化道路既是中国的,也具备可供世界参考借鉴的世界性。中国式现代化道路开启人类文明新形态,不是脱离世界交往、与世隔绝的自说自话,不是说人类文明终结于中国式现代化道路,而是从文明进步意义上讲的,是从综合创新的意义上而言的,是从打破对国外和历史路径依赖而言的。到目前为止,中国式现代化道路依旧是开放式的,人类文明新形态是具有强大包容性的,中国式现代化道路开创了人类文明新形态,是一个解放思想、实事求是、与时俱进、求真务实的历史性实践和丰富性完善的过程。人类文明新形态进一步规范了中国式现代化道路的前进方向并促进了其不断前进,同时也为中国式现代化道路提供了价值指引和价值选择。

在这里还要说明的是,本书的有些章节的主要内容曾经在国内的报刊发表过,在这里对给予笔者大力支持的各家报刊予以衷心感谢。有少数章节是笔者与诸位同人合作研究的成果,在此也一并对合作者致以谢忱。更应该感谢的是江西高校出版社,出版社的编辑们自始至终关注本书的写作,为本书的出版付出了大量的心血。他们的这些真诚和付出都将成为我未来做好科研工作的力量源泉。

本书所涉及的命题是全新的,笔者的探索也是初步的;本书所关注的主题是宏大的,而笔者的能力却是有限的。因此,书中的不足甚至错误是难免的,我真诚希望得到大家的批评和指正。

王立胜

2022 年 10 月 28 日

目录

上编 中国式现代化道路的思考

下编 “两个相结合”的思考

上编

中国式现代化道路的思考

第一章

中国式现代化道路的现代性建构历程

2021年,中国共产党已经走过百年的辉煌历程。“一百年来,党领导人民浴血奋战、百折不挠,创造了新民主主义革命的伟大成就;自力更生、发愤图强,创造了社会主义革命和建设的伟大成就;解放思想、锐意进取,创造了改革开放和社会主义现代化建设的伟大成就;自信自强、守正创新,创造了新时代中国特色社会主义的伟大成就。”①党领导人民“仅用几十年时间就走完发达国家几百年走过的工业化历程,创造了经济快速发展和社会长期稳定两大奇迹”②。这个论断从内涵与外延上都对中国奇迹做出了确切的规定,清晰地回答了什么是中国奇迹的问题,解决了国内外学界和政界关于中国奇迹理解上的纷争。然而,为什么会有中国奇迹的发生?中国奇迹的奥秘在哪里?对这类问题还是众说纷纭,角度不同,视野各异,各言其埋,自然难以形成一致意见。其实,中共中央对这类问题早已做出了明确回答:中国奇迹根源于中国共产党探索出了一条中国特色社会主义道路,即中国式现代化道路或中国道路。那么,什么是中国道路呢?其实,党的十八大也已对中国道路有了系统论述。中国道路表现于理论则是中国特色社会主义理论,表现于制度则是中国特色社会主义制度,所以,才有了道路自信、理论自信和制度自信。党的

---

① 《中共中央关于党的百年奋斗重大成就和历史经验的决议》,《人民日报》2021年11月17日第1版。

② 《中共中央关于党的百年奋斗重大成就和历史经验的决议》,《人民日报》2021年11月17日第1版。

十八大后，学术界和理论界对中国道路的研究日益深化，对“三个自信”理论的探讨也随之清晰，人们越来越发现中国道路的探索、中国理论的形成、中国制度的建构都与中国文化有着深层次的内在关联。习近平总书记明确提出了文化自信的论断，在理论层面形成了文化自信的高度自觉。“我们说要坚定中国特色社会主义道路自信、理论自信、制度自信，说到底是要坚持文化自信。文化自信是更基本、更深沉、更持久的力量。”①这样就由“三个自信”发展到了“四个自信”。“四个自信”在党的十九大报告中被确认为习近平新时代中国特色社会主义思想的重要内容。党的十九大报告指出：“强调坚定道路自信、理论自信、制度自信、文化自信。”党的十九届六中全会通过的《中共中央关于党的百年奋斗重大成就和历史经验的决议》（以下简称《决议》）以“十个明确”对习近平新时代中国特色社会主义思想的核心内容做了进一步深化，在第一个“明确”中即强调要坚定“四个自信”。“四个自信”中，道路自信具有载体意义，因为理论是道路的理论形态，制度是道路的制度建构，文化是道路的历史文化根基。因此，要解释中国奇迹的奥秘，关键是要探讨中国道路即中国式现代化道路的现代性是怎样建构的，而这个问题的答案存在于中国共产党的百年历史之中。

一、什么是中国道路

什么是中国道路？党的十八大报告指出：“中国特色社会主义道路，就是在中国共产党领导下，立足基本国情，以经济建设为中心，坚持四项基本原则，坚持改革开放，解放和发展社会生产力，建设社会主义市场经济、社会主义民主政治、社会主义先进文化、社会主义和谐社会、社会主义生态文明，促进人的全面发展，逐步实现全体人民共同富裕，建设富强民主文明和谐的社

① 习近平：《在哲学社会科学工作座谈会上的讲话》，人民出版社2016年版，第17页。

会主义现代化国家。”①这是党对“中国特色社会主义道路”的规范性表述。不难看出,这是从新时代的横截面上对中国特色社会主义道路的总体概括。这个概括反映了站在新时代的制高点上对在场状态的中国特色社会主义道路的总体性认识。这个认识是对中国共产党探索中国特色社会主义建设道路经验教训的深刻总结,也是对学术界长期以来,特别是2008年金融危机以来关于中国特色社会主义建设道路问题研究成果的采纳和吸收,它反映了我们党对中国特色社会主义建设规律认识的深化和理论自觉。

以上是在政治层面上对中国特色社会主义的道路的基本规定,但是仅仅对其做政治层面的理解是远远不够的,我们还必须将其转化为学术问题,从学理性的角度做出更深层次的理解。也正是在这个意义上,近年来中国道路问题成为国内外学者探讨的热点。学者们认为,对这个问题的探讨是揭示中国奇迹密码的核心课题。沿着这个思路思考,党的十八大对“中国特色社会主义道路”的表述,似乎可以转化为以下几个学术问题:

一是中国特色社会主义道路的本质规定是什么。“在中国共产党领导下”是“中国特色社会主义道路”的内在前提,这是中国道路的最本质的规定。这意味着,没有中国共产党的领导,中国特色社会主义道路就失去了存在的前提和保障。党的十九届六中全会通过的《决议》更加旗帜鲜明地指出:“明确中国特色社会主义最本质的特征是中国共产党领导,中国特色社会主义制度的最大优势是中国共产党领导,中国共产党是最高政治领导力量。”

二是中国特色社会主义道路的历史主体性和国家主体性是什么。“立足基本国情”是指中国特色社会主义道路的立足点是中国的基本国情,没有中国的基本国情,中国道路也就没有存在的历史根基和现实根据。“中国的基本国情”包括中国的历史和中国的现实,体现在中国道路的规定性中就是中国的历史主体性和国家主体性。

---

① 《坚定不移沿着中国特色社会主义道路前进 为全面建成小康社会而奋斗——在中国共产党第十八次全国代表大会上的报告》,《人民日报》2012年11月18日第1版。

三是中国特色社会主义道路的基本问题是什么。中国特色社会主义道路内含两种根本尺度:一个是历史尺度,这个尺度要求解放、保护和发展生产力,因为贫穷不是社会主义;另一个是价值尺度,这个尺度要求必须坚持社会主义方向,生产力的发展要成为全体人民共同富裕的基础,而不能成为两极分化的杠杆,因为两极分化也不是社会主义。因此,中国特色社会主义道路的基本问题就是生产力发展与社会主义方向的关系问题。我们“以经济建设为中心,坚持四项基本原则,坚持改革开放”的“一个中心、两个基本点”就是强调要解决好这个基本问题。

四是中国特色社会主义道路的总体架构是什么。在新中国成立以来特别是改革开放以来的中国现代化的历史实践的基础上,逐渐形成了中国道路的经济、政治、文化、社会、生态“五位一体”的战略架构。这意味着这条道路是整体性的,“五位一体”中的“五位”是以“一体”为前提的,没有了“一体”,“五位”也就失去了意义。

五是中国特色社会主义道路的总体目标和目标走向是什么。中国特色社会主义道路的总体目标就是“把我国建设成为富强民主文明和谐美丽的社会主义现代化强国”,其目标走向就是“促进人的全面发展,逐步实现全体人民共同富裕”。党的十九届五中全会进一步提出要“促进社会公平,增进民生福祉,不断实现人民对美好生活的向往”,并在“十四五”期间从提高人民收入水平、强化就业优先政策、建设高质量教育体系、健全多层次社会保障体系、全面推进健康中国建设、实施积极应对人口老龄化国家战略、加强和创新社会治理等方面提出了“改善人民生活品质、提高社会建设水平”①的具体化建议,迈出了实质性步伐。党的十九届六中全会通过的《决议》则进一步指出:“明确坚持和发展中国特色社会主义,总任务是实现社会主义现代化和中华民族伟大复兴,在全面建成小康社会的基础上,分两步走在本世纪中叶建成

① 中国共产党第十九届中央委员会:《中共中央关于制定国民经济和社会发展第十四个五年规划和二〇三五年远景目标的建议》,《人民日报》2020年11月4日第4版。

富强民主文明和谐美丽的社会主义现代化强国，以中国式现代化推进中华民族伟大复兴；明确新时代我国社会主要矛盾是人民日益增长的美好生活需要和不平衡不充分的发展之间的矛盾，必须坚持以人民为中心的发展思想，发展全过程人民民主，推动人的全面发展、全体人民共同富裕取得更为明显的实质性进展。”①

以上就是对中国特色社会主义道路进行的逻辑分析，但是要完整准确地把握中国道路的内涵仅仅靠逻辑分析是不够的，还必须对此进行历史研究。其实，在这个问题上，习近平总书记在论述中国特色社会主义道路时就已经给出了“大历史观”视野中的总体性提示。正是在综合习近平总书记多次论述的基础上，《习近平新时代中国特色社会主义思想学习纲要》对此进行了权威解释：“抚今追昔，中国特色社会主义是在改革开放四十多年的伟大实践中得来的，是在新中国成立七十年的持续探索中得来的，是在我们党领导人民进行伟大社会革命九十多年的实践中得来的，是在近代以来中华民族由衰到盛一百七十多年的历史进程中得来的，是在世界社会主义五百年波澜壮阔的发展历程中得来的，是在对中华文明五千多年的传承发展中得来的。”②这“六个得来”就是从总体上提示大家要把中国特色社会主义道路置于不同的历史脉络中来深化认识。要从六种历史语境来考察中国特色社会主义道路的形成，即从改革开放史、中华人民共和国史、中国共产党历史、中国近代史、世界社会主义史、中华文明史的历史视角来理解中国特色社会主义道路的形成。这种分析路径体现了一种“大历史观”。这种分析使中国特色社会主义道路的认识发生了视域转换和视野的拓展，转向了“大历史观”视野下的中国特色社会主义道路问题，也就是中华民族伟大复兴历史进程中的现代化道路问题。这种视野转换中的中国特色社会主义道路研究有两种必然的结果：一是深化狭义上的中国道路的研究，即“中国特色社会主义道路”研究。对中国特

---

① 《中共中央关于党的百年奋斗重大成就和历史经验的决议》，《人民日报》2021 年 11 月 17 日第 1 版。

② 中共中央宣传部编：《习近平新时代中国特色社会主义思想学习纲要》，学习出版社、人民出版社 2019 年版，第 24—25 页。

色社会主义道路的研究只有转化为中国现代化道路的研究才能得以深化。二是使中国特色社会主义道路的研究推进到广义的领域,从而将之转入研究的宏大视野中。又因为中国现代化道路的研究的统摄性而把中国革命道路、中国社会主义改造道路、中国特色社会主义建设道路的研究以一种连续性和间断性相统一的方式统括在一个历史实践过程中,形成了广义中国道路的研究视野。这样,就可以把中国特色社会主义道路的研究置于中国共产党成立以来的100年历史当中来认识,通过回望中国共产党的百年历史来透视中国特色社会主义道路的形成过程和历史内涵。同时,中国特色社会主义道路的研究也就转换为"广义中国道路"的研究了。这百年历史的回顾虽然是以中国共产党历史为主线来安排的,但是,它已经涵括了其他"五史"的丰富内涵:改革开放史和中华人民共和国史都是中国共产党领导的历史,中国近代史是中国共产党成立和发展的历史条件,世界社会主义史是中国共产党历史的国际背景和总体历史基础,中华文明史是中国共产党历史的文化根基。我们必定是在中国近代史、世界社会主义史和中华文明史的历史框架中来研究中国共产党历史的。习近平总书记在庆祝中国共产党成立100周年大会上的讲话和党的十九届六中全会审议通过的《决议》均通篇贯穿着历史大视野。中国共产党的百年历史就是探索中国现代化道路的历史,就是探索中华民族复兴道路的历史。

习近平总书记不仅以"大历史观"的视野观察中国特色社会主义道路问题,而且高屋建瓴地重新思考了如何研究中国共产党历史的问题,也就是他强调的要树立"正确党史观"的问题。什么是正确的党史观呢?习近平总书记创新性地提出了"社会革命论",他认为中国共产党的百年历史本质上就是一场持续性地领导中国人民进行伟大的社会革命的历史。2018年1月5日,习近平总书记专门指出:"新时代中国特色社会主义是我们党领导人民进行伟大社会革命的成果,也是我们党领导人民进行伟大社会革命的继续,必须一以贯之进行下去。历史和现实都告诉我们,一场社会革命要取得最终胜利,往往需要一个漫长的历史过程。只有回看走过的路、比较别人的路、远眺前行的路，弄清楚我们从哪儿来、往哪里去，很多问题才能看得深、把得准。”①这个论断站在新时代的高度回看了中国共产党的百年历程，“从历史和现实相贯通、国际和国内相关联、理论和实际相结合的宽广视角”②思考了中国革命、建设、改革的总体性问题，至少提示我们以下关键性信息：一是百年来中国共产党领导中国人民进行的革命、建设和改革是一场具有连续性的伟大社会革命，新时代中国特色社会主义是这场革命的继续。二是这场社会革命取得了革命、建设和改革的诸多阶段性成果，但是取得最终胜利还需要漫长的历史过程。三是在新时代，我们党必须“以党的自我革命引领社会革命”③。四是我们要以这种创新性的“社会革命论”回顾和思考中国共产党的百年历史。笔者认为，“社会革命论”的提出是对马克思主义社会革命论的重大发展，对改革开放史、中华人民共和国历史、中国共产党历史、中国近代史、世界社会主义史、中华文明史的研究，特别是对新时代中国特色社会主义的研究有着十分重要的意义。当然，“社会革命论”的形成也不是一蹴而就的。仔细分析我们可以看到，它是习近平总书记改革开放前后“两个三十年”不能相互否定历史观的深化和发展。2013 年 1 月 5 日，习近平总书记指出：“我们党领导人民进行社会主义建设，有改革开放前和改革开放后两个历史时期，这是两个相互联系又有重大区别的时期，但本质上都是我们党领导人民进行社会主义建设的实践探索。中国特色社会主义是在改革开放历史新时期开创的，但也是在新中国已经建立起社会主义基本制度、并进行了 20 多年建设的基础上开创的。虽然这两个历史时期在进行社会主义建设的思想指导、方针政策、实际工作上有很大差别，但两者决不是彼此割裂的，更不是根本对立的。不能用改革开放后的历史时期否定改革开放前的历史时期，也不能用改革开放前的历史时期否定改革开放后的历史时期。”④在这里习近平总书记虽然没

① 习近平：《习近平谈治国理政》第三卷，外文出版社 2020 年版，第 69—70 页。

② 习近平：《习近平谈治国理政》第三卷，外文出版社 2020 年版，第 69 页。

③ 习近平：《高举中国特色社会主义伟大旗帜 为全面建设社会主义现代化国家而团结奋斗——在中国共产党第二十次全国代表大会上的报告》，人民出版社 2022 年版，第 64 页。

④ 习近平：《习近平谈治国理政》第一卷，外文出版社 2018 年版，第 22—23 页。

有直接提出“社会革命论”的问题，但是实际上是在谈用什么样的历史观来研究和分析新中国成立以来的社会主义建设史的问题，意识到了社会上出现的用改革开放前后两个历史时期相互否定的问题本质上是历史观的错误。而克服这种错误必须重建关于中国共产党历史的历史观。中国共产党从成立至今的百年历史经历了新民主主义革命、社会主义革命和建设、改革开放和社会主义现代化建设、中国特色社会主义新时代这些不同的历史时期，这些历史时期自然有着不同的特点，但是，相同的是它们都是中国共产党领导人民进行的伟大社会革命。“社会革命论”的理论和方法是我们研究中国共产党百年历史和研究中国道路的基本方法。从历史逻辑的角度看，“社会革命论”中的“革命”也就具有广泛的意义。也就是说，新民主主义革命、社会主义革命和建设、改革开放和社会主义现代化建设都是“革命”，中国特色社会主义新时代也是“革命”。同时从理论逻辑的角度看，这种社会革命中的“革命”，也具有广泛的意义，那就是这里的社会革命不仅包含着政治革命（狭义上的革命），还包含着经济革命、文化革命、社会（狭义上的社会）革命、生态革命。这种社会革命论就有了重构党史观的意义了。这种重构后的党史观本质上是中国共产党革命史观（狭义）和中国现代化史观（狭义）的辩证综合。这样由这种社会革命而形成的中国道路也就具有广泛的意义，也就是既包括中国新民主主义革命道路、社会主义改造道路、社会主义建设道路、中国特色社会主义道路，也包括经济道路、政治道路、文化道路、社会道路和生态道路。中国道路无论是从历史逻辑还是从理论逻辑的角度看，都具有综合性、整体性和系统性。从这个意义上说，由于广义上的中国道路对狭义上的中国道路，也就是对中国特色社会主义道路具有统摄性和整体性规定的性质，我们对中国道路的研究就必须在广义的领域中进行才有其根本性意义。

那么，我们如何理解作为正确党史观的“社会革命论”呢？这种历史观的重构有没有马克思主义的根据呢？答案是有的。这种根据就是马克思的社会有机体理论以及奠定在这个理论基础上的“从后思索法”。

作为马克思历史反思方法的“从后思索法”，是马克思在写作《资本论》过程中分析商品拜物教的性质及其秘密时使用的方法。“对社会生活形式的思索,从而对它的科学分析,遵循着一条同实际运动完全相反的道路。这种思索是从事后开始的,是从已经完全确定的材料、发展的结果开始的。”[①]对中国道路进行百年回望,显然是一种“从后思索”,我们要从中国道路的成熟形态采取跟中国道路形成发展的实际历史进程完全相反的道路进行科学分析。马克思的“从后思索法”的根基是其社会有机体理论,他把一个社会的发展过程视为一个生物有机体,他对资本的研究就是把当时世界上处于成熟形态的最典型的资本主义国家——英国——作为一个资本主义社会有机体来进行研究,“是从已经完全确定的材料、发展的结果开始的”[②];《资本论》是研究资本主义的一般规律,但是它所呈现的是英国作为资本主义社会有机体的典型形态。虽然与马克思同时代的孔德、斯宾塞等社会学家也主张社会有机体理论,但是,马克思的社会有机体理论与他们有着本质的不同,马克思是从社会生活本质上是实践的基点出发来建构这一理论的。马克思在《哲学的贫困》中就有了社会有机体的思想萌芽,在《〈政治经济学批判〉序言》中就蕴含着社会是有机体的思想;后来在《资本论》的写作过程中不仅明确提出了社会有机体的范畴,而且把社会有机体作为分析和研究资本主义社会的基本方法。他在《资本论》的序言中指出:“现在的社会不是坚实的结晶体,而是一个能够变化并且经常处于变化过程中的有机体。”[③]笔者认为,马克思社会有机体“这个范畴强调的核心原则是总体的、连续的、相互依存的原则。一个体制需要在另一个体制当中成长起来,类似于生物学的演化和变异的思想。……马克思直接将组织类比于器官。组织会把自己还缺乏的器官从社会中创造出来,这个表述非常像生物基因。这里表述的是社会的一切要素从属于自己。有机

---

① 中共中央马克思恩格斯列宁斯大林著作编译局编译:《马克思恩格斯全集》第四十九卷,人民出版社1982年版,第191页。

② 中共中央马克思恩格斯列宁斯大林著作编译局编译:《马克思恩格斯全集》第四十九卷,人民出版社1982年版,第191页。

③ 中共中央马克思恩格斯列宁斯大林著作编译局编译:《马克思恩格斯选集》第二卷,人民出版社2012年版,第84页。

体制像生物学的基因一样，规定了有机体的总体属性和生长过程”①。“马克思把英国典型的资本主义看成一个成熟的社会有机体，在这个社会有机体所规定的总体性当中来分析资本主义的运动，以资本和劳动的关系为基本矛盾，得出这个矛盾资本主义自身没法克服，必须有另一个社会主义来克服它。”②习近平总书记所提出的“社会革命论”，其基本的理论前提就是马克思的社会有机体思想，他把中国传统社会看成是一个社会有机体，这个有机体由于其内在矛盾已经无法克服自身的问题，因而必须由另一个有机体也就是社会主义来克服它，而中国的革命、建设和改革的过程，就是一个新的有机体替代旧的有机体的过程。这个过程就表现为以社会主义和共产主义为总体目标，以具有连续性的新民主主义革命、社会主义革命、社会主义建设和社会主义改革为内容的总体性的社会革命。中国共产党领导下的这个总体的社会革命，经过 100 年的历史过程，已经产生了中国特色社会主义这个总体性的规定性，也就是形成了马克思意义上的“普照的光”，这个“普照的光”会赋予它统摄下的一切社会单位自身所不具有的属性，使其具有被“普照的光”所规定的社会性质。同时，由“普照的光”所规定的社会也会不断地生长出这个社会所需要的组织器官，使这个社会有机体不断地进行组织完善和机体生长。当然，这个有机体不会机械地无人活动地自动生长，它的自动生长恰恰是人的有目的的活动的产物。其基础还是人类的经济活动。1883 年 3 月 14 日，马克思在伦敦逝世，作为对马克思一生的总结，恩格斯在《在马克思墓前的讲话》中指出：“正像达尔文发现有机界的发展规律一样，马克思发现了人类历史的发展规律，即历来为繁芜丛杂的意识形态所掩盖着的一个简单事实：人们首先必须吃、喝、住、穿，然后才能从事政治、科学、艺术、宗教等等；所以，直接的物质的生活资料的生产，从而一个民族或一个时代的一定的经济发展阶段，便构成基础，人们的国家设施、法的观点、艺术以至宗教观念，就是从这个

① 王立胜：《基于社会有机体的政治经济学范式》，《政治经济学评论》第 8 卷第 3 期，2017 年 5 月。
② 王立胜：《基于社会有机体的政治经济学范式》，《政治经济学评论》第 8 卷第 3 期，2017 年 5 月。

基础上发展起来的，因而，也必须由这个基础来解释，而不是像过去那样做得相反。”从恩格斯概括的马克思主义唯物史观的基本原理中，我们可以找到探寻中国道路奥秘的根本方法，即从以中国共产党百年的经济探索过程为基础的现代化进程来看中国道路的形成和现代性建构问题。

二、中国道路的现代化本质：对中国现代性的追求

从全球视野看，中国道路的文化自觉来源于对西方现代化道路的空间对比。所谓道路，在本质上就是指现代化道路，而道路的本质归根结底是文化特质的一种外在表现。为了说清这个问题，我们有必要澄清现代化、现代性与中国现代性等有关的概念。

“现代化”作为一个历史概念和历史过程有着特定的历史内涵，从一般意义上说，它是指从西方文艺复兴以来到现在一直进行着的由西方开始逐渐波及全球范围的人类历史的运动、变化和发展过程。这显然是一个具有“动态”意蕴的概念，是人们用来描述人类社会从前现代社会向现代社会历史变迁的一个具有普遍性意义的概念。从这个意义上说，任何一个国家都要或者都希望实现现代化。“现代性”是人们用来表达人、事物某种存在状态、性质或者品质的概念，它作为现代化这一历史活动的内在规定构成近代以来西方社会和文化所体现出来的时代特质。在一定意义上，我们可以说，作为质态的“现代性”是作为动态的“现代化”的目的和结果，而“现代化”则是“现代性”的实现形式和展示过程。在实践的意义上，“现代化”和“现代性”是不可分割的一个统一过程的两个面相。作为社会科学领域的学术概念一般都具有滞后于社会实践的特性，“现代化”和“现代性”这两个概念也不例外，现代化运动尽管肇始于 14 到 16 世纪的文艺复兴和大航海时代，但作为学术概念的提出却是晚近时期的事情。“现代化”概念的提出是 20 世纪初的事情，直到 20 世纪中叶在风靡一时的“现代化理论”中才得到广泛的运用。尽管“现代性”概念提出得还要早一些，法国文学家波德莱尔于 1863 年在《费加罗报》发表《现代

生活的画家》系列评论时就用了“现代性”的标题，提出现代生活的画家要不断追索一个更普遍的目标，寻觅一种“我们可以称为现代性的那种东西”①，但是，“现代性”研究却是现代化运动造成人们的迷茫和意想不到的负面后果时才兴起的一种理论。也就是说，作为一个被人们关注的概念，“现代性”要早于“现代化”；但是，作为理论形态，“现代化”要早于“现代性”。直到现在，无论是“现代化”的研究还是“现代性”的讨论，都处于激烈的争论之中。当然，理论的复杂性来源于实践的复杂性，实践没有终结，全球的现代化运动还在进行中，理论自然不会有最后的结论。尽管如此，现代化理论和现代性理论都还是形成了一些基本共识。何中华先生在综合国内外学者关于现代化研究成果的基础上，认为“现代化”作为一个总体概念可以分解为五个层面：“在经济上，现代化意味着市场化、工业化；在政治上，现代化意味着法治化、民主化；在社会生活上，现代化意味着世俗化、城市化；在文化上，现代化意味着功利化、科学化；在哲学上，现代化意味着理性化。”②他进一步指出，作为一个总体性概念，“现代化”既是所谓“人的现代化”又是整个社会—文化系统的总体转换。这种“总体转换背后所潜含的实质，乃是理性化过程，这是‘现代化’概念的内在逻辑规定”③。这种总体性的分析是简明扼要的，而且抓住了问题的实质。我们不难看出这种现代化从总体上来说，是西方现代化过程的一种理论折射，是所谓的资本主义现代化经验的理论总结。也就是说，现代化在本质上是发生于西方社会和根植于西方文化传统中的历史现象。在这个意义上，作为理论体系的现代化“不过是西方文化传统的一种带有新的历史维度、历史情境、历史内涵的再现和表达而已”④。这就是说，现代化从表现形态上看，它所导致的经济社会变迁与作为其历史前提的社会和文化形态存在着显著的差异，鲜明地表现为“现代”与“传统”的断裂，否则就无法表明现代社会

① 波德莱尔：《1846 年的沙龙：波德莱尔美学论文选》，郭宏安译，广西师范大学出版社 2002 年版，第 424 页。
② 何中华：《社会发展与现代性批判》，社会科学文献出版社 2007 年版，第 92 页。
③ 何中华：《社会发展与现代性批判》，社会科学文献出版社 2007 年版，第 93 页。
④ 何中华：《社会发展与现代性批判》，社会科学文献出版社 2007 年版，第 97 页。

与前现代社会的区别了。但是从文化本质上来说，这种断裂是在一种深层次连续性基础上的间断。作为西方现代化思想前提的文艺复兴本质上就是西方古典文化的复活，这表明西方现代化在深层文化上是对古希腊罗马文化的复归，西方现代化有其特定的文化基因。西方现代化的悖论和内在矛盾也内生于其固有的文化矛盾。现代性问题的提出和成为学术界的热点话题，恰恰是资本主义现代化所内含的文化矛盾在理论上的反映。现代化的历史推进在带来经济社会发展的同时也使人类付出了沉重的代价，它所造成的痛苦和不幸日益充分暴露出来。尤其是20世纪两次世界大战所带来的世界性的灾难，极权主义体制产生给人们带来的危害，工业化造成的污染使人们感觉到"寂静的春天"的恐慌，等等，这一切让人们意识到了现代性的进步和代价的双重性特性。现代性的内在冲突性成为理论探讨的热点和焦点。卡林内斯库《现代性的五副面孔》一书中揭示的"资产阶级的现代性"和"审美的现代性"的矛盾和冲突，德国哲学家魏尔默视野中的"启蒙的现代性"和"浪漫的现代性"的区分，都是主张用后一种现代性来拒斥和批判前一种现代性。贝尔影响巨大的《资本主义文化矛盾》一书全面揭示了经济、政治、文化诸领域的全面对立。鲍曼的深刻在于对西方现代性内在矛盾的洞察一语中的："现代性的历史就是社会存在与其文化的紧张的历史。现代存在迫使它的文化反对自身。这种不和谐正是现代性所需要的和谐。"①

既然现代化的这种总体性质和现代性的这种内在矛盾在西方现代化的过程中都是它们自身难以解决的总体性问题，那么，当那些非西方国家和地区不管是主动还是被动实施现代化战略时，都必然会使自己的现代化实践进程处于十分尴尬的境地，这个境地的根本问题是现代化或者现代性与那些非西方国家的本根文化问题。非西方国家的文明基础与现代性的关系，是一切非西方国家在现代化的过程中必然会遇到的一个最根本的问题。如何处理这个根本问题，决定着这个国家和地区的现代化道路和现代性的状态及品性。

① 张凤阳：《现代性的谱系》，南京大学出版社2004年版，第10页。

对于非西方国家和地区的现代化前途，马克思有着高度的理论自觉，他在《资本论》第一卷第一版序言中的一段名言清楚地表明了这一点："工业较发达的国家向工业较不发达的国家所显示的，只是后者未来的景象。"这表明，实现以工业化为核心的现代化的发展，像发达的资本主义国家一样实现工业化和现代化，以促进物质生产的发展和生产力水平的提高，是那些较不发达国家的必然前途与历史必然。但是这并不意味着马克思没有看到资本主义现代化和现代性的内在矛盾，恰好相反，正是马克思和恩格斯最深刻地洞察和揭示了资本主义自身无法克服的矛盾。《资本论》正是系统全面地研究和说明资本主义的内在矛盾，认为只有通过无产阶级革命推翻资本主义制度，才能真正克服资本主义现代化的总体性危机和资本主义现代性的内在矛盾。一句话，马克思主义创始人并不否定非西方国家和地区的现代化的未来前途，但又十分明确地指出了这些国家和地区应当避免资本主义的总体性危机，这就从总体上指出了现代性的社会主义和共产主义方向。同时，马克思晚年把研究的注意力集中在人类学问题和东方社会问题上，也是从总体上意识到了非西方国家和地区在实现现代化的过程中处理自身所固有的独特文明与现代性关系问题的复杂性和艰巨性。

现代性发源于西方也成熟于西方，那么非西方国家的现代化实践以西方为参照甚至向西方学习就成为自然的现象。然而现代性研究表明，西方现代性根源于西方文化，现代性发展与本土文化有着必然的内在的联系，人们逐渐把现代性的研究与文明问题关联起来。"文明冲突论"的主张者、美国哈佛大学政治学教授亨廷顿在 20 世纪 90 年代中期的名著《文明的冲突》一书中表达了一个基本观点：冷战结束后，世界格局发生了或正发生着重大调整，其基本特点是不再像冷战前那样以意识形态划分阵营，而是呈现多极化或者文明多样化趋势。在这样的形势下，没有任何一种文明可以宣称自己代表普世价值。随之而来的是"多元现代性"概念的提出。2000 年，美国人文科学院杂志 *Daedalus* 冬季号第一期出版了"多元现代性"专号，这期杂志发表了多篇从非西方国家视野看现代性的文章。人们逐渐认识到西方现代性不可能只有西方一种模式。在这个命题下,中国的现代化也不可能沿袭西方的现代化道路,中国的现代性根源于中华文明的独特性。这种现代性与西方现代性一样,也是“现代性”。中国的现代化应当追求“中国现代性”。自此,中国现代性的研究成为学术热点,中国学术界对现代性的研究突破了西方学者关于现代性问题论述的范围,在研究中国现代化历史进程和爬梳中国思想史文献基础上致力于中国现代性的重塑。那么,接踵而来的问题是:什么是中国现代性?中国现代性与西方现代性有何本质不同?如何去重塑中国现代性?

三、近代以来中国的基本问题:寻求中国现代性的问题意识

问题是时代的声音,道路是对问题的解答。寻求中国现代性的答案,考察中国道路的形成,首先要明确近代以来中国的基本问题是什么,也就是中国共产党领导中国人民进行现代化建设所面临的基本问题是什么。

如前所述,肇始于西方的现代化所引起的全球化把世界上所有的国家和地区都卷进了世界现代化的进程,同时,作为现代化表现形式的全球化,又无时不在影响和制约着世界上各个国家和地区的现代化。正如《共产党宣言》所揭示的:“使农民的民族从属于资产阶级的民族,使东方从属于西方。”①肇始于清中叶的中国现代化就被全球化运动裹挟进世界现代化历史,因而具有极大的被动性。在世界现代化运动和西方现代化模式成为中国现代化进程的历史背景和现实处境的客观现实下追求中国现代性的建构,使我们面临两大基本问题和三个方面的具体问题。

近代以来中国历史的国际背景是世界现代化浪潮。在这种浪潮的裹挟下,任何一个国家、民族或者地区都要实现从农业文明向工业文明的过渡,都要走向现代化。马克思和恩格斯曾经对欧美现代化的这种全球性扩张过程

① 中共中央马克思恩格斯列宁斯大林著作编译局编译:《马克思恩格斯选集》第一卷,人民出版社2012年版,第405页。

予以前瞻性描述:“资产阶级,由于开拓了世界市场,使一切国家的生产和消费都成为世界性的了。……过去那种地方的和民族的自给自足和闭关自守状态,被各民族的各方面的互相往来和各方面的互相依赖所代替了。物质的生产是如此,精神的生产也是如此。”①“资产阶级,由于一切生产工具的迅速改进,由于交通的极其便利,把一切民族甚至最野蛮的民族都卷到文明中来了。它的商品的低廉价格,是它用来摧毁一切万里长城、征服野蛮人最顽强的仇外心理的重炮。它迫使一切民族——如果它们不想灭亡的话——采用资产阶级的生产方式;它迫使它们在自己那里推行所谓的文明,即变成资产者。一句话,它按照自己的面貌为自己创造出一个世界。”②马克思主义经典作家的论述揭示了一个深刻的道理:现代化运动虽然发源于西方,但是它已经跨越国家、民族和地区界限而成为一种世界现象,任何一个“不想灭亡”的国家、民族和地区都无法抵抗这个运动,都会主动地或者被动地实施现代化行动。现代化是人类社会发展的共同目标。中国作为一个后发展国家,与世界上其他国家一样,在西方现代化运动的国际背景下不可能游离于世界潮流之外,从鸦片战争被迫打开国门起,中国就开始踏上了现代化的历史征程。世界潮流,浩浩荡荡,顺之者昌,逆之者亡。实现现代化构成了近代以来中国历史的主题。近代以来先进中国人梦寐以求的理想,就是跟上世界现代化的潮流,把一个落后的中国变成一个现代化的中国。在先进的中国人的思想中,中国要实现现代化,要实现中华民族伟大复兴的国家目标,是毫无疑义的。但是,如何实现现代化,如何实现中华民族伟大复兴,近代以来的不同历史时期,不同阶级和阶层的代表人物,有着不同看法和实践探索。在这个层面上,就产生了“中国向何处去”的问题,也就是中国现代化走什么道路的问题。1949 年 6 月 30 日,毛泽东在新中国成立前夕写的庆祝中国共产党成立

---

① 中共中央马克思恩格斯列宁斯大林著作编译局编译:《马克思恩格斯选集》第一卷,人民出版社 2012 年版,第 404 页。

② 中共中央马克思恩格斯列宁斯大林著作编译局编译:《马克思恩格斯选集》第一卷,人民出版社 2012 年版,第 404 页。

28 周年的文章——《论人民民主专政》中，通过回顾近代以来的历史对这个问题进行了高度概括和总结。他说："自从一八四〇年鸦片战争失败那时起，先进的中国人，经过千辛万苦，向西方国家寻找真理。洪秀全、康有为、严复和孙中山，代表了在中国共产党出世以前向西方寻找真理的一派人物。那时，求进步的中国人，只要是西方的新道理，什么书也看。向日本、英国、美国、法国、德国派遣留学生之多，达到了惊人的程度。国内废科举，兴学校，好像雨后春笋，努力学习西方。……要救国，只有维新，要维新，只有学外国。那时的外国只有西方资本主义国家是进步的，它们成功地建设了资产阶级的现代国家。"①但是，这些探索都以失败而告终，帝国主义对中国的野蛮侵略打破了中国人学习西方的迷梦，通过学习西方来实现中国现代化的道路是行不通的，"理想总是不能实现"②。康有为虽然写了《大同书》，但是，他却不可能找到一条到达大同的路。孙中山的资产阶级民主主义革命也难逃失败的命运，这样，"西方资产阶级的文明，资产阶级的民主主义，资产阶级共和国的方案，在中国人民的心目中，一齐破了产"③。就是在这样的思想状况下，国际形势发生了巨大的变化。"第一次世界大战震动了全世界。俄国人举行了十月革命，创立了世界上第一个社会主义国家。……这时，也只是在这时，中国人从思想到生活，才出现了一个崭新的时期。中国人找到了马克思列宁主义这个放之四海而皆准的普遍真理，中国的面目就起了变化了。……十月革命一声炮响，给我们送来了马克思列宁主义。十月革命帮助了全世界的也帮助了中国的先进分子，用无产阶级的宇宙观作为观察国家命运的工具，重新考虑自己的问题。走俄国人的路——这就是结论。"④这样，中国近代以来历史整体层面上的"中国向何处去"的问题就被鸦片战争以来的历史实践以及其中的经验和教训予以解决了。中国现代化的道路，在整体方向上，"资产阶级的民

---

① 毛泽东：《毛泽东选集》第四卷，人民出版社 1991 年版，第 1469—1470 页。
② 毛泽东：《毛泽东选集》第四卷，人民出版社 1991 年版，第 1470 页。
③ 毛泽东：《毛泽东选集》第四卷，人民出版社 1991 年版，第 1471 页。
④ 毛泽东：《毛泽东选集》第四卷，人民出版社 1991 年版，第 1470—1471 页。

主主义让位给工人阶级领导的人民民主主义，资产阶级共和国让位给人民共和国。这样就造成了一种可能性：经过人民共和国到达社会主义和共产主义，到达阶级的消灭和世界的大同"①。

从此，毛泽东讲的这"一种可能性"就成为中国共产党领导中国人民实现中国现代化的"中国道路"。那么，如何把这"一种可能性"变成现实性呢？这就要回到中国共产党实现这种可能性所面临的基本问题上来。只有找准问题，才能对症下药。

中国共产党以前的各种中国现代化道路之所以行不通，就是由于历史和阶级的局限性从而使他们的代表人物的现代化主张根本无法发现中国现代化的根本矛盾和基本问题。从现代化的历史来看，中国道路就是指中国从一个落后的封建的农业国转变为发达的工业国的历程和路径。中华民族的解放、发展和复兴与帝国主义的控制、压迫和颠覆是贯穿于这个历史过程的根本矛盾。对此，毛泽东有着非常清醒的理论自觉："帝国主义列强侵略中国，在一方面促使中国封建社会解体，促使中国发生了资本主义因素，把一个封建社会变成了一个半封建的社会；但是在另一方面，它们又残酷地统治了中国，把一个独立的中国变成了一个半殖民地和殖民地的中国。"②"帝国主义和中华民族的矛盾，封建主义和人民大众的矛盾，这些就是近代中国社会的主要的矛盾。当然还有别的矛盾，例如资产阶级和无产阶级的矛盾，反动统治阶级内部的矛盾。而帝国主义和中华民族的矛盾，乃是各种矛盾中的最主要的矛盾。"③因此，中国革命的任务"就是对外推翻帝国主义压迫的民族革命和对内推翻封建地主压迫的民主革命，而最主要的任务是推翻帝国主义的民族革命"④。在强调民族革命和民主革命的同时，毛泽东思考问题的另一条主线就是中国工业化的实现问题，"人民民主专政的国家，必须有步骤地解决国家

① 毛泽东：《毛泽东选集》第四卷，人民出版社 1991 年版，第 1471 页。
② 毛泽东：《毛泽东选集》第二卷，人民出版社 1991 年版，第 630 页。
③ 毛泽东：《毛泽东选集》第二卷，人民出版社 1991 年版，第 631 页。
④ 毛泽东：《毛泽东选集》第二卷，人民出版社 1991 年版，第 637 页。

工业化的问题”①。由此可知,在毛泽东看来,中国近代的这个根本矛盾表现为两大基本问题:一个是要实现民族独立和人民解放;一个就是要实现国家的工业化,也就是中国的现代化。

近代以来中国历史面临的两大基本问题在中国现代化历史实践中表现为相互联系和相互制约的一体化过程。前者是后者的政治前提,后者是前者的具体体现和展开。在中国现代化历史的研究中,学者们对这个问题也有深刻揭示。胡绳在1990年就说过:“在近代中国面前摆着两个问题:即一、如何摆脱帝国主义的统治和压迫,成为一个独立的国家;二、如何使中国近代化。这两个问题显然是密切相关的。”②刘大年赞同和支持这个观点并进一步指出:“中国近代110年的历史基本问题是两个。一是民族不独立,要求在外国侵略压迫下解放出来;二是社会生产落后,要求工业化、近代化。两个问题内容不一样,又息息相关,不能分离。”“没有民族独立,不能实现近代化;没有近代化,政治、经济、文化永远落后,不能实现真正的民族独立。中国人民百折不回追求民族独立,最终目的仍在追求国家的近代化。”③从具体实践过程来看,这两个基本问题又展开为中国现代化过程中必然面临着的极其复杂的三个方面的具体问题和矛盾。

其一,从全球化的时代背景看,后发型的现代化国家在社会生活总体上同时具有前现代、现代、后现代多重因素的特征,因而,西方国家现代化过程中历时性解决的问题在中国同时存在,这使实现中国现代化的过程就成为多重维度的力量在实践中的非线性耦合,这种耦合面临的问题和矛盾是极其复杂和多样的,应如何有效解决呢?

其二,从西方现代性的参照来看,西方现代性本身就存在着多重的内在矛盾,“三个主轴”天然存在的“越界冲动”会使现代性自身成为一个矛盾的、流变的、不断生成的存在。“三个主轴”是张凤阳从文化学的视野探讨现代性

① 毛泽东:《毛泽东选集》第四卷,人民出版社1991年版,第1477页。
② 胡绳:《关于近代中国与世界的几个问题》,《中共党史研究》1990年第6期。
③ 中国社会科学院科研局编:《刘大年集》,中国社会科学出版社2000年版,第5—7页。

问题概括的现代性的三重含义:一是世俗趣味的高涨,二是工具理性的蔓延,三是个性表现的放纵。他认为,“一个组织良好的社会,需要在世俗趣味、工具理性、个性表现三者之间寻求一种恰当的动态均衡”①。然而,不幸的是,在西方现代化的历史过程中所呈现的现代性图景,往往这三种典型取向“不仅在骨子里有一种强烈的越界冲动,而且以各自的方式使这种越界冲动在不同的历史时期现实地彰显了出来。正因如此,西方社会的现代性图景是一个包含着矛盾要素、衍生着剧烈逆向摩擦的分裂性图景”②。童星认为,张凤阳所说的现代性的三重文化含义是“现代性的完善和社会发展”的三大主轴,而每一个轴都有旺盛的“越界冲动”,如果它们划界而治、相互制衡形成合力,必定是现代化发展的正向力量。然而,这三个主轴的“越界冲动”一旦变成现实,就一定会出现加拿大学者查尔斯·泰勒在《现代性之隐忧》中所指出的三大隐忧。查尔斯·泰勒指出:从 17 世纪至今的整个现代,屡屡被视为是处在衰落之中,引起人们忧虑的有三个来源:一是个人主义的泛滥,导致“意义的丧失”;二是工具主义理性的主导,导致“目的的晦暗”;三是政治生活的专制化,导致“自由的丧失”。泰勒所谓的“三个隐忧”和现代性的“三重文化含义”是完全一致的。③ 中国现代化过程是全球现代化进程的一个组成部分,当西方式的现代化嵌入中国现代化进程之中时,它不仅要和中国的具体现代化实践发生关系,也必然会与中国独特文明产生内在的联系。那么,在这种极端复杂的实践中如何平衡工具理性和价值理性的关系呢?

其三,从中国现代化进程的实践层面看,我们一方面要强化理性精神,完善社会主义市场经济,推进社会主义民主政治,快速推动中国社会生产力的跨越式发展,以提升综合国力;另一方面,还必须关注和规避后现代主义的消极影响,注重解决现代化带来的类似环境污染、精神垮塌、信仰缺失等一系列问题。

---

① 张凤阳:《现代性的谱系》,南京大学出版社 2004 年版,第 11 页。
② 张凤阳:《现代性的谱系》,南京大学出版社 2004 年版,第 12 页。
③ 童星:《现代性的图景——多维视野与多重透视》,北京师范大学出版社 2006 年版,第 78—79 页。

从中国现代化的历史进程来看，正是因为有这三个方面的问题和矛盾存在，中国的现代化经常处于这种“选择的困惑和两难处境”：“经济上的平等与效率、高技术与适用技术、政治上的权威与民主、思想观念上的传统与现代化，以及涉及诸领域的商品经济与道德完善、历史与伦理、物质文明与精神文明等等，这一系列二律背反，使得我们的任何一种非此即彼的选择，都将可能以丧失某一方面为代价。”①

上述两大基本问题和三个方面具体问题解决的过程也就是寻求中国现代性的过程，即中国现代性的建构问题，说到底就是中国道路的形成过程。如果把从 1921 年至今的中国现代化历史分成四个历史阶段，那么在这四个历史阶段中，中国的现代化经历了三种道路转换。

第一，1921 年中国共产党承担起中国现代化的历史使命，产生了中国的早期现代化阶段，这个阶段选择的是以资本主义现代化为主体的道路。中国历史的事实证明，这种现代化道路无法解决两大基本问题和三个方面的具体问题。但是，在这个过程中，马克思主义与中国工人运动相结合，产生了中国共产党。正是在中国共产党的正确领导下建立了人民当家做主的中华人民共和国，完成了民族独立和人民解放的历史任务，为实现中国的现代化奠定了政治前提，从根本上确立了中国现代化的社会主义方向。

第二，1949 年到 1978 年中国的现代化学习了苏联现代化模式，走向了“经典社会主义现代化道路”。历史事实证明，这条道路在解决三个方面具体问题的过程中、在价值理性与工具理性的关系处理上都是存在问题的，并不能真正地解决中国现代性建构的问题。

第三，1979 年到 2012 年中国现代化走向了中国特色社会主义道路。历史事实证明，这条道路对于促进生产力的快速发展十分有效。2010 年，中国因国内生产总值超过日本，成为世界第二大经济体，中国已经富起来了，但是，就中国现代性的建构来说，虽然奠定了现代化的经济基础，但是在工具理

---

① 何中华：《社会发展与现代性批判》，社会科学文献出版社 2007 年版，第 133 页。

性和价值理性的关系问题上，还是有很大偏颇的，由国内外各种综合性因素而引起的现代性矛盾并没有很好地解决。

2012 年至今，中国特色社会主义进入新时代。中国共产党在新的历史时期继续坚持和发展中国特色社会主义。2021 年中国共产党成立 100 周年是中国现代化历史上的一个重要的时间节点。中国在全面建成小康社会的基础上，开启了全面建设社会主义现代化强国的新征程。按照党的十九大规划的发展蓝图，到 2049 年新中国成立 100 年时建成富强民主文明和谐美丽的社会主义现代化强国，在这个过程中将克服以往现代化历史进程中的一系列现代性二律背反，全面追求中国现代性，重建奠定在中国文明基础上的而又容纳世界文明发展一切适应中国需要的积极因素的中国现代性。

回顾中国式现代化道路的现代性建构百年历程，可以看到，中国特色社会主义道路开辟了中国现代化之路，形成了中国式的现代化道路，这个新道路成功实现了现代化发展，同时又避免了西方现代性弊端，形成了一种新的文明形态。习近平总书记在“七一”重要讲话中指出，“我们坚持和发展中国特色社会主义，推动了物质文明、政治文明、精神文明、社会文明、生态文明协调发展，创造了中国式的现代化新道路，创造了人类文明新形态”①。党的二十大报告则将创造人类文明新形态作为中国式现代化的本质要求之一。这些重要论断意味着这一新的文明形态具有强大的生命力，在世界文明形态中确立了自己的地位；而这一产生于中华文明基础上具有特殊性的现代化道路同时也具有普遍性的意义，正如党的十九届六中全会通过的《决议》指出的，“党领导人民成功走出中国式现代化道路，创造了人类文明新形态，拓展了发展中国家走向现代化的途径，给世界上那些既希望加快发展又希望保持自身独立性的国家和民族提供了全新选择”②。

① 习近平：《在庆祝中国共产党成立 100 周年大会上的讲话》，《求是》2021 年第 14 期。
② 《中共中央关于党的百年奋斗重大成就和历史经验的决议》，《人民日报》2021 年 11 月 17 日第 1 版。

第二章

西方中心主义的历史逻辑、现实表达及其内在问题

“西方中心主义”是一种近代思潮，但是它的产生根源却比较久远，甚至可以追溯到古希腊时期的哲学精神及其文化形塑。在历史上，虽然每个地区、每个民族都习惯以自身所处的境遇为中心来建构自己的观念共同体和社会共同体，但是往往都只停留在一种凝聚社会共识的中心论或者中心意识，并没有形成一种“主义”。只有现代化以来的西方社会在资本主义的全球化推动下，才形成了一种成体系的“中心主义”思潮。随着现代化和全球化的进一步发展，“西方中心主义”为资本主义殖民扩张和世界化大生产所推波助澜，开始向世界各地扩散传播，并伴随着西方的殖民主义活动，对世界各国的现代化进程、思想启蒙和文化传承发展产生深层影响。它不仅仅是西方世界自身的“自说自话”和话语表达，更是广泛存在于那些在近代以来遭受西方文明冲击和影响的殖民地、半殖民地国家的意识形态领域当中，甚至已然成为那些受到西方现代化进程影响的地区和国家的最大精神文化参考系，并一度为许多非西方文明圈的后发型现代化国家所接纳。在近现代世界历史的发展进程中，“西方中心主义”在发达工业文明的掩护下，俨然已经成为一种国际话语和意识形态倾向，对世界多元文明发展和世界历史的繁荣进步造成深层影响。

一、西方中心主义的哲学根源

西方中心主义作为一种意识形态和思想观念，不是凭空出现的，而是内含着深层次的思想基础和独特的历史源流。要理解西方中心主义，首先要理解西方意识形态的形成机制和西方精神的深层机理，亦即理解西方哲学的精神内核。

西方文明的根在古希腊，它的哲学传统创造了西方文明最初始的思维模式。以柏拉图、亚里士多德等人为代表的思想家开创了西方文明的形而上学传统，其最大特点就是方法论上的形式逻辑与认识论中的本体论预设。形而上学虽然并不直接产生中心主义思想，但是形而上学的思维方式却习惯于将一切事物引向一个抽象的、至高的确定性存在，进而在意识领域促成一种适宜于形成中心主义的思维模式和思想框架。例如，在柏拉图看来，作为形而上的理念世界是规范、范畴和概念的综合，存在一种理性的、按照“善”的原则来支配的完满世界，把“善”视为可知世界的“太阳”，认为它是“所有可见事物的可见性的创造者”①；亚里士多德的实体观是其形而上学的集中表达，在他看来，“实体，在最严格、最原始、最根本的意义上说，是既不述说一个主体，也不依存于一个主体的东西”②，它在一切意义上都是最初的，其他范畴都不能离开它而独立存在③。无论是柏拉图还是亚里士多德，都是后世西方形而上学思维模式的缔造者，他们的共同特点就是把某一最高形式的抽象存在视为万事万物的起始，这便是逻各斯中心主义的哲学表征。到了中世纪，托马斯·阿奎那等人则进一步将形而上学思维与基督教神学相结合，指出“首要存在者就是其他存在者的原则”④，从而把这种形而上学思想中追求“中心”的意义推

---

① 柏拉图：《理想国》，郭斌和、张竹明译，商务印书馆1986年版，第266页。
② 亚里士多德著，苗力田主编：《亚里士多德全集》第一卷，中国人民大学出版社1990年版，第6页。
③ 苗力田主编：《古希腊哲学》，中国人民大学出版社1989年版，第514页。
④ T. Aquinas, *Commentary on Aristotle' s Metaphysics*. J. P. Rpwan trans., Dumb Ox Books, 1995, p. 731.

到极致。在形而上学的追思下，西方文化具有很强烈的非此即彼特点，它的对抗性随处可见，对于原子、基质等世界“本原”的追求，使他们的观念中深深植入了一种对确定性的“中心”的执着，亦即，万事万物都源自一个向外不断扩展和发散的中心原点，而万事万物也只不过是对这一确定性的中心和本原的“分有”。形而上学执着地追求着规律、命运、尺度等方面的必然性解释，追求着思想和世界的本质性论证，它与逻各斯中心主义相辅相成，以一种立法者的权威方式和姿态面对着世界的万事万物。

受形而上学的思想影响，西方传统下的政治思想发展出“修昔底德陷阱”式的政治博弈思维和“非此即彼”的价值选择原则。尤其是在西方率先开启了全球范围内的资本主义现代化之路以后，西方发达资本主义国家在其优势经济实力和军事实力的加持下，对其信奉的普世价值开启了过度推崇的世界历史进程。具体表现为：以其西式文明的“同一性”拒斥世界上其他国家、地区及文明的“差异性”；以其认定的“中心”和“自我”排斥其他文明，并将西方以外文明视为“非中心”和“他者”。如此一来，一种在西式自由主义等框架下的自由、民主等价值观念被最大化地输出了。他们迫切地希望建构起一种以西式现代化为母版的价值体系和观念体系，在这一体系中寻求着人类社会普遍的存在意义，妄图塑造一种以普世价值为中心的同一性世界，并将这一体系视为最崇高和毋庸置疑的人类核心规范。如亨廷顿就认为，“在所有的文明之中，唯独西方文明对其他文明产生过重大的、有时是压倒一切的影响”①。这是西方文明“中心主义”者的典型代表性观念。

按照西方形而上学传统和普世主义精神，西方文明对于绝对真理的追求、对于绝对标准的标榜，西方世界不断将自身的文明“果实”向外输出着。在这一过程中，他们的思想传统、意识形态和价值内容不断被或强加式地，或植入式地传播给世界各地区。然而，这种“同一性”追求最终带来的却不是一个童话般的和谐、完满的世界，而与之相反，它被西方的殖民主义和霸权主义

① 塞缪尔·亨廷顿：《文明的冲突与世界秩序的重建》，周琪等译，新华出版社1998年版，第199页。

所裹挟，不断在世界范围内制造着动荡、矛盾与冲突。西方世界的这种中心主义谋划，把自身文明不加区分地“倾倒进不断的分裂与复苏、斗争与矛盾、模棱两可与极度痛苦的巨大的破坏性力量之中”①。

二、西方中心主义的历史源流

在古希腊这个推崇真理、渴望求知的起点，智者们缔造了西方文明最深层的中心主义和唯我主义精神内核。正如吉尔伯特和库恩所说的，古希腊的哲学家们所做的一切，“均是力图在人类活动的领域内捞到一个较高的地位，即统治者的地位”②。个人如此，对待城邦和邻国之间的关系亦如此。希腊的政治雄辩家伊索克拉底对统治者腓力说，“说服可用于希腊人，强迫可用于蛮族人”③。他一生都在为建构一个具有统摄力的“希腊帝国”而奔波，这一信念也多次掀起了“泛希腊化”的政治浪潮。“希腊帝国”的精髓就在于对内民主与对外殖民，它是日后欧洲帝国殖民主义的精神原型与政治模板。④ 而作为古希腊最伟大的哲人之一，亚里士多德也以同样的方式教导他的学生亚历山大大帝，提出了算得上是最早的以希腊为中心的“中心主义”政治论调。他指出，“寒冷地区的人民一般精神充足，富于热忱，欧罗巴各族尤甚，但大都绌于技巧而缺少理解；他们因此能长久保持其自由而从未培养好治理他人的才德，所以政治方面的功业总是无足称道。亚细亚的人民多擅长机巧，深于理解，但精神卑弱，热忱不足；因此，他们常常屈从于人而为臣民，甚至沦为奴隶。惟独希腊各种姓，在地理位置上既处于两大陆之间，其秉性也兼有了两者的品质。他们既具热忱，也有理智；精神健旺，所以能永保自由，对于政治也得到高度的发展；倘使各种姓一旦能统一于一个政体之内，他们就能够治

---

① 戴维·哈维：《后现代的状况：对文化变迁之缘起的探究》，阎嘉译，商务印书馆2003年版，第18页。

② 吉尔伯特、库恩：《美学史》上卷，夏乾丰译，上海译文出版社1989年版，第14页。

③ 伊索克拉底：《致腓力辞》，载《古希腊演说辞全集》，李永斌译注，吉林出版集团有限责任公司2015年版，第122页。

④ 潘岳：《战国与希腊：中西方文明根性之比较》，《文化纵横》2020年第3期。

理世上所有其他民族了”①。

虽然古希腊时期已经萌发西方中心主义的意识形态和精神萌芽，但是无论是伟大的城邦雅典，还是昙花一现的帝国马其顿，都没有最终成功地塑造一个持久且具有深远影响的大型政治共同体。这意味着古希腊时期的西方文明虽然怀揣中心主义的意识形态幻想，但是却尚不具备世界性传播的社会历史基础，其更为广泛的文明影响力至少在罗马以前受到了极大的地域性限制，这种情况直到罗马帝国建立才有了质的改变。虽然罗马在很长一段时期内被视为“蛮族”，但是它却在事实上承袭了古希腊大部分的文明成果，这使得西方文明在传承自身文化和价值观念上有了新的载体。事实上，“罗马帝国就像希腊城邦一样，通过自己的方式，对国境以外的世界有着相当的优越感和恩赐态度”②。而真正促使西方文明产生世界性影响的开端也正是罗马，它缔造了一个以地中海为中心、横跨欧亚非的庞大帝国，具有超凡的政治影响力。这也意味着，西方中心主义拥有现实的物理空间和丰厚的客观物质基础。在戴克里先时代，作为事实上西方文明载体的罗马帝国开始正式接纳了基督教，由此，在古希腊形而上学与罗马的基督教普世主义精神的合力之下，西方中心主义在最为广泛的社会层面上，拥有宗教信仰上的理论合法性。自此之后，一方面，基督教以罗马教廷为中心，开始广泛传播。另一方面，在基督教信仰体系与西方古典哲学的相融合中，产生了大量诸如奥古斯丁、阿奎那等著名的神学思想家，他们以古希腊哲学为思想源泉，通过理性论证使得宗教信仰在世俗间得到了合理性加持，大大加深了宗教精神对于西方文明的深层影响，不仅肇始了西方文明的后世发展，还正式开启了西方文明走向世界、推行自身普世主义价值观念的历史先河，并由此大肆宣扬了西方中心主义的价值预设。伴随着思想和物质上的条件成熟，西方中心主义的观念上层建筑指导了现实的殖民主义政治实践，并进一步衍生了更大范围的殖民扩

① 亚里士多德：《政治学》，吴寿彭译，商务印书馆2017年版，第366—367页。
② 伯特兰·罗素：《西方的智慧》，王岚译，中国致公出版社2010年版，第148页。

张。正如美国著名政治学理论家拉塞尔·柯克所指出的,"透过宗教和世俗两种形式,犹太人对圣约和律法的理解散播到整个西方文明世界,后来也在某种程度上散布到整个世界"①。

在历经漫长的中世纪神权洗礼之后,西方文明最终在资本主义生产方式的影响之下形成了现代工业文明的最初样态,并完成了现代意义上的世俗化改革。应该说,西方文明所确立的资本主义生产方式,创造了巨大的社会生产力,将地域市场逐渐转变为世界市场,开启并推动了人类社会的现代化进程,一定程度上为人类社会进步做出了巨大贡献。马克思、恩格斯在《共产党宣言》中也充分说明了资产阶级曾经发挥的历史作用:"资产阶级在它的不到一百年的阶级统治中所创造的生产力,比过去一切世代创造的全部生产力还要多,还要大。……过去哪一个世纪料想到在社会劳动里蕴藏有这样的生产力呢?"②然而无论是文艺复兴、宗教改革还是之后的启蒙运动,现代西方文明从根本上依旧延续了古典形而上学的理性主义内核以及基督教的绝对一神教精神,更进一步巩固了西方主流社会追崇"同一"、反对"多元"的观念意识。在工业革命的社会化大生产背景下,在资本主义的殖民和剥削逻辑之下,西方中心主义的思维模式得到了进一步的巩固和发展,它与资本主义的意识形态、价值体系相结合,形成了一种独特的"以西为主""以西为尊"的全球话语体系,打造了一种牢固建立在资本主义物质基础和资本强国的军事基础之上的扭曲的历史叙事模式。在这一过程中,西方资本主义作为全球化进程的主要推手,在西方中心主义意识形态的掩盖下,一跃成为"最为优秀的"、"代表"人类文明进步的"完美"的优胜者。这也让西方各民族的优越感达到了前所未有的历史高度。在资本主义的裹挟之下,西方中心主义所带来的后果是西方资本主义强国在全球范围内的资本扩张和殖民活动。在非洲、澳洲、南北美洲以及亚洲的许多地区,随处可见近代以来西方殖民者的身影,它们对于

① 拉塞尔·柯克:《保守主义思想》,张大军译,江苏凤凰文艺出版社2019年版,第29页。
② 中共中央马克思恩格斯列宁斯大林著作编译局编译:《马克思恩格斯选集》第一卷,人民出版社2012年版,第405页。

殖民地地区资源的大肆掠夺、所进行的罪恶的奴隶贸易，甚至是对一些原住居民部落的灭绝，正印证着马克思在《资本论》中所说的："资本来到世间，从头到脚，每个毛孔都滴着血和肮脏的东西。"①与之相对的，是西方越来越多的知名学者开始公开标榜西方文明的进步性、优越性和中心性，如法国学者孔多塞的《人类精神进步史表纲要》、欧洲"小说之父"丹尼尔·笛福的《魔鬼的政治史》等都是这类观念的代表作；而诸如人文主义者波丹、大文学家莎士比亚等，也都是推崇欧洲文化优越性的代表人物。

20世纪以来，韦伯、雅思贝尔斯等人的西方中心论史观大行其道，而美国历史学家威廉·麦克尼尔的《西方的兴起——人类共同体史》、英国经济学家埃里克·琼斯的《欧洲奇迹》等，都是以西方中心主义为基础的代表作品。就西方以外的其他地区而言，绝大多数的非西方国家，在近代追求自身民族独立和国家解放的过程中都曾一度基于社会历史条件等原因，提出了世界的发达文明在西方的文明观。例如，日本著名哲学家福泽谕吉就曾这样讲道："现代世界的文明情况，要以欧洲各国和美国为最文明的国家，土耳其、中国、日本等亚洲国家为半开化的国家，而非洲和澳洲的国家算是野蛮的国家。"②虽然也有一些西方的历史学家，如汤因比等人，提出了反对西方或欧洲中心主义的历史观念，但是直至今日却始终没能从根本上避除"西方中心主义"论调。这最终表现为，在过去的近五百年间，在全世界范围内的现代化发展认知中，现代化几乎等于西方化，这便牢牢巩固和加强了西方中心主义的话语权。二战以后，美国成为西方世界的代言人，西方中心主义愈发呈现出在资本主义强国内部的共识和泛化，并进一步向全球输出其价值观念。在西方中心主义的话语叙事之下，世界上各主权国家只要出现政治动荡、经济落后和文化不昌等迹象，都可以被归结为没有遵循西方价值观和规则的必然后果。在此情形之下，福山等人的"历史终结论"得到了极大的话语市场，西方的发

① 中共中央马克思恩格斯列宁斯大林著作编译局编译：《马克思恩格斯选集》第二卷，人民出版社2012年版，第297页。

② 福泽谕吉：《文明论概略》，北京编译社译，商务印书馆2017年版，第9页。

展模式被神化，其他地区的国家和文明的发展进程被强势打断和诋毁，现代化发展被言说成一种具有普遍适用性的西方式现代化。

三、西方中心主义的现代形式及其弊病

西方中心主义是世界历史发展的产物。一切“主义”都有着自身的理想和原则。① 作为一个全球范围内被公认的“主义”，西方中心主义的理想和原则既体现在它的政治观念和价值观念中，也体现在它的思维方式和话语系统中。在既往西方中心主义的精神内核基础上，现代国际社会演化出了西方中心主义的如下三种表现形式：文明冲突论、普世主义价值论以及殖民主义式的文化输出和霸权主义强权政治。这些表现形式无一不揭示出奉行西方中心主义的西方资本主义国家给世界带来的纷争与困扰。

首先，在西方中心主义的导引下，亨廷顿等人就认为，“文明之间最引人注目的和最重要的交往是来自一个文明的人战胜、消灭或征服来自另一个文明的人”②。而这种由文明的“中心主义”所关联出的“文明冲突论”的观点并非个例，甚至在整个西方文明主导下的全球化浪潮中，世界主要文明体之间的冲突与世界秩序的稳定建构之间都被普遍地认为是存在着天然的矛盾关系。而这正是西方文明由来已久的“非此即彼”的思维模式。尤其是当其他文明逐渐发展起来以后，类似于“修昔底德陷阱”的大讨论在西方世界更是不绝于耳。在西方传统的文明论者看来，假使在人类进入工业文明以前，文明之间的冲突尚受到地域性的限制而没有扩展到全球范围，那么在21世纪进入工业全球化和资本全球化的今天，文明之间的交流与碰撞就越发地扩展成为全球范围的广义事件。除了地区性矛盾之外，由于全球化所带来的全世界范围的政治、经济、文化、社会、生态等各个方面的矛盾相继频出，而其中给予

---

① 叶险明：《马克思超越“西方中心论”的历史和逻辑》，《中国社会科学》2014年第1期。
② 塞缪尔·亨廷顿：《文明的冲突与世界秩序的重建》，周琪等译，新华出版社1998年版，第35页。

“文明的冲突论”者无限遐想的焦点就集中在广义上的东方文明与西方文明之间，更具体地说，就是集中在中华文明与西方文明之间。即便是在工业文明以后东西方都表现出共同的现实追求，也仍旧无法掩盖东西方文明之间所存在着的巨大的传统差别与价值认知。除了中国所坚持的社会主义制度与西方世界坚守的资本主义制度之间的冲突之外，更深层次的碰撞还存在于中华文明的文化根性与西方文明的传统意识之间。基于此，西方文明与中华文明之间的关系被许多别有用心者解读为世界性的对抗关系，而各个地区局部的矛盾与冲突也被理解为地区性的文明冲突。

其次，西方中心主义与西方普世主义价值相称相合，其普世主义在资本市场的推动下涌向世界各地，与世界其他各民族和地区的文化自主性和独特性产生矛盾冲突。西方中心主义的观念本身就来源于一种普世主义的价值选择，即认为一种事实上由“最为正确而优秀的”西方文明为主导来控制的世界经济政治体系要比由其他文明各自发展出来，并最终拼凑形成的人类历史整体要更好。这种观念根深蒂固地存在于西方文明的自身发展体系当中，尤其是它的宗教传统里，而在全球化的今天则进一步与市场化经济和世俗政治融合在一起。现今，西方文明仍然在广义上处于基督教文明的辐射之下。尤其是新教成立以后，资本主义的自由市场与基督教在伦理价值上产生了深度结合，西方文明的中心主义价值理念和普世主义精神传统在资本主义殖民扩张和工业全球化生产的带领之下持续扩散，进一步推动了西方文明的政治、经济、社会等各个方面向着“西方中心主义”不断发展。在西方世界的主流意识形态中，从未将西方以外的世界视为与自身同质，其往往以普世主义的名义，强调西方文明的自身先进性和独特性，进而将西方文明与现代文明等同起来，以现代文明的先进性来回补其宗教传统中的普世性，进而扩展至其制度领域和顶层设计上，认为西方的政治制度、经济制度是放之四海而皆准的普世选项，同时具有最为普遍的优越性。其中最具代表性的就是西方的民主战略。西式民主成为西方对外输出的重要政治理念和制度形式，在他们的民主战略支持下，北非、中东、中亚地区的许多国家和地区纷纷发生政变，而以美国为首的西方资本主义国家更是发挥其“长臂管辖”的“优越条件”，对中亚、北非的一些国家实行“民主帮扶”，其中有些是打着民主的旗号培养其政治代理人，有些则是干脆扶植一个军政府，从而实施分裂主义，为建立其所谓的自由民主的政治体制不择手段。究其根源，这就是西方中心主义者们迷醉在其宗教普世主义价值传统中的现实表现和变相政治手段。

在当前全球化进程中，西方中心主义的话语体系和意识形态带来了西方殖民主义式的文化输出。近代西方的殖民扩张运动在全世界范围内形成了广泛的影响，西方资本主义强国的殖民地遍布全球，有些地区甚至延续至今，仍然作为西方的殖民地和附属国而存在。在 20 世纪全世界范围内的去殖民化和解放运动的大潮中，一些国家虽然在形式上获得了独立和主权，但其实质上仍受制于西方。尤其是在国家主流意识形态上，西方凭借其传统的文化输出战略，依然占领着许多已去殖民化地区的意识形态主导权。实际上这也构成西方中心主义的一个核心内容，即对非西方国家和地区的文化与意识形态进行文化殖民，再以非西方地区的西方中心主义认同反哺和巩固自身的意识形态权威地位。其主要目的就是通过其经济霸权和政治霸权来巩固支撑其文化霸权，反过来又以文化霸权来巩固其经济霸权和政治霸权的合法性地位。换言之，西方中心主义的思潮在一定意义上已经表现为西方殖民主义的文化策略，它势必在那些已然觉醒的被殖民地地区造成广泛的影响。而在那些传统文化较为深久的地区，这种殖民主义的软实力入侵势必遭遇地区文化的反弹和反抗，进而持续激化地区矛盾。这也同时表现为在资本主义全球化下的西方单边主义、霸权主义强权政治与世界各国之间多边主义、和平发展之间的矛盾。“西方中心主义”代表并维护了以西方资本主义体系为核心的西方资本集团的整体利益，同时构成其霸权体系强权政治的意识基础。在这种政治制度和意识形态的中心主义之下，西方文明主导下的现代化道路似乎已经走入一个必然引发全面矛盾的死胡同。

综合来看，世界多元化、多样化发展趋势不可违背，以西为尊、西方独大的世界政治经济局面面临着前所未有的冲击。尽管西方中心主义在某些地区仍旧愈演愈烈,但是历史的发展趋势不容阻拦。随着世界各国的不断发展,更多的后发型现代化国家不断加入寻求自身独立自主的和平发展之路中来。提倡多元,反对一元;提倡多边,反对单边;提倡共同价值,反对普世价值;等等。这些都是西方中心主义者不得不面临的世界性社会共识。与之相对比,中国共产党推动构建人类命运共同体,无疑为解决人类重大问题,建设持久和平、普遍安全、共同繁荣、开放包容、清洁美丽的世界贡献了中国智慧、中国方案、中国力量,成为推动人类发展进步的重要力量。

第三章

中国式现代化道路的人类文明意义

“现代”相对于“古代”，其本质上是由人类社会生产力的飞跃性发展所标识出来的。现代生产力发展的标志性事件就是最早兴起于西方的工业革命。因此，我们通常所说的人类社会的现代化，就是指始于西方工业革命的现代化。从文明论的角度出发，恩格斯曾经指出，“文明时代是社会发展的这样一个阶段，在这个阶段上，分工、由分工而产生的个人之间的交换，以及把这两者结合起来的商品生产，得到了充分的发展，完全改变了先前的整个社会”①。在生产力发展的催动之下，西方社会率先发展出具有现代形式的分工和所有制，从而率先开启了人类社会的现代化道路。因此，传统的现代化道路就是指由西方文明所主导的现代化发展进程，其本质就是以西方文明为内核，融合了现代工业发展的资本主义现代化发展之路。中国式现代化道路，是相对于西方现代化道路而言的，它是以中华文明为内核的现代化发展模式，同时也是在现代工业文明发展的基础之上以社会主义制度为原则和价值旨归的现代化发展新路。在一定意义上，西方的传统现代化道路可以表征为先发型现代化国家的典型道路，而中国的现代化道路则可以被视为后发型现代化国家追求自身发展的新探索。

① 中共中央马克思恩格斯列宁斯大林著作编译局编译：《马克思恩格斯选集》第四卷，人民出版社2012年版，第190—191页。

一、西方现代化道路的本质及其文明论缺憾

要理解中国式现代化道路是什么，就要首先理解西方现代化道路是什么，从而在比较中发掘新意。而要理解西方现代化道路，首先就要理解其所根植的西方文明。何为西方文明？总的来说，文明相对于野蛮，实质上就是人类社会走向自觉开化道路的表现形式。汉语中“文明”一词以词组的形式最早出现在《周易》之中，如“见龙在田，天下文明”“其德刚健而文明，应乎天而时行，是以元亨”等，其意在与野蛮相区分，表明人类社会的开化、文治之意。西方现代意义上的“文明”一词大约出现在18世纪中叶的欧洲，法国人米拉波(Mirabeau)和英国人弗格森(Adam Ferguson)最早使用了这一概念。[①] 这一具有现代意义的“文明”概念后经日本学者的翻译，又重新传回中国，赋予了中国传统“文明”概念的现代化新意。在现代意义上，法国历史学家布罗代尔认为，“文明是具有边界的文化区域”[②]。而博兹曼则指出，文明是一个社会稳定的价值与规则。[③] 美国著名政治学理论家拉塞尔·柯克曾对以欧美为主导的现代国际秩序的精神源泉，亦即现代西方文明的源流做出了归纳。他认为，作为殖民者来源地的欧洲，古希腊哲学家柏拉图和亚里士多德的观念无处不在，这些观念渗透进罗马文明，而后进入中世纪文化，紧接着又在文艺复兴和宗教改革之后进入欧洲人和美国人的思想。[④] 据此，我们可以有如下总结：现代西方文明正是古希腊文明、古罗马文明、基督教文明与现代工业文明的综合体。在这一综合体的背后，隐藏着的是文明论上的“西方中心主义”和“殖民主义”两大传统。

---

① Wallerstein, Immanuel, *Geopolitics and Geoculture: Essays on the Changing World-System*, Cambridge University Press. 1991, p. 216.

② 布罗代尔：《论历史》，刘北成、周立红译，北京大学出版社2008年版，第288页。

③ Bozeman, Adda B. "Civilizations under Stress: Reflections on Cultural Borrowing and Survival", *The Virginia Quarterly Review*, Vol. 51, No. 1.

④ 拉赛尔·柯克：《保守主义思想》，张大军译，江苏凤凰文艺出版社2019年版，第74页。

首先，西方文明有着根深蒂固的“西方中心主义”倾向。这种中心主义思想可以追溯至中世纪时期西方传教士们的“布道精神”。而后经过文艺复兴和启蒙运动，西方渐趋发展出了一种由信仰中心扩展至经济中心乃至文明中心等社会各个方面的中心主义思潮。在这一过程中尽管经历了一些辩论，但是由于西方的工业化进程开启较早，因而仍然在一定程度上从物质基础的角度加深了西方社会在现代文明论上的“西方中心主义”结论。就西方自身内部而言，在19世纪以前，西方社会一直普遍认为在整个人类社会中只有自己是开化的、文明的，因此作为“文明”的西语词汇一直都是单数形式。直到19世纪初叶以后，“文明”才首次以复数形式出现，但是西方人对西方文明以外的人类文明的认知却始终十分有限。就西方以外的其他地区而言，绝大多数欧美以外的非西方国家，在近代追求自身民族独立和国家解放的过程中都曾一度基于社会历史条件等原因，提出了世界的发达文明在西方的文明理论。例如，日本著名哲学家福泽谕吉就曾这样讲道：“现代世界的文明情况，要以欧洲各国和美国为最文明的国家，土耳其、中国、日本等亚洲国家为半开化的国家，而非洲和澳洲的国家算是野蛮的国家。”①虽然也有一些西方的历史学家，如汤因比等人，提出了反对西方或欧洲中心主义的历史观念，但是直至今日却始终没能从根本上避除“西方中心主义”论调。这最终表现为，在过去的近五百年间，在全世界范围内的现代化发展认知中，现代化几乎等于西方化。

与此同时，西方还存在着根深蒂固的“殖民主义”传统。在古典时期，希腊的政治雄辩家伊索克拉底就曾对统治者腓力说过，“说服可用于希腊人，强迫可用于蛮族人”②。他一生都在为建构一个具有统摄力的“希腊帝国”而奔波，这一信念也多次掀起了“泛希腊化”的政治浪潮。这种“希腊帝国”的精髓就在于对内民主与对外殖民，它是日后欧洲帝国殖民主义的精神原型与政治

① 福泽谕吉：《文明论概略》，北京编译社译，商务印书馆2017年版，第9页。

② 伊索克拉底：《致腓力辞》，载《古希腊演说辞全集》，李永斌译注，吉林出版集团有限责任公司2015年版，第122页。

模板。[1] 进入工业文明以后，西方资本主义开启了全球的资本扩张和殖民活动，在非洲、澳洲、南北美洲以及亚洲的许多地区，随处可见近代以来西方殖民者的身影。对于殖民地地区资源的大肆掠夺、罪恶的奴隶贸易，甚至是对一些原住居民部落的灭绝，正如马克思在《资本论》中所说的："资本来到世间，从头到脚，每个毛孔都滴着血和肮脏的东西。"[2]

在"西方中心主义"与"殖民主义"的双重逻辑之下，这一最早由西方开启的现代化道路在当前社会历史条件下受到了来自实践和价值等诸多方面的挑战。其根本原因在于，后发型现代化国家自身的现代化发展诉求受到了传统西方先发型现代化国家在经济、政治、文化、社会等各方面的束缚和限制。这种世界整体的内在发展张力，同时又表现为非西方文明对自身文明性的重拾与对"西方中心主义"文明论的反弹与抗争，表现为非西方后发型国家的和平崛起诉求与西方先发型现代化国家"殖民主义"惯习之间的冲突与矛盾。当前，先发型现代化国家与后发型现代化国家之间在这一道路上发展的不平衡、不协调已经影响了人类社会整体的发展水平。先发型现代化国家凭借其资本和技术优势开启了经济、政治、文化等各个领域的无序扩张，西方中心主义大行其道，经济垄断、政治霸权和文化意识形态偏见随处可见。这与后发型现代化国家追求均势发展、不干涉他国内政的政治原则以及对自身文化多样性保护的诉求之间存在着巨大矛盾。例如曾经作为威斯特伐利亚体系的坚定捍卫者和受益者，美国长期在全球范围内奉行"长臂管辖"战略，同时依靠其发达的技术垄断、金融霸权和军事强权地位，长期干涉他国内政。这种情况尤其是在进入 21 世纪以后，伴随着特朗普主义的上台而表现得愈发鲜明。与此同时，世界各地区内部也存在许多既有道路所不能解决的棘手问题。例如，在欧洲，出现了与其当初构想的民族国家体系渐行渐远的政治新局面，欧洲各国提出了基于主权共享概念的欧盟体系并将其付诸实践，然而

① 潘岳：《战国与希腊：中西方文明根性之比较》，《文化纵横》2020 年第 3 期。

② 中共中央马克思恩格斯列宁斯大林著作编译局编译：《马克思恩格斯选集》第二卷，人民出版社 2012 年版，第 297 页。

却又随着英国脱欧公投的通过，其前景变得扑朔迷离。

二、中国式现代化道路的形成及其文明论内涵

如果从马克思主义基本原理与中国具体实际相结合、马克思主义基本原理与中华优秀传统文化相结合的“两个相结合”出发，并以此来作为开启中国式现代化道路的指导原则，那么中国式现代化道路就不是起始于21世纪的当下，而是发端于中国近代以来的救亡运动时期。它归根到底是马克思主义、中华文明与全球工业化浪潮相碰撞的淬生物。在这一淬炼过程中，中国共产党起到了组织和凝结的关键作用。中国共产党将中国式现代化道路与中华民族伟大复兴这一历史主题紧密凝结在一起，谱写了中华民族探索和发展自身实现国家现代化的新篇章。

与西方文明在哲学和政治传统上的“西方中心主义”和“殖民主义”不同，中华文明从一开始就表达了一种整体意义上的天下观，和谐、共生是中华文明的内在根性。“文明”二字在中华文明知识体系中代表了一种全方位、立体化的认识方法。《易·贲》中说：“刚柔交错，天文也。文明以止，人文也。观乎天文，以察时变。观乎人文，以化成天下。”这段话深入浅出地勾勒出中国传统的“文明观”，即人类所创造的一切文化成果以及人类所从事的一切实践活动，都属于“人文”。“文明以止”，就是指人类改变自然、创造社会的实践的全部活动，都要自觉地意识到可能达到的界限。① 在这样一种人文关怀之下，人类文明的活动场域——“天下”——被孕育出来。而“天下”又意味着“一个使世界成为政治主体的世界体系，一个以世界为整体政治单位的共在秩序。从天下去理解世界，就是以整个世界作为思考单位去分析问题，从而超越现代的民族国家思维方式”②。在这样一种中华文明内在的“天下观”的指引之

① 姜义华：《“文明论”内涵之比较》，《北京日报》2020年11月30日第15版。
② 赵汀阳：《天下观与新天下体系》，《中央社会主义学院学报》2019年第2期。

下,中国式现代化发展必然要维护世界多样性,反对一切以自我为中心的"中心主义"独断论;必然是以天下共生共在原则去建构国家之间相辅相成的存在关系,使世界的共同利益大于排他私利,拒绝一切以牺牲他人利益而满足自己的"殖民主义"唯我论。

然而,近代社会历史给予中华文明的现实条件却并不优越。在中国共产党团结带领中国人民进行艰难探索以前,中国的现代化进路一直处于一种"向西看"的状态,或者说是一种向着西方现代化经验学习和模仿的试验阶段。这在很大程度上是近代以来东西方社会分处于工业革命的不同阶段,进而形成的整体生产力条件的巨大差异所造成的。中国作为较晚进入工业文明的国家,从开启工业现代化建设伊始,便面对着来自西方发达国家的巨大压力,从而形成了与西方开启现代化进程阶段完全不同的历史境遇。换言之,西方的现代化是从工业革命中生长出来的、由市场经济推动的资本主义发展径路,它是在社会生产力发生巨大变革的大背景之下,在市场经济的运行秩序中进行的资本原始积累和资本全球扩张,并在此过程当中衍生出了全球的殖民主义和资本垄断,其自身不涉及本国民族的救亡运动,也不涉及来自外部侵略者的殖民压力和政治控制。反观中国的现代化,其首先是在殖民侵略之下被迫发展起来的、落后于同时期工业文明国家的、封建农业国的现代化,救亡图存、反殖民、反封建等政治斗争是彼时中国所要面对的首要问题,也是促使中国进行现代化变革的首要原因。在这样一种大的社会历史背景之下,中国近代诸多有识之士争相登场,他们试图将那些已然在西方获得成功的现代化发展模式搬迁、运用于中国的现代化道路当中。然而,正如洋务运动、戊戌变法、辛亥革命等救亡运动最终所表现的那样,其结果并不理想。直到十月革命一声炮响给中国送来了马克思列宁主义,中国式现代化发展才真正拥有了现实的政治基础。

在中华文明与马克思主义相向而行的过程中,中国式现代化道路逐渐彰显其在实践与价值上的巨大优势。在今天,东西方文明不断碰撞,无论是发达国家还是发展中国家,都在谋求自身经济利益发展的同时,开始注重和重拾对自身文明的传承与文化的多样性追求。旧有的工业化时代及其伴随而生的世界秩序已经在全球范围内逐渐褪去其往日的辉煌光芒，取而代之的是全球化发展的崭新阶段以及在新型世界格局下各方力量对世界多极化新秩序的理解与重塑。放眼全球，现代社会的工业化发展无疑已经进入新的发展时代。21 世纪，由于信息化的普及，人类社会的发展从总体上有了新的时代诉求，亦即，人对自身所处社会的进步性要求更加明确并富有多样性。在当前这一阶段，世界各国一方面开始重新反思旧有国际秩序的合理性及其运行机制的合法性基础，新兴国家希望能够在西式的“普世价值”下获得更多的话语解放；另一方面，由于高效联动的现代工业的跨国发展，世界各国已经在事实上逐渐演变为你中有我、我中有你的利益和价值的共同体。种种迹象表明，历史在呼唤一种追求文明论上崇尚“共同价值”的新型现代化道路，并以此来完成西式道路无法完成的人类社会的未来发展任务。从这一层面说，中国式现代化道路具有其重大的文明论意义。

三、中国式现代化道路的内在诉求

值得注意的是，按照历史唯物主义，虽然促成中国从自身的实际情况出发来探索和发展适合自己的现代化道路，其客观原因在于中国与西方所具有的不同历史境遇和社会条件，但是，历史境遇和社会条件的不同还仅仅是构成中国式现代化道路与众不同的客观条件，这里还缺乏形成中国式现代化道路的主观要素。而这一主观要素就是马克思列宁主义的传入、中国共产党的有力领导与中华文明的自身特点等。因此，要想说明中国式的现代化道路能够在当今被广泛运用，并且在一般的意义上来说明中国式现代化发展道路可以被称为是一种面向未来、适合世界各国参考借鉴的“中国式现代化道路”，就必须明确中国式现代化道路的核心内容和发展机制。仅仅回溯历史上那些促使中国式现代化道路形成的不同的客观条件是不够的，因为中国式现代化道路绝不仅仅是一种只适用于特定历史条件下符合中国自身发展的“独特道路”，它还是一种更具广泛意义和适用性的、不同于西方式现代化“旧道路”的“新道路”。要做到这一点，中国式现代化道路必须面向当下的历史问题，必须面向世界历史未来发展的大趋势，必须拥有更具世界性和人类发展包容性、前瞻性的大格局。亦即是说，中国式现代化道路究竟是否符合人类历史的前进和发展规律、能不能承担引领世界开启新一轮的现代化变革这一社会历史重任，是中国式现代化道路最终能否成功发展并建构起来的关键所在。这首先就表现在中国式现代化道路的内在诉求上。

中国式现代化道路面向的是中华民族伟大复兴战略全局和世界百年未有之大变局。具体而言，中国式现代化发展道路提出了针对国内社会和国际社会两个层面的发展诉求：对于国内，中国式现代化道路与中华民族伟大复兴这一历史主题紧密结合，其最终目的就是在马克思主义的指导下以中国特色社会主义道路为基本路径，从而迈向中华民族的伟大复兴，并且能够在新时代更好地解决我国人民日益增长的美好生活需要和不平衡不充分的发展之间的矛盾；对于国际，中国式现代化道路拓展了发展中国家走向现代化的途径，给世界上那些既希望加快发展又希望保持自身独立性的国家和民族提供了全新选择，为解决人类问题贡献了中国智慧和中国方案，其最终目标是以社会主义的发展理念，追求人类共同价值，打造人类命运共同体。以上两种面向是相辅相成的。

就第一个方面来说，中国式现代化道路服务于中华民族的伟大复兴。它实际上集中回答了建设什么样的社会主义现代化国家、怎样建设社会主义现代化国家的问题。对于中国式现代化道路的探索实际上在中国近代便已显露萌芽，并且伴随着中国共产党的诞生而逐渐具象化。早在新中国成立以前的革命时期，毛泽东就在《共产党人》发刊词中提出了中国具有自身的革命特点以及自身革命的特殊性，他提到中国共产党领导的中国的革命“是各个资本主义国家的共产党领导的革命史中所没有的，或是同那些国家不相同的"[①]。新中国成立以后,从1956年毛泽东针对照搬和借鉴苏联体制的一系列弊端果断提出"走自己的路",到邓小平在党的十二大开幕式上明确提出"把马克思主义的普遍真理同我国的具体实际结合起来,走自己的道路,建设有中国特色的社会主义"[②],再到胡锦涛在党的十八大报告中正式提出"中国特色社会主义道路,就是在中国共产党领导下,立足基本国情,以经济建设为中心,坚持四项基本原则,坚持改革开放,解放和发展社会生产力,建设社会主义市场经济、社会主义民主政治、社会主义先进文化、社会主义和谐社会、社会主义生态文明,促进人的全面发展,逐步实现全体人民共同富裕,建设富强民主文明和谐的社会主义现代化国家"[③],中国式现代化道路经历了一个艰苦的探索过程。对于中国而言,中国式现代化道路,归根到底就是在中国共产党领导下,以中华民族伟大复兴为主题,由中国共产党团结带领中国人民创造新时代中国特色社会主义伟大成就的发展之路,是让中国人民实现共同富裕之路,进而要让实现中华民族伟大复兴进入不可逆转的历史进程。

就第二个方面来说,中国式现代化道路要求积极应对世界百年未有之大变局。所谓世界百年未有之大变局,就是指世界政治格局出现了重要变化,全世界开启了新一轮的财富转移和文化权力转移,其内涵包括但不限于:"新一轮科技革命的推进加快重塑世界步伐;经济全球化持续发展推进全球治理变革;世界多极化稳步推进使国际力量趋向平衡;大国战略博弈推动国际体系深刻变革;文明交流互鉴强化世界多元。"[④]在这样一个大的历史背景下,中国式现代化道路有助于形塑新的世界秩序,以便帮助世界各国共同面对旧有世界秩序的失利与失衡。

虽然中国式现代化道路也是在近代工业化的物质基础之上生长起来的,但是它的根本诉求却与西方资本主义所主导的现代化道路截然不同,从根本

---

① 毛泽东:《毛泽东选集》第二卷,人民出版社1991年版,第604页。

② 邓小平:《邓小平文选》第三卷,人民出版社1994年版,第3页。

③ 《坚定不移沿着中国特色社会主义道路前进 为全面建成小康社会而奋斗——在中国共产党第十八次全国代表大会上的报告》,《人民日报》2012年11月18日第1版。

④ 王少泉:《百年未有之大变局:内涵与哲理》,《科学社会主义》2019年第4期。

上它是反对资本主义所造成的异化和剥削本质的。中国式现代化道路不再一味追求物质财富的简单增长，它反对以牺牲自然环境为代价换来人类社会的物质财富原始积累，主张“绿水青山就是金山银山”和“坚持人与自然和谐共生”；不再追求 GDP 的单一指标，而是追求共同富裕；不再一味追求生产效率，而是追求兼顾效率与公平……总之，无论是面对中华民族伟大复兴战略全局，还是面对世界百年未有之大变局，中国式现代化道路都主张经济、政治、文化、社会、生态协调发展，统筹推进“五位一体”总体布局，其引领世界范围内人类文明发展的方向变化是全方位的。在这样一种新的发展诉求之下，中国和世界的发展都面临着新的可能性。

四、中国式现代化道路的力量源泉

中国式现代化发展道路是马克思主义基本原理同中国具体实际相结合、同中华优秀传统文化相结合的产物，其力量既包含社会主义制度的力量，同时也涵盖中华文明的精神力量，并且它时刻凸出和彰显了人民的力量，而其力量的核心就是中国共产党的领导。

首先，中国力量的形成离不开中国共产党的领导。习近平总书记在庆祝中国共产党成立 100 周年大会上指出，“一百年来，中国共产党团结带领中国人民，以‘为有牺牲多壮志，敢教日月换新天’的大无畏气概，书写了中华民族几千年历史上最恢宏的史诗”①。中国式现代化道路正是在中国共产党团结带领中国人民走向中华民族伟大复兴的这部史诗中逐渐打磨成型的。毛泽东曾经在中华人民共和国第一届全国人民代表大会第一次会议上指出，“领导我们事业的核心力量是中国共产党”②。中国共产党首先是中国工人阶级的先锋队，它是以马克思列宁主义为指导的先锋型政党，是以科学的思想武

① 习近平：《在庆祝中国共产党成立 100 周年大会上的讲话》，《求是》2021 年第 14 期。

② 中共中央文献研究室编：《毛泽东文集》第六卷，人民出版社 1999 年版，第 350 页。

装起来的工人阶级政党，无论是在中国的革命时期、建设时期、改革时期还是当前所处的新时代，中国共产党始终发挥着工人阶级先锋党的先锋带头作用，它在不断的自我革命和社会变革中淬炼了一身本领；中国共产党同时也是中国人民和中华民族的先锋队，它始终代表中国先进生产力的发展要求，代表中国先进文化的前进方向，代表中国最广大人民的根本利益，与人民群众始终站在一起，休戚与共、生死相依，没有任何自己特殊利益，也从来不代表任何利益集团、任何权势团体、任何特权阶层的利益，全心全意为人民服务是中国共产党矢志不渝的宗旨和价值追求，这最终汇聚成中国共产党带领中国人民排除万难、创造辉煌的精神力量。此外，正如习近平总书记曾指出的，中国共产党始终把统一战线摆在重要位置，不断巩固和发展最广泛的统一战线，团结一切可以团结的力量，调动一切可以调动的积极因素，最大限度凝聚起共同奋斗的力量。正是中国共产党“为中国人民谋幸福，为中华民族谋复兴”的初心和使命，也正是中国共产党始终秉持着“坚持真理、坚守理想，践行初心、担当使命，不怕牺牲、英勇斗争，对党忠诚、不负人民”的伟大建党精神，才最终使得中国共产党的力量源源不绝地转化为“中国力量”。

其次，中国力量是中国特色社会主义制度力量的集中体现。中国秉持着社会主义的世界观和方法论，将马克思主义基本原理与中国的具体实际相结合，最终成功创造了中国特色社会主义制度。邓小平同志曾说过：“我们的党和人民浴血奋斗多年，建立了社会主义制度。尽管这个制度还不完善，又遭受了破坏，但是无论如何，社会主义制度总比弱肉强食、损人利己的资本主义制度好得多。我们的制度将一天天完善起来，它将吸收我们可以从世界各国吸收的进步因素，成为世界上最好的制度。这是资本主义所绝对不可能做到的。”[①]这也正如习近平总书记所指出的，我们最大的优势是我国社会主义制度能够集中力量办大事，这是我们成就事业的重要法宝。面对世界百年未有之大变局，世界各国的现代化进程更加需要形成集中力量办大事的政治组织

① 邓小平：《邓小平文选》第二卷，人民出版社1994年版，第337页。

能力。实践证明,中国特色社会主义制度体系既克服了资本主义制度体系在应对资本无序扩张时的软弱乏力,又克服了“苏联模式”对国家社会各个层面过度管控的僵化模式,是一种成功的现代化制度探索。在经济领域,中国特色的社会主义经济制度区别于资本主义经济制度,形成了世界上特有的中国特色社会主义市场经济体制。它既坚持了社会主义经济的根本性质,又借鉴了古今中外经济制度建设的有益成果;它既不是所谓的国家资本主义,又充分发挥了国有资本、民营资本和混合所有制经济的作用,无疑为促进现代经济发展提供了新型的现代化制度保障。在政治领域,中国特色社会主义政治制度形成了以人民为中心的人民民主专政制度,最大限度地保障了人民当家作主。在政党方面,“中国共产党领导是中国特色社会主义最本质的特征,是中国特色社会主义制度的最大优势,是党和国家的根本所在、命脉所在,是全国各族人民的利益所系、命运所系”①。在政府方面,中国政府的责任型政府性质和中国共产党的使命型政党性质相结合,构成了实现中国特色社会主义民主、实现中国式现代化发展的政治力量所在。总之,中国特色社会主义的制度是中国式现代化道路的强大后盾,它充分体现了社会主义集中力量办大事、一心一意办实事的制度力量。

再次,中国力量是中华文明在现代社会重新焕发生机与活力的集中体现。作为一种精神力量,它是马克思主义基本原理与中华优秀传统文化相结合的产物,同时也是中华文明的优秀传统文化与时代精神相结合的产物。在指导思想上,马克思主义始终处于指导地位,正如党的二十大报告所指出的:“马克思主义是我们立党立国、兴党兴国的根本指导思想。”②因此,中国式现代化道路绝离不开马克思主义在理论和思想上的指导作用。同时,中华民族作为世界上伟大的民族,有着5000多年源远流长的文明历史,在自身团结奋进、奋发图强的同时,为人类文明进步做出了不可磨灭的贡献,其所塑造的精

① 习近平:《在庆祝中国共产党成立100周年大会上的讲话》,《求是》2021年第14期。
② 习近平:《高举中国特色社会主义伟大旗帜 为全面建设社会主义现代化国家而团结奋斗——在中国共产党第二十次全国代表大会上的报告》,人民出版社2022年版,第16页。

神力量无疑为世界提供了新的发展理念。与西方文明长期以来“强者必霸”和“弱肉强食”的社会进化论不同，中华文明信奉的是“和为贵”、“和平发展”与“和谐世界”的社会共生论。长期以来，西方资本主义国家利用其手中掌握的国际媒体和话语资源进行资本主义意识形态的强制输出，借用套用“文明冲突论”“修昔底德陷阱”等政治理解模式，掩盖其资本主义借用军事武力和经济霸权对世界市场强加支配和操控的内在实质，试图将世界的现代化解释权牢牢把控在自己手中，从而遏制后发型现代化国家的发展上限，进而阻碍人类文明的多样性和多元性发展诉求。从中华文明5000多年的文化沉淀和历史经验出发，从中华文明历久弥新的“天下观”切入，对当前的世界秩序和全球化发展加以重新解读，中国式现代化道路为世界的和平稳定发展提供了中国特色社会主义的话语体系。就思想文化对社会政治经济发展的影响而言，中华文明的“天下大同”“生生不息”“共生共荣”等传统思想的精华，从政治话语方面有力地破解了西方资本主义强权政治的意识形态迷雾，为世界上真正热爱和平与发展的人们凝聚了共识，是中国式现代化道路的重要的精神力量。

最后，中国力量归根到底依靠的是人民的力量。中国式现代化道路的力量之源就在于人民力量。只有把人民的力量彻底发挥出来，不断改善现实的人的素质、能力、生活、思维方式和各种社会关系，才能真正以社会主义的方式实现人类社会的现代化发展。从唯物史观的角度来看，中国式现代化道路始终坚持人民立场，真正做到以人民为中心，坚信人民群众是历史的主体和创造者，始终把人民利益摆在至高无上的地位，将造福人民作为目标，这便是中国力量的力量之源。正如党的二十大报告所指出的，“江山就是人民，人民就是江山。中国共产党领导人民打江山、守江山，守的是人民的心”①。如此一来，基于人民立场的中国式现代化道路便与西方资本主义国家所主导的基

① 习近平:《高举中国特色社会主义伟大旗帜 为全面建设社会主义现代化国家而团结奋斗——在中国共产党第二十次全国代表大会上的报告》,人民出版社2022年版,第46页。

于资本利益和政党政治的现代化道路形成了鲜明对比。尤其是特朗普主义兴起、英国脱欧等一系列政治事件不断证明,西方现代化道路中所坚持的所谓"民主"其实质并非以人民为中心,而是以选票为中心、以资本利益为中心;其多党制实际上也只不过是以党派利益为原则,而没有人民立场。这使得中国式现代化道路中的人民立场被彻底凸显出来。坚定不移走中国式现代化道路,就是要在促进人的全面发展上取得实质性进展,因为只有人的现代化才是现代化的真正前提和归宿。或者说,现代化的本质就是人的现代化。

五、中国式现代化道路对后发型现代化国家的启示

中国式的现代化发展与西方发达国家有很大不同,正如习近平总书记所说,西方发达国家是一个"串联式"的发展过程,工业化、城镇化、农业现代化、信息化顺序发展,而作为后发型现代化国家,中国的发展则是一个"并联式"的过程,工业化、信息化、城镇化、农业现代化是叠加发展的。[①] 这就决定了中国式现代化从时空条件的视角来看,是何等地来之不易。它是中国共产党百年来团结带领中国人民在中华民族伟大复兴的实践中走出来的,是对中华民族5000多年悠久文明的现代传承,既有深厚的历史渊源,也有广泛的现实基础。

2017年1月17日,在瑞士达沃斯举行的世界经济论坛2017年年会开幕式上,习近平主席指明,中国的发展,关键在于中国人民在中国共产党领导下,走出了一条适合中国国情的发展道路。这是一条从本国国情出发确立的道路,是一条把人民利益放在首位的道路,是一条改革创新的道路,同时也是一条在开放中谋求共同发展的道路。[②] 这表明,中国式现代化道路不仅是中国自己的现代化道路,还是向世界开放的现代化发展之路,是中国作为后发

① 中共中央文献研究室编:《习近平关于社会主义经济建设论述摘编》,中央文献出版社2017年版,第159页。

② 习近平:《共担时代责任,共促全球发展》,《求是》2020年第24期。

型现代化国家走向现代化的成功之路。这一道路依托于中国力量，拓展了发展中国家走向现代化的途径，给世界上那些既希望加快发展又希望保持自身独立性的国家和民族提供了全新选择，同时也为解决人类问题贡献了新的实践方案——“中国方案”。在这一方案之下，无论是强是弱，世界上各个民族、国家和地区都能够根据自身的实际情况和文化诉求去发展自身的现代化之路，独立自主、自力更生、求同存异、合作共赢将成为人类社会现代化的真正主旋律，人类社会现代化的发展红利也因此才能真正面向全世界而开放。

首先，中国方案是中国共产党领导下的新时代中国特色社会主义方案，它在政治、经济、文化、社会、生态各个方面都有着突出的中国特色和社会主义特点。正如习近平总书记所说，“中国共产党关注人类前途命运，同世界上一切进步力量携手前进，中国始终是世界和平的建设者、全球发展的贡献者、国际秩序的维护者”①。因此，由中国共产党团结带领中国人民开创的社会主义的中国方案，既是中国的方案，也有世界的关怀，其核心就是坚持以中国特色社会主义的现代化新模式来推动和引领世界范围内的现代化新发展。中国坚持对外开放的基本国策，坚定奉行互利共赢的开放战略，不断提升发展的内外联动性，在实现自身发展的同时更多惠及其他国家和人民。站在这样一种全球高度上，中国打破了将全球化等同于西方化、将西方化等同于现代化的话语垄断和实践困局，为后发型现代化国家提供了一条可以选择的新道路。

其次，中国方案不是要把中国式现代化道路变成另一个美国或者欧洲，而是倡导世界各国根据各自国家的文化和国情，在实事求是的探索中追求现代化，既要发展又要坚持独立。这才是中国方案对全世界范围内现代化进程的意义所在。中国式现代化发展的道路以新时代中国特色社会主义思想为指导，用马克思主义观察时代、把握时代、引领时代。它要求后发型现代化国家坚持走自力更生的新路，坚决不走西方殖民主义的老路；坚持走和平发展

① 习近平：《在庆祝中国共产党成立100周年大会上的讲话》，《求是》2021年第14期。

的新路，坚决不走侵略主义和霸凌主义的老路；坚持走社会主义人道的新路，坚决不走资本主义异化的老路。

归根到底，中国方案就是运用中国化的马克思主义的政治经济学来引领社会物质财富的全面发展，从而努力实现共同富裕；运用中国化的马克思主义哲学对现实的人类实践加以指导，追求并尊重全世界各国人民的共同价值，反对西方主导下的僵化的、形而上学式的普世价值，反对资本主义在意识形态领域的话语霸权和独断论；以中华文明中的天下、命运共同体、和谐共生等思想为依托，结合马克思主义的共产主义理想，反对西方文明视角下的零和博弈与霸权主义强权政治，反对“长臂管辖”和“世界警察”，反对后现代的新型阶级压迫和全球资本剥削。

在实践层面上，中国方案“加大对发展中国家特别是最不发达国家援助力度，促进缩小南北发展差距。中国支持多边贸易体制，促进自由贸易区建设，推动建设开放型世界经济”①。从总体上来看，中国方案主张“高举和平、发展、合作、共赢旗帜，奉行独立自主的和平外交政策，坚持走和平发展道路，推动建设新型国际关系，推动构建人类命运共同体，推动共建‘一带一路’高质量发展，以中国的新发展为世界提供新机遇”②。它已然逐渐开始成为一种超越资本主义的发展模式、引领世界各国继续展开现代化发展的新方法。

六、中国式现代化道路彰显着人类文明新形态

现代化不是一个一成不变的概念，它是随着人们对现代化的实践和认识不断丰富、不断完善的动态的总体性概念。在既往的现代化道路中，诞生自西方文明的威斯特伐利亚体系通行全球，自由市场和国际贸易成为主导和促进世界经济全球化的基础和内在机制，由之而来的“国际社会”牢牢生长在西

① 习近平：《决胜全面建成小康社会　夺取新时代中国特色社会主义伟大胜利——在中国共产党第十九次全国代表大会上的报告》，《求是》2017 年第 21 期。

② 习近平：《在庆祝中国共产党成立 100 周年大会上的讲话》，《求是》2021 年第 14 期。

式的“自由秩序”之上。这种由西方文明发起的、具有全球性意义的现代化道路力图通过一整套在西方工业文明和自由主义价值观念主导下的上层建筑和意识形态，来达到追求自身发展和抑制世界无序性的目的。它旨在促进自由贸易和稳定的国际金融体系，确立可以接受的解决国际争端的原则，并在一旦爆发战争时对交战行为施加一定的限制。① 对这一道路的坚持，使得肇始于西方的工业和资本的全球化把世界上几乎所有的国家和地区都卷进了世界现代化的进程。同时，作为现代化表现形式的全球化，又无时不在影响和制约着世界上各个国家和地区的现代化发展。然而，这一传统的现代化模式在今天遇到了两大困境：一是人的现代化与社会的现代化之间的矛盾，二是局部国家和地区的现代化与人类整体的现代化之间的矛盾。

首先，未来世界的现代化发展之路必然追求人的现代化与社会的现代化的辩证统一，而这正是人类文明新形态的孕育之源。由中国式现代化道路所孕育的人类文明新形态，是社会作为总体辩证发展的结果。基于中国特色社会主义现代化道路的人类文明新形态从根本上区别于由西方资本主义国家所创造的人类文明旧形态。相较于以往西方的现代化道路仅仅要求实现社会物质财富增长的资本主义旧文明，新道路不仅要求实现工业化，还要求实现人类社会全面发展的、以人民为中心的人性化的社会主义新文明。这就是中国式现代化道路为人类文明发展形态给出的新答案。从政治、经济、文化、社会和生态等各个方面来看，人类文明新形态绝不是由西方资本主义国家所主导的片面的工业化文明，它在对待人与自然、人与人、人与社会的关系等各个方面都有着与前者不同的新特点。它是社会主义与中华传统文化相结合的全新产物，是中国特色社会主义主导下的现代文明，是从全面的、整体的视角出发，来处理人与自然、人与人、人与社会的关系的全新人类文明发展方式。它要求以新的科学技术为基础，以人的自由全面发展、社会的全面进步为根本目标。这就意味着，人类文明新形态不仅仅是传统的经济现代化，而

---

① 亨利·基辛格：《世界秩序》，胡利平、林华、曹爱菊译，中信出版社 2015 年版，序言第 XIV—XV 页。

且是物质文明、政治文明、精神文明、社会文明、生态文明“五位一体”协调发展的总体现代化;它追求的不是一部分人、一部分阶级的现代化,而是全体人口的现代化。在这一意义上,由中国特色社会主义新道路导向的人类文明新形态,就是社会主义现代化的文明新形态。它实际上就是中国共产党团结和带领中国人民创造的中国特色社会主义文明。随着社会历史的进步和发展,这一新的文明形态必将在国际舞台上产生更大的影响力。

其次,未来世界的现代化发展之路必然追求全球化共同发展,追求人类命运共同体的整体发展。从经济领域来看,中国式现代化道路主张形成世界各国经济的自主发展,各国能够凭借自身优势发展自身的经济制度和经济模式,国际上不再受制于他国的资本垄断和金融霸权,国内反对任何以牺牲部分人的利益为代价获得的财富积累,目标是实现共同富裕。从政治领域来看,中国式现代化道路主张实现世界多极化,反对强权政治和霸权主义,在国际关系上各国奉行“不干预”政策,坚持国家之间和平共处、求同存异;在国内实现人民立场,打造适合自身发展的政治体制,践行一切以人民为中心。从文化领域来看,中国式现代化道路在国际上奉行文化多元主义,努力消除一切形式的文化中心主义、消除意识形态领域的价值偏见;在国内拒绝种族主义、拒绝任何形式的民族歧视,尊重少数族裔的平等文化发展权利,注重非物质文化遗产保护。从社会领域来看,在国际上注重对人类社会未来发展有长远规划,富有使命感;在国内努力实现社会均衡发展,注重维护社会和谐稳定。从生态领域来看,全人类共同努力维护地球生态,遵守国际生态环境保护的各项公约条款,注重人与自然和谐发展,反对任何国家、任何团体、任何个人以牺牲自然环境为代价攫取物质利益。

由于这种新的人类文明形态是社会主义式的,因此它坚持把促进人的全面发展作为不懈追求的价值理想,把坚持共同富裕作为人类社会的必然追求,坚持“五位一体”全面推进人类文明,坚持“共同价值”与人类命运共同体。对此,习近平总书记在庆祝中国共产党成立 100 周年大会上发表的重要讲话中就明确谈到,“我们坚持和发展中国特色社会主义,推动物质文明、政治文明、精神文明、社会文明、生态文明协调发展，创造了中国式现代化新道路，创造了人类文明新形态”①。党的十九届六中全会审议通过的《中共中央关于党的百年奋斗重大成就和历史经验的决议》则指出：“党领导人民成功走出中国式现代化道路，创造了人类文明新形态，拓展了发展中国家走向现代化的途径，给世界上那些既希望加快发展又希望保持自身独立性的国家和民族提供了全新选择。”②这些重要论述是对中国特色社会主义道路在促进人类社会现代化发展意义上的最新升华和总结，它从中国特色社会主义的自身特质和“五大文明”协调发展的核心诉求出发，阐释了现代化道路发展的中国式新路向，更阐明了人类文明新形态的未来发展趋势。在一定意义上，中国式现代化道路是创造社会主义现代化的文明新形态的必由之路；人类文明新形态，是中国式现代化道路的必然结果和本质要求。正如党的二十大报告所指出的，“中国式现代化的本质要求是：坚持中国共产党领导，坚持中国特色社会主义，实现高质量发展，发展全过程人民民主，丰富人民精神世界，实现全体人民共同富裕，促进人与自然和谐共生，推动构建人类命运共同体，创造人类文明新形态”③。

---

① 习近平：《在庆祝中国共产党成立100周年大会上的讲话》，《求是》2021年第14期。

② 《中共中央关于党的百年奋斗重大成就和历史经验的决议》，《人民日报》2021年11月17日第1版。

③ 习近平：《高举中国特色社会主义伟大旗帜 为全面建设社会主义现代化国家而团结奋斗——在中国共产党第二十次全国代表大会上的报告》，人民出版社2022年版，第23—24页。

第四章

从中国式现代化道路看人类文明新形态

习近平总书记在中国共产党成立100周年大会上的重要讲话中指出："我们坚持和发展中国特色社会主义，推动物质文明、政治文明、精神文明、社会文明、生态文明协调发展，创造了中国式现代化新道路，创造了人类文明新形态。"①之后，在党的十九届六中全会《中共中央关于党的百年奋斗重大成就和历史经验的决议》中，党中央又指出："党领导人民成功走出中国式现代化道路，创造了人类文明新形态，拓展了发展中国家走向现代化的途径，给世界上那些既希望加快发展又希望保持自身独立性的国家和民族提供了全新选择。"②党的二十大报告则把创造人类文明新形态作为中国式现代化的本质要求之一。中国式现代化道路与人类文明新形态相辅相成、相伴而生。人类文明新形态在中国式现代化道路的不断探索中逐渐呈现，中国式现代化道路又持续以实现人类文明新形态为内在诉求来规范自身。这意味着，人类文明新形态必然具有中国式现代化道路的实践性质、具备中国式现代化道路的发展特征、拥有其自身发展的历史源流，同时又内含了现代文明的新要素和新表达。它是在中国式现代化道路的实践探索中不断生发出来的，是马克思主义基本原理同中国具体实际和中华优秀传统文化相结合的具体的、历史的产

① 习近平：《在庆祝中国共产党成立100周年大会上的讲话》，《求是》2021年第14期。

② 《中共中央关于党的百年奋斗重大成就和历史经验的决议》，《人民日报》2021年11月17日第1版。

物。与其相应的,是对以往现代化“旧”道路中呈现出来的人类文明“旧”形态的积极扬弃。

一、现代文明观念的意涵

要理解人类文明新形态,就必须对现代文明的含义做出阐明,对世界文明的现代格局做出划分,对新形态背后的文明传统做出剖析。汉语中“文明”一词以词组的形式最早出现在《周易》之中,如“见龙在田,天下文明”“其德刚健而文明,应乎天而时行,是以元亨”等,这一古代文明概念意在与野蛮相区分,表明人类社会的开化、文治之意。但是在现代意义上,“文明”观念却具有民族自我意识的含义。大约在18世纪中叶,法国人米拉波侯爵(Victor Riqueti, Marquis of Mirabeau)在1756年的一部名为《人口论》(*Traité de la population*)的著作中最早使用了这一概念来解释人类社会不断进步的文明化过程[①],而拿破仑的帝国则第一次以具体的实践激发了文明这一普遍化观念的特殊性,进而将其与反抗“帝国”的“民族主义者”们联系在一起。[②] 启蒙以后,政治哲学家和历史学家们普遍开启了对文明观念的广泛讨论。布鲁斯·马兹利什(Bruce Mazlish)指出,“文明概念兴起于启蒙运动时期,是欧洲人想象的一部分,它声称为世界提供了一个放诸四海皆准的衡量尺度”[③];历史学家费尔南·布罗代尔(Fernand Braudel)认为“文明是具有边界的文化区域”[④];阿达·博兹曼(Adda Bozeman)则将文明视为是一个社会稳定的价值与规则;[⑤]等等。“文明”自此具有普遍性与特殊性相结合、地域性和社会规范性

① 费尔南·布罗代尔:《文明史纲》,肖昶、冯棠、张文英、王明毅译,广西师范大学出版社2003年版,第23页。

② 伊曼纽尔·沃勒斯坦:《变化中的世界体系:论后美国时期的地缘政治与地缘文化》,王逢振译,中央编译出版社2016年版,第241页。

③ 布鲁斯·马兹利什:《文明及其内涵》,汪辉译,商务印书馆2017年版,第7—8页。

④ 费尔南·布罗代尔:《论历史》,刘北成、周立红译,北京大学出版社2008年版,第228页。

⑤ 阿达·博兹曼:《压力下的文明:对文化借鉴和生存的思考》,《弗吉尼亚季刊评论》1975年第51卷第1期。

相统一的多重表达维度，除了用来与野蛮相区别之外，它愈发地被用来形容那些由于一系列相互联系的特殊世界观、习惯、结构和文化所形成的某种历史的整体。这种18世纪以来的现代文明观念由法国迅速传遍欧洲，后又伴随着西方工业革命的发展和资本主义殖民扩张传遍全世界，对现代民族国家的发展以及现代文明观的形成造成了根本性的影响。

在东方，承继启蒙以来的文明观念，并以汉语“文明”来指代civilization的情况最早出现在《东西洋考每月统记传》(1833—1838)中，而对此造成普及性影响的是日本明治初年的福泽谕吉。作为日本明治维新时期的启蒙思想家，福泽谕吉在《文明论概略》中曾这样写道：“文明并不是死的东西，而是不断变化发展着的。变化发展着的东西就必然要经过一定的顺序和阶段，即从野蛮进入半开化，从半开化进入文明。现在的文明也正在不断发展进步中。”①他把欧洲各国和美国视为最文明的国家，土耳其、中国、日本等亚洲国家次之，而非洲和澳洲的国家则被划入野蛮国家之列。这体现了在西方世界向外输出现代文明观念时，作为输入地区的先进知识分子们对文明观念的意义表达及其先天价值倾向所具有的直观印象。

在今天，从整个人类在不同地域的发展历史上来看，近代世界乃至当前全球范围内，以西方为主导的工业文明这一特定文明形式为世界上所有的文明自愿地接纳了。并且，“我们所说的‘工业文明’正处于合成一个能够容纳世界整体的共同文明的过程之中。所有文明已经、正在或将要受到它的冲击”②。现代世界秩序及其话语体系，正是在这种西方启蒙以来的工业文明的主导和推动下建立起来的，工业文明形式及其背后的西方文明观念构成了现代世界对于通用文明概念的核心定义。

在这种文明概念的核心意涵之下，学者们对于当前世界文明的种类有着多种划分方式。例如，历史学家阿诺德·汤因比(Arnold Toynbee)认为，人类

① 福泽谕吉：《文明论概略》，北京编译社译，商务印书馆2017年版，第11页。

② 费尔南·布罗代尔：《文明史纲》，肖昶、冯棠、张文英、王明毅译，广西师范大学出版社2003年版，第27—28页。

历史上共发现过二十三种文明，而现存的只有五种，即中华文明、印度文明、伊斯兰文明、东正教文明和西方文明；卡罗尔·奎格利（Carroll Quigley）则认为，西方从克里特文明中相继产生了古典文明、东正教文明、西方文明和伊斯兰文明，东方则从华夏文明中产生了中华文明和日本文明，在文明母体的不断分裂过程中，历史上共存在过十六种文明；阿达·博兹曼（Adda Bozeman）却认为人类在进入现代世界之前存在着西方文明、印度文明、中国文明、拜占庭文明和伊斯兰文明等五种文明。除以上这些划分方式之外，还有许多历史学家、考古学家、政治学家乃至哲学家都对人类文明的种类有着不同的理解。但是，无论如何划分，人们对人类文明种类的划分始终离不开一条核心的认知线索，即文明的历史传承与现实的政治形塑。据此，目前对世界格局产生广泛影响的文明种类可以大致归结为如下三种：西方文明、中华文明和伊斯兰文明。其中，人类文明的现代形态及其塑造工程可能仍旧主要介于西方文明与中华文明之间。西方文明所引领的是以原发型现代化国家为代表所创造的人类文明既有形态，而中华文明所要形塑的恰恰是以后发型现代化国家为代表所谋求的人类文明新形态。

今天，西方文明及其中心主义正面临着诸多困境，由其主导的现代化道路似乎已经走入一个引发全面矛盾的死胡同，对此本书第二章已做了专题论述。随着社会历史的进步和发展，中华文明所要形塑的新的文明形态必将在国际舞台上发挥更大的影响力。

二、中华文明的儒家传统及其包容性

中华文明源远流长，周公“制礼作乐”，是对中华文明社会制度的第一次重大规范性改造，而孔子“归礼于仁”则是承继周初的“敬”“德”思想，将礼乐制度内化为中华文明的儒家传统。因此，要理解中华文明，首先要理解儒家文化。但是必须注意的是，儒家文化并非一元独大的专治文化，而是多元融合的包容文化。儒家文化的孕育和生发离不开中国先秦时期的百家争鸣，这与西方文明在古希腊时期的滥觞遥相呼应。但是二者不同之处在于,古希腊的哲学最终形成了一种理性的形而上学传统,其超验性的逻辑结构具有强烈的非此即彼的排他性特点,这构成了西方文明与基督教一神教信仰天然结合的先天条件,最终形成了绝对一神论的社会信仰体系;而先秦文明虽然也经历了汉代“罢黜百家,独尊儒术”的排他性发展阶段,但其最终却在宋明以降辩证地发展出了“三教合流”的融合机制,并最终形成了以儒家文化为核心,各派文化融合并存、百花齐放的包容性文化共同体。

先秦时期是中华文明的重要生发期。中华传统文化和精神根脉在各家争鸣之间不断融合发展,出现了百家争鸣、异彩纷呈的璀璨局面。儒家、道家、墨家、法家、名家、阴阳家、兵家等流派纷纷登上历史舞台。他们从各自的思想立场出发,既提出了“道”“仁”“气”“义”“利”等核心价值观念,共同构成了后世中国哲学的基本研究范畴;同时又提出了“礼”“法”“无为”等治世主张,积极为政治统治者们出谋划策。在此期间,儒家文化尚未成为中华文明的精神核心,其思想谱系仍然处于一个重要的奠基过程当中。这一阶段,儒家的创始人孔子提出“克己复礼”,希望恢复到西周时的礼法,传承华夏先民的政治体制。然而,彼时的儒家学者们倡导以仁学和爱人思想治理天下,并未得到当权者的赏识和重用。不过,先秦儒家思想中的伦理观念对于政治社会的理想构筑和原生动机深深影响了后世儒家传统的发展走向。在此后的发展中,儒家思想越来越多地表现为一种关于道德修养和政治理想的治世学说,而没有发展成为一种对彼岸世界充满幻想和憧憬的超验宗教,这是儒家传统与希腊化时代的古典思想之间存在的最大区别。

紧随先秦之后的便是秦汉到隋唐时期。这是中华文明的精神传承逐渐由多元走向一元最后又走向多元的关键期。在思想理念不断整合、政治体制不断变革发展的时代大势中,儒家文化开始不断吸收百家之长、辩证地发展了自身。其具体表现为:以董仲舒、班固等人为代表的两汉儒学,开始不再单纯地宣扬政治修养和道德理念,而是逐渐有了一些制度化、规范化的政治主张,形成了一些具体的、符合现实政治需求的政治制度和信仰体系,这直接导致儒学经历了前所未有的强势的发展阶段。“罢黜百家，独尊儒术”在这一时期逐渐发展成为统治者贯彻自身意志、文治天下的不二选择，整个社会以儒为道统，儒家思想和精神传统大兴。

到了南北朝以后，道家、佛家的思想兴起并发展，逐渐形成了儒、释、道三教合流的局面。道教从佛教中吸取教义和仪轨、佛教从老庄文学和儒家学说中吸取哲理、儒家从佛道两家吸收形而上学观念等，都是这一时期中华文明融合发展的生动表现。三教之间思想文化互相影响、相互渗透，士人阶层一身兼容三教信仰的情况更是成为社会常态。到了宋代，这种融合渐趋成熟并最终统一于儒，以儒家传统为基础最终发展出来的理学思想是对三教合流以来文明传承的充分整合。

由先秦时期的百家争鸣，发展到汉代的儒学独尊，最后又走向儒、释、道融合、互融的发展全景，中华文明显示了强大的文化包容性基因。到了明清之际，儒家传统进一步演化出具有早期启蒙性质的批判理学的哲学思潮。只不过，由于明末清初的朝代更替、内忧外患等种种原因，中国社会一直未能实现生产力的根本性变革。这些早期具有启蒙性质的儒家批判思想未能真正在中国大地上发展成为变革社会的思想上层建筑。一直到清中晚期乃至鸦片战争以后，近代儒学又多被统治阶级所利用，始终未能达到启蒙主体意识、促进社会主体自我觉醒的现代化程度。尤其是鸦片战争以后，中国逐渐沦为半殖民地半封建国家，传统儒家文化在西方坚船利炮之下开始呈现颓势。西方工业文明的强势入侵让古老的中华文明受到了极大冲击。在辛亥革命以后，中国的现代化改革已然势不可挡，传统思想文化向西看成为社会风尚。受到袁世凯掀起的“尊孔复古”之风的影响，儒家学说在“西学东渐”的大环境下被人们视为统治者压迫民众的思想武器，进而在中国文化界掀起了一场反对旧文化、倡导民主和科学的斗争和运动。先进知识分子们更是兴起了一股“打倒孔家店”的思想热潮。这使得以儒家精神传统为底色的中华传统文化一度面临被全面批判和彻底否定的历史风险，中华文化自信跌入谷底。随之而来的，是中华文明的发展经历的一段全面自我反思和自我批判的历史阵痛期。

伴随着社会历史条件的日趋成熟，中国的先进知识分子和思想家们相继提出了救亡图存之道，许多具有进步性的现代思想观念不断涌入，中华文明在西方文明的侵略下不断吸收、借鉴、融合、发展，取长补短，锐意进取。直到十月革命一声炮响，给中国送来了马克思列宁主义。在马克思主义的指导下，中国人民在中国共产党的带领下逐渐形成了适合中国国情的思想价值体系，并且重又拾起中华传统文化中的优秀部分，将马克思主义基本原理同中国具体实际相结合、同中华优秀传统文化相结合，最终完成了中国的革命、建设、改革的实践现代化过程，走出了一条中国式现代化的发展之路。

在这条中国式现代化道路上，现代中华文明在精神表征上体现为扬弃儒家思想、将中华优秀传统文化与马克思主义相结合的辩证发展过程，并且同时在社会现实上冲决了儒家传统中不适宜现代化发展的伦理纲常，促使中国社会完成了由封建专制向现代化政体发展的文明转向。与此同时，由于马克思主义的深入影响以及儒家文化天然的内在包容性，马克思主义与儒家传统在中国式现代化道路的发展过程中更为深刻地融为一体，在更为广泛的价值追求层面产生了深刻的共鸣。儒家“大同”理想与“天下”观念等传统文化的优秀部分迅速开始与马克思主义追求共产主义的现实指导思路相结合，转变为中国追求现代化发展以及塑造人类文明新形态的内在驱动力。

相对于西方“中心主义”的狭隘观念，中国式现代化发展道路在儒家文化的引导下，试图建立“一个使世界成为政治主体的世界体系，一个以世界为整体政治单位的共在秩序。从天下去理解世界，就是以整个世界作为思考单位去分析问题，从而超越现代的民族国家思维方式”①。它提出了针对国内社会和国际社会两个层面的发展诉求。对于国内，中国式现代化道路与中华民族伟大复兴这一历史主题紧密结合，其最终目的就是以中国特色社会主义道路为基本路径，从而迈向中华民族的伟大复兴，并且最终能够在新时代更好地解决我国人民日益增长的美好生活需要和不平衡不充分的发展之间的矛盾，

① 赵汀阳：《天下观与新天下体系》，《中央社会主义学院学报》2019 年第 2 期。

正如党的二十大报告指出的，“从现在起，中国共产党的中心任务就是团结带领全国各族人民全面建成社会主义现代化强国、实现第二个百年奋斗目标，以中国式现代化全面推进中华民族伟大复兴”①。对于国际，中国式现代化道路拓展了发展中国家走向现代化的途径，给世界上那些既希望加快发展又希望保持自身独立性的国家和民族提供了全新选择，为解决人类问题贡献了中国智慧和中国方案，其最终目标是以社会主义的发展理念，追求人类共同价值，打造人类命运共同体。以上这两种面向是相辅相成的。到了21世纪的今天，中国大陆又逐渐形成了“国学热”“儒学热”“传统文化热”，各种新型的儒家学派兴起并发展。适逢盛世，在国家高度重视传统文化复兴的良好氛围中，我们有理由期待：具有两千多年悠久历史的儒家思想，在现在和将来必定焕发出新的生机和活力，为中华民族的伟大复兴提供强大的精神动力。

三、中国式现代化道路对于人类文明新形态的现代探索

综上分析，必须看到的是：一方面，传统儒家文化是中华文明的核心内容，理解中华文明就必须理解儒家文明；另一方面，如果没有西方现代工业文明的催化，没有马克思主义思想的传入，中华文明也无法在近代以后重新焕发生机活力，从而走出一条中国式现代化发展的新道路。现代中国的社会发展与西方现代化文明的传入之间，是一个不断辩证地借鉴、发展、交融的关系。其发展表现为，中华文明在自身传统之上逐步探讨与渐进摸索、在吸收西方文明优秀部分的过程中稳步寻得一条适合于中华民族伟大复兴的新道路的现代图景。

纵观中国式现代化的发展之路，我们可以看到，近代以降，中国人民在对民族独立与民族解放道路的艰难探索过程之中砥砺前行，其间不乏仁人志士

① 习近平：《高举中国特色社会主义伟大旗帜 为全面建设社会主义现代化国家而团结奋斗——在中国共产党第二十次全国代表大会上的报告》，人民出版社2022年版，第21页。

对“文明”建设提出自己的独到见解。康有为在戊戌变法失败之后，逐渐意识到维新之事业不止在于政治领域，更在于社会文明方面。他指出了中国落后的原因在于“公理不明，仁术不昌，文明不进。昧昧二千年，瞀焉惟笃守据乱世之法以治天下”①。梁启超揭露了由西方国家掀起的殖民战争及其殖民主义文明背后的弱肉强食法则，指出：“苟能自强自优，则虽剪灭劣者弱者，而不能谓无道。何也？天演之公例则然也。我虽不剪灭之，而彼劣者弱者，终亦不能自存也。以故力征侵略之事，前者视为蛮暴之举动，今则以为文明之常规。”②陈独秀为了解放民族、复兴文明，曾在《青年杂志》创刊号上悲愤地写道：“国势凌夷，道衰学弊，后来责任，端在青年。本志之作，盖欲与青年诸君商榷将来所以修身治国之道。”③李大钊提出要以中国文明为主体，调和中西文明：“对于东西文明之调和，吾人实负有至重之责任，当虚怀若谷以迎受彼动的文明，使之变形易质于静的文明之中，而别创一生面。”④孙中山对近代中国文明的复兴充满自信与期待：“中国人非不能建设好国家、好政治，试观历史唐虞三代之隆，称为至盛，在几千年前之祖宗，已有此种能力。”⑤他将学习西方文明的浪潮推向了巅峰，在“三民主义”的旗帜下追求共和制，然终究以失败告终。泱泱中华若要复兴文明，必须寻求新的道路。十月革命以后，马克思主义传入中国。马克思主义者普遍认为，在资本全球化的大背景之下，没有任何一个民族可以独立发展。质言之，先进的文明与落后的文明乘坐着同一辆历史的马车，没有哪一种文明能够脱离于资本主义工业文明的现代性影响。也正因如此，如果要寻求文明的进步和发展，就必须突破西方中心主义的意识形态牢笼，建立起共产主义者的世界发展新格局。

毛泽东在马克思主义的影响之下，带领中国人民率先开辟了中国式现代

① 郑力民编：《康有为集》，广东人民出版社 2018 年版，第 184 页。

② 梁启超：《论民族竞争之大势》，载《梁启超全集》第二册，北京出版社 1999 年版，第 888 页。

③ 陈独秀主编：《新青年》，载《红藏：进步期刊总汇（1915—1949）》，湘潭大学出版社 2014 年版，第 7 页。

④ 李大钊：《东西文明根本之异点》，载《李大钊全集》第二卷，人民出版社 2013 年版，第 312 页。

⑤ 孙中山著，中山大学历史系孙中山研究室等编：《孙中山全集》第 5 卷，中华书局 1985 年版，第 567 页。

化的发展之路，为中华文明的复兴做出了奠基性的贡献。他对近代中国的政治、经济和文化三个维度进行了深入的分析，并且指出了三者之间的不平衡性。正如他在《新民主主义论》中所言："不但要把一个政治上受压迫、经济上受剥削的中国，变为一个政治上自由和经济上繁荣的中国，而且要把一个被旧文化统治因而愚昧落后的中国，变为一个被新文化统治因而文明先进的中国。"①他提出我们必须建立一个独立、自由、统一的民主国家，由此我们才可能建设大规模的工业，巩固国防，强盛国家，进而推动社会的进步与文明的发展。毛泽东致力于在实现中国自身现代化发展的基础上，吸收"古今中外"的人类文明，培养知识分子，加强教育事业，从而建立新民主主义文明，进而实现社会主义文明。

邓小平在毛泽东的基础之上，提出了"社会主义文明观"。他将社会主义文明划分为"物质文明"与"精神文明"两个领域，提出："在社会主义国家，一个真正的马克思主义政党在执政以后，一定要致力于发展生产力，并在这个基础上逐步提高人民的生活水平。这就是建设物质文明。过去很长一段时间，我们忽视了发展生产力，所以现在我们要特别注意建设物质文明。与此同时，还要建设社会主义的精神文明，最根本的是要使广大人民有共产主义的理想，有道德，有文化，守纪律。国际主义、爱国主义都属于精神文明的范畴。"②在此基础上，中国特色社会主义思想体系日益完善，党的十八大报告指出："面对资源约束趋紧、环境污染严重、生态系统退化的严峻形势，必须树立尊重自然、顺应自然、保护自然的生态文明理念，把生态文明建设放在突出地位，融入经济建设、政治建设、文化建设、社会建设各方面和全过程，努力建设美丽中国，实现中华民族永续发展。"③逐渐形成了推动物质文明、政治文明、精神文明、社会文明、生态文明协调发展的新文明理念。

---

① 毛泽东：《毛泽东选集》第二卷，人民出版社1991年版，第663页。

② 邓小平：《邓小平文选》第三卷，人民出版社1994年版，第28页。

③ 《坚定不移沿着中国特色社会主义道路前进 为全面建成小康社会而奋斗——在中国共产党第十八次全国代表大会上的报告》，《人民日报》2012年11月18日第1版。

党的十八大以来，习近平总书记充分吸收了前人的理论资源，提出了“人类文明新形态”这一新观念，为新时代中国特色社会主义的整体进步指明了方向，为中华文明的现代化发展提供了根本遵循。在庆祝中国共产党成立100周年大会上的讲话中，习近平总书记掷地有声地指出：“我们坚持和发展中国特色社会主义，推动物质文明、政治文明、精神文明、社会文明、生态文明协调发展，创造了中国式现代化新道路，创造了人类文明新形态。”[①]这意味着中国式现代化道路在对人类文明的探索进程之中取得了重大突破。新时代中国特色社会主义对人类文明新形态的理论建构，创造性地总结了人类多元文明互通互鉴的交流历程，重塑了人类文明发展的未来格局和走向，为构建共同繁荣的现代化世界图景做出了不可磨灭的理论贡献。建设人类文明新形态，不仅有助于推动人类事业向前更进一步，也为世界展现了中华民族在追求现代化之路上所展现的多元融合的文明特征。

四、人类文明新形态的文明论形式

西方文明所倡导的现代化本质上就是德国社会学家马克斯·韦伯(Max Weber)所讲的“世界的祛魅”。所谓“理性祛除巫魅”，就是用科学剥去迷罩在人类社会上的神化或魔化的种种光环。同时，也正是由于西方的宗教改革走向了理性的启蒙运动，西方社会才能够率先发起资本主义的工业革命，进而揭开世界文明的现代化序幕。然而由于基督教先天具有的一神教信仰与普世主义精神，它的信仰机制往往将其传道源头(西方)看作是对其之外(西方之外的)“野蛮”文明展开“教化”的“中心”。又由于人类社会的现代化进程是由西方率先发起的，因此，在精神传统与物质基础的双重作用之下，现代世界秩序和国际话语中便渐渐地产生出了以西方资本主义为中心的现代文明观，产生了以基督教信仰传统和资本主义运行机制相结合的工业化的人类

① 习近平:《在庆祝中国共产党成立100周年大会上的讲话》,《求是》2021年第14期。

文明发展形态。该形态的信奉者们普遍认为，“欧洲是世界上最先进的文明”①，由西方发起的资本主义生产方式是现代文明唯一的、永恒的发展模式。这样的思想和话语体系充斥着对西方文明的片面推崇，同时也成为西方文明中心论的思想源头。它甚至拒绝以复数形式来使用“文明”概念，以此来拒绝其他“文明”存在的客观事实。正如布罗代尔所说，“这个观念是一个典型的18世纪的观念，它主张存在文明这样一种东西，这种东西与进步的信念相关，仅为少数特权民族或特权集团（也就是人类的‘精英’）所拥有”②。在当前社会，这种以西方文明为中心的思想，不仅忽视了现代文明多元化、多样化发展的可能性与现实性，而且企图诋毁、贬低与西方文明相异的其他一切文明传统。从根本上来说，这种畸形的文明观与当今这个倡导多元、互通、互鉴的世界发展形势是背道而驰的。基督教的信仰传统与西方中心主义的现代结合，使得现代西方社会在经历了现代化的“祛魅”之后，又呈现出“复魅”的新趋势。从20世纪50年代开始，有着浓厚基督教传统的西方社会重又产生了宗教复兴运动，这与西方文明的精神根性不无关联。在历史学家阿诺德·汤因比（Arnold Toynbee）看来，西方中心主义是一种西方人自己的良好错觉，“这种错觉不仅蒙蔽了西方文明的后代，也蒙蔽了其他所有已知文明和原始社会的后代”③。

与西方基督教传统的排他性相对应的是，中华优秀传统文化具有广泛的包容性。在漫长的人类历史长河中，整个东亚地区都形成了以中华文明为源头、以儒家文化为精神旨归的伦理价值谱系。作为这一谱系的发源地，中国有着最为深厚的儒家文化底蕴和最为长久的儒家传统根基。虽然对于儒家传统的解读在19世纪出现了大的分化，例如日本内藤湖南等人持“唐宋转型”的主张，认为从唐宋之后中国儒家文化传统就转移到了日本，日本成为中

---

① 布鲁斯·马兹利什：《文明及其内涵》，汪辉译，商务印书馆2017年版，第62页。

② 费尔南·布罗代尔：《文明史纲》，肖昶、冯棠、张文英、王明毅译，广西师范大学出版社2003年版，第27页。

③ 阿诺德·汤因比：《历史研究》，曹未风等译，上海人民出版社2010年版，第892页。

国儒家传统文化的正统，相反中国本土则在“崖山之后无中国，明亡之后无华夏”，但是这种说法从根本上缺乏依据，它只看到了儒家文化在历史长河中形而上学的静止的一部分，而忽视了儒家文化在中国历史当中一脉相承、动态发展的整体性。近代以来，马克思主义基本原理与中华优秀传统文化不断融合，逐渐形成了中华文明的现代化发展新形式。这与日本在19世纪通过明治维新完成了现代化转型，变成一个具有西方文明的现代性与儒家传统相结合的现代化国家十分相似。只不过前者选择了社会主义道路，而后者选择了资本主义道路。这意味着，不了解基于儒家文化影响的中国，就不可能理解现代的中华文明，更不可能理解当前由中国式现代化发展之路所塑造出来的人类文明新形态。

如果我们用“历史传统—信仰根基”的模式来定义一种文明形态，那么由西方所主导的文明形态就可以用“希腊传统—基督教”文明形态来指代。与之相对应的，中国特色社会主义道路所开创的中华文明就可以称为是“儒家传统—共产主义”文明新形态。换言之，中华文明的现代形式正是以几千年来儒家传统文化的优秀部分为根基，在经历了近代以来的民族磨难以后，逐渐形成了以中国共产党领导的共产主义信仰为精神旨归的文明形式。因此，如果说现代西方文明的发展症结在于“祛魅”与“复魅”之间的曲折反复、在于由其深层的信仰根基所引发的“西方中心主义”与“文明冲突论”，进而造成了世界范围内现代化进程的广泛矛盾与发展停滞，那么，中华文明的现代形式以儒家传统为底色的包容性与“天下”观能否破除“中心主义”思维模式和“文明冲突论”的观念魔咒，就成为人类文明新形态能否为世界发展做出突出贡献的关键所在。

就现实性而言，中国之所以能形成“儒家传统—共产主义”的文明新形态，根本在于作为中华文明核心的儒家传统与共产主义理想具有内在契合性。更具体地说，就是在于二者都注重人的全面发展、都把人的发展当成最终目标、关注人与社会的和谐、都强调人与自然和谐相处。这些内在的契合性加之中华文明的强大包容性，最终决定并形成了符合中国发展实际的新思想,同时也成为马克思主义中国化发展的关键所在。

“儒家传统—共产主义”文明新形态的最终促成,既离不开近代以来中国社会的曲折发展,也离不开中国共产党团结带领中国人民艰苦探索的中国式现代化道路。与此同时,作为规范着中国实践的“儒家传统—共产主义”的文明新形态,又势必为世界文明的未来发展提供一种新的道路选择。正是中国式现代化道路的不断发展,亦即中国特色社会主义发展之路的不断升华,将中华文明与共产主义理想深深地结合起来,为人类文明发展的新形态提供了牢不可破的精神基础和信仰根基,中国现如今日益走近世界舞台的中央,在世界上的影响力越来越大。这种诞生于中国的新的文明形态,必然也会为世界的发展贡献出中国力量。此外,人类命运共同体的构建为这一文明形态走向世界提供了现实载体。对此,习近平总书记指出:“这个世界,各国相互联系、相互依存的程度空前加深,人类生活在同一个地球村里,生活在历史和现实交汇的同一个时空里,越来越成为你中有我、我中有你的命运共同体。”①在世界各国相互联系、休戚与共的世界历史大环境下,“儒家传统—共产主义”文明必将焕发出更为强大的生命力,为世界贡献自身的时代价值。

① 习近平:《习近平谈治国理政》第一卷,外文出版社2018年版,第272页。

第五章

从中国共产党百年经济探索历程看中国道路的历史逻辑

1921年到2021年的百年历史，是中国共产党不忘初心、牢记使命，为实现中华民族伟大复兴而进行伟大社会革命的历史，也是以实现社会主义和共产主义理想为目标不断探索中国道路的历史。“中国共产党自一九二一年成立以来，始终把为中国人民谋幸福、为中华民族谋复兴作为自己的初心使命，始终坚持共产主义理想和社会主义信念，团结带领全国各族人民为争取民族独立、人民解放和实现国家富强、人民幸福而不懈奋斗，已经走过一百年光辉历程。”“党在百年奋斗中始终坚持从我国国情出发，探索并形成符合中国实际的正确道路。中国特色社会主义道路是创造人民美好生活、实现中华民族伟大复兴的康庄大道。”①

站在“两个一百年”交汇的新的历史起点上，研究和思考中国共产党是怎样探索中国道路的是一个重要课题。按照马克思主义唯物史观的基本原理，我们可以从中国共产党百年经济探索历程中找到中国道路形成的历史逻辑。因此，本章试图从经济角度的回顾来看中国道路形成的历史逻辑。

回望过去，我们可以把百年来中国共产党经济探索的历程划分为相对独立而又前后相继的四个阶段。

---

① 《中共中央关于党的百年奋斗重大成就和历史经验的决议》，《人民日报》2021年11月17日第1版。

一、新民主主义革命道路的成功实践与中国现代化社会主义方向的历史选择(1921—1949)

从1840年鸦片战争到1949年10月中华人民共和国成立,可以看成是中国的早期现代化阶段。在这个阶段,先进的中国人进行了中国现代化的各种方案选择,但是,“一切别的东西都试过了,都失败了”①。“资产阶级的共和国,外国有过的,中国不能有,因为中国是受帝国主义压迫的国家。唯一的路是经过工人阶级领导的人民共和国”②。这些现代化方案之所以失败,是因为这些现代化道路无法解决中国近代社会的根本矛盾,无法解决近代中国实现民族独立和人民解放、实现现代化两大基本问题。在这个历史选择的过程中,只有中国共产党认清了中国近代以来社会的根本矛盾,进而领导中国人民取得反帝反封建的社会革命的胜利,建立人民当家做主的中华人民共和国,彻底解决民族独立和人民解放问题,为实现中国的现代化奠定了政治前提,从根本上确立中国现代化道路的社会主义方向。

1911年,孙中山领导的资产阶级革命推翻了清王朝的统治,成立了中华民国,然而并没有改变我国半殖民地半封建社会的性质。虽然孙中山也有比较详细的建国大纲,虽然民国政府也一度重视国家的经济发展,但是,在没有从根本上解决民族独立和人民解放的情况下试图推动中国的工业化发展和经济进步是不可能的。在复杂的国内外局势逼迫下,清醒了的中国共产党人放弃了一切幻想,开始探索独立自主的中国革命道路,领导全国人民打败了日本帝国主义侵略者,推翻了国民党在大陆的残暴统治,实现了民主革命由旧到新的转变,完成了政权由官僚资产阶级到无产阶级的更替,最终选择了一条符合中国自己的发展道路。那就是抛弃资产阶级领导的资本主义道路,

① 毛泽东:《毛泽东选集》第四卷,人民出版社1991年版,第1471页。
② 毛泽东:《毛泽东选集》第四卷,人民出版社1991年版,第1471页。

走无产阶级领导的新民主主义道路，满足各族人民民主权利的要求，发展的根本走向是社会主义，最终目标是实现共产主义。新民主主义革命的胜利为实现中华民族伟大复兴创造了根本社会条件，开辟了中国特色的发展道路。

应该看到，这条发展道路的确立并不是一帆风顺的。中国共产党对中国道路的探索是近代以来中国先进知识分子对中国现代化道路探索的批判继承和时代超越。由于历代仁人志士们的阶级和时代局限，他们不可能找到拯救中国和实现中国现代化的科学方案。不可改变的事实是，帝国主义、封建主义和官僚买办资本主义经济在受到多次冲击后，仍旧保持着它们的统治地位。这样，推倒阻碍中国社会经济发展的三座大山，使生产力从半殖民地半封建的反动生产关系的捆绑中解放出来这一巨大的历史任务必然地落到了中国无产阶级及其政党的身上。从历史实践看，1912—1919 年是旧民主主义革命时期，军阀割据，辛亥革命濒临失败。1919—1949 年是新民主主义革命时期，中国共产党经历了土地革命、抗日战争和解放战争时期，在联合国民党打败日本的侵华战争后，又推翻了国民党的独裁政权，实现了新民主主义革命的胜利，确定了走社会主义道路的发展方向。与此同时，国际上，受两次世界大战的影响，西方帝国主义对中国的殖民和掠夺也出现了不一样的变化，由于对日作战的胜利，中国的国家权益得到一定收复，国际地位得到一定提高；西方列强与苏联共同对中国的道路选择产生一定程度的影响，最终中国走上了以苏联模式为榜样的社会主义发展道路。

这段历史探索不仅说明了中国发展道路充满了艰辛和沧桑，还证明了中国人民的最终选择是正确和先进的，代表了时代发展的方向，为中华民族的伟大复兴创造了根本社会条件，同时也为我们从历史中汲取智慧提供了镜鉴。

第一，一个国家和民族的发展必须跟上时代的发展潮流，否则无法自立于世界民族之林。辛亥革命成功地推翻了封建王朝，由此，中国成为 20 世纪在国家政权层面第一个实现民主革命的国家，民主共和的观念深入人心，任何封建复古的落后思潮和行动必将被抛弃。这样，中国人民就开始了资本主义发展模式的尝试，与世界接轨的文明进程确保了发展方向上的一致性，少走了不少弯路。参加两次世界大战极大地提高了中国的国际地位。正是伟大的中国抗日战争和世界反法西斯战争，将中国近代争取民族独立和解放的事业推向建立一个平等独立大国并参与国际政治的新阶段，成为中国独立、解放和崛起的开端。

第二，彻底的新民主主义革命是实现中华民族伟大复兴的唯一选择。在社会变革中，一般都会存在着是革命还是改良的艰难选择。改良一般是由统治阶级发起和主导的、具有和平性质的改革，是一个渐进的过程，是一种由逐渐的量变缓慢达到质变的过程。中国近代 100 多年历史，虽然最终以革命成功收场，但是其间却充满了革命与改良的博弈和反复。历史不是没有给改良以机会，但是从清朝统治者到蒋介石统治集团，都一次又一次地过高估计自己，与人民为敌，从而丧失了改良的机会，被革命推翻。辛亥革命以后，孙中山试图与袁世凯妥协、与北洋军阀妥协，试图走和平的改良之路，但是都失败了。1927 年，是国民党向中国共产党人举起屠刀；1945 年，又是国民党撕毁和平协议，悍然发动内战。这些都说明，在不可阻挡的历史潮流面前，革命还是改良的选择权，不是在被压迫者的手中，而是在统治者的手中。

第三，中国的民生问题是一个政权能否合理存在的重要因素。辛亥革命的失败证明了在生产力不够发达基础上的资本主义理性的虚弱，而“联俄、联共、扶助农工”的新三民主义为国民党建立全国政权打下了很好的基础；中国共产党也是很好地利用了土地革命对农民的号召力才赢得了解放战争的胜利。国民党政权对已经出台的土地政策的实施很少关心，因而未取得任何成效；相反，共产党“制定和执行了坚决的土地纲领，为农民利益而认真奋斗”①，这又成为中国共产党取得新民主主义革命胜利的有力保证。

第四，一切正确的理论和实践都是在不断地试验、纠错之后才得到认同的，新民主主义革命的胜利是各种历史合力共同作用的结果。国民党的资本主义发展模式的失败、民主人士的“第三条道路”设计的没落，以及乡村建设

① 毛泽东：《毛泽东选集》第三卷，人民出版社 1991 年版，第 1075 页。

派、改良派等各种发展道路的设计理想都是中国共产党新民主主义道路的思想源泉和理论基础,他们的经验教训都是新民主主义革命丰富的历史营养。综合全体中国人民聪明智慧和国外最先进成功经验,作为最先进思想代表的中国共产党才能带领全国人民找到一条适合中国发展的康庄大道,那就是完成新民主主义革命,走社会主义道路。

二、对苏联现代化建设模式的学习与对适合中国国情的社会主义建设道路的探索(1949—1978)

新中国成立后,通过三年经济恢复,中国共产党选择了重工业优先发展的赶超战略,这个发展战略的选择决定了中国经济发展的模式和路径。为了保障这一战略的实施,中国在经济体制、农业组织发展、商业贸易、科技教育、经济布局、发展原则等方面都制定了一套与之相适应的政策措施,中国工业化取得很大进展。

(一)科学认识新中国成立初期的经济社会形势

新中国成立初期,中国共产党面对的是一个遭受长期战争破坏的衰败混乱的社会经济状况。财政赤字庞大,市场投机盛行,恶性通货膨胀不时发作,百姓生活困苦。1949 年整个亚洲人均国民收入是 44 美元,而中国人均国民收入仅为 27 美元,排在倒数第一。而且贫困发生率非常高,工业基础十分薄弱。“中国的工业和农业在国民经济中的比重,就全国范围来说,在抗日战争以前,大约是现代性的工业占百分之十左右,农业和手工业占百分之九十左右。这是帝国主义制度和封建制度压迫中国的结果,这是旧中国半殖民地和半封建社会性质在经济上的表现,这也是在中国革命的时期内和在革命胜利以后一个相当长的时期内一切问题的基本出发点。从这一点出发,产生了我党一系列的战略上、策略上和政策上的问题。对于这些问题的进一步的明确的认识和解决,是我党当前的重要任务。”[①]1949 年,在全国工业总产值中,轻工业占 73.6%,重工业仅占 26.3%。到 1952 年国民经济恢复工作完成时,在工农业总产值中,现代工业比重只有 26.6%,重工业比重只有 35.5%。在国民经济恢复和第一个五年计划建设时期,中国在资金、技术、项目等方面得到了苏联的重要支持,苏联援建中国的工程项目奠定了中国工业化的初步基础,但苏联发展模式也对中国社会经济产生了深远的影响。新中国成立初期还面临着严峻复杂的国内外军事政治形势,国内解放战争还在局部地区继续进行,国民党反动政权不甘心自己的失败,采取各种手段对新生的人民政权进行颠覆破坏。国际范围社会主义和资本主义两大互相对立的阵营逐渐形成,世界很快陷入了冷战的境地。中国人民在解放战争中即受到了来自美国政府的干扰和破坏。新中国成立后,美国等西方国家对新生的人民政权不予承认,并对新中国实行贸易封锁禁运政策,加大了中国国防和国家安全的压力。

（二）重工业优先发展战略的形成

基于对新中国成立初期经济社会形势的分析,中国共产党人深知现代工业对于中国经济发展和国家安全的重要意义。早在 1944 年 5 月 22 日,毛泽东就提出了“我们共产党是要努力于中国的工业化的”论断并进行了论证:第一,“要打倒日本帝国主义,必需有工业”[②]。第二,“要中国的民族独立有巩固的保障,就必需工业化”[③]。第三,“中国落后的原因,主要的是没有新式工业”[④]。第四,“如果我们不能解决经济问题,如果我们不能建立新式工业,如果我们不能发展生产力,老百姓就不一定拥护我们”[⑤]。第五,“对于经济工作,尤其是工业,……是决定一切的,是决定军事、政治、文化、思想、道德、宗

① 毛泽东:《毛泽东选集》第四卷,人民出版社 1991 年版,第 1430 页。
② 中共中央文献研究室编:《毛泽东文集》第三卷,人民出版社 1996 年版,第 146 页。
③ 中共中央文献研究室编:《毛泽东文集》第三卷,人民出版社 1996 年版,第 146 页。
④ 中共中央文献研究室编:《毛泽东文集》第三卷,人民出版社 1996 年版,第 146 页。
⑤ 中共中央文献研究室编:《毛泽东文集》第三卷,人民出版社 1996 年版,第 147 页。

教这一切东西的,是决定社会变化的”①。到了1945年在中国共产党第七次全国代表大会上,在《论联合政府》的报告中,这些思想凝聚成一句名言:“没有工业,便没有巩固的国防,便没有人民的福利,便没有国家的富强。”②在中共七届二中全会上,这一思想得到了进一步的发展和系统化:“从中国境内肃清了帝国主义、封建主义、官僚资本主义和国民党的统治(这是帝国主义、封建主义和官僚资本主义三者的集中表现),还没有解决建立独立的完整的工业体系问题,只有待经济上获得了广大的发展,由落后的农业国变成了先进的工业国,才算最后地解决了这个问题。”③我们要思考的是,毛泽东提出“建立独立的完整的工业体系”的深意是什么。1944年毛泽东的报告中讲的五条当然是很全面的,同时这也是中国共产党解决近代中国两个基本问题的历史逻辑和理论逻辑的自洽性问题的现实表现。但是,从新中国成立前中国共产党面临的国际国内形势综合性地看问题,毛泽东已经预料到新中国成立后中国共产党不仅要致力于发展经济尤其是发展基础工业的问题,更重要的是要发展对于保障国家独立问题的基础工业问题。因为在他看来,独立完整的国防工业体系是国防现代化的重要保证,而独立完整的工业体系又是建立独立完整的国防工业体系的基础。正是因为“没有这个现代的条件,要彻底战胜日本帝国主义及其走狗是不可能的”④,“现代的装备”的生产基于现代化的工业,所以,“有了现代化工业,现代国防工业就好办了”⑤。“国大,军就会大。国不大,军就不能大”⑥。“建设工业就是为了搞国防,减少些国防,多搞些工

① 中共中央文献研究室编:《毛泽东文集》第三卷,人民出版社1996年版,第147页。

② 毛泽东:《毛泽东选集》第三卷,人民出版社1991年版,第1080页。

③ 毛泽东:《毛泽东选集》第四卷,人民出版社1991年版,第1433页。

④ 中共中央文献研究室、中国人民解放军军事科学院编:《毛泽东军事文集》第1卷,军事科学出版社、中央文献出版社1993年版,第417页。

⑤ 中共中央文献研究室、中国人民解放军军事科学院编:《建国以来毛泽东军事文稿》中卷,军事科学出版社、中央文献出版社2010年版,第394页。

⑥ 中共中央文献研究室、中国人民解放军军事科学院编:《建国以来毛泽东军事文稿》中卷,军事科学出版社、中央文献出版社2010年版,第387页。

业，正是为了国防”①。毛泽东认为，这是新中国工业发展与国防建设的辩证法。有些人离开新中国成立初期的历史条件，用西方的所谓工业化发展规律来评判中国重工业化战略的合规律性，认为这是新中国领导人不懂工业发展规律的表现。从历史的角度来看，这种看法是对中国历史发展规律的歪曲，是历史虚无主义的表现。这是因为经济的发展不仅仅要合乎单纯的经济运行规律，作为一种历史现象，作为人的一种行为，它还具有合目的性的要求。就中国当时的情况来看，巩固国防以保卫革命的胜利成果，捍卫人民当家做主的人民政权是最大的合目的性。新中国成立初期，中国的生产力落后，工农业生产水平低下，人民生活还很不富裕，要发展生产力，解决人民的生活水平提高的问题，中国共产党当然很清楚，这本来就是中国新民主主义革命的一个根本问题。但是，重工业的发展是解决国防问题的根本，我们首先必须有自己的重工业基础，尽管这样可能会影响人民生活水平的迅速提高。对其中的辩证关系，毛泽东始终有着清醒的认识，1964 年他提出的“两个拳头，一个屁股”的论断把这个关系通俗易懂地表达出来：国民经济有“两个拳头——农业、国防工业，一个屁股——基础工业，要摆好”②。

以上分析是理解中国确立优先发展重工业战略的历史认识论前提，只有在这个前提下才能确立正确的历史观。基于此，我们再来呈现优先发展重工业战略形成的历史逻辑。

新中国成立后经过三年的经济恢复时期，中国共产党开启了新中国的第一个五年计划时期。中国共产党从当时的国内外环境出发，从中国百年来落后挨打的历史教训出发，从增强社会主义阵营的力量出发，确立了重工业优先发展的赶超战略。优先发展重工业在党和政府中间形成了共识，从而在总体上为中国发展道路确立了基本路径。总体上看，中国的工业化和资本主义

① 中共中央文献研究室、中国人民解放军军事科学院编：《建国以来毛泽东军事文稿》中卷，军事科学出版社、中央文献出版社 2010 年版，第 306 页。

② 中共中央文献研究室编：《毛泽东年谱（一九四九—一九七六）》第五卷，中央文献出版社 2013 年版，第 348 页。

的工业化发展路径很不相同,中国的工业化不可能走资本主义的工业化之路。在苏联的影响和帮助下,基于中国工业化基础薄弱现实,为了尽快发展工业化,中国和苏联一样,选择了优先发展重工业的战略和保障这个战略实施的计划经济体制。1953 年,中国共产党提出了以“一化三改”为核心内容的过渡时期的总路线,这个总路线是社会主义建设和社会主义改造并举的路线,体现了发展生产力和变革生产关系的有机统一。社会主义改造总路线的提出,也是为了更好地配合“一五”计划的实施。为了更有效地从农业中提取剩余来发展重工业,同时也为了促进农村合作化事业的发展,1953 年 10 月 16 日,中共中央政治局会议讨论通过了《中共中央关于实行粮食的计划收购与计划供应的决议》,提出粮食统购统销政策,包括计划收购、计划供应、由国家严格控制粮食市场和中央对粮食实行统一管理等四个方面的内容。政务院于 1953 年 11 月 19 日通过了《关于实行粮食的计划收购和计划供应的命令》。农业社会主义改造完成后,农业方面集体所有制占据了主导地位。国家通过统购统销等政策掌握了粮食,因为粮食价格在物价体系中发挥着核心作用,通过压低粮食价格,就控制住了整个物价,低资金、低汇率、低工资,这使得中国工业化的低成本成为可能。中国的第一个五年计划从 1953 年开始,这是一个以重工业优先发展为目标的社会经济发展计划,建设的重点为苏联援助的 156 项工程项目和中国自行确立的限额以上的 694 个大中型建设项目,为此党和政府多方面筹集建设资金,进行了大规模投资建设,建成了一批门类比较齐全的基础工业项目。

(三)中国工业化的推进和中国道路的继续探索

新中国成立初期,实行公私兼顾、劳资两利、城乡互助、内外交流所谓“四面八方”的经济政策。随着社会主义三大改造的推进和粮食统购统销等一系列政策的实行,一些重要的市场贸易商品如粮食、棉花等掌握在国家手里,市场的主体如个体工商户、小摊贩、商业资本家都通过社会主义改造纳入了国营和集体经济之中,社会主义商业流通渠道大大缩减。农村的集市贸易也随着国家管理加强和上市物品的缺乏而逐渐式微。这种做法在一定意义上是为了保障重工业的优先发展。当然,包括国营商业、合作社商业和农村集市贸易在内的国内贸易的三大渠道由于缺乏配套的市场环境,并不能高效地配置资源。对外贸易基本上由国家垄断,党和政府还采取多种举措打破帝国主义国家的贸易封锁禁运,为以后的改革开放准备了条件。为了更好地为工业化提供资金和保障粮食安全,1958 年在广大农村地区推进人民公社化运动。在一定意义上可以说,人民公社是为适应重工业优先发展战略而构建的农村制度保障。科学技术的发展是近代工业化的发展基础,由于重工业也是技术密集型的产业,中国选择了重工业优先发展的工业化发展道路,从科学技术发展的角度上讲,就是选择了把发展教育科技放在重要位置的道路。为此,中国共产党重视教育发展,新建了很多学校,学生入学率和学科体系建设相比过去都有很大发展。设立科研机构,培养科研人员,吸引国外科学家回国,还聘请了大批的苏联顾问和专家,并且大量派遣留学生出去学习现代科技知识,这些措施在促进国家科技发展方面都发挥了重要作用。改革开放前三十年的时间内,进行了三次大规模的技术装备引进。在经济发展道路的探索中,党和政府还十分注重区域间的协调发展,根据社会经济发展的总体规划和部署,统筹各地资源优势和国家发展战略,先后提出了让东北先行一步,沿海内地、经济协作区、三线建设等重点区域发展战略。在工业化发展过程中形成了坚持独立自主、自力更生的发展原则和立场。

综上所述,新中国成立后经过三十年的发展,通过大规模的经济建设,初步建立起独立的比较完整的工业体系和国民经济体系,奠定了社会主义现代化建设的物质技术基础,培养了一大批建设人才,在若干科学技术领域取得重要突破。工业总产值平均每年增长 13.5%。到 1978 年,工业总产值在工农业总产值中的比重已经增长到 75.2%。重工业优先发展战略深刻塑造了中国道路,其坚持工业化建设的战略在整个社会经济发展进程中占据重要位置。从总体上看,这一时期对中国道路有着奠基性的重要贡献:一是巩固了新生的人民政权,维护了国家安全;二是独立的比较完整的工业体系和国民经济体系初步建立；三是中国的人类发展指数显著提高；四是中国国际地位提高较快，外交领域取得很大成就，显示了社会主义制度的优越性。这一阶段党对适合中国国情的社会主义建设道路的探索所取得的成就为新的历史时期开创中国特色社会主义提供了理论准备，奠定了物质基础，积累了宝贵经验。

三、改革开放与中国特色社会主义道路的形成和发展(1978—2012)

新中国成立以来，中国逐步走向了以苏联模式为范本的经典社会主义现代化道路。尽管在道路的探索过程中，党中央和毛泽东也意识到了“走自己的路”的重要性，但是鉴于当时的国际国内环境和对社会主义建设规律认识的局限性，中国在经济发展的总体框架上照搬了苏联的计划经济体制，在社会主义公有制基础上推行重工业优先发展战略。因而，在取得诸多伟大成就的同时也累积了不少问题。这些问题的存在成为改革开放的重要起因，也在一定程度上规定了改革开放的方法和步骤。从解决近现代实现民族独立和人民解放、实现中国的现代化两大基本问题的角度看，在这个探索过程中，“党领导人民完成社会主义革命，消灭一切剥削制度，实现了中华民族有史以来最为广泛而深刻的社会变革，实现了一穷二白、人口众多的东方大国大步迈进社会主义社会的伟大飞跃”①。解决了国家独立和人民解放的问题的同时，在工业化方面也迈出了坚实的步伐，奠定了中国工业化的基础。从解决后发国家共时性发展矛盾、工具理性和价值理性的关系、现代化弊端等具体问题来看，这种探索有效避免了资本主义现代化道路所不可避免的个人主义泛滥和工具理性控制社会的问题，同时保证了全社会的公平和公正，但是，其弊端也是显而易见的。正如逄先知所言：“不能说毛泽东不重视发展生产。……

① 《中共中央关于党的百年奋斗重大成就和历史经验的决议》，《人民日报》2021年11月17日第1版。

如果把发展生产和实现社会公平比作天平上的两端的话，那么，他的砝码总是更多地加在后一方面。”[①]历史事实证明，这条道路在解决上述具体问题的过程中、在价值理性与工具理性的关系处理上注重了价值理性的弘扬，而对工具理性注重不足，以至于有人把毛泽东的现代性视为“反现代的现代性”，并认为：“‘反现代的现代性’没有将对现代性的批判置于文化特殊论的框架之下，而是以现代世界的不平等关系为前提，力图重构现代性的平等政治。……这是一种立足于独特历史情境的平等政治，它是普遍主义的，而不是特殊主义的；它对中国的独特性的关注被置于现代世界的具体历史关系之中。”[②]如何把握中国现代性建构问题上价值理性与工具理性的张力将作为问题留给中国共产党的未来探索者。1978 年 12 月，党的十一届三中全会召开，这是新中国成立以来我党历史上具有深远历史意义的伟大转折，开启了改革开放历史新时期。改革开放的历史实践使中国发生了一场深刻的社会变革，中国特色社会主义在改革开放中重新焕发出蓬勃生机，实现了中华民族从站起来到富起来的伟大飞跃，中华民族再度崛起的历史成就以铁的历史事实确证了中国道路的成功。

（一）科学判断中国的历史方位，重新思考中国社会主义问题

理论是行动的先导。从站起来到富起来伟大飞跃的实现，离不开理论创新的推动。党的十一届三中全会以来，中国共产党创立了中国特色社会主义理论体系，实现了马克思主义中国化新的飞跃。中国特色社会主义理论体系的核心在于创造性地提出社会主义初级阶段理论、社会主义本质理论和社会主义市场经济理论。这三大理论创新也构成了新时期中国共产党经济理论和中国道路的理论基石。社会主义初级阶段理论揭示了中国道路“现在何处”，发挥的是“定位”的作用，即我国社会主义处在“欠发展”的历史方位，还

① 逄先知：《伟大旗帜——毛泽东和毛泽东思想》，生活·读书·新知三联书店 2019 年版，第 206—208 页。
② 汪晖：《关于“早期现代性”及其他》，《中华读书报》2011 年 1 月 19 日第 13 版。

是一个“不够格”的社会主义,需要逐步摆脱贫穷、摆脱落后。社会主义本质理论揭示了中国道路“走向何方”,讲的是一个“够格的”社会主义所要达到的目标,发挥的是“定标”的作用,即要“解放生产力,发展生产力,消灭剥削,消除两极分化,最终达到共同富裕”①。社会主义市场经济理论揭示了中国道路“如何走法”,讲的是“够格的”社会主义实现的路径,发挥的是“定法”的作用,即社会主义要与市场经济相结合,融会贯通和综合运用计划与市场这两种经济手段。对实现从站起来到富起来的伟大飞跃来说,这三大理论基石又是相互联系、辩证统一的。要实现从站起来到富起来的伟大飞跃,既是基于社会主义初级阶段这一基本国情,又是社会主义本质的内在要求;之所以能实现从站起来到富起来的伟大飞跃,也是因为坚持了正确的路径和方法。只有搞清楚了“现在何处”,才能明确“走向何方”和“如何走法”;同时,“走向何方”又需要从“现在何处”出发,需要“如何走法”来指引。“如何走法”是针对“走向何方”来设计的,同样也是基于“现在何处”这一历史方位考量的。之所以称我国的社会主义为初级阶段社会主义,主要是因为生产力不发达,还是一个“不够格”的社会主义。在社会主义初级阶段,根本任务和奋斗目标,就是解放和发展生产力,使人民富起来,最终实现共同富裕。而要加速发展生产力,就要大胆借鉴和积极利用市场经济中反映社会化大生产一般规律的方式方法来为社会主义建设服务。同时,社会主义初级阶段理论还规定了中国的市场经济姓“社”而不姓“资”,在发展市场经济时必须坚持两大原则:一是公有制占主体,二是共同富裕。这又把社会主义市场经济与资本主义市场经济区别开来。

(二)确立“发展就是硬道理”的观念,把发展视为实现富起来的基础和关键

改革开放初期,中国处在“未发展起来”的阶段。因此,发展成为解决中

① 邓小平:《邓小平文选》第三卷,人民出版社1993年版,第373页。

国一切问题的基础和关键，当然也是实现从站起来到富起来伟大飞跃的基础和关键。要发展，首先要凝聚起发展的共识。改革开放以来，中国共产党基于世界和中国这两个维度，主要从回应时代主题转换、体现社会主义制度优越性、解决我国社会主要矛盾、实现社会主义现代化战略目标等四个方面，对发展的价值与意义进行了深入思考，凝聚起了发展的共识。然后，就需要对发展的战略安排进行谋划。战略安排主要涉及战略目标和战略步骤。新中国成立后，毛泽东为中国社会的发展确定了“四个现代化”的战略目标，并提出了“两步走”的战略步骤。邓小平在新的历史条件下继承并发展了毛泽东的现代化思想，提出了建设富强、民主、文明的社会主义现代化国家的战略目标，并提出了温饱、小康、现代化“三步走”的战略步骤。20 世纪末，随着第二步战略目标的实现，江泽民又提出了“新三步走”的发展战略。党的十六大提出了 21 世纪头 20 年全面建设小康社会的具体目标。在“两个一百年”奋斗目标交汇之际，党的十九大就决胜全面建成小康社会做出部署，明确了从 2020 年到本世纪中叶分“两步走”全面建设社会主义现代化国家的新的奋斗目标。新中国成立以来，中国共产党对中国社会发展战略目标的设计经历了从“四个现代化”到“社会主义现代化”再到“社会主义现代化强国”的发展；战略步骤的设计则经历了从“两步走”到“三步走”、“新三步走”再到“新两步走”的演变，构成了中国共产党为建设社会主义现代化国家的完整的时间表和路线图，这也是中国共产党从一个胜利走向另一个胜利的秘诀所在。

（三）全面实施改革开放伟大实践，推动中国经济社会快速发展

改革开放是中国共产党的一次伟大觉醒，正是这个伟大觉醒孕育了我们党从理论到实践的伟大创造。改革开放是中国人民和中华民族发展史上一次伟大革命，正是这个伟大革命推动了中国特色社会主义事业的伟大飞跃，中华民族实现了从站起来到富起来的伟大飞跃！中国的改革是从农村开始的。自 1978 年至 2012 年，中国农村改革大致经历了农村改革起步时期（1978—1984）、农村市场化改革探索时期（1985—1991）、农村全面转向市场

经济时期(1992—2001)、统筹城乡发展时期(2002—2012)四个阶段。农村的改革推动了城市改革的进程。自1978年至2012年,国有企业改革经历了探索"两权分离"为主的放权让利时期(1978—1991)、以"转机建制"为重点的制度创新时期(1992—2002)、以建立新的国资监管体制为核心的国资监管时期(2003—2012)三个阶段。新中国成立后初步建成的独立的比较完整的工业体系和国民经济体系,为新的历史时期实施的对外经济开放准备了坚实的物质基础和经济安全保障能力。这一时期的对外开放经历了对外经济开放大幕的开启(1978—1984)、对外经济开放格局的初步形成(1984—1992)、全方位对外经济开放格局的形成(1992—2001)、开放型经济的快速发展(2001—2012)四个历史阶段。对外开放战略极大地促进了中国的经济发展。

四、中国特色社会主义进入新时代与中国道路的坚持和发展(2012年至今)

历史事实证明,中国特色社会主义道路对于促进生产力的快速发展十分有效。习近平总书记指出:"进入历史新时期,我们党带领人民进行改革开放新的伟大革命,极大激发广大人民群众的积极性、主动性、创造性,成功开辟了中国特色社会主义道路,使中国大踏步赶上时代,实现了社会主义现代化进程中新的历史性跨越,迎来了中华民族伟大复兴的光明前景。"①2010年中国的国内生产总值超过日本,中国成为世界第二大经济体。这是中国特色社会主义道路、理论、制度的胜利。从近现代两大基本问题的解决这个角度看,这个胜利的取得是在第一大基本问题解决的基础上实现的,对第二大基本问题的解决也将发挥巨大的作用,中国的工业化发展成为中国崛起的主导力量,人民富裕起来的问题从总体上已经解决,但是"强起来"和人民共同富裕以及人的全面发展还需要努力。从上述的三个方面具体问题的解决看,富裕

① 习近平:《把握新发展阶段,贯彻新发展理念,构建新发展格局》,《求是》2021年第9期。

起来带来的问题不容忽视，正如邓小平所说，“发展起来以后的问题不比不发展时少”①。经济发展起来了，社会富裕了，但是，经济结构不合理，经济发展质量不高，生态环境代价严重，社会阶层固化、收入差距拉大的问题比较严重，解决起来困难比较大。社会主义核心价值观没有能够全面贯彻落实，个人主义价值观泛滥，资本逻辑渗透经济社会各个方面，工具理性僭越价值理性成为顽疾。就中国现代性的建构来说，虽然富起来的过程奠定了现代化的经济基础，但是工具理性和价值理性的关系问题，还是有较大偏颇的，由国内外各种综合性因素而引起的现代性矛盾并没有很好地解决。

中国特色社会主义进入了新时代，不是凭空产生的，而是实践发展下矛盾运动的结果。在复杂的事物的发展过程中，有许多的矛盾存在，其中必有一种是主要的矛盾，它的存在和发展规定或影响着其他矛盾的存在和发展。因此，正确把握不同历史时期的社会主要矛盾，是认清发展所处历史方位的根本依据。之所以说中国特色社会主义进入新时代，最根本的依据就是主要矛盾的转化。党的十九大报告明确指出，中国特色社会主义进入新时代，我国社会主要矛盾已经转化为人民日益增长的美好生活需要和不平衡不充分的发展之间的矛盾。新时代中国社会主要矛盾的转化是中国特色社会主义建设的必然逻辑，也是由全面建成小康社会迈向共同富裕的战略出发点。习近平总书记将新时代中国经济发展的趋势性特征概括为“四个转向”，即“我国经济发展的主要特点是：增长速度要从高速转向中高速，发展方式要从规模速度型转向质量效率型，经济结构调整要从增量扩能为主转向调整存量、做优增量并举，发展动力要从主要依靠资源和低成本劳动力等要素投入转向创新驱动”②，并指出：“这些变化，是我国经济向形态更高级、分工更优化、结构更合理的阶段演进的必经过程。”③新时代的主要矛盾决定了新时代的主要任务。

① 中共中央文献研究室编：《邓小平年谱》第五卷，中央文献出版社 2020 年版，第 662 页。
② 习近平：《习近平谈治国理政》第二卷，外文出版社 2017 年版，第 245 页。
③ 习近平：《习近平谈治国理政》第二卷，外文出版社 2017 年版，第 245 页。

党的十九大报告还明确指出:"从十九大到二十大,是'两个一百年'奋斗目标的历史交汇期。我们既要全面建成小康社会、实现第一个百年奋斗目标,又要乘势而上开启全面建设社会主义现代化国家新征程,向第二个百年奋斗目标进军。"这说明我国全面建成小康社会之后,进入全面建设社会主义现代化强国的新征程,这个新征程又分为两个阶段:从2020年到2035年为第一个阶段,我们要在全面建成小康社会的基础上,经过15年奋斗,基本实现社会主义现代化;从2035年到本世纪中叶为第二个阶段,在基本实现现代化的基础上,我们要继续奋斗15年,把我国建成富强民主文明和谐美丽的社会主义现代化强国。① 这样,我们党就将从现在到本世纪中叶的奋斗目标,分为三步走和两个重要阶段,这是我们夺取新时代中国特色社会主义伟大胜利的行动纲领,是中国现代化建设的新的蓝图。

开启全面建设社会主义现代化国家新征程标志着我国进入了一个新发展阶段。党的十九届五中全会提出:全面建成小康社会、实现第一个百年奋斗目标之后,我们要乘势而上开启全面建设社会主义现代化国家新征程、向第二个百年奋斗目标进军,这标志着我国进入了一个新发展阶段。② 立足新发展阶段,必须正确认识新发展阶段,科学把握新发展阶段,才能为新发展阶段确立正确的发展理念,构建科学的发展格局,实现高质量的发展。

第一,新发展阶段仍是社会主义初级阶段的一个阶段。新发展阶段是社会主义初级阶段的"建设社会主义现代化强国"阶段,是我国社会主义建设经过几十年积累、站到了新的起点上的一个阶段,是我们党带领人民迎来从站起来、富起来到强起来历史性跨越的新阶段,是完成建设社会主义现代化国家历史宏愿的新阶段。可以说,新发展阶段仍是我国社会主义初级阶段的一个阶段,是一个实现更高目标、实现更大发展的阶段。

第二,新发展阶段是社会主义初级阶段的更高级阶段。新发展阶段是在

① 习近平:《决胜全面建成小康社会 夺取新时代中国特色社会主义伟大胜利——在中国共产党第十九次全国代表大会上的报告》,《求是》2017年第21期。

② 习近平:《把握新发展阶段,贯彻新发展理念,构建新发展格局》,《求是》2021年第9期。

经过长期不懈努力全面建成小康社会、实现第一个百年奋斗目标之后，乘势而上开启全面建设社会主义现代化国家新征程、向第二个百年奋斗目标进军的发展阶段。新发展阶段仍是社会主义初级阶段的性质没有变，但与以往的发展阶段相比，新发展阶段的“新”主要体现在新的发展主题、奋斗目标、发展任务、发展理念、发展格局、发展环境上。①

第三，新发展阶段是社会主义初级阶段向更高阶段推进的过渡性阶段。习近平总书记指出：“社会主义初级阶段不是一个静态、一成不变、停滞不前的阶段，也不是一个自发、被动、不用费多大气力自然而然就可以跨过的阶段，而是一个动态、积极有为、始终洋溢着蓬勃生机活力的过程，是一个阶梯式递进、不断发展进步、日益接近质的飞跃的量的积累和发展变化的过程。”②全面建设社会主义现代化国家这个新发展阶段既是社会主义初级阶段，也是我国社会主义从初级阶段向更高阶段迈进的阶段。这意味着新发展阶段之后的阶段是社会主义初级阶段后的更高级别的阶段，新发展阶段就是促成我国社会主义由初级阶段向更级别迈进的质的飞跃的阶段。

新发展阶段经济社会的发展必须贯彻新发展理念的指导作用。新时代解决人民日益增长的美好生活需要和不平衡不充分发展之间的矛盾、实现全面建设社会主义现代化强国的奋斗目标，要求我们必须坚持以人民为中心的发展思想，坚定不移地贯彻创新、协调、绿色、开放、共享的新发展理念。

第一，创新发展注重的是解决发展动力问题。只有不断创新，才能为经济社会的发展提供源源不断的动力，始终朝着中华民族伟大复兴的目标迈进。第二，协调发展注重的是解决发展不平衡问题。作为一个整体，如果部分要素发展落后，那么这种发展就不是协调的发展，也就无法称之为高质量高效益的发展。只有把“协调既是发展手段又是发展目标，同时还是评价发

① 王立胜：《深刻把握新发展阶段的历史逻辑》，《人民论坛》2021 年第 7 期。

② 《深入学习坚决贯彻党的十九届五中全会精神　确保全面建设社会主义现代化国家开好局》，《人民日报》2021 年 1 月 12 日第 1 版。

展的标准和尺度”①的理念落实到位,才能解决好发展中的区域、行业、阶层等领域的不平衡问题,使共同富裕的美好景象早日到来。第三,绿色发展要解决好人与自然和谐共生问题。“我们要坚持节约资源和保护环境的基本国策,像保护眼睛一样保护生态环境,像对待生命一样对待生态环境,推动形成绿色发展方式和生活方式,协同推进人民富裕、国家强盛、中国美丽”②,为共同构建绿色家园而努力,为美丽中国的发展提供助力。第四,开放发展注重的是解决发展内外联动问题。能否牢牢把握经济全球化的主动权决定着国家和民族的未来发展。“必须主动顺应经济全球化潮流,坚持对外开放,充分运用人类社会创造的先进科学技术成果和有益管理经验”③,使中国真正走向世界,使世界更好了解中国,共同构建人类美好家园。第五,共享发展注重的是解决社会公平正义问题。共享理念的实质就是在坚持以人民为中心的发展理念的前提下逐步实现共同富裕的要求。共同富裕是资本主义社会无法解决的问题,但却是中国特色社会主义的本质要求。也只有在中国特色社会主义社会下,才能解决好人的共同富裕问题。

贯彻落实新发展理念,必须从三个方面理解新发展理念。第一,从根本宗旨把握新发展理念。为人民谋幸福、为民族谋复兴,这既是我们党领导现代化建设的出发点和落脚点,也是新发展理念的“根”和“魂”。只有坚持以人民为中心的发展思想,坚持发展为了人民、发展依靠人民、发展成果由人民共享,才会有正确的发展观、现代化观。实现共同富裕不仅是经济问题,而且是关系党的执政基础的重大政治问题。实现共同富裕,要统筹考虑需要和可能,按照经济社会发展规律循序渐进。④

第二,从问题导向把握新发展理念。我国发展已经站在新的历史起点上,要根据新发展阶段的新要求,坚持问题导向,更加精准地贯彻新发展理

① 习近平:《习近平谈治国理政》第二卷,外文出版社 2017 年版,第 205 页。
② 习近平:《习近平谈治国理政》第二卷,外文出版社 2017 年版,第 209—210 页。
③ 习近平:《习近平谈治国理政》第二卷,外文出版社 2017 年版,第 211 页。
④ 习近平:《把握新发展阶段,贯彻新发展理念,构建新发展格局》,《求是》2021 年第 9 期。

念,切实解决好发展不平衡不充分的问题,推动高质量发展。要解决好诸如科技自立自强、经济社会发展全面绿色转型、经济全球化逆流等问题。① 在新发展阶段,对新发展理念的理解要不断深化,举措要更加精准务实,真正实现高质量发展。

第三,从忧患意识把握新发展理念。随着我国社会主要矛盾变化和国际力量对比深刻调整,我国发展面临的内外部风险空前上升,必须增强忧患意识、坚持底线思维,随时准备应对更加复杂困难的局面。要坚持政治安全、人民安全、国家利益至上有机统一,既要敢于斗争,也要善于斗争,全面做强自己,特别是要增强威慑的实力。②

把握新发展阶段,贯彻新发展理念,必须构建畅通的国内国际双循环新发展格局。党的十九届五中全会提出的"畅通国内国际双循环构建新发展格局"是我国进入高质量发展阶段,面对跨越"中等收入陷阱"、中美关系"脱钩"危险、新冠疫情的持续冲击,在世界出现百年未有之大变局的背景下,以习近平同志为核心的党中央审时度势做出的科学选择。

第一,构建新发展格局是应对国际国内形势的必然。近年来,经济全球化遭遇逆流,国际经济循环格局发生深度调整。新冠肺炎疫情也加剧了逆全球化趋势,各国内顾倾向上升。特别是在疫情冲击下全球产业链供应链发生局部断裂,直接影响到我国国内经济循环。习近平总书记提出建立以国内大循环为主体、国内国际双循环相互促进的新发展格局,是党中央把握未来发展主动权的战略性布局和先手棋,是新发展阶段要着力推动完成的重大历史任务,也是贯彻新发展理念的重大举措。③

第二,构建新发展格局的关键在于经济循环的畅通无阻。经济活动需要各种生产要素的组合在生产、分配、流通、消费各环节有机衔接,从而实现循环流转。在正常情况下,如果经济循环顺畅,物质产品会增加,社会财富会积

① 习近平:《把握新发展阶段,贯彻新发展理念,构建新发展格局》,《求是》2021年第9期。
② 习近平:《把握新发展阶段,贯彻新发展理念,构建新发展格局》,《求是》2021年第9期。
③ 习近平:《把握新发展阶段,贯彻新发展理念,构建新发展格局》,《求是》2021年第9期。

聚,人民福祉会增进,国家实力会增强,从而形成一个螺旋式上升的发展过程。如果经济循环过程中出现堵点、断点,循环就会受阻,在宏观上就会表现为增长速度下降、失业人数增加、风险积累、国际收支失衡等情况,在微观上就会表现为产能过剩、企业效益下降、居民收入下降等问题。在我国发展现阶段,畅通经济循环最主要的任务是供给侧有效畅通,有效供给能力强可以穿透循环堵点、消除瓶颈制约,可以创造就业和提供收入,从而形成需求能力。因此,我们必须坚持深化供给侧结构性改革这条主线,继续完成“三去一降一补”的重要任务,全面优化升级产业结构,提升创新能力、竞争力和综合实力,增强供给体系的韧性,形成更高效率和更高质量的投入产出关系,实现经济在高水平上的动态平衡。①

第三,构建新发展格局还要避免一些误区。在实践中,我们要注意防范一些认识误区:一是只讲前半句,片面强调“以国内大循环为主”,主张在对外开放上进行大幅度收缩;二是只讲后半句,片面强调“国内国际双循环”,不顾国际格局和形势变化,固守“两头在外、大进大出”的旧思路;三是各自为政、画地为牢,不关心建设全国统一的大市场、畅通全国大循环,只考虑建设本地区本区域小市场、搞自己的小循环;四是认为畅通经济循环就是畅通物流,搞低层次物流循环;五是一讲解决“卡脖子”技术难题,什么都自己干、搞重复建设,专盯“高大上”项目,不顾客观实际和产业基础,结果成了烂尾项目;六是讲扩大内需、形成国内大市场,又开始搞盲目借贷扩大投资、过度刺激消费,甚至又去大搞高能耗、高排放的项目;七是不重视供给侧结构性改革,只注重需求侧管理,无法形成供给创造需求的更高水平动态平衡;八是认为这只是经济科技部门的事,同自己部门关系不大;等等。这些认识都是片面的甚至是错误的,必须加以防范和纠正。②

总之,进入新发展阶段、贯彻新发展理念、构建新发展格局,是由我国经

---

① 习近平:《把握新发展阶段,贯彻新发展理念,构建新发展格局》,《求是》2021年第9期。
② 习近平:《把握新发展阶段,贯彻新发展理念,构建新发展格局》,《求是》2021年第9期。

济社会发展的理论逻辑、历史逻辑、现实逻辑决定的,三者紧密关联。进入新发展阶段明确了我国发展的历史方位,贯彻新发展理念明确了我国现代化建设的指导原则,构建新发展格局明确了我国经济现代化的路径选择。把握新发展阶段是贯彻新发展理念、构建新发展格局的现实依据,贯彻新发展理念为把握新发展阶段、构建新发展格局提供了行动指南,构建新发展格局则是应对新发展阶段机遇和挑战、贯彻新发展理念的战略选择。①

五、百年经济探索的基本经验

在百年的奋斗历程中,中国共产党人以马克思主义理论为根本指南,紧密结合中国的实际状况,依据生产力发展情况、国内外环境、时代特点,始终保持战略定力,朝着中华民族伟大复兴目标奋力前行,在实践中形成了"坚持马克思主义基本原理同中国具体实际相结合、同中华优秀传统文化相结合,党对经济的集中统一领导,以人民为中心的发展思想,独立自主和自力更生的发展方针,正确处理中央与地方的关系,正确处理政府与市场的关系,统筹国内国际两个市场两种资源,统筹城乡经济的发展"等基本经验。

(一)坚持马克思主义基本原理同中国具体实际相结合、同中华优秀传统文化相结合

只有与中国具体实际和中华优秀传统文化相结合的马克思主义才具有强大的生命力。以毛泽东为主要代表的中国共产党人,运用马克思主义的基本立场观点方法解决中国革命的基本问题,科学分析中国社会各阶级的经济地位和对待革命的态度,阐述了无产阶级领导农民斗争的极端重要性,提出了新民主主义革命的基本思想。这是马克思主义基本原理"两个相结合"的开端。"两个相结合"在任何时候都包括中国的现实实际与中国的历史实际。

① 习近平:《把握新发展阶段,贯彻新发展理念,构建新发展格局》,《求是》2021 年第 9 期。

1938 年,毛泽东在党的六届六中全会上所做的报告较系统地阐述了马克思主义中国化思想:“马克思主义必须和我国的具体特点相结合并通过一定的民族形式才能实现。……对于中国共产党说来,就是要学会把马克思列宁主义的理论应用于中国的具体的环境。……使马克思主义在中国具体化,使之在其每一表现中带着必须有的中国的特性,即是说,按照中国的特点去应用它,成为全党亟待了解并亟须解决的问题。”①中国共产党之所以能够领导人民进行革命、建设和改革并不断取得成功和胜利,一个重要原因就在于党始终把马克思主义作为自己的行动指南,并坚持在实践中不断丰富和发展。从毛泽东思想到邓小平理论、“三个代表”重要思想、科学发展观,再到习近平新时代中国特色社会主义思想,都是马克思主义基本原理同中国具体实际相结合、同中华优秀传统文化相结合产生的与时俱进的中国化的马克思主义理论,马克思主义、马克思主义中国化时代化的系列重大理论成果为党和人民事业发展提供了科学的理论指导和思想基础。

（二）坚持党对经济的集中统一领导

党的领导是实现经济社会持续健康稳定发展的根本政治保证。只有党集中统一领导,党才能够站在全体人民利益和经济整体利益的高度,以共产党人的价值观和以人民为中心的发展思想,以党严明的组织纪律为保障,统筹全局、协调各方,克服市场失灵和政府失效。坚持党的集中统一领导是中国经济之所以成功的一大法宝。

（三）坚持以人民为中心的发展思想

全心全意为人民服务是党的根本宗旨。尽管不同时期在表述上有所区别,但是都把坚持以人民为中心发展思想贯彻于中国共产党百年历程之中。在新时代,“坚持以人民为中心发展思想”通过以“精准脱贫”“实施乡村振兴

① 毛泽东:《毛泽东选集》第二卷,人民出版社 1991 年版,第 534 页。

战略”等实践形式充分展现了出来，并将继续在“共同富裕”的实践中充分展现。“坚持以人民为中心发展思想”是党的百年经验中不可或缺的一条。

（四）坚持独立自主和自力更生的发展方针

独立自主和自力更生是中国共产党百年历史实践取得的宝贵经验。正是有了独立自主和自力更生，中国人民才有了志气和底气，才能依靠自己攻克各种难关，取得一个又一个的胜利。独立自主和自力更生的实质，是将马克思主义基本原理同中国具体实际相结合、同中华优秀传统文化相结合，走自己的路，依靠本国人民自己的力量，特别是在关键问题与核心技术上要依靠自己，找到一条适合我国实际的发展道路。也正是在新民主主义革命的各个阶段，以毛泽东同志为主要代表的中国共产党人坚持独立自主的原则，才找到了中国革命的正确道路，实现了使中国人民站起来的目标。在改革开放和社会主义现代化建设新时期，以邓小平同志为主要代表的中国共产党人，坚持独立自主，根据中国的国情与实际，制定了改革开放的策略，实现了使中国人民富起来的目标。在第二个百年目标开启之际，我国所面临的困难与问题更严峻更艰苦更复杂，这也就更需要我们把独立自主和自力更生的宝贵经验用好、发挥好，不断增强实现中华民族伟大复兴的自我能力。正是基于这一经验，习近平总书记提出：“鞋子合不合脚，只有穿的人才知道。”[①]在探索独立自主地发展中国特色社会主义的过程中，所采用的独立自主方法是否有效，只有我国人民自己知道。党的十八大以来，习近平总书记从实际出发，在继承独立自主和自力更生宝贵经验的基础上不断对其进行丰富，积极寻求更符合国家发展的独立自主方法来走自己的独立自主特色之路，针对国际形势的发展，提出了符合中国实际的“人类命运共同体”理念；针对中国的国家安全形势，提出了“总体国家安全观”理念；针对各国间综合国力竞争的新状况，提出了着力“提高国家文化软实力”的理念；等等。这些都是在坚持独立自立

---

① 习近平：《习近平谈治国理政》第三卷，外文出版社2020年版，第124页。

和自力更生经验的前提下做出的科学谋划。

（五）正确处理中央与地方的关系

以“农村包围城市”为特征的中国新民主主义革命道路决定了我国在社会主义建设时期在处理中央与地方的关系上与苏联模式不同。1958 年，“一五”期间按照苏联模式建立的垂直管理中央企业 88% 下放到地方，属地管理地位被大大加强，逐步形成了中央与地方的分权模式。这种中央与地方关系的分权模式，成功解决了苏联和东欧社会主义国家无法解决的“社会主义经济核算”难题，为改革开放和社会主义现代化建设新时期中国经济的快速发展奠定了基础。在改革开放过程中，通过分税制改革等措施，中央的权力得到加强，这对于发挥社会主义集中精力办大事的优势无疑是重要的举措。在新时代，党和政府根据经济发展的需要，以“协调发展”为主要理念，对中央与地方的关系做出了新的战略部署和动态调整。

（六）正确处理政府与市场的关系

如何正确处理政府与市场关系是一个世界性难题。无论是发展中国家还是发达国家，都面临着如何根据所处的生产力阶段和文化传统选择合适的制度安排以促进生产力发展这一至关重要的问题。在我国，无论是延安时期的大生产运动、新中国建设时期围绕重工业优先战略采取的政府主导的计划经济模式，还是改革开放和社会主义现代化建设新时期逐渐建立的市场经济体制，都是我国在不同时期根据时代特点和生产力发展水平，对如何处理政府与市场关系进行的积极探索并做出的正确选择。党的十八届三中全会通过的《中共中央关于全面深化改革若干重大问题的决定》明确提出，经济体制改革要使市场在资源配置中起决定性作用和更好发挥政府作用，这是新的历史发展阶段对政府与市场关系的新界定。在长期的探索过程中，我国逐步形成了“有为政府、有效市场”的处理政府与市场关系的基本运行机制。

（七）统筹国内国际两个市场两种资源

统筹国内国际历来是中国共产党解决问题的策略。在新民主主义革命时期，共产国际提供了大量援助。新中国建立初期，在苏联的帮助下，我国建立起了独立的完整的工业体系和国民经济体系。在中苏关系恶化后，争取外援依然是我们的重要举措，我国仍与美国等多个国家建立了外交关系，同时注重技术和设备的引进。改革开放尤其是加入 WTO 之后，我国经济“两头在外”，但是也非常注重国内市场的发展。党的十九届五中全会提出的“形成强大国内市场，构建新发展格局”的理念是“统筹国内国际两个市场两种资源”做法的创新与发展。一是要“畅通国内大循环。依托强大国内市场，贯通生产、分配、流通、消费各环节，打破行业垄断和地方保护，形成国民经济良性循环。优化供给结构，改善供给质量，提升供给体系对国内需求的适配性。推动金融、房地产同实体经济均衡发展，实现上下游、产供销有效衔接，促进农业、制造业、服务业、能源资源等产业门类关系协调。破除妨碍生产要素市场化配置和商品服务流通的体制机制障碍，降低全社会交易成本。完善扩大内需的政策支撑体系，形成需求牵引供给、供给创造需求的更高水平动态平衡”①。二是要“促进国内国际双循环。立足国内大循环，发挥比较优势，协同推进强大国内市场和贸易强国建设，以国内大循环吸引全球资源要素，充分利用国内国际两个市场两种资源，积极促进内需和外需、进口和出口、引进外资和对外投资协调发展，促进国际收支基本平衡。完善内外贸一体化调控体系，促进内外贸法律法规、监管体制、经营资质、质量标准、检验检疫、认证认可等相衔接，推进同线同标同质。优化国内国际市场布局、商品结构、贸易方式，提升出口质量，增加优质产品进口，实施贸易投资融

① 中国共产党第十九届中央委员会：《中共中央关于制定国民经济和社会发展第十四个五年规划和二〇三五年远景目标的建设》，《人民日报》2020 年 11 月 4 日第 4 版。

合工程,构建现代物流体系”①。

(八)统筹城乡经济的发展

统筹城乡发展既是一个难题,也是我党积累的宝贵经验。在社会主义改造完成以后,为了满足国家工业化战略的“以农补工”的需要,我国建立了人民公社制度,为国家工业化建设提供了多达5400多亿元的资金。改革开放后,我国建立了家庭联产承包责任制,解决了农民吃饭问题,同时农村的剩余劳动力向城市转移为城市工业发展奠定了基础。不过应该指出的是,家庭联产承包责任制解构了人民公社“政社合一”体系,原有的社会基础被打乱,新的社会基础并没有很好地建立起来,尤其是市场经济制度确立后,小农户与市场经济之间、小农户与大政府之间的对接非常困难。当家庭联产承包责任制的活力基本释放完毕后,以习近平同志为核心的党中央面对我国经济发展的新形势、新问题,提出了以创新为动力的新发展理念,并将它用于农业农村经济建设之中。②

中国共产党百年经济探索的实践为从根本上改变中国人民的前途命运做出了极大贡献。党领导人民“仅用几十年时间就走完发达国家几百年走过的工业化历程,创造了经济快速发展和社会长期稳定两大奇迹。今天,中华民族向世界展现的是一派欣欣向荣的气象,巍然屹立于世界东方”③。

中国共产党百年经济探索中积累的经验是宝贵的财富,以史为鉴,可以知兴替,在为实现第二个百年奋斗目标、实现中华民族伟大复兴的中国梦的新征程中,我们深信,在中国共产党的坚强领导下,中华民族必将以不可阻挡的步伐迈向伟大复兴!

---

① 中国共产党第十九届中央委员会:《中共中央关于制定国民经济和社会发展第十四个五年规划和二〇三五年远景目标的建设》,《人民日报》2020年11月4日第4版。

② 郭冠清:《新中国农业农村现代化的政治经济学分析》,《社会科学文摘》2020年第10期。

③ 《中共中央关于党的百年奋斗重大成就和历史经验的决议》,《人民日报》2021年11月17日第1版。

第六章

重视社会主义生产目的:新中国70年的理论探索

社会主义生产目的是新中国成立70多年来中国社会主义政治经济学关注的重要议题。围绕这一议题的历次理论研讨,都从不同层面推进了社会主义经济理论和实践的发展。当前,在构建中国特色社会主义政治经济学的时代背景下,社会主义生产目的理论在理论体系构建方面的重要性愈加突出。尤其是习近平总书记多次强调社会主义生产目的,使这一议题更加受到理论界的高度关注。梳理相关概念、学术研究脉络和习近平新时代中国特色社会主义经济思想的逻辑框架可以发现,社会主义生产目的发挥着重要的理论核心功能,在新时代具有突出的理论地位和实践指导意义。

一、新中国成立之初我国对社会主义生产目的理论的探索

"社会主义生产目的"议题是苏联提出的,提出后就受到中国学者的关注,并由此引发了关于"如何看待企业利润"等问题的争论。这使得社会主义生产目的成为中国社会主义政治经济学界自新中国成立之初就重点关注的重要议题。这一时期的讨论也是后续理论延续及其当代价值的理论缘起。

(一)新中国成立之初关于社会主义生产目的的理论探讨和争论

新中国成立之初,我国学者关于社会主义生产目的的理论探索大致可以

分为两个层面:一是关于我国过渡时期基本经济规律的讨论;二是关于价值规律与企业生产目的的讨论。

在1956年社会主义改造完成前,我国还处于从新民主主义经济向社会主义经济的过渡时期,这一时期的国民经济是否遵循社会主义基本经济规律成为学界关注的议题。很多学者正是在此背景下论证过渡时期的社会主义经济成分符合社会主义生产目的,并决定了这一时期经济规律的主导方向是服从社会主义基本经济规律。例如,王亚南认为,社会主义的生产目的"只能是提高人民的物质文化生活水平"①。他与许涤新认为,在过渡时期发展生产实现社会主义生产目的这个社会主义基本经济规律,不仅支配着社会主义生产方式,而且"对整个国民经济的发展,亦不断地在增强其决定性作用"②。狄超白在强调资本主义经济和个体经济等经济成分有其自身经济规律的同时,也认可社会主义基本经济规律对过渡时期整体国民经济的支配作用。③ 很多学者参与了这次讨论,形成新中国成立之初政治经济学研讨的一次热潮,这里不再一一赘述。

孙冶方关于价值规律的研究及其引发的讨论,是新中国成立之初我国社会主义政治经济学领域的又一场理论研讨。这场讨论的一个重要起点就是"社会主义生产目的"问题,并由此引发了国内学者围绕社会主义经济核算问题的探讨。在1956年发表的《把计划和统计放在价值规律的基础上》一文中,孙冶方将自己的论点建立在准确理解社会主义生产目的和基本经济规律的基础上。他批评了"社会主义生产的目的是在于物质财富而不在乎价值"的观点,指出生产使用价值也要以消耗劳动为代价,"在计划和统计方法上多抓价值的一面,多注意劳动量消耗的计算,为的是促进生产率的发展"。同时,孙冶方还专门论述了价值规律与社会主义生产目的的联系:满足社会主

① 王亚南:《我国发展国民经济的第一个五年计划与过渡时期的经济规律》,《经济研究》1956年第1期。
② 许涤新:《论社会主义基本经济规律在我国过渡时期的作用》,《新建设》1955年第8期。
③ 狄超白:《对于我国过渡时期经济规律问题的意见(提纲)》,《经济研究》1955年第4期。

义生产目的需要发展劳动生产率,而“要高度发展劳动生产率就要掌握价值规律”①。在由此引发的讨论中,中国政治经济学界对于运用价值规律调节作用的认识达到了全新的理论高度。例如,严北溟明确区分了价值规律的调节作用与生产目的体现经济社会本质属性的作用:“价值规律能从属于资本主义追求利润的目的而对生产起调节作用,同样也能从属于社会主义国家满足人民需要的目的而对生产起着配合调节的作用。”②

关于价值规律的研究也引出了经济核算、企业盈利和企业利润等议题。价值规律支配下最大限度节约投入资源的原则,被概括为时间节约规律。在社会主义经济条件下,这一规律意味着核算投入产出比例,提高生产效率。因此经济核算议题被提出,企业的经济核算被视为核算体系的基础,并提出以降低成本提高盈利作为企业经济核算的具体要求③。有学者开始探讨企业盈利的合理性和具体途径等问题④。同时,在承认价值规律的基础上,社会主义的生产价格理论也被正式提出⑤;利润率平均化则作为生产价格形成的前提而内含其中,社会主义利润和社会主义资金利润率⑥等概念也相应被提出。还有人提出以利润指标作为社会主义企业核算的中心指标⑦,而王亚南等学者对此提出了反对意见⑧。

(二)新中国成立之初社会主义生产目的研讨的理论和实践价值

新中国成立之初,国内关于社会主义生产目的理论的研讨紧扣当时的经

---

① 孙冶方:《把计划和统计放在价值规律的基础上》,《经济研究》1956年第6期。

② 严北溟:《从经济规律的相互关系来看价值规律在社会主义生产中的作用》,《复旦学报》(人文科学版)1957年第1期。

③ 作沅:《关于社会主义经济核算的几个问题的探讨》,《经济研究》1961年第11期。

④ 葛致达、贺政:《社会主义企业盈利的意义和途径》,《经济研究》1962年第10期。

⑤ 杨坚白:《国民经济平衡和生产价格问题》,《经济研究》1963年第12期。

⑥ 何建章、桂世镛、赵效民:《关于社会主义企业经济核算的内容问题》,《经济研究》1962年第4期。

⑦ 《经济研究》编辑部:《北京部分经济工作者和经济理论工作者座谈如何进一步开展社会主义制度下经济核算问题的研究》,《经济研究》1962年第6期。

⑧ 王亚南:《决不能从〈资本论〉里面去找利润是社会主义生产的目的的理论根据》,《中国经济问题》1965年第5期。

济建设实践,具有突出的问题意识,相关研讨成为马克思主义中国化的经典范例。关于过渡时期基本经济规律的讨论,为过渡时期总路线的制定、社会主义改造,以及第一个五年计划的制订和实施提供了重要理论参考。苏联的过渡时期未形成成熟的社会主义基本经济规律和生产目的理论指导其社会主义改造。新中国成立之初的社会主义改造过程和过渡时期的经济政策,在很大程度上受到了社会主义生产目的和基本经济规律理论的影响。尤其是中国学者从中国的基本国情出发,在承认多种规律交叉作用的同时,充分论证了社会主义基本经济规律的主导地位,为我国顺利完成社会主义改造,第一个五年计划的圆满实施,提供了重要的理论支持。关于价值规律、经济核算和企业利润指标的讨论,则体现了中国社会主义经济理论和实践领域对于苏联计划经济中盲目追求僵化的物质财富指标、对于偏离社会主义生产目的的过度投入和生产浪费现象的警惕性,也是我国独立推进政治经济学理论创新、探索社会主义建设道路的重要起点之一。相关讨论体现了当时中国社会主义经济建设的"多快好省"原则,虽然突出社会主义生产目的规定性的"好省"原则未在实践中获得充分落实,但是也为我国独立探索社会主义经济建设的中国理论和中国道路提供了重要借鉴。这一时期研讨过程中提出的很多观点,成为改革开放后中国社会主义政治经济学理论创新的重要先导。

二、20世纪80年代社会主义生产目的大讨论推进理论的延续与发展

20世纪80年代,被中断的政治经济学理论大讨论再次掀起新的高潮。在此背景下,关于社会主义生产目的问题的研讨不仅延续和发展了二十世纪五六十年代的议题,还获得了"总爆发",在我国掀起了一场关于社会主义生产目的的大讨论。此次讨论结合我国实际,强调了生产不能盲目扩张,而应以满足人民需要为根本目的。也有人认为,这场讨论是一次可以与"真理标准大讨论"相并列的思想解放。正是在这次大讨论中,社会主义生产目的全

面进入中国社会主义经济理论研究视野,并逐步确立其重要地位。

这次讨论对"社会主义生产目的"的关注点集中在"消费—积累"问题上,强调了增加消费对提高人民生活水平的重要性。从理论上讲,积累和消费的此消彼长,是一个短期与长期的关系问题。但是,经历了二十世纪六七十年代的经济曲折发展后,在农、轻、重比例相对失调的背景下,我国居民的消费增长过于缓慢,经济发展过程中未能充分满足人民日益迫切的生活水平提高要求。在此背景下,批判"为生产而生产",要求治理农、轻、重比例失调问题,提高消费率的理论主张,在很大程度上切中了我国经济建设中的现实问题和社会各界关注的痛点,从而使这场理论大讨论在当时引起了广泛的关注。将其视为一次思想解放运动,也并不为过。客观而言,这场以"社会主义生产目的"为主题的争论,对于我国全面反思苏联体制的局限性,推动经济结构调整,推进改革开放,都具有重要意义。具体而言,这场讨论至少实现了以下两个重要的理论突破。

(一)明确了社会主义生产目的内涵

这一时期的理论研讨深入考察了社会主义生产目的的内涵,拓展了理论解释视野和实践指导范围。生产目的的内涵,即哪些目标可以纳入社会主义的生产目的之中,成为讨论的关键议题。在讨论中,多数学者将"人民日益增长的物质文化需要"范围限定在"居民个人消费"和"教科文卫等公共消费"两个方面。也有学者认为将国防、满足扩大再生产的消费需要和对外援助纳入社会主义生产目的的内涵,但这种观点没有成为"占大多数"的观点①。很多学者指出,扩大再生产是实现社会主义生产目的的目的,国防和对外援助属于国家职能,虽然重要,但是并不属于人民"充实物质生活"和"自由全面发展"的需要,某些职能不能被视为日益增长的需要②,国防并非社会主义生产

① 张朝尊:《关于社会主义生产目的的内涵的商榷》,《经济研究》1980年第8期。

② 卫兴华:《关于社会主义生产目的的两点看法》,《教学与研究》1981年第1期。

的目的[①]。

在生产目的内涵讨论的基础上,另一个影响深远的议题就是企业追求利润与社会主义生产目的之间的辩证统一性,这一议题受到了高度关注。20世纪80年代,利润作为调整企业生产积极性的关键要素和剩余产品的价值表现被引入社会主义生产目的。相关研究大致具有以下三个方面的理论进路:承认社会主义生产目的中的局部利益问题,区分最终生产目的和直接生产目的,区分宏观生产目的和微观生产目的。蒋学模区分了“社会主义生产目的”与“共产主义生产目的”,认为满足人民日益增长的物质文化需要是共产主义生产目的,“保证满足社会主义全体成员的物质文化生活需要,是社会主义生产目的和共产主义生产目的相同的一面;保证满足劳动群众的局部需要和局部利益,则是社会主义生产目的与共产主义生产目的相区别的一面”[②]。戴星东、曹序和韩明希区分了社会主义生产的“最终目的”和“直接目的”:“社会主义生产的目的是满足人们的物质文化生活需要的最终目的和追求新价值(v+m)的直接目的的统一。”[③]洪银兴和魏杰提出了微观层面“企业生产目的”与宏观层面“社会主义生产目的”的辩证统一,认为在社会主义条件下,企业有其独立的生产目的,应以利润概括企业的生产目的,“根据利润所反映的社会主义内容,它是企业双重生产目的的直接体现。它既能体现商品生产一般目的的要求,又能成为社会主义生产目的的实现形式”[④]。讨论中,学者们也强调两个层面的生产目的既有其统一性也有其矛盾性[⑤]。

当然,很多学者对上述观点持反对意见,他们一般认为追求利润是资本主义企业的本质特征,价值和利润只是实现社会主义生产目的的手段:“社会主义生产的目的是满足社会和人民的需要,而不是为了利润。我们也要利

① 张守义:《也谈社会主义生产目的的内涵》,《经济研究》1982年第1期。

② 蒋学模:《社会主义和共产主义生产目的异同论》,《复旦学报》(社会科学版)1980年第1期。

③ 戴星东、曹序、韩明希:《社会主义生产的最终目的和直接目的》,《经济研究》1981年第9期。

④ 洪银兴、魏杰:《试析企业生产目的与社会主义生产目的的辩证统一》,《福建论坛》(经济社会版)1986年第1期。

⑤ 宋养琰、唐丰义:《略论企业生产目的和社会生产目的的关系》,《经济研究》1981年第12期。

润，但它也只是手段，不是我们生产的目的。”①同时，“从社会主义利润的构成和用途来看，利润也不是企业的生产目的。利润是剩余产品的价值表现，是积累和扩大再生产的源泉。……把利润作为企业的生产目的，又回到多种需要论上去了”②。

（二）确立了社会主义生产目的和基本经济规律的理论主线地位

这一时期的社会主义生产目的大讨论，牢牢抓住了社会主义经济的本质特征，确立了社会主义基本经济规律的重要地位。社会主义生产目的是社会主义基本经济规律的构成部分，通过对生产目的的研究，社会主义基本经济规律的重要地位再次被强调。同时，在社会主义生产目的和基本经济规律的视角下，社会主义经济的本质特征也受到了高度关注。吴宣恭突出强调生产目的规定了一个社会的本质特征，应从各类经济现象的共性中把握生产目的：“社会生产目的是社会生产本质最集中的体现，是一定生产关系的基本特征的最集中的反映。……只描述具体活动的差别而没有分析整体的本质和共同点，不能揭示出共同制约一切社会经济活动的客观必然性。”③因此，从现象层面概括社会主义生产目的的“多目的论”偏离了这个基本的方法论原则，难以抓住社会主义经济的本质特征。社会主义基本经济规律作为规定社会主义本质特征的理论范畴被确立下来，其理论地位也就被更加突出地表现出来。

20 世纪 80 年代政治经济学社会主义部分的“南方本”和“北方本”教材都考虑将社会主义基本经济规律作为一个“逻辑主线”和“理论主线”确立下来。例如，“南方本”的编写者蒋家俊就提出：“作为贯穿始终的主线，要能够体现社会主义生产关系的本质和特点，决定社会主义生产关系的一切主要方面和主要过程。从这个要求出发，我们认为，还是以社会主义基本经济规律作为主线更为恰当。既然作为社会主义政治经济学研究对象的生产关系，是

① 于光远：《关于运用社会主义基本经济规律问题》，《学术月刊》1981 年第 1 期。
② 吴振坤：《关于社会主义生产目的的内涵问题》，《理论战线》1981 年第 6 期。
③ 吴宣恭：《试析社会主义不发达阶段社会生产目的的特点》，《经济理论与经济管理》1981 年第 4 期。

建立在生产资料公有制基础上的生产、交换、分配和消费关系的总和,而在这一切方面社会主义基本经济规律都起着决定和支配作用。所以只有以社会主义基本经济规律作为主线,才能揭示出社会主义生产关系发展的规律。”① 在“北方本”的编写过程中,社会主义基本经济规律也被视为可以作为逻辑主线的选项之一,编写过程中有意见认为:“应当提以社会主义基本经济规律或社会主义生产目的为主线。理由是:社会主义基本经济规律包括社会主义生产的目的和达到目的的手段,它在社会主义经济规律体系中起着主导的决定作用,它决定着社会主义生产的一切主要方面和一切主要过程,决定着社会主义生产、交换、分配和消费的本质及其联系。决定着社会主义经济发展的方向。政治经济学(社会主义部分)的研究对象既然是社会主义生产关系,即在生产资料社会主义公有制基础上形成的社会主义的生产、流通、分配和消费的关系,那就应该以社会主义基本经济规律作为主线,贯穿于全书的始终。”② 这一时期另一本使用广泛的、上海人民出版社出版的《政治经济学教材》的编写者蒋学模也明确提出,应以社会主义生产目的和基本经济规律作为政治经济学社会主义部分的“理论主线”:“剩余价值规律作为资本主义的基本经济规律,是支配着资本主义运动的全过程的。照此类推,社会主义的基本经济规律,社会主义的生产目的,也应该成为分析社会主义经济运动的红线。”③

20 世纪 80 年代关于社会主义生产目的和基本经济规律的讨论,从两个方面强调了生产服务于人民生活水平提高的社会主义根本立场:社会主义生产必须最终转化为更高的人民的生活水平;只有将社会主义生产目的贯彻于社会再生产的方方面面,以社会主义基本经济规律决定社会生产关系的一切主要方面和主要过程,才能体现出社会主义经济的本质特征。

① 蒋家俊:《关于政治经济学社会主义部分理论体系的几个问题》,《求索》1987 年第 2 期。

② 常修泽:《〈政治经济学(社会主义部分)〉(北方本)统编教材编写、修改中的几个理论问题》,《经济科学》1982 年第 3 期。

③ 蒋学模:《〈政治经济学教材〉(社会主义部分)辅导讲座》,上海人民出版社 1986 年版,第 24 页。

需要补充强调的是,20 世纪 80 年代社会主义生产目的的大讨论,与邓小平“社会主义本质”论断的提出息息相关。1978 年 9 月,邓小平在河北、天津等地考察期间发表了“北方谈话”,指出:“我们是社会主义国家,社会主义制度优越性的根本表现,就是能够允许社会生产力以旧社会所没有的速度迅速发展,使人民不断增长的物质文化生活需要能够逐步得到满足。……我们一定要根据现在的有利条件加速发展生产力,使人民的物质生活好一些,使人民的文化生活、精神面貌好一些。”①这一表态,也被概括为著名的“贫穷不是社会主义”。1978 年党的十一届三中全会重新确定“以经济建设为中心”的路线方针后,邓小平关于社会主义要发展生产提高人民生活水平的思想进一步获得社会各界的高度认同。1979 年 7 月,国家计委经济研究所发起关于社会主义生产目的的讨论,北京的部分学者进行了多次座谈,《人民日报》在 1979 年 10 月 20 日发表评论员文章《要弄清社会主义生产目的》,在全国引发关于社会主义生产目的的大讨论。可见,这场讨论,是邓小平“北方谈话”和党的十一届三中全会后,全国范围思想解放大潮的一部分。同时,在这场讨论的过程中,理论界旗帜鲜明地提出社会主义经济必须区别于剩余价值规律所支配的资本主义经济,强调在社会再生产各领域贯彻“提高人民物质文化生活水平”的社会主义生产目的,是社会主义经济的根本特征,相关认识与邓小平后来最终概括的以“共同富裕”为目标的“社会主义本质”论断具有理论和逻辑的一致性。

三、新时代社会主义生产目的理论的完善

随着社会主义市场经济的发展,尤其是现代金融业崛起和西方发达国家“过度金融化”等现象的出现,国内外理论界越来越深刻地认识到,企业追求利润并不必然带来生产的发展,市场经济难以自动达到“发展生产提高人民

---

① 邓小平:《邓小平文选》第二卷,人民出版社 1994 年版,第 128 页。

物质文化生活”的社会主义经济规律的要求。在此背景下,重申社会主义经济发展应遵循的社会主义生产目的和基本经济规律,成为学界关注的重点议题,也受到了习近平总书记的高度重视。

(一)新时代社会主义生产目的理论受到高度重视

2016年底,习近平总书记在中央经济工作会议的讲话中,集中阐述了虚拟经济和房地产脱离实体经济、背离社会主义生产目的的危害。① 在此之前,习近平总书记一直高度重视社会主义生产目的。2012年11月,在党的十八届一中全会上,习近平总书记指出:“我们党领导人民全面建设小康社会、进行改革开放和社会主义现代化建设的根本目的,就是要通过发展社会生产力,不断提高人民物质文化生活水平,促进人的全面发展。”这一表述是对社会主义基本经济规律和生产目的的强调和发展。2015年11月,在十八届中央政治局第二十八次集体学习中,习近平总书记在讲话中概括了马克思、恩格斯和邓小平的观点,强调了社会主义生产目的,并进一步将其与“以人民为中心的发展思想”相联系:“发展为了人民,这是马克思主义政治经济学的根本立场。……党的十八届五中全会鲜明提出要坚持以人民为中心的发展思想,把增进人民福祉、促进人的全面发展、朝着共同富裕方向稳步前进作为经济发展的出发点和落脚点。这一点,我们任何时候都不能忘记。”②

2016年1月,在省部级主要领导干部学习贯彻党的十八届五中全会精神专题研讨班上的讲话中,习近平总书记将社会主义生产目的概括为“人民对美好生活的向往”,并进一步与“以人民为中心的发展思想”相联系:“要通过深化改革、创新驱动,提高经济发展质量和效益,生产出更多更好的物质精神产品,不断满足人民日益增长的物质文化需要。”③2016年7月,习近平总书记

---

① 《中央经济工作会议在北京举行 习近平李克强作重要讲话》,《人民日报》2016年12月17日第1版。

② 习近平:《论党的宣传思想工作》,中央文献出版社2020年版,第137—138页。

③ 《习近平在省部级主要领导干部学习贯彻党的十八届五中全会精神专题研讨班上的讲话》,《人民日报》2016年5月10日第2版。

在庆祝建党95周年的讲话中指出，“我们要顺应人民群众对美好生活的向往，坚持以人民为中心的发展思想……使改革发展成果更多更公平惠及全体人民，朝着实现全体人民共同富裕的目标稳步迈进”。

在“人民对美好生活的向往”的概括下，习近平总书记进一步将社会主义生产目的具体化为教育、工作、收入、社会保障、医疗卫生服务、居住条件和环境几个方面，指出“人民对美好生活的向往，就是我们的奋斗目标”①。在2016年中央财经领导小组第十四次会议上的讲话中，习近平总书记进一步强调，全面建成小康社会，人民群众关心的问题是“食品安全不安全、暖气热不热、雾霾能不能少一点、河湖能不能清一点、垃圾焚烧能不能不有损健康、养老服务顺不顺心、能不能租得起或买得起住房，等等”②。

习近平总书记还重点强调了如何避免经济发展的结构性失衡，防止生产偏离社会主义生产目的，通过供给侧结构性改革强化优化实体经济发展，以更好地实现社会主义生产目的。他指出：“从政治经济学的角度看，供给侧结构性改革的根本，是使我国供给能力更好满足广大人民日益增长、不断升级和个性化的物质文化和生态环境需要，从而实现社会主义生产目的。”③因此，社会主义生产目的也是供给侧结构性改革“三个基本要求”之首，提出推进供给侧结构性改革“根本目的是提高供给质量满足需要，使供给能力更好满足人民日益增长的物质文化需要”④。这些基本论断都是在新时代条件下，对社会主义生产目的理论的创新性发展和创造性应用，是社会主义生产目的理论与新时代国情相结合的重要体现。

（二）新时代社会主义生产目的理论的完善和发展

通过整理上述文献可以发现，进入新时代，我国对社会主义生产目的理

① 中共中央文献研究室编：《十八大以来重要文献选编（上）》，中央文献出版社2014年版，第70页。

② 中共中央文献研究室编：《习近平关于社会主义经济建设论述摘编》，中央文献出版社2017年版，第47页。

③ 习近平：《习近平谈治国理政》第二卷，外文出版社2017年版，第252页。

④ 中共中央文献研究室编：《习近平关于社会主义经济建设论述摘编》，中央文献出版社2017年版，第105—106页。

论的发展,体现为新时代背景下理论视角、表述方式、理论内涵和理论地位的变化。具体而言,这些发展大致包括以下两个方面:

一方面,适应时代变化,拓展理论视野,优化理论表述。随着中国特色社会主义进入新时代,经济社会发展开始步入全面建成小康社会的历史时期,全面系统的经济社会发展成为新时代的重要特征。在新的背景下,习近平总书记强调了经济社会发展的全面性和系统性,提出"五位一体"总体布局和"四个全面"战略布局的新要求。2013 年他就提出,"我们要坚持发展是硬道理的战略思想,坚持以经济建设为中心,全面推进社会主义经济建设、政治建设、文化建设、社会建设、生态文明建设,深化改革开放,推动科学发展,不断夯实实现中国梦的物质文化基础"①,"我们将坚持以人为本,全面推进经济建设、政治建设、文化建设、社会建设、生态文明建设,促进现代化建设各个方面、各个环节相协调,建设美丽中国"②。在此背景下,"生产水平"和"物质文化生活需要"的表述已经难以全面概括实现社会主义生产目的的动力和目标。因此,习近平总书记逐步使用更为全面"发展"代替"生产水平",使用"人民对美好生活的向往"代替"物质文化生活需要"。术语调整的背后是理论视野的拓宽:相对于生产力的提升,"发展"的视角更加强调经济、政治、文化、社会和生态各方面的改进;相对于"物质文化生活需要","人民对美好生活的向往"更加全面地概括了人民群众多方面的生活需要。

另一方面,丰富了理论内涵,强化了理论地位。在传统的社会主义经济理论中,"人民群众日益增长的物质文化生活需要"是一个相对抽象的概括。在 20 世纪 80 年代,国内政治经济学界曾围绕"哪些方面的需要是人民群众的物质文化生活需要"进行过讨论,但是受时代限制和当时经济发展水平的局限,很多要素没有囊括其中。在"人民对美好生活的向往"之下,习近平总书记比较全面地展开了社会主义生产目的的内容构成。例如,"更好满足广大

---

① 中共中央文献研究室编:《十八大以来重要文献选编(上)》,中央文献出版社 2014 年版,第 236 页。

② 习近平:《携手合作,共同发展——在金砖国家领导人第五次会晤时的主旨讲话》,《人民日报》2013 年 3 月 28 日第 2 版。

人民日益增长、不断升级和个性化的物质文化和生态环境需要”①,加入了“个性化”的需要和“生态环境”需要;“更好的教育、更稳定的工作、更满意的收入、更可靠的社会保障、更高水平的医疗卫生服务、更舒适的居住条件、更优美的环境”②,囊括了现代化生活中各方面的需要;“幼有所育、学有所教、劳有所得、病有所医、老有所养、住有所居、弱有所扶”③,则是对各种需要的一个更为全面的系统的概括。对社会主义生产目的理论地位的强化,则表现在习近平总书记将社会主义生产目的作为原则置于其经济思想的中心地位上。通过上述文献整理不难发现,习近平总书记一直强调“以人民为中心的发展思想”,而这一思想就是要求经济发展必须贯彻社会主义生产目的,即围绕“广大人民日益增长、不断升级和个性化的物质文化和生态环境需要”和“对美好生活的向往”展开。同时,习近平总书记还将这一原则置于中国共产党“不忘初心”的高度,即强调为人民谋幸福是中国共产党人的初心。我们要时刻不忘这个初心,永远把人民对美好生活的向往作为奋斗目标④。同时,明确了社会主义初级阶段主要矛盾、社会主义基本经济规律和社会主义生产目的之间的“三位一体”关系,有助于我们在更深层次理解习近平总书记对社会主义生产目的理论地位的强化,即将研究视野拓展和表述优化后的社会主义生产目的作为社会主义初级阶段社会主要矛盾变化的重要内容,通过“生产”到“发展”、人民“对物质文化生活的需要”到“对美好生活的向往”的转变,确定了新时代社会主要矛盾的变化,成为把握“新时代”特征的重要理论基础:“中国特色社会主义进入新时代,我国社会主要矛盾已经转化为人民日益增长的美好生活需要和不平衡不充分的发展之间的矛盾。”⑤2021 年 11 月党的十九届六中全会审议通过的《中共中央关于党的百年奋斗重大成就和历史经验的决

① 习近平:《习近平谈治国理政》第二卷,外文出版社 2017 年版,第 252 页。

② 习近平:《习近平谈治国理政》第二卷,外文出版社 2017 年版,第 61 页。

③ 习近平:《高举中国特色社会主义伟大旗帜 为全面建设社会主义现代化国家而团结奋斗——在中国共产党第二十次全国代表大会上的报告》,人民出版社 2022 年版,第 10 页。

④ 中共中央宣传部编:《习近平新时代中国特色社会主义思想三十讲》,学习出版社 2018 年版,第 85 页。

⑤ 习近平:《决胜全面建成小康社会夺取新时代中国特色社会主义伟大胜利——在中国共产党第十九次全国代表大会上的报告》,《求是》2017 年第 21 期。

议》在党的十九大报告“八个明确”的基础上，用“十个明确”对习近平新时代中国特色社会主义思想的核心内容做了进一步概括，其中第三条“明确新时代我国社会主要矛盾是人民日益增长的美好生活需要和不平衡不充分的发展之间的矛盾，必须坚持以人民为中心的发展思想，发展全过程人民民主，推动人的全面发展、全体人民共同富裕取得更为明显的实质性进展”对以人民为中心的发展思想和中国特色社会主义新时代的社会主要矛盾的变化等原创性思想进行了总结。

总之，进入新时代，以习近平同志为核心的党中央反复强调社会主义生产目的的重要性，并结合新时代的变化，拓宽了理论视野、优化了具体表述、丰富了理论内涵，同时他将社会主义生产目的与以人民为中心的发展思想、中国特色社会主义新时代的社会主要矛盾的变化等习近平新时代中国特色社会主义思想中的重要理论相联系，将社会主义生产目的作为考察经济社会整体发展的中心原则，强化了其理论地位，也具有重要的实践指导意义。

四、新时代准确把握社会主义生产目的的重要意义

前面提到，在20世纪80年代就有学者提出“社会生产目的是社会生产本质最集中的体现，是一定生产关系的基本特征的最集中的反映”①，尝试把以社会主义生产目的为中心内容的社会主义基本经济规律作为社会主义政治经济学的核心。进入新时代，习近平总书记进一步强调了类似的观点：“邓小平同志讲：‘社会主义阶段的最根本任务就是发展生产力，社会主义的优越性归根到底要体现在它的生产力比资本主义发展得更快一些、更高一些，并且在发展生产力的基础上不断改善人民的物质文化生活。’这就点明了中国特色社会主义政治经济学的核心。”②这些论述都从不同角度印证了社会主义生

---

① 吴宣恭：《试析社会主义不发达阶段社会生产目的的特点》，《经济理论与经济管理》1981年第4期。

② 中共中央文献研究室编：《习近平关于社会主义经济建设论述摘编》，中央文献出版社2017年版，第10页。

产目的对于中国特色社会主义政治经济学和习近平新时代中国特色社会主义经济思想的理论核心地位。把社会主义生产目的作为理论核心，有助于准确把握中国特色社会主义政治经济学理论体系，科学理解习近平新时代中国特色社会主义经济思想。

社会主义生产目的也最为具体、最为明确地规定了社会主义社会的基本特征：只有服从了这个生产目的，才能保证经济社会的发展处于社会主义社会基本矛盾所决定的社会主义初级阶段，保证经济社会发展不会偏离社会主义的根本方向。抓住了社会主义生产目的这个理论核心，贯彻落实社会主义基本经济规律，抓住解决初级阶段社会主义社会主要矛盾的经济基础和根本所在，就抓住了社会主义基本矛盾的焦点。

首先，社会主义生产目的是理解新时代社会主义社会主要矛盾的关键。通过上述分析我们不难看出，习近平总书记关于中国特色社会主义进入新时代的基本论断，新时代需要满足的人民需要已经发展为“人民对美好生活的向往”，社会主义生产目的从“满足人民物质文化生活需要”提升到“满足人民对美好生活的向往”，体现了新时代人民生活水平提升的内涵和外延变化，也体现了满足人民更高生活水平，需要更为系统、更为全面地把握经济社会发展全局。正基于此，关于社会主要矛盾的概括，才进一步将传统的“落后的生产水平”拓展为“发展不平衡不充分”问题。可见，准确把握我国社会主要矛盾的变化和新时代的典型特征，其切入点和理论核心就在于社会主义生产目的在新时代的演化。

其次，新时代关于社会主义生产目的的深入认识是理解当前经济政策的关键。在新时代背景下，20 世纪 80 年代在社会主义生产目的大讨论中提出的生产目的与利润追求的关系问题值得重点关注：相对于 20 世纪 80 年代企业利润追求与社会主义生产目的之间呈现的“手段与目的一致性”，随着新时代经济“金融化”、全球垄断资本蔓延和虚拟经济的发展，利润目标与社会主义生产目的的矛盾性开始明显地体现出来。习近平总书记曾针锋相对地指出“房子是用来住的，不是用来炒的”，强调了社会主义生产目的的地位。习近平总书记对社会主义生产目的理论内涵和理论地位的重视,也体现在他以此为基础考察经济社会发展全局上。例如,2016年底中央经济工作会议期间,习近平总书记重点强调了生产偏离人民群众需要的“三大失衡”问题:实体经济结构性供需失衡、金融和实体经济失衡、房地产和实体经济失衡。其中关于金融失衡,“因为缺乏回报,增加的货币资金很多没有进入实体经济领域,而是在金融系统自我循环……在这样的背景下,金融业在经济中的比重快速上升,而工业特别是制造业比重下降”;关于房地产和实体经济失衡,“房地产高收益进一步诱使资金脱实向虚,导致经济增长、财政收入、银行利润越来越依赖于‘房地产繁荣’,并推高实体经济成本,使回报率不高的实体经济雪上加霜”①。在党的十九大报告中,习近平总书记再一次强调“坚持房子是用来住的、不是用来炒的定位”,强调生产应以满足人民生活需要为目的,而不能脱离这个目的陷入“脱实向虚”“唯利是图”的错误方向。

就整体而言,把握中国特色社会主义政治经济学,应遵循政治经济学的基本原理,从生产力和生产关系两个根本视角出发,深刻理解中国特色社会主义新时代经济、政治和文化的辩证关系。社会主义初级阶段的主要矛盾,从生产力和生产效率这个基础入手,从经济社会发展全局规定了发展的方向在于从经济、政治、文化、社会和生态五个方面,实现“五位一体”总体布局发展方略,满足人民对美好生活的向往,而其中的关键基础在于经济领域坚持社会主义基本经济规律,即以更高的生产力水平服务于人民对美好生活向往这个根本目的。是否坚持这个目的,决定了生产关系是否坚持了社会主义的基本方向,是判断经济发展根本道路和根本方向的关键落脚点。要深刻把握习近平新时代中国特色社会主义经济思想的“生产力—生产关系”原理,以及经济、政治、文化、社会、生态文明“五位一体”的内在联系,关键的体系逻辑就在于以社会主义生产目的为理论核心,把握整个理论体系。

① 中共中央文献研究室编:《习近平关于社会主义经济建设论述摘编》,中央文献出版社2017年版,第114页。

第七章

社会主义生产目的:理解习近平经济思想理论逻辑的枢纽

一、社会主义生产目的是理解习近平经济思想的重要视角

社会主义生产目的是指社会主义社会生产要服从于满足人民物质文化生活的需要。习近平总书记高度重视社会主义生产目的。2012 年 11 月,在党的十八届一中全会上,习近平总书记指出:“我们党领导人民全面建设小康社会、进行改革开放和社会主义现代化建设的根本目的,就是要通过发展社会生产力,不断提高人民物质文化生活水平,促进人的全面发展。”2015 年 11 月,在十八届中央政治局第二十八次集体学习中,习近平总书记在马克思、恩格斯和邓小平相关论断的基础上强调了社会主义生产目的,并论证了它与“以人民为中心的发展思想”之间的内在统一性:“发展为了人民,是马克思主义政治经济学的根本立场。马克思、恩格斯指出,‘无产阶级的运动是绝大多数人的、为绝大多数人谋利益的运动’,在未来社会‘生产将以所有人的富裕为目的’。……党的十八届五中全会鲜明提出要坚持以人民为中心的发展思想,把增进人民福祉、促进人的全面发展、朝着共同富裕方向稳步前进作为经

济发展的出发点和落脚点。这一点,我们任何时候都不能忘记。”[①]2016 年 1 月,习近平总书记在省部级主要领导干部学习贯彻党的十八届五中全会精神专题研讨班上的讲话中指出,“满足人民对美好生活的向往”就是对新时代的社会主义生产目的的新概括:“要坚持人民主体地位,顺应人民群众对美好生活的向往,不断实现好、维护好、发展好最广大人民根本利益,做到发展为了人民、发展依靠人民、发展成果与人民共享。要通过深化改革、创新驱动,提高经济发展质量和效益,生产出更多更好的物质精神产品,不断满足人民日益增长的物质文化需要。”[②]

基于“人民对美好生活的向往”这个新的概括,习近平总书记进一步将社会主义生产目的具体化,指出:“我们的人民热爱生活,期盼有更好的教育、更稳定的工作、更满意的收入、更可靠的社会保障、更高水平的医疗卫生服务、更舒适的居住条件、更优美的环境,期盼孩子们能成长得更好、工作得更好、生活得更好。人民对美好生活的向往,就是我们的奋斗目标。”[③]在 2016 年中央财经领导小组第十四次会议上的讲话中,习近平总书记进一步强调,全面建成小康社会,必须“想群众之所想、急群众之所急、解群众之所困,在学有所教、劳有所得、病有所医、老有所养、住有所居上持续取得新进展。人民群众关心的问题是什么?是食品安全不安全、暖气热不热、雾霾能不能少一点、河湖能不能清一点、垃圾焚烧能不能不有损健康、养老服务顺不顺心、能不能租得起或买得起住房,等等”[④]。同时,在涉及“供给侧结构性”改革和“三大失衡”等具体理论和问题上,习近平总书记重点强调了如何避免经济发展的结构性失衡,防止生产偏离社会主义生产目的。例如,他对供给侧结构性改革提出的“三个基本要求”中,首个要求就是要满足社会主义生产目的,坚持以

---

① 习近平:《论党的宣传思想工作》,中央文献出版社 2020 年版,第 137—138 页。

② 《习近平在省部级主要领导干部学习贯彻党的十八届五中全会精神专题研讨班上的讲话》,《人民日报》2016 年 5 月 10 日第 2 版。

③ 习近平:《在十八届中央政治局常委同中外记者见面时的讲话》,《人民日报》2012 年 11 月 16 日第 1 版。

④ 中共中央文献研究室编:《习近平关于社会主义经济建设论述摘编》,中央文献出版社 2017 年版,第 47 页。

人民为中心的发展思想:“推进供给侧结构性改革,要把握好三个基本要求。其一,根本目的是提高供给质量满足需要,使供给能力更好满足人民日益增长的物质文化需要,这是坚持以人民为中心发展思想的必然要求。”①

社会主义生产目的,不仅是习近平经济思想的重要内容之一,而且是科学理解这一思想的纲领性范畴。对于科学理解习近平经济思想的马克思主义理论基础、与时俱进的理论品质、社会主义理论底色和逻辑严谨的理论体系,具有重要的理论枢纽功能。本章尝试以社会主义生产目的为枢纽,就科学理解习近平经济思想做一些马克思主义政治经济学的学理性探讨。

二、以社会主义生产目的为枢纽理解习近平经济思想继承发展马克思主义经典原理的理论传承逻辑

在政治经济学经典原理中,社会的经济规律是社会本质属性的根本体现。资本主义经济的本质特征,就体现为资本主义社会再生产方方面面都为资本获取剩余价值服务的“剩余价值规律”。在社会主义政治经济学理论中,社会主义生产目的是社会主义基本经济规律的关键要素,是体现社会主义经济与资本主义经济本质区别的根本所在。

因此,马克思主义经典作家一直非常重视社会主义生产目的。在《反杜林论》中,恩格斯就在生产资料公有制的基础上概括了社会主义生产的目的:“通过社会化生产,不仅可能保证一切社会成员有富足的和一天比一天充裕的物质生活,而且还可能保证他们的体力和智力获得充分的自由的发展和运用。”②列宁在《关于俄国社会民主工党纲领的文献》中专门探讨了社会主义生产目的的理论表述:“不仅满足社会成员的需要,而且保证社会全体成员的充

① 中共中央文献研究室编:《习近平关于社会主义经济建设论述摘编》,中央文献出版社2017年版,第105—106页。

② 中共中央马克思恩格斯列宁斯大林著作编译局编译:《马克思恩格斯选集》第三卷,人民出版社2012年版,第670页。

分福利和自由的全面发展,这会更明确些。”①20 世纪 50 年代我国学者开始探讨这一议题,并在 20 世纪 80 年代形成了一场“社会主义生产目的大讨论”,这场大讨论也被理论界视为一场与“真理标准大讨论”相并列的思想解放运动。

一般认为,20 世纪 80 年代这场大讨论的“理论先导”就是邓小平倡导的一系列主张。1978 年 9 月,邓小平在河北、天津等地考察期间发表了“北方谈话”,指出:“我们是社会主义国家,社会主义制度优越性的根本表现,就是能够允许社会生产力以旧社会所没有的速度迅速发展,使人民不断增长的物质文化生活需要能够逐步得到满足。按照历史唯物主义的观点来讲,正确的政治领导的成果,归根结底要表现在社会生产力的发展上,人民物质文化生活的改善上。”②这一谈话也被概括为“贫穷不是社会主义”。1979 年 7 月,国家计委经济研究所发起关于社会主义生产目的的讨论,北京的部分学者进行了多次座谈,《人民日报》在 1979 年 10 月 20 日发表评论员文章《要弄清社会主义生产目的》。此后,邓小平关于“社会主义本质”和“三个有利于”的表述中,都蕴含了他关于社会主义生产目的的基本判断。

可见,社会主义生产目的既是马克思主义政治经济学的经典原理,也是我国社会各界广泛关注的重要论题,对于改革开放的重大方针和社会主义本质等重大理论问题具有重要的影响。这是一个兼具马克思主义理论渊源和中国特色国情背景的重要的理论和实践议题。

习近平总书记对于社会主义生产目的重视由来已久。2006 年 6 月 16 日,他在“浙江论坛”学习贯彻党章专题报告会上的讲话中,运用马克思的观点论述了这一问题:“马克思多次讲过,在资本主义社会,生产表现为人的目的,而人并不是生产的目的。社会主义在本质上是比资本主义‘更高级的,以每个人的全面而自由的发展为基本原则的社会形式’,关注人本身的发展,是社会主义和资本主义的根本区别之一。”正是基于这样的理论传承,习近平总

① 中共中央马克思恩格斯列宁斯大林著作编译局编译:《列宁全集》第六卷,人民出版社 2013 年版,第 218 页。

② 邓小平:《邓小平文选》第二卷,人民出版社 1994 年版,第 128 页。

书记高度重视社会主义生产要服务于人民生活水平提高的生产目的，并将其与“以人民为中心的发展思想”相统一。2016 年 7 月，他在庆祝建党 95 周年的讲话中，强调的“带领人民创造幸福生活、顺应人民对美好生活的向往”与“满足人民物质文化生活需要”的社会主义生产目的一脉相承，并将此与“以人民为中心的发展思想”、共享理念、共同富裕相联系：“带领人民创造幸福生活，是我们党始终不渝的奋斗目标。我们要顺应人民群众对美好生活的向往，坚持以人民为中心的发展思想，……保证人民平等参与、平等发展权利，使改革发展成果更多更公平惠及全体人民，朝着实现全体人民共同富裕的目标稳步迈进。”①就这一视角而言，习近平经济思想是关于新时代社会主义生产目的与手段的统一体。对于社会主义生产目的的继承和发展，彰显了习近平经济思想与马克思主义政治经济学经典理论之间的理论传承逻辑。

三、以社会主义生产目的为枢纽理解习近平经济思想紧扣新时代主题的社会结构逻辑

社会主义生产目的原理对于习近平经济思想的重要价值，还体现在它与新时代社会主要矛盾转变之间的内在联系。理解这一点，需要了解探讨社会主要矛盾的马克思主义基本原理。马克思以“生产力—生产关系（经济基础）—上层建筑”的矛盾运动概括经济社会发展的矛盾运动过程，形成了著名的社会结构理论。习近平总书记关于新时代我国社会主要矛盾转化的基本判断，就是对这一马克思主义原理的科学运用，而社会主义生产目的则与这一原理息息相关。

承认社会基本矛盾在社会主义社会依然存在，在矛盾运动中把握经济社会发展的基本规律，是认识中国经济社会发展规律的重要起点，这一理论贡献是毛泽东于 20 世纪 50 年代做出的。进入社会主义社会后，消灭了资产阶

① 习近平：《在庆祝中国共产党成立 95 周年大会上的讲话》，《求是》2021 年第 8 期。

级与无产阶级的根本对立性,社会是否依然存在基本矛盾,唯物史观的基本矛盾原理是否继续适用于社会主义社会,成为一个重要的理论问题。列宁曾提到社会主义社会消灭了矛盾的对抗性,但是矛盾依然存在。全面认识社会主义社会的基本矛盾,还是一个尚待解决的重要理论问题。毛泽东以其深厚的唯物辩证法功底和扎实的矛盾论方法对这一问题进行了重要的理论破题。他指出,基本矛盾理论在社会主义社会的应用应是全面的,而且应从"推动社会主义社会向前发展"的角度认识其矛盾运动。毛泽东指出,"在社会主义社会中,基本的矛盾仍然是生产关系和生产力之间的矛盾,上层建筑和经济基础之间的矛盾。不过社会主义社会的这些矛盾,同旧社会的生产关系和生产力的矛盾、上层建筑和经济基础的矛盾,具有根本不同的性质和情况罢了"①。这个不同在于"资本主义社会的矛盾表现为剧烈的对抗和冲突,表现为剧烈的阶级斗争,那种矛盾不可能由资本主义制度本身来解决,而只有社会主义革命才能够加以解决。社会主义社会的矛盾是另一回事,恰恰相反,它不是对抗性的矛盾,它可以经过社会主义制度本身,不断地得到解决"②。

关于基本矛盾的非对抗性质的判断,对于主要矛盾的确定具有重要意义。基本矛盾具有原理层面的含义,需从"生产力—生产关系(经济基础)—上层建筑"的视角下把握,主要矛盾则关注矛盾载体和具体层面的内容,往往关注存在矛盾冲突的群体之间,即存在矛盾对立的双方分别是哪些社会群体,在阶级社会,对抗性矛盾发生在两个对立的阶级之间。资本主义社会的基本矛盾被确定为生产社会化与生产资料私人占有制之间的矛盾,主要矛盾是指资产阶级与无产阶级之间的矛盾。消灭了阶级对抗性质的情况下,社会主义主要矛盾的确定就不能再集中于寻找两个根本对立的阶级,因此,承载这个矛盾的群体成为"人民群众"这个整体。党的八大报告也明确提出,我们国内的主要矛盾,已经是人民对于建立先进的工业国的要求同落后的农业国

① 中共中央文献研究室编:《毛泽东文集》第七卷,人民出版社 1999 年版,第 214 页。
② 中共中央文献研究室编:《毛泽东文集》第七卷,人民出版社 1999 年版,第 213—214 页。

的现实之间的矛盾，已经是人民对于经济文化迅速发展的需要同当前经济文化不能满足人民需要的状况之间的矛盾。

关于社会主义社会的基本矛盾，虽然到目前为止，我国学术界尚未像对待资本主义基本矛盾那样，将“生产力—生产关系（经济基础）—上层建筑”之间的矛盾运动概括出一个表述明确的对立统一命题，但是承认这一矛盾的存在，确定这一矛盾的非对抗性质，要求在社会主义制度内解决这一矛盾，并将这个矛盾作为推进社会发展的根本动力，已经在很大程度上成为重要的理论共识。这是我们准确认识社会主义社会主要矛盾、基本经济规律和社会主义生产目的三个基本范畴的方法论基础和逻辑前提。

社会主义生产目的的这种重要性，体现在它与社会主义基本经济规律、社会主义社会主要矛盾内在联系上。社会主义基本经济规律就界定为社会主义生产这个手段与“满足人民需要”这个目的之间的统一性，而社会主义基本矛盾则着眼于手段与目的之间的矛盾性。

社会主义生产目的就是在理解社会主义的基本经济规律的过程中提出并强调的，社会主义基本经济规律被界定为生产服务于社会主义生产目的，即生产手段与生产目的的统一性。同时，社会主义基本规律也被视为社会主义经济与资本主义经济的本质区别。在资本主义经济中，被作为资本主义经济基本规律是剩余价值规律，它从整体上决定了经济体的资本主义属性，正如马克思所言，“资本主义生产——实质上就是剩余价值的生产，就是剩余劳动的吸取”①，“生产剩余价值或赚钱，是这个生产方式的绝对规律”②。正是由于生产服从于“追求剩余价值”的目的，由生产决定的分配、交换和消费过程才最终从属于资本主义的本质属性。因此，剩余价值规律不仅规定了生产的本质属性，也界定了生产、分配、交换和消费的资本主义社会再生产总过程。正因如此，

① 中共中央马克思恩格斯列宁斯大林著作编译局编译：《马克思恩格斯全集》第二十三卷，人民出版社1972年版，第295页。

② 中共中央马克思恩格斯列宁斯大林著作编译局编译：《马克思恩格斯全集》第二十三卷，人民出版社1972年版，第679页。

要在本质属性上确立社会主义属性，必须在生产上摆脱“追求剩余价值”的资本主义生产目的。所以，很多学者就将社会主义政治经济学的主线界定为“社会主义基本经济规律”：“剩余价值规律作为资本主义的基本经济规律，是支配着资本主义运动的全过程的。照此类推，社会主义的基本经济规律，社会主义的生产目的，也应该成为分析社会主义经济运动的红线。”①

社会主义生产目的还是社会主义社会主要矛盾的重要内容。社会主义改造完成后，我们国内的主要矛盾，已经是人民对于建立先进的工业国的要求同落后的农业国的现实之间的矛盾，已经是人民对于经济文化迅速发展的需要同当前经济文化不能满足人民需要的状况之间的矛盾。改革开放后，我国能够重新确定“以经济建设为中心”，其关键的理论条件就是再次明确了社会主义社会的主要矛盾是落后的生产力与人民日益增长的物质文化需要之间的矛盾。显然，这个界定已经内含了社会主义生产目的，这里界定的主要矛盾就是社会主义生产能力与社会主义生产目的之间的矛盾。

可见，取消社会主要矛盾的阶级对立性质，将其界定为社会主义生产能力和生产目的之间的矛盾，是我国历代领导人和学者一脉相承的方法论原则。明确了这一点，有助于我们更为科学地理解习近平总书记关于新时代我国社会主要矛盾转化的基本判断。

一方面，习近平总书记适应时代变化拓展理论视野，优化了社会主义生产目的的理论表述。随着中国特色社会主义进入新时代，经济社会发展开始步入全面建成小康社会的历史时期，全面系统的经济社会发展成为新时代的重要特征。在新的背景下，习近平总书记突出强调了经济社会发展的“全面性”和“系统性”，提出“五位一体”战略布局和“四个全面”的新要求。2013 年他就提出，“我们要坚持发展是硬道理的战略思想，坚持以经济建设为中心，全面推进社会主义经济建设、政治建设、文化建设、社会建设、生态文明建设，

① 蒋学模：《政治经济学教材（社会主义部分）辅导讲座》，上海人民出版社 1986 年版，第 24 页。

深化改革开放，推动科学发展，不断夯实实现中国梦的物质文化基础”①，“我们将坚持以人为本，全面推进经济建设、政治建设、文化建设、社会建设、生态文明建设，促进现代化建设各个方面、各个环节相协调，建设美丽中国”②。在此背景下，传统“生产力水平”和“物质文化生活需要”已经难以全面概括实现社会主义生产目的的动力和目标。因此，习近平总书记逐步使用更为全面“发展”代替传统的“生产力水平”，使用“人民对美好生活的向往”代替传统的“物质文化生活需要”。术语调整的背后是理论视野的拓宽：相对于生产力的提升，“发展”的视角更加强调经济、政治、文化、社会和生态各方面的改进；相对于“物质文化生活需要”，“人民群众对美好生活的向往”更加全面地概括了人民群众多方面的生活需要。

另一方面，习近平总书记丰富了社会主义生产目的的理论内涵，使其成为新时代我国社会主要矛盾的重要内容。在传统的社会主义经济理论中，“人民群众日益增长的物质文化生活需要”是一个相对抽象的概括。在 20 世纪 80 年代，国内政治经济学界曾围绕“哪些方面的需要是人民群众的物质文化生活需要”进行过讨论，但是受时代限制和当时经济发展水平的局限，很多要素没有囊括其中。在“人民对美好生活的向往”之下，习近平总书记比较全面地展开了社会主义生产目的的内容构成。例如，“能够更好满足广大人民日益增长、不断升级和个性化的物质文化和生态环境需要”，加入了“个性化”的需要和“生态环境”需要；“更好的教育、更稳定的工作、更满意的收入、更可靠的社会保障、更高水平的医疗卫生服务、更舒适的居住条件、更优美的环境”囊括了现代化生活中各方面的需要，“幼有所育、学有所教、劳有所得、病有所医、老有所养、住有所居、弱有所扶”③则是对各种需要的一个更为全面的系统的概括。对社会主义生产目的理论地位的强化，则表现在习近平总书记

① 习近平：《在第十二届全国人民代表大会第一次会议上的讲话》，《人民日报》2013 年 3 月 18 日第 1 版。

② 中共中央文献研究室编：《习近平关于社会主义经济建设论述摘编》，中央文献出版社 2017 年版，第 4 页。

③ 习近平：《高举中国特色社会主义伟大旗帜 为全面建设社会主义现代化国家而团结奋斗——在中国共产党第二十次全国代表大会上的报告》，人民出版社 2022 年版，第 10 页。

将社会主义生产目的作为原则置于其经济思想的中心地位上。通过上述文献整理不难发现，习近平总书记一直强调“以人民为中心的发展思想”，而这一思想就是要求经济发展必须贯彻社会主义生产目的，即围绕“广大人民日益增长、不断升级和个性化的物质文化和生态环境需要”及“对美好生活的向往”展开。同时，习近平总书记还将这一原则置于中国共产党“不忘初心”的高度，即强调“为人民谋幸福，是中国共产党人的初心。我们要时刻不忘这个初心，永远把人民对美好生活的向往作为奋斗目标”①。明确了社会主义初级阶段的社会主要矛盾、社会主义基本经济规律和社会主义生产目的之间的内在联系，有助于我们在更深层次理解习近平总书记对社会主义生产目的理论地位的强化，即将研究视野拓展和表述优化后的社会主义生产目的作为社会主义初级阶段主要矛盾变化的重要内容，通过“生产”到“发展”、“对物质文化生活的需要”到“对美好生活的向往”的转变，确定了新时代社会主要矛盾的变化，成为把握“新时代”基本特征的重要理论基础：“中国特色社会主义进入新时代，我国社会主要矛盾已经转化为人民日益增长的美好生活需要和不平衡不充分的发展之间的矛盾。”②

总之，习近平总书记关于新时代我国社会主要矛盾转化的基本判断，抓住了在“社会主义生产目的”和“生产能力”之间把握社会主要矛盾的科学原则。这一原则是自毛泽东以来，我国历代领导人和学者准确运用“生产力—生产关系（经济基础）—上层建筑”的社会结构原理，从社会基本矛盾、主要矛盾、基本经济规律层面准确把握时代主题变迁的过程中形成的。从社会主义生产目的入手，有助于我们准确理解习近平总书记关于中国特色社会主义进入了新时代的重大判断，科学把握其中蕴含的马克思主义社会结构逻辑。

---

① 习近平：《在党的十九届一中全会上的讲话》，《求是》2018 年第 1 期。

② 习近平：《决胜全面建成小康社会 夺取新时代中国特色社会主义伟大胜利——在中国共产党第十九次全国代表大会上的讲话》，《求是》2017 年第 21 期。

四、以社会主义生产目的为枢纽理解习近平经济思想坚持社会主义价值导向的体系逻辑

价值导向或价值标准是经济学理论体系的关键要素。例如,在西方世界占主流的新古典经济学,其统一的价值标准就是“帕累托最优”形成的“效率”标准;而社会主义经济理论则必须坚持社会主义的价值导向,“以人民为中心”的根本立场,就是社会主义者的价值导向。因此,在经济领域,坚持社会主义生产目的,遵循社会主义基本经济规律,生产服务于人民群众生活水平的提升,就是落实“以人民为中心”的根本立场,是坚持社会主义宗旨的必然要求,体现了社会主义经济的价值导向。习近平总书记多次强调坚持我国经济的社会主义本质,对社会主义生产目的的强调,就充分体现这一基本主张。

前面提到,在20世纪80年代就有学者提出“社会生产目的是社会生产本质最集中的体现,是一定生产关系的基本特征的最集中的反映”①,尝试把以社会主义生产目的为中心内容的社会主义基本经济规律作为社会主义政治经济学的核心。习近平总书记也提出了类似的观点:“邓小平同志讲:‘社会主义阶段的最根本任务就是发展生产力,社会主义的优越性归根到底要体现在它的生产力比资本主义发展得更快一些、更高一些,并且在发展生产力的基础上不断改善人民的物质文化生活。’这就点明了中国特色社会主义政治经济学的核心。”②在这里,被习近平总书记确定为核心的基本主张,就是生产要服从社会主义生产目的。

在习近平经济思想中,社会主义的价值导向,既是总体性要求,也是贯彻于经济运行方方面面的具体要求。例如,随着新时代经济“金融化”、全球垄断资本蔓延和虚拟经济的发展,利润目标与社会主义生产目的的矛盾性开始

① 吴宣恭:《试析社会主义不发达阶段社会生产目的的特点》,《经济理论与经济管理》1981年第4期。

② 中共中央文献研究室编:《习近平关于社会主义经济建设论述摘编》,中央文献出版社2017年版,第10页。

明显体现出来。习近平总书记曾针锋相对地指出“房子是用来住的,不是用来炒的”,强调了社会主义生产目的的价值导向。社会主义生产目的的价值导向,也体现为习近平总书记以此为基础考察经济社会发展全局的基本方法。例如,2016 年底中央经济工作会议期间,他重点强调了生产偏离人民群众需要的“三大失衡”问题:“一是实体经济结构性供需失衡。……供给结构很不适应需求新变化。……二是金融和实体经济失衡。……因为缺乏回报,增加的货币资金很多没有进入实体经济领域,而是在金融系统自我循环……在这样的背景下,金融业在经济中的比重快速上升,而工业特别是制造业比重下降。三是房地产和实体经济失衡。……房地产高收益进一步诱使资金脱实向虚,导致经济增长、财政收入、银行利润越来越依赖于‘房地产繁荣’,并推高实体经济成本,使回报率不高的实体经济雪上加霜。”①在党的十九大报告中,他再一次强调坚持房子是用来住的、不是用来炒的定位,加快建立多主体供给、多渠道保障、租购并举的住房制度,让全体人民住有所居,强调生产应以满足人民生活需要为目的,而不能脱离这个目的陷入“脱实向虚”“唯利是图”的错误方向。

社会主义生产目的的价值导向的突出反映是习近平总书记对供给侧结构性的理论概括,他指出:“从政治经济学的角度看,供给侧结构性改革的根本,是使我国供给能力更好满足广大人民日益增长、不断升级和个性化的物质文化和生态环境需要,从而实现社会主义生产目的。”②由此不难看出,社会主义生产目的是习近平经济思想的价值标准和导向性要求,判定生产什么、为谁生产、如何生产等基本问题,社会主义生产目的是一个关键的“红线”。这也凸显了社会主义生产目的在习近平经济思想中的纲领性地位。

同时,就经济理论的学理性原则而言,是否形成了以根本价值导向为纲

① 中共中央文献研究室编:《习近平关于社会主义经济建设论述摘编》,中央文献出版社 2017 年版,第 113—114 页。

② 中共中央文献研究室编:《习近平关于社会主义经济建设论述摘编》,中央文献出版社 2017 年版,第 98 页。

领的内容架构，也是一个经济思想是否形成了严谨理论体系的重要标志。社会主义生产目的的纲领性地位，也表明习近平经济思想基本形成了“目的与手段相统一”的体系逻辑。这一思想的各部分内容都与社会主义生产目的的纲领性要求息息相关，由一个较为系统的体系逻辑统摄整个思想。

2017 年中央经济工作会议以“七个坚持”概括了习近平经济思想的基本主张：坚持加强党对经济工作的集中统一领导；坚持以人民为中心的发展思想；坚持适应把握引领经济发展新常态；坚持使市场在资源配置中起决定性作用，更好发挥政府作用；坚持适应我国经济发展主要矛盾变化完善宏观调控；坚持问题导向部署经济发展新战略；坚持正确工作策略和方法，稳中求进，保持战略定力、坚持底线思维。虽然随着经济发展进程的持续推进，习近平经济思想的内容正在不断丰富和完善，但是这七个方面，基本概括了习近平经济思想的大致内容。我们以此为例，大致概括一下社会主义生产目的的纲领性“体系逻辑”在这七个方面基本主张中的体现。

第一，加强党对经济工作的集中统一领导，其根本意义就在于以党的领导实现社会主义的生产目的，带领人民追求美好生活，“为人民谋幸福，是中国共产党人的初心。我们要时刻不忘这个初心，永远把人民对美好生活的向往作为奋斗目标”①。

第二，以人民为中心的发展思想与社会主义生产目的是根本一致的，是将社会主义生产目的置于经济发展的根本立场上，体现了新时代条件下的社会主义基本经济规律，发展为了人民，是马克思主义政治经济学的根本立场。“党的十八届五中全会鲜明提出要坚持以人民为中心的发展思想，把增进人民福祉、促进人的全面发展、朝着共同富裕方向稳步前进作为经济发展的出发点和落脚点。这一点，我们任何时候都不能忘记”②。

第三，经济新常态的基础是发展阶段的变化，是社会主要矛盾的变化在

---

① 习近平：《在党的十九届一中全会上的讲话》，《求是》2018 年第 1 期。

② 中共中央文献研究室编：《习近平关于社会主义经济建设论述摘编》，中央文献出版社 2017 年版，第 31 页。

新时代的重要体现,而社会主义生产目的转变为“人民对美好生活的向往”正是社会主要矛盾变化的集中体现。从时间上看,新常态是我国不同发展阶段更替变化的结果。“新时代我国经济发展的基本特征,是由高速增长阶段转向高质量发展阶段。高质量发展,集中体现了坚持以提高发展质量和效益为中心,是为了更好满足人民日益增长的美好生活需要的发展,是体现新发展理念的发展”①。

第四,使市场在资源配置中起决定性作用,更好发挥政府作用,就是要发展好社会主义市场经济。习近平总书记强调“我们是在中国共产党领导和社会主义制度的大前提下发展市场经济,什么时候都不能忘了‘社会主义’这个定语”②,而保证经济的社会主义性质,则必须保证经济发展始终守住社会主义的生产目的,即在新时代不能偏离“人民对美好生活的向往”。

第五,供给侧结构性改革的根本是实现社会主义生产目的,正如前文所述,供给侧结构性改革的根本是要“实现社会主义生产目的”,关于供给侧结构性改革的三个基本要求中,为首的就是“使供给能力更好满足人民日益增长的物质文化需要”。因此,“供给侧结构性改革的根本目的是提高社会生产力水平,落实好以人民为中心的发展思想”③。

第六,坚持问题导向部署经济发展新战略,其中“问题导向”的关键就是全面考察发展中遇到了哪些问题,应朝着哪个方向校正相关问题,推行新发展战略。而社会主义生产目的则是做出这些判断的重要标准。近年来我国对于“三大失衡”、私人资本无序扩张的治理,以及对于教育培训市场过度资本化的整顿,就充分体现了社会主义生产目的的根本要求。

第七,“稳中求进,保持战略定力、坚持底线思维”则是实现经济发展的方法和手段,与社会主义生产目的之间是“手段与目的”的关系,只有这些手段

---

① 中共中央宣传部编:《习近平新时代中国特色社会主义思想三十讲》,学习出版社 2018 年版,第 135 页。

② 中共中央文献研究室编:《习近平关于社会主义经济建设论述摘编》,中央文献出版社 2017 年版,第 64 页。

③ 中共中央文献研究室编:《习近平关于社会主义经济建设论述摘编》,中央文献出版社 2017 年版,第 102 页。

统一于“满足人民对美好生活向往”这个新时代的社会主义生产目的，才能真正把握住经济发展的战略定力，保证经济发展新战略的正确性，保证经济发展不会偏出社会主义经济的基本底线。

总之，一个思想体系成熟的重要标志，就是形成了统一价值标准和统摄全局的“体系逻辑”。在这方面，社会主义生产目的，在“价值标准”和“统领全局”方面，都具有极为重要的价值，有助于我们科学理解习近平经济思想坚持社会主义价值导向的体系逻辑。

马克思在《〈政治经济学批判〉导言》中这样评价占统治地位的资本主义生产关系对于整个理论体系的突出重要性：“这是一种普照的光，它掩盖了一切其他色彩，改变着它们的特点。这是一种特殊的以太，它决定着它里面显露出来的一切存在的比重。”[①]正是基于此，政治经济学界普遍认为，在马克思关于资本主义经济的主体理论中，“剩余价值规律”作为资本主义基本经济规律统治了资本主义经济的方方面面，正是这种“普照的光”，使得马克思的《资本论》接近了理论逻辑的极致。而在社会主义经济理论中，能够与资本主义世界的“剩余价值规律”相对应的纲领性主张，莫过于“社会主义基本经济规律”和“社会主义生产目的”。习近平总书记对这一范畴的重视、传承和发展，则是这一理论传统在新时代的发展。重视社会主义生产目的的理论枢纽地位，有助于我们科学系统地理解习近平经济思想。

---

① 中共中央马克思恩格斯列宁斯大林著作编译局编译：《马克思恩格斯选集》第二卷，人民出版社2012年版，第707页。

第八章

新发展理念:中国共产党百年实践的经验升华

自党的十八大以来,党中央就关于发展问题进行了一系列新的探索,不断深化对发展理念的认识并形成了新发展理念。2015 年,在党的十八届五中全会上,习近平总书记指出,理念是行动的先导,一定的发展实践都是由一定的发展理念来引领的。发展理念是否对头,从根本上决定着发展成效乃至成败。实践告诉我们,发展是一个不断变化的进程,发展环境不会一成不变,发展条件不会一成不变,发展理念自然也不会一成不变。① 他强调:"实现'十三五'时期发展目标,破解发展难题,厚植发展优势,必须牢固树立创新、协调、绿色、开放、共享的发展理念。"②着重指出:"创新发展注重的是解决发展动力问题。""协调发展注重的是解决发展不平衡问题。""绿色发展注重的是解决人与自然和谐问题。""开放发展注重的是解决发展内外联动问题。""共享发展注重的是解决社会公平正义问题。""坚持创新发展、协调发展、绿色发展、开放发展、共享发展,是关系我国发展全局的一场深刻变革。"③2016 年 1 月,在省部级主要领导干部学习贯彻党的十八届五中全会精神专题研讨班开班式上,习近平总书记又系统阐释了如何贯彻落实新发展理念。

2020 年 10 月,党的十九届五中全会审议通过了《中共中央关于制定国民

---

① 习近平:《习近平谈治国理政》第二卷,外文出版社 2017 年版,第 197 页。
② 中共中央文献研究室编:《十八大以来重要文献选编(中)》,中央文献出版社 2016 年版,第 792 页。
③ 习近平:《习近平谈治国理政》第二卷,外文出版社 2017 年版,第 198—200 页。

经济和社会发展第十四个五年规划和二〇三五年远景目标的建议》，把“坚持新发展理念”列为“十四五”时期我国经济社会发展必须遵循的原则，并明确要求，“坚定不移贯彻创新、协调、绿色、开放、共享的新发展理念”，“把新发展理念贯穿发展全过程和各领域”，“切实转变发展方式，推动质量变革、效率变革、动力变革，实现更高质量、更有效率、更加公平、更可持续、更为安全的发展”①。2021 年 1 月 11 日，习近平总书记在省部级主要领导干部学习贯彻党的十九届五中全会精神专题研讨班开班式上提出了要从根本宗旨、问题导向、忧患意识这三个方面把握新发展理念的新要求。同年 1 月 28 日，习近平总书记在中共中央政治局第二十七次集体学习时指出，新发展理念是一个系统的理论体系，回答了关于发展的目的、动力、方式、路径等一系列理论和实践问题，阐明了我们党关于发展的政治立场、价值导向、发展模式、发展道路等重大政治问题，并强调全党必须完整、准确、全面贯彻新发展理念，确保“十四五”时期我国发展开好局、起好步。2021 年 11 月，党的十九届六中全会通过的《中共中央关于党的百年奋斗重大成就和历史经验的决议》用“十个明确”对习近平新时代中国特色社会主义思想的核心内容做了进一步概括，其中第七条“明确必须坚持和完善社会主义基本经济制度，使市场在资源配置中起决定性作用，更好发挥政府作用，把握新发展阶段，贯彻创新、协调、绿色、开放、共享的新发展理念，加快构建以国内大循环为主体、国内国际双循环相互促进的新发展格局，推动高质量发展，统筹发展和安全”，对贯彻新发展理念的原创性思想做了总结。

新发展理念提出以来，学界关于新发展理念的研究可谓如火如荼，主要表现可分为两个阶段：第一个阶段，是在党的十八届五中全会提出后，学界围绕新发展理念进行研究，出版了大量文献著作，发表了众多研究论文，开展了一系列学术研讨交流活动，设立各类社科基金项目。从研究现状看，主要对

① 中国共产党第十九届中央委员会：《中共中央关于制定国民经济和社会发展第十四个五年规划和二〇三五年远景目标的建议》，《人民日报》2020 年 11 月 4 日第 4 版。

新发展理念进行了阐释性解读与个体内涵解读,从国内外发展经验教训、形成依据、鲜明特征三个方面进行研究。第二个阶段,是党的十九届五中全会提出新发展理念是今后经济社会发展的指导理念后,学界对新发展理念着重进行整体化研究,更加注重从指导理念的层面阐释新发展理念。从2020年底至今所发表的学术论文看,较具代表性的有《新发展理念的哲学意蕴和实践要求》《全面把握习近平以人民为中心的新发展理念》《以新发展理念全面开启现代化新征程》《价值、实践与结构:新发展理念的总体性方法探析》《新发展理念的核心是高质量发展——在准确识变、科学应变、主动求变中强化育先机、开新局的政府担当》等文章。这些文章对新发展理念的阐释主要集中在三个方面:一是更加注重从哲学层面解释其指导性与统摄性,认为新发展理念是指导我国今后经济社会发展的科学理念;二是更加注重把新发展理念贯穿在发展的全过程和各领域的研究;三是更加注重新发展理念的内在关系与逻辑的研究。这些研究成果为我们理解、贯彻新发展理念提供了思路与方法,具有较高的启示意义与研究价值。然而,要准确、全面地理解新发展理念,更应从"大历史观"的视角,立足中国共产党领导中国发展的实践对新发展理念进行把握。

一、新发展理念是中国共产党百年实践坚持和运用"实事求是"这一重要思想路线探索适合我国国情发展道路的经验升华

世界物质统一性原理是马克思主义哲学关于世界本质问题的一个基本原理。哲学作为改造现实世界的"实践的力量"①,这一原理蕴含了深厚的哲学方法论意义。从实践层面上说,世界物质统一性原理要求我们必须坚持一切从实际出发,解放思想,实事求是。坚持一切从实际出发中的"实际"不是

① 中共中央马克思恩格斯列宁斯大林著作编译局编译:《马克思恩格斯全集》第四十卷,人民出版社1982年版,第258页。

固定的、僵化的概念，而是一个变动不居、与时俱进的哲学范畴。习近平总书记指出：“坚持实事求是不是一劳永逸的。”[①]因此，坚持实事求是就是要以某个既定的时间和空间而锁定的不断变化发展的客观条件和客观形势为立足点，在回应时代的新问题中应对时代的新挑战。从这一意义上说，实事求是就是要科学解决如何以最大限度发挥人的主观能动性去把握客观规律，从必然走向自由的问题。

坚持实事求是就是要在坚持唯物辩证法革命的、批判的精神中勇于面对新陈代谢的历史趋势，在自觉的自我革命中探索客观规律、追求客观真理。

在建党之初，中国共产党就把救亡图存作为中华民族最大的历史任务，坚持以马克思主义的“阶级斗争在阶级社会推动历史发展”为指导，根据当时中国国情和革命实践的客观需要提出了“斗争发展”理念，开创了工农联盟的武装革命道路，推动社会发展，为实现民族独立与民族复兴奠定了基础，从而超越了以严复为代表的“天演论”、以张謇为代表的振兴实业救国救民发展观，以及以孙中山为代表的抽象人权为主线的政治运动发展观。在土地革命时期，毛泽东在《中国的红色政权为什么能够存在?》中分析了中国革命的具体实际，创造性地指出了中国必须走“农村包围城市”和“武装夺取政权”的新民主主义革命道路；1938 年 10 月，毛泽东在党的六届六中全会的《论新阶段》报告中指出，要“使马克思主义在中国具体化”；在 1941 年 10 月的《反对主观主义和宗派主义》中，他又提出了“我们要使中国革命丰富的实际马克思主义化”。这些重要思想和论断都蕴含了丰富的创新发展的活水源头。社会主义制度确立之后，面对西方全面封锁与国内百废待兴这一发展困境的实际，毛泽东指出，要“以苏为鉴”，并深刻总结我国国情，建设适合我国国情的社会主义，并在《论十大关系》中系统论述了地区之间、产业之间、党内外、国内外等社会生活方方面面的关系，这些关系之间的协调性与开放性特征就直接构成了“新发展理念”的理论源泉。

---

① 习近平：《习近平谈治国理政》第一卷，外文出版社 2018 年版，第 26 页。

党的十一届三中全会的召开呼唤着发展理念的创新,邓小平围绕“什么是社会主义,怎样建设社会主义”的“总问题”,明确提出“发展是硬道理”的命题,为适应当时经济社会发展需要提出了一系列发展理念,这些理念成为新发展理念的理论基础。例如,邓小平的“发展才是硬道理”、“两手抓”的辩证发展观、“绿色革命”发展观、对外开放发展观、反贫困发展观分别是新发展理念中的创新发展、协调发展、绿色发展、开放发展以及共享发展理念的思想基础。

江泽民在总结我国改革开放和现代化建设的经验和解决我国面临的各种重大任务中提出了“发展是党执政兴国的第一要务”这一重大战略思想。江泽民的“没有创新,就没有人类的进步,就没有人类的未来”①等重要论断是新发展理念创新发展的理论来源,江泽民的“三个文明”协调发展思想是新发展理念的协调发展的理论来源。

党的十六大之后,胡锦涛提出了“科学发展观”这一重大战略构想。这是中国共产党发展理念的一个历史性飞跃。科学发展观是中国共产党坚持和运用实事求是这一重要思想方法和工作方法的理论成果,进一步回答了为什么发展和怎样发展得更好的问题,为新发展理念提供了重要的理论基础和思想方法。科学发展观的“以人为本”就是新发展理念的共享发展的理论基础,全面、协调、可持续的发展又阐释了协调发展的意蕴,统筹兼顾的根本方法是新发展理念的协调发展的理论基础,协调发展中的统筹国内发展和对外开放就是新发展理念的开放发展的理论基础,可持续发展是新发展理念的绿色发展的理论基础,等等。

当今世界波谲云诡,当代中国正处于“时空压缩”的语境下,西方发达国家“历时性”在当代中国则以“共时性”风险登场。习近平总书记用“我们用几十年时间走完了发达国家几百年走过的工业化历程”这一重要论断来描述当代中国整体转型中的“共时性”风险问题。这种高度浓缩的“共时性”风险与

① 江泽民:《江泽民文选》第三卷,人民出版社2006年版,第103页。

全面深化改革中的各种盘根错节、交织叠加的结构性矛盾、系统性风险融为一体，就使得我国当下发展风险呈现出异常复杂的状况。

党的十八大以来，以习近平同志为核心的党中央坚持运用马克思主义立场、观点、方法，着眼实现中华民族伟大复兴的中国梦，面对世界百年未有之大变局，针对我国经济发展进入新常态、世界经济复苏低迷形势，创造性地提出了新发展理念。新发展理念的提出深刻破解了我国当下经济社会发展的难题，揭示了实现更高质量、更有效率、更加公平、更可持续发展的必由之路，反映了我们党对经济社会发展规律认识的深化，具有战略性、纲领性、引领性。

实事求是是中国共产党百年实践探索新发展理念的方法，也是“十四五”时期贯彻新发展理念的一个根本原则。坚持实事求是就是要一切从实际出发，从问题本身出发，事事都要动真格，绝不能做虚功、玩花活、搞花架子。既不能脱离实际硬干，更不要为了出政绩不顾条件什么都想干；要突出重点，尤其是要把切实解决影响构建新发展格局、实现高质量发展的突出问题，切实解决影响人民群众生产生活的突出问题摆在重中之重的位置。要坚决杜绝基层干部利用上下级缜密的组织关系、各级各类文件的错综复杂性而象征性地服从、间接地对抗进而演绎新的“形式主义”。在具体工作中，各级领导干部要牢记习近平总书记的“三个区分开来”的要求，雷厉风行、敢做敢当、主动作为、敢于担责。

二、新发展理念是中国共产党百年实践坚持和运用“六大科学思维方法”破解我国前进道路上各种发展难题的经验升华

新发展理念蕴含了极为丰富的科学思维方法，其中，战略思维、历史思维、辩证思维、创新思维、法治思维、底线思维等六大科学思维方法是新发展理念中尤为重要的，也是我们经常用以不断增强工作的科学性、预见性、主动性和创造性的科学思维方法。

战略思维能力，“就是高瞻远瞩、统揽全局，善于把握事物发展总体趋势

和方向的能力”[①]。新发展理念是站在时代前沿和战略全局的高度观察、思考和处理问题,在解决突出问题中实现战略突破把握战略全局的重大战略思想。贯彻新发展理念必须做到胸怀大局、把握大势、着眼大事。一是具备超前意识。要正确认识和把握事物的发展规律,摸清事物发展脉络,把握事物发展方向,掌握事物发展动态,未雨绸缪,运筹帷幄,灵活应对。二是树立全局意识。在处理复杂问题时,既要注重全局与局部、国内与国外、当前与长远、优势与劣势、机遇与挑战的结合,更要注重个体与组织、集体与国家、中国与世界的结合,不断提升工作的大局观与整体观,不断增强战略思维的系统性与协调性。三是确立整体意识。在事关全局的重大问题上,必须旗帜鲜明地维护整体利益,必要时亦可牺牲局部利益和个人利益。

历史思维能力,“就是知古鉴今,善于运用历史眼光认识发展规律、把握前进方向、指导现实工作的能力”[②]。新发展理念在深刻总结国内外发展历史经验教训基础上形成,符合我国国情,顺应时代要求。新发展理念为我们破解未来发展道路上的发展难题提供了历史视角与方法论指导,蕴含着丰富的历史思维意涵。

辩证思维能力,“就是承认矛盾、分析矛盾、解决矛盾,善于抓住关键、找准重点、洞察事物发展规律的能力”[③]。创新、协调、绿色、开放、共享这五大发展理念是一个相互作用、相互影响、相互制约又相得益彰的有机整体,它蕴含了极为丰富的辩证思维方法的元素。例如,创新发展理念贯穿于协调、绿色、开放、共享等四大发展理念之中,并为这四大发展理念提供思维支撑和方法论指引;创新、协调、绿色、开放这四大发展理念的终极目标就是要不断增进人民福祉,其归宿点和落脚点是共享发展理念;协调发展理念是解决人与自

① 中共中央宣传部编:《习近平新时代中国特色社会主义思想学习纲要》,学习出版社、人民出版社2019年版,第244页。

② 中共中央宣传部编:《习近平新时代中国特色社会主义思想学习纲要》,学习出版社、人民出版社2019年版,第245页。

③ 中共中央宣传部编:《习近平新时代中国特色社会主义思想学习纲要》,学习出版社、人民出版社2019年版,第245页。

然的和谐问题、发展内外联动问题、化解多元利益冲突以实现社会公平正义等问题不可或缺的重要发展理念。

创新思维能力，“就是破除迷信、超越陈规，善于因时制宜、知难而进、开拓创新的能力”①。新发展理念的创新思维意蕴主要表现在：第一，新发展理念是针对当代中国整体转型发展升级面临的种种发展难题而提出的，具有原创性贡献；第二，创新发展理念本身就是与创新思维相互契合的；第三，创新发展理念作为贯穿于新发展理念始末的一根线索，任何一个理念都离不开创新思维。提高创新思维能力，就是要敢于从根本上打破惯性思维，敢为人先，破除迷信，在把握规律中勇于实现变革。

法治思维能力，“就是增强尊法学法守法用法意识，善于运用法治方式治国理政的能力”②。新发展理念与法治思维高度关联。例如，解决绿色发展中的人与自然的和谐问题，亟待建立最严的制度、最严的法律做保障；创新者以其创新收益弥补付出，让创新源泉持续、充分涌流，亟待建立一套知识产权保护制度。提高法治思维能力，才能以法治凝聚改革共识、规范发展行为、促进矛盾化解、保障社会和谐。

底线思维能力，“就是客观地设定最低目标，立足最低点争取最大期望值的能力”③。新发展理念蕴含着丰富的底线思维的方法论意蕴。例如，“实现共同富裕不仅是经济问题，而且是关系党的执政基础的重大政治问题”等重要论断深刻揭示了为人民谋幸福、为民族谋复兴就是我们贯彻新发展理念必须坚守的底线。

坚持和运用“六大科学思维方法”探索不同历史时期发展观，以破解我国前进道路上的各种发展难题，是中国共产党百年实践的经验升华。

---

① 中共中央宣传部编：《习近平新时代中国特色社会主义思想学习纲要》，学习出版社、人民出版社2019年版，第245页。

② 中共中央宣传部编：《习近平新时代中国特色社会主义思想学习纲要》，学习出版社、人民出版社2019年版，第246页。

③ 中共中央宣传部编：《习近平新时代中国特色社会主义思想学习纲要》，学习出版社、人民出版社2019年版，第246页。

百年波澜壮阔的奋斗历程中,中国共产党综合运用各种科学思维方法,并结合不同历史阶段的国情,提出一个又一个适合我国不同历史发展阶段的发展观,紧紧依靠人民,创造了一个又一个彪炳史册的人间奇迹。

中国共产党自成立之日起,坚持以战略思维为统领,自觉把实现中华民族伟大复兴作为自己的历史使命,这个时期中国共产党的主要任务就是要实现国家独立、人民解放,充分体现了中国共产党坚持底线思维维护国家主权、安全、发展利益的理论自觉和行动自觉。在抗日战争时期,中国共产党运用战略思维以卓越的政治领导力和正确的战略策略,在民族危亡的历史关头指引中国抗战的前进方向,反对妥协、分裂、倒退的政策则是中国共产党坚持底线思维的直接表达。战略思维的统揽全局与底线思维的守住底线形成鲜明对照,但又优势互补,形成"合力"效应。

社会主义制度确立以后,毛泽东科学分析了我国社会的基本矛盾,第一次提出了"正确处理人民内部矛盾"的命题,阐述了社会主义建设中的一系列重大问题,为我国社会主义建设实践提供了科学的发展理念的指引。"第一次提出了正确处理人民内部矛盾的命题"是毛泽东把马克思主义科学社会主义基本原理同中国社会主义建设实际相结合的理论成果,体现了创新思维;"阐述了社会主义建设中的一系列重大问题",体现了毛泽东高屋建瓴、运筹帷幄的战略思维;要正确对待敌我之间和人民内部这两类不同性质的矛盾之间的辩证关系,体现了辩证思维;强调敌我之间矛盾和人民内部矛盾这两类矛盾的性质不同,解决的方法也不同,切不可把人民内部矛盾混同于敌我矛盾,体现了底线思维;"人民中间的犯法分子也要受到法律的制裁"体现了法治思维;等等。

进入历史新时期,我们党团结带领全国人民进行改革开放新的伟大革命,综合运用战略思维等各种思维方法是探索这一伟大实践所需的发展观。例如,邓小平于1992年初在南方谈话中进一步指出的"计划和市场都是经济手段",从社会制度的性质这个战略高度来阐述市场经济与计划经济的内在关系,这是邓小平综合运用战略思维、辩证思维、创新思维以及底线思维的理论成果。江泽民在1990年指出:“古今中外,没有任何一个国家是在混乱当中把经济建设搞上去的。……局势的稳定和经济的发展是密切不可分割的。这两个方面是辩证的统一。”①江泽民以古今中外历史为逻辑起点,从维护国家政权安全、社会大局稳定的高度阐发了发展经济与保持政局稳定的辩证关系,这充分体现了江泽民对战略思维、历史思维、辩证思维、创新思维、底线思维的综合运用。胡锦涛强调,“维护和实现社会公平和正义……也是我国社会主义制度的本质要求”②,把维护和实现社会公平和正义上升到我国社会主义制度的本质要求这一战略高度加以强调,体现了战略思维与底线思维的综合运用。

党的十八大以来,以习近平同志为核心的党中央面对复杂多变的国内国外环境,综合运用战略思维等“六大科学思维方法”(尤其是底线思维可谓习近平总书记的原创性贡献),创造性地提出了一系列重大发展战略思想,这包括“四个全面”战略布局、“五大发展理念”、脱贫攻坚战略、总体国家安全观、人类命运共同体、强军思想,以及中华民族伟大复兴的中国梦等。新发展理念的提出就是为了不断提高我们应对重大挑战、抵御重大风险、克服重大阻力、化解重大矛盾、解决重大问题的能力,以更宽广的视野、更长远的眼光来思考、把握、解决未来发展面临的一系列重大问题。

三、新发展理念是中国共产党百年实践坚持和运用发展和安全动态平衡理念建设更高水平平安中国的经验升华

动态平衡按专业不同,可分为物理动态平衡、化学动态平衡等。动态平衡不同于“运动平衡”和“静态平衡”,但又与这两者高度关联。事物的动态平衡是在运动变化中由系统内部各要素之间交互作用、自发调节,从平衡到不

① 中共中央文献研究室编:《江泽民论有中国特色社会主义(专题摘编)》,中央文献出版社2002年版,第210页。

② 胡锦涛:《胡锦涛文选》第二卷,人民出版社2016年版,第291页。

平衡,再到新的平衡的演进过程。

发展和安全的动态平衡的基本内涵主要包括以下四个方面:第一,发展和安全的动态平衡不是沿着平衡—平衡—平衡的线性发展轨迹,而是沿着平衡—不平衡—新的平衡的路径以波浪式前进、螺旋式上升的方式不断实现由量变到质变,再到新的量变的演进过程;第二,发展和安全的动态平衡并不排斥不平衡,相反,它是以不平衡为其内驱动力,并融不平衡于一体;第三,发展和安全的动态平衡中的平衡是相对的、暂时的,而不平衡则是绝对的、永恒的,但不平衡最终又服务于平衡;第四,发展和安全的动态平衡中的平衡不是一般意义上的简单“妥协”,而是发挥矛盾同一性和斗争性在事物发展中的作用的结果。

发展和安全可谓“鸟之两翼、车之两轮”。实现发展和安全的动态平衡,就要坚持安全是发展的前提,发展是安全的保障,要全面系统地把握发展和安全之间的“牵一发而动全身”的联动效应。

发展和安全的动态平衡可谓新发展理念的一大鲜明理论特色。这主要表现在以下三个方面:第一,新发展理念的提出背景。党的十八大以来,以习近平同志为核心的党中央坚持以重大问题为导向,针对我国经济发展进入新常态、世界经济复苏低迷形势,为顺应时代要求,实现更高质量、更有效率、更加公平、更可持续的发展,进而实现发展和安全的动态平衡。第二,新发展理念中的每个理念都有其所致力于解决的核心问题。创新发展就是要着力解决我国创新能力不强,科技发展水平总体不高,科技对经济社会发展的支撑能力不足而引起的“阿喀琉斯之踵”问题;协调发展就是要着力解决“发展起来以后”的问题,注重调整发展关系,注重发展的整体效能,谨防“木桶效应”及发展失衡问题;绿色发展就是要着力解决我国资源约束趋紧、环境污染严重、生态系统退化的问题,以满足人民群众对清新空气、干净饮水、安全食品、优美环境的日益增长的美好生活需要;开放发展要着力解决的是提高对外开放的质量和发展的内外联动性问题;共享发展要着力解决的是我国经济发展“蛋糕”不断做大以后呈现出来的社会公平正义问题。以上五个不同的发展理念所致力于解决的具体的安全发展问题虽不同，但它们都是从不同的维度努力实现发展和安全的动态平衡。第三，新发展理念的整体性。新发展理念的创新、协调、绿色、开放、共享这五大发展理念是一个相互作用、相互影响、相互制约的辩证统一体，贯彻新发展理念必须坚持系统性观念，统筹推进，加强前瞻性思考、全局性谋划。如果新发展理念中的任何一种理念贯彻不力，则会影响到其他一种或多种发展理念的贯彻执行，进而产生风险连锁联动效应。

坚持和运用发展和安全动态平衡理念，探索不同历史时期的发展观，建设更高水平平安中国，是中国共产党百年实践的经验升华。

中国进入社会主义建设时期后，毛泽东总结我们党治国理政的基本经验，明确提出要把统筹兼顾作为我们进行社会主义建设的一个重要战略方针。毛泽东针对统筹兼顾所需解决的各种关系提出了综合平衡发展观。毛泽东的综合平衡发展观就是强调搞社会主义建设必须把综合平衡和按比例发展作为整个经济运行的根本问题。事物的发展总是不平衡的，这种不平衡就是实现平衡发展的内驱力，只有在各方面、各部门的各个环节根据新的情况统筹兼顾，不断调整，着力解决平衡和不平衡这两者之间的矛盾，才能更好地实现新的平衡。毛泽东的综合平衡发展观为邓小平、江泽民、胡锦涛以及习近平的发展和安全的动态平衡理论提供了重要的理论来源。

邓小平立足当代中国“发展起来以后”这一客观实际，强调发展不能顾此失彼，并提出了综合平衡发展观。邓小平的综合平衡发展观的核心内容是发展经济，因为如果离开了经济建设，综合平衡的发展就会有丧失物质基础的危险。邓小平强调要以经济建设为中心，不仅仅因为经济安全是国家安全的重要基础，能提高国家抗风险的能力，而且，以经济建设为中心还是解决当代中国“发展起来以后”的问题的重要保障和基础条件，能够充分凸显我国社会主义优越性，进而增强我国国家制度安全。但现代化建设的其他方面的任务也要统筹兼顾、协调发展，而不是单打一。“对于我们这样发展中的大国来说，经济要发展得快一点，不可能总是那么平平静静、稳稳当当。”①这就要求我们必须坚持协调发展，实现发展和安全的动态平衡。改革和建立社会主义市场经济必须把改革的力度、发展的速度和社会可以承受的程度统一起来，发展民主的同时必须把保持国家稳定的要求落在实处。这要求必须明白“坚持四项基本原则的核心，是坚持共产党的领导。没有共产党的领导，肯定会天下大乱，四分五裂”②的道理。

江泽民的平衡发展观内涵丰富，底蕴深厚，包括以创新发展为主线的可持续发展战略、西部大开发战略、“引进来”和“走出去”相结合的对外开放战略，以及“三个文明”协调发展战略等。例如，创新发展战略主要是从纵向的维度，以创新的方式来解决经济社会发展中因体制机制的变革所带来的各种安全风险和挑战；“引进来”和“走出去”相结合的对外开放战略就是要发挥“引进来”和“走出去”相辅相成、相得益彰的互动机制，为我国经济发展提供源源不断的动力。

胡锦涛的科学发展观中的全面、协调、可持续的发展观蕴含了深厚的平衡发展的文化意蕴。例如，全面发展就是要在不断完善社会主义市场经济体制，保持经济持续快速协调健康发展的同时不断促进物质文明、政治文明、精神文明动态平衡发展的格局；胡锦涛强调的“不能让矛盾积累和发展起来、以致影响国家改革发展稳定的大局”③、“要牢固树立安全第一的思想”、“坚决防止重大安全事故”等重要论断都是对平衡发展观的深刻表达。

党的十八大以来，习近平总书记提出要坚持总体国家安全观，走出一条中国特色国家安全道路。在坚持统筹国内国际两个大局的前提下，明确提出了要统筹发展和安全，以实现发展和安全的动态平衡。新发展理念是在 2015 年提出的，但目前我国已经进入“十四五”时期，也进入了新的发展阶段，因此对贯彻新发展理念提出了新的更高要求。其中，要用新发展理念引领发展和安全的

---

① 邓小平：《邓小平文选》第三卷，人民出版社 1993 年版，第 377 页。
② 邓小平：《邓小平文选》第二卷，人民出版社 1994 年版，第 391 页。
③ 中共中央文献研究室编：《十六大以来重要文献选编（中）》，中央文献出版社 2011 年版，第 715 页。

动态平衡的实践，这是我们当下亟待解决的一个重大的历史性发展难题。

综上所述，历代中国共产党人坚持发展和安全的动态平衡理念探索的综合平衡发展观既与时俱进又一脉相承，我们只有从中国共产党百年实践的整体性上把握发展和安全的动态平衡理念才能真正理解综合平衡发展观的科学内涵与核心要义。

四、新发展理念是中国共产党百年实践坚持和运用以人民为中心的发展思想夯实党的执政根基的经验升华

以人民为中心的发展思想的科学内涵极为丰富。第一，以人民为中心的发展思想具有深厚的哲学意蕴。以人民为中心的发展思想是马克思主义哲学中的群众史观与当代中国社会发展实践相结合的理论成果，是马克思主义世界观和方法论的集中展现，其最终指向是实现人的解放。第二，从社会发展的角度看，以人民为中心的发展思想与社会发展中的生产力要素高度关联，社会发展就是为了促进人的全面发展，反过来，社会发展的动力又在于调动人的积极性、主动性和创造性。这两者相互促进、相得益彰，并最终统一于人的全面发展。第三，从党领导的治国理政的角度看，发展为了人民是党领导的治国理政的价值取向，发展依靠人民是党领导的治国理政的主体力量，发展成果由人民共享是党领导的治国理政的根本目的。在统筹这三者关系上着力解决发展不平衡不充分的问题。

新发展理念具有丰富的以人民为中心的发展思想的文化底蕴。共享发展理念是以人民为中心的发展思想的直接体现，其他四个发展理念则从价值旨趣上深刻表达了以人民为中心的发展思想。

创新的内驱动力来源于“个人自主活动”。与此同时，创新又以实现高水平的“个人自主活动”为旨归。这两者形成双向互动，使人在创造“物”的同时创造“人”自身，使人成为一个既能创造价值又能享用价值的“新人”，在完善自身个性、趣味、能力和向往中实现人的自由而全面发展。

协调发展理念能够塑造良好的需求结构,满足与平衡各个群体之间发展着的结构性需要和人们日益增长的多元化的美好生活需求,从而跳出资本主义私有制条件下只有少数人竞胜而多数人得不到发展的藩篱。我国仍处于并将长期处于社会主义初级阶段,以先富带动后富,最终实现共同富裕——这正是在协调发展中推动结构性需求的满足的一个生动实践。

绿色发展理念在满足主体对自然的生存、安全、健康等方面的基本需求的同时也能满足主体对自然的审美需求。美好生活的需要不仅仅是物质生活需要,还包括审美、安全等在内的各种更高水平、更广范围的需要。我们所要建构的是人与自然共生共荣的生命共同体,这就超越了西方文化中的"主客二分""天人对立"的人类中心主义价值观。

开放发展理念着眼于推动建立人与人更加普遍、平等、包容的国际关系。由西方所主导的国际规则是极为不平等的,习近平总书记提出构建人类命运共同体旨在为世界人民谋大同。"新发展理念"与人类命运共同体理念、共商共建共享全球治理观相互照应、有机衔接,为发展中国家走向现代化贡献了中国智慧和中国方案。

共享发展理念最直接最鲜明地把发展的价值主体定位在人民身上,即要坚持全民共享、全面共享、共建共享、渐进共享,其他四个发展理念的价值定位都以"共享"为圭臬。共享发展理念所要解决的是"分蛋糕"的问题,而其他四个理念则主要解决的是"做大蛋糕"的问题。"要坚持人民主体地位,顺应人民群众对美好生活的向往"①,就要实现"发展为了人民、发展依靠人民、发展成果由人民共享"②这三者的有机统一。

中国共产党百年实践坚持和运用以人民为中心的发展思想,践行全心全意为人民服务的根本宗旨,在凝心聚力中夯实了党的执政根基。

中国共产党以人为本的发展观是在领导革命和建设过程中逐渐形成和

① 习近平:《习近平谈治国理政》第二卷,外文出版社2017年版,第214页。
② 习近平:《习近平谈治国理政》第二卷,外文出版社2017年版,第214页。

发展的，以人为本的发展观为新发展理念的形成和发展奠定了实践基础。

土地革命时期中国共产党所采取的依靠贫农和雇农，保护中小工商业者，最终变封建、半封建的土地所有制为农民的土地所有制；抗日战争时期，中国共产党完善边区人民政治权利，推进边区民主政治建设和改善边区人民生活环境，减轻人民的负担；等等。这些政策和做法，就是以人为本理念的直接表达。

从新中国成立到社会主义制度的确立这一时期，中国共产党坚持以人为本的发展观主要体现在坚持多党合作和政治协商，以最大力量建设爱国统一战线，使各界人士充分参与，保障人民群众各项基本政治权利的实现；坚持以和平的方法和自愿的原则，通过对农业、手工业和资本主义工商业进行改造，逐步改善人们的生活条件，从而避免了因阶级冲突、利益矛盾的激化损害人民的根本利益。

改革开放以来，面临社会主义建设和发展更艰巨的历史使命，中国共产党以人为本的发展观得以进一步深化。邓小平在坚持与继承以毛泽东同志为核心的党的第一代中央领导集体的为人民服务的发展观基础上提出的“三个有利于”标准和“共同富裕”的重要思想，都鲜明地体现了以人民为中心的发展思想。其中，“三个有利于”标准的落脚点和归宿点就是“有利于提高人们的生活水平”。

我国进入新世纪之后，我们党所面临的风险和挑战更加严峻，这就对党创新以人为本的发展观提出了新的更高要求。这一时期，中国共产党坚持推进政治体制改革，不断发展社会主义民主政治，坚持国家的一切权力属于人民，并努力保障公民参与政治的权利，充分调动人民群众参与国家管理的主动性和积极性；坚持建设创新型国家，推动我国人民进入科技时代，共享先进科技成果，并在建设社会主义新农村进程中着力解决关系国计民生的农业、农村、农民问题；坚持建设社会主义核心价值体系，加强对公民的思想教育以及科学文化教育，培养德智体美劳全面发展的“四有新人”，提升民众的精神面貌，展现人的自身价值；坚持把以人为本的原则作为建设社会主义和谐社会的基本原则，保证人们安居乐业，在更好的物质环境和精神环境中追求幸福;坚持把人民对美好生活的向往作为党的奋斗目标,正式提出“中国梦”,并把“中国梦”定义为“实现中华民族伟大复兴,就是中华民族近代以来最伟大的梦想”①,让人人都有人生出彩的机会。在这一背景下,中国共产党坚持把发展质量问题摆在更为突出的位置,着力提升发展质量和效益,切实转变发展方式,向着高质量的目标迈进,进而提出了新发展理念,旨在推动质量变革、效率变革、动力变革,不断增进人民福祉,增强党执政的最深厚基础和最大底气。

中国共产党百年实践坚持和运用以人民为中心的发展思想,践行全心全意为人民服务的根本宗旨,夯实党的执政根基这一过程的不同阶段并非孤立的,而是一个有机整体。我们在研究中必须把握其中的逻辑理路,才能从根本上把握其精神实质和核心要义。

本章所阐述的这四个部分之间相互作用、相互影响、共同发展,形成了一个不可分割的有机统一体。新发展理念是中国共产党百年实践坚持和运用实事求是这一重要思想路线探索适合我国国情发展道路的经验升华,这是实践的根本原则;新发展理念是中国共产党百年实践坚持和运用“六大科学思维方法”破解我国前进道路上的各种发展难题的经验升华,这是实践的思维能力;新发展理念是中国共产党百年实践坚持和运用发展和安全动态平衡理念建设更高水平平安中国的经验升华,这是实践的基本路径;新发展理念是中国共产党百年实践坚持和运用以人民为中心的发展思想夯实党的执政根基的经验升华,这是实践的价值旨归。只有从整体性关系上系统把握新发展理念的科学内涵与精神实质,才能更加完整准确全面贯彻新发展理念。

---

① 中共中央宣传部编:《习近平新时代中国特色社会主义思想学习纲要》,学习出版社、人民出版社2019年版,第49页。

第九章

新发展阶段:需要深刻把握其历史逻辑

党的十九届五中全会提出开启全面建设社会主义现代化国家的新目标,这标志着我国进入了一个新发展阶段。新中国成立后,中国共产党在开始探索社会主义建设道路时就提出建设社会主义现代化强国的目标,经过 70 多年的奋斗,历史发展到了一个新的时间节点,未来 30 年将是我们完成这个历史宏愿的新发展阶段。准确理解新发展阶段,更好地把握新发展阶段的阶段性与历史方位,必须坚持“大历史观”,将其置于国际共产主义运动与社会主义建设的历史进程中予以把握。

一、阶段性是共产主义运动的实践特征

共产主义社会需要通过共产主义运动从思想到实践的自觉推进而逐步实现,社会主义社会是共产主义社会的初始阶段,实现共产主义必须经历社会主义阶段。就总体而论,共产主义运动的发展不是一蹴而就的,而要在一定的社会条件的基础上逐步推进,必然随着时空条件的不同而呈阶段性。特别是在落后的不发达的国家,更需要在远景目标的指引下,通过执政党根据时代条件的变化制定诸多阶段性目标和采取阶段性措施,才能最终实现共产主义目标。

马克思主义经典作家在共产主义运动实践中提升对共产主义阶段性的

认识。马克思、恩格斯在对欧洲发达资本主义国家的生产力水平及其经济结构的发育程度进行考察的基础上,得出了社会主义革命应在欧洲几个先进资本主义国家同时发生和陆续取得胜利的一般规律的结论。马克思在《1844年经济学哲学手稿》中提出:未来的社会主义社会不是一成不变的,而是不断发展的,发展又是分阶段的。马克思在1867年《资本论》中又提出:共产主义是比资本主义"更高级的、以每一个个人的全面而自由的发展为基本原则的社会形式"①。然而,在19世纪70年代后期,西欧各国社会主义运动低落,特别是1871年巴黎公社的失败实践,使马克思、恩格斯更加关注相对落后的国家如何走向社会主义的问题。1875年,马克思在《哥达纲领批判》中第一次明确地把资本主义制度被消灭以后的未来社会——"共产主义社会",划分为三个相互衔接、循序渐进的历史阶段:从资本主义社会到共产主义社会的过渡时期,共产主义社会第一阶段,共产主义社会高级阶段。1883年,恩格斯在《社会主义从空想到科学的发展》中将共产主义的社会特征描述为:"无产阶级革命,矛盾的解决:无产阶级将取得公共权力,并且利用这个权力把脱离资产阶级掌握的社会化生产资料变为公共财产。"可见,在具体的共产主义运动实践的基础上,马克思主义经典作家对共产主义运动的认识有了进一步的提升,进而为指导国际共产主义运动提供了理论武器。

共产主义运动的实现需要通过多个阶段性目标的递进完成。共产主义运动的阶段性目标在东方社会得到了实践的验证。列宁认为,经济文化落后的国家搞社会主义,与西方发达国家的"开始困难,继续比较容易"相反,是"开始容易,继续比较困难"。这是因为,不发达国家可以在一定的条件下跨越"卡夫丁大峡谷",但在任何条件下都不可能超越生产的社会化阶段来建立社会主义。1917年,列宁在《国家与革命》中指出,"社会主义同共产主义在科学上的差别是很明显的",决不能把社会主义看成是一种僵死的、凝固的、一

① 中共中央马克思恩格斯列宁斯大林著作编译局编译:《马克思恩格斯选集》第二卷,人民出版社2012年版,第267页。

成不变的东西，它只有经过若干阶段才能达到共产主义，俄国也必须分阶段过渡到社会主义。列宁明确地把马克思、恩格斯所说的“共产主义第一阶段”称为“社会主义”。1920 年，他又进一步把共产主义分为低级、中级、最高阶段，这说明他对社会主义社会的认识是一个从片面、不成熟到全面、成熟的发展过程。列宁晚年还提出要区分“发达的”和“不发达的”社会主义、“初级形式的社会主义”等概念。

在共产主义目标的设定上，社会主义国家也提出了自己的阶段性目标。如苏联在 1920 年提出了“共产主义就是苏维埃政权加全国电气化”著名公式；朝鲜在 1959 年提出了“吃米饭、喝肉汤、穿绸缎、住瓦房”的小康生活目标；我国在 20 世纪 50 年代提出了“楼上楼下电灯电话，耕地不用牛，点灯不用油，饭前葡萄酒”的新农村建设目标。“三大改造”完成后，我国在社会主义初级阶段的阶段性上又提出了建立独立完整的工业体系和国民经济体系、全面建成小康社会、全面建成社会主义现代化强国的阶段性目标。在这些阶段性目标上，又提出了一些具体的分阶段目标，如“全面建成小康社会”的阶段目标，包括解决温饱、达到小康、基本小康、全面小康等具体目标。这些都不断推进社会主义初级阶段向更高层面发展。

二、社会主义初级阶段是中国社会迈向共产主义目标的必然环节

中国的社会主义建设是建立在积贫积弱的旧中国基础之上的，生产力极端落后，要最终实现共产主义目标，不仅需要经历社会主义这样一个阶段，而且社会主义也要分阶段进行，必须经历社会主义初级阶段来发展生产力。

实现共产主义是中国近代历史发展的必然要求。近代以来，中国面临求得民族独立和人民解放、实现国家富强和人民富裕两大历史任务。在求得民族独立和人民解放的“中国向何处去”的历史任务上，中国社会各个阶级都曾努力尝试过自己的救国方案，但是在实践中都没有逃脱失败的命运。最后，历史选择

了马克思主义、选择了共产主义道路。1922年党的二大通过的最高纲领就明确提出,要分阶段完成共产主义目标,逐步朝着共产主义社会的方向迈进。

社会主义初级阶段理论的形成经历了一个过程。由于新民主主义革命是在我国民族资本主义发展不充分的历史条件下取得成功的,在国内进行社会主义建设,就必须经历社会主义初级阶段来实现发达国家在资本主义历史条件下完成的工业化。1956年初,社会主义改造基本完成,标志着我国社会主义基本制度的确立。同年,在毛泽东做出"社会主义社会已经进入,尚未完成"的判断后,党的八大明确宣布,社会主义的社会制度在我国已经基本上建立起来,崭新的社会已经进入了一个新的历史发展阶段。1957年2月,在《关于正确处理人民内部矛盾的问题》中,毛泽东又深刻指出:"我国的社会主义制度还刚刚建立,还没有完全建成,还不完全巩固。"这就明确把社会主义制度的"建立"和"建成"区分开来。此后,在纠正"左"的错误过程中,毛泽东关于我国社会主义发展的长期性又提出要区分社会主义和共产主义、全民所有制和集体所有制的界限,要准备着由于盲目性而遭受到许多的失败和挫折,从而取得经验,取得最后的胜利等新认识新思想。1959年底至1960年初,毛泽东在读苏联《政治经济学教科书》时,将社会主义分为不发达的社会主义和比较发达的社会主义两个阶段。

党的十一届三中全会后,邓小平对社会主义发展阶段做出了明确的判断。1981年,党的十一届六中全会通过的《关于建国以来党的若干历史问题的决议》首次明确提出我们的社会主义制度还是处于初级阶段。党的十三大前夕,邓小平在《一切从社会主义初级阶段的实际出发》中指出:"我们党的十三大要阐述中国社会主义是处在一个什么阶段,就是处在初级阶段,是初级阶段的社会主义。社会主义本身是共产主义的初级阶段,而我们中国又处在社会主义的初级阶段,就是不发达的阶段。"这个判断进一步发展了马克思主义经典作家关于共产主义和社会主义分阶段的思想。党的十三大报告又指出:我国社会主义的初级阶段,它不是泛指任何国家进入社会主义都会经历的起始阶段,而是特指我国在生产力落后、商品经济不发达条件下建设社会主义必然要经历的特定阶段。这就第一次系统概括论述了社会主义初级阶段的理论,标志着党的社会主义初级阶段理论的正式形成。

社会主义初级阶段是一个长期的过程。按照马克思的观点,社会主义代替资本主义应该在发达的资本主义国家首先实现,其历史前提是发达资本主义国家具有高度发达的社会生产力。而我国是在生产力极端落后的情况下进入社会主义社会的,这就决定了必须经历一个相当长的初级阶段去实现工业化和经济的社会化、市场化、现代化,以达到或超越发达资本主义国家的生产力水平,向社会主义更高阶段迈进。

新中国成立后,毛泽东就对社会主义发展阶段的长期性问题进行了有益的探索,如"经过50年把我国建设成为一个伟大的社会主义国家"①,"我们可能经过三个五年计划建成社会主义社会,但要建成为一个强大的高度社会主义工业化的国家,就需要有几十年的艰苦努力,比如说,要有五十年的时间,即本世纪的整个下半世纪"②。1962年1月,毛泽东进一步指出:"中国的人口多、底子薄,经济落后,要使生产力很大地发展起来,要赶上和超过世界上最先进的资本主义国家,没有一百多年的时间,我看是不行的。"③

1978年,党的十一届三中全会重申,我国社会主义制度还处在幼年时期,还不成熟、不完善;党的十一届六中全会第一次明确提出了社会主义初级阶段的理论;党的十二大把物质文明不发达作为社会主义初级阶段的基本特征;党的十三大提出,从1956年起至少一百年时间,我国都处于社会主义初级阶段,并对社会主义初级阶段的理论做出系统全面的论述;党的十六大再次明确提出"我国正处于并将长期处于社会主义初级阶段";党的十九大报告也指出"我国仍处于并将长期处于社会主义初级阶段的基本国情没有变";2021年11月,党的十九届六中全会通过的《决议》再次强调"我国仍处于并将长期处于社会主义初级阶段"。

---

① 中共中央文献研究室编:《毛泽东文集》第六卷,人民出版社1999年版,第329页。
② 中共中央文献研究室编:《毛泽东文集》第六卷,人民出版社1999年版,第390页。
③ 中共中央文献研究室编:《毛泽东文集》第八卷,人民出版社1999年版,第302页。

三、新发展阶段仍是社会主义初级阶段的一个阶段

正确认识党和人民事业所处的历史方位和发展阶段,是我们党明确阶段性中心任务、制定路线方针政策的根本依据。一方面,社会主义社会是一个长期的、经历不同阶段的历史过程,社会主义社会就是在这些不同阶段的依次发展中逐渐完善起来,以至共产主义社会的实现。另一方面,我国已经是社会主义社会,并将长期处于社会主义初级阶段,以至实现社会主义现代化强国目标并迈入更高级别的社会主义阶段。

社会主义初级阶段是由多个发展阶段组成的。我国社会主义初级阶段,开始于 1956 年社会主义改造基本完成,大体持续一百年左右的时间。在整个社会主义初级阶段,随着生产力的发展和生产关系的调整,我国经济社会的发展在不同时期呈现不同的阶段性特征和发展要求。

社会主义建设探索时期,我们党提出“两步走”的发展战略目标:第一步,建成一个独立的比较完整的工业体系和国民经济体系;第二步,全面实现农业、工业、国防和科学技术的现代化,使我国的经济走在世界前列。1980 年前后,我国已建成了独立的完整的工业体系和国民经济体系。

1987 年 4 月,邓小平提出基本实现现代化的“三步走”发展战略:第一步,从 1981 年到 1990 年,国民生产总值翻一番,解决人民温饱问题;第二步,从 1991 年到 20 世纪末,国民生产总值再翻一番,人民生活达到小康水平;第三步,到 21 世纪中叶,国民生产总值达到中等发达国家水平,人民生活比较富裕,基本实现现代化。

随着邓小平“三步走”战略中的“第二步”的提前完成,党的十五大报告又把邓小平“三步走”发展战略中的“第三步”具体化为三个阶段:第一个十年,实现国民生产总值比 2000 年翻一番,使人民的小康生活更加宽裕,形成比较完善的社会主义市场经济体制;再经过十年的努力,到建党一百年时,使国民经济更加发展,各项制度更加完善;到新中国成立一百年时,基本实现现代

化，建成富强民主文明的社会主义国家。

2017 年，在全面建成小康社会目标即将实现之际，党的十九大进一步明确了未来 30 年完成建设社会主义现代化国家宏伟目标的路线图和时间表：第一个阶段，从 2020 年到 2035 年，在全面建成小康社会的基础上，基本实现社会主义现代化；第二个阶段，从 2035 年到本世纪中叶，在基本实现现代化的基础上，把我国建成富强民主文明和谐美丽的社会主义现代化强国。这说明，社会主义初级阶段是由多个发展阶段组成的，每一个阶段目标的完成又促使下一个阶段目标的开始。

新发展阶段仍是社会主义初级阶段的一个阶段，是我国社会发展进程中的一个重要阶段。社会主义初级阶段是社会主义的“初级阶段”，是一个朝着更高级别阶段发展的阶段。社会主义初级阶段的发展是一个从量变到质变，又从质变到新的量变螺旋式上升的过程，在不同阶段会呈现出相应的阶段性特征。

我国社会主义初级阶段的发展历程，可以分为三个大阶段与七个分阶段。第一个大阶段即社会主义建设的探索阶段，完成了建成一个独立的比较完整的工业体系和国民经济体系的分阶段目标；第二个大阶段即全面建成小康社会目标阶段，完成了实现温饱、达到小康、基本建成小康社会、全面建成小康社会四个分阶段目标；第三个大阶段即建成社会主义现代化强国阶段，由基本实现社会主义现代化和建成社会主义现代化强国两个分阶段目标组成。

新发展阶段是社会主义初级阶段的建成社会主义现代化强国阶段，是我国社会主义建设经过几十年积累、站到了新的起点上的一个阶段，是我们党带领人民迎来从站起来、富起来到强起来历史性跨越的新阶段，是完成建设社会主义现代化国家历史宏愿的新阶段。可以说，新发展阶段仍是我国社会主义初级阶段的一个阶段，是一个实现更高目标、实现更大发展的阶段。

四、新发展阶段具有初级阶段性与过渡性

新发展阶段是我国实现社会主义初级阶段任务的关键阶段，是社会主义

初级阶段的最后阶段，也是实现由社会主义初级阶段过渡到社会主义更高阶段的一个发展阶段。这决定了其不但具有社会主义初级阶段的特征，也具有过渡性特征。

新发展阶段是社会主义初级阶段的更高级阶段。习近平总书记强调："社会主义初级阶段是当代中国的最大国情、最大实际。"①新发展阶段是在经过长期不懈努力全面建成小康社会、实现第一个百年奋斗目标之后，乘势而上开启全面建设社会主义现代化国家新征程、向第二个百年奋斗目标进军的发展阶段。新发展阶段仍是社会主义初级阶段的性质没有变，但与以往的发展阶段相比，又具有新的特点。主要体现在：

一是立足新发展主题。高质量发展是新发展阶段的发展主题。高质量发展，是能够满足人民日益增长的美好生活需要的发展，不但要求在宏观层面实现生产、分配、流通、消费等环节的循环畅通，以保证国民经济比例关系合理和空间布局合理、经济平稳发展，还要求在具体层面确立完整的产业体系，以及网络化、智能化、现代化的生产组织方式，不断提高劳动、资本、土地、资源、环境、人力、科技等生产要素的效率，不断满足人民群众多样化、多元化、个性化的需求，实现更高层面的社会公平正义。

二是确立新奋斗目标。新发展阶段的奋斗目标是全面建成社会主义现代化强国，具体要求是富强、民主、文明、和谐、美丽，实现包括物质文明、政治文明、精神文明、社会文明、生态文明在内的"五大文明"的高度统一，实现人的现代化、物的现代化与国家治理现代化的高度统一。

三是完成新发展任务。新发展阶段的第一个阶段性目标，就是到2035年要完成基本实现社会主义现代化的目标，从2021年到2035年这15年的时间内，历经三个"五年计划"，这需要制订更为详细的分阶段目标，以更加稳定有序地推进阶段性目标的实现，并在这个基础上建成社会主义现代化强国。

---

① 《深入学习坚决贯彻党的十九届五中全会精神　确保全面建设社会主义现代化国家开好局》，《人民日报》2021年1月12日第1版。

四是贯穿新发展理念。新发展阶段目标的实现需要新发展理念。这是因为新发展理念是一个系统的理论体系,回答了关于发展的目的、动力、方式、路径等一系列理论和实践问题,阐明了我们党关于发展的政治立场、价值导向、发展模式、发展道路等重大政治问题。只有完整、准确、全面贯彻新发展理念,才能切实解决新发展阶段中遇到的各种问题,战胜新发展阶段中的各种风险挑战。

五是构建新发展格局。新发展阶段必须加快构建以国内大循环为主体、国内国际双循环相互促进的新发展格局。构建新发展格局的关键在于经济循环的畅通无阻。必须坚持深化供给侧结构性改革这条主线,继续完成"三去一降一补"的重要任务,全面优化升级产业结构,提升创新能力、竞争力和综合实力,增强供给体系的韧性,形成更高效率和更高质量的投入产出关系,实现经济在高水平上的动态平衡。

六是适应新发展环境。新发展阶段要始终立足"两个大局"的发展环境。从中华民族伟大复兴战略全局看,新发展阶段面临的是全面建成小康社会目标实现的新的国内环境。我国制度优势显著、治理效能提升、市场空间广阔、发展韧性强大、社会大局稳定,继续发展的优势明显,但却面临经济周期性因素和结构性因素叠加、短期问题和长期问题交织、外部冲击和新冠肺炎疫情冲击等多重影响,发展面临前所未有的挑战。从世界百年未有之大变局看,和平与发展仍然是时代主题,但当今世界正经历政治经济秩序之变、科技与产业之变、治理之变,这些变化使原本就不稳定不确定的国际形势增添了更大变数。虽然如此,但时与势仍在我们一边,这是我们的底气与信心。

新发展阶段是社会主义初级阶段向更高阶段推进的过渡性阶段。习近平总书记指出:"社会主义初级阶段不是一个静态、一成不变、停滞不前的阶段,也不是一个自发、被动、不用费多大气力自然而然就可以跨过的阶段,而是一个动态、积极有为、始终洋溢着蓬勃生机活力的过程,是一个阶梯式递进、不断发展进步、日益接近质的飞跃的量的积累和发展变化的过程。”①全面建设社会主义现代化国家这个新发展阶段既是社会主义初级阶段，也是我国社会主义从初级阶段向更高阶段迈进的阶段。这意味着新发展阶段之后的阶段是社会主义初级阶段后的更高级别的阶段，新发展阶段就是促成我国社会主义由初级阶段向更高级别迈进的质的飞跃的阶段。

一方面，新发展阶段是社会主义初级阶段演进的结果。新发展阶段是社会主义初级阶段中的一个阶段，同时是经过几十年积累、站到了新的起点上的一个阶段。新发展阶段目标的完成意味着实现国家富强和人民幸福历史任务的完成，意味着近代以来两大历史任务的完成，并由此而进入新的历史任务的发展阶段。如果把建成社会主义现代化强国视为近代以来的总目标，那么，建成社会主义现代化强国的新阶段目标，就是在“建成一个独立的比较完整的工业体系和国民经济体系”、全面建成小康社会的前期阶段目标的基础上演化而来的，是前期阶段目标量的积累而促成的新发展阶段的部分质的飞跃。

另一方面，新发展阶段是实现社会主义初级阶段目标并向社会主义更高阶段迈进的过渡阶段。进入新发展阶段，是中华民族伟大复兴历史进程的大跨越。全面建设社会主义现代化国家、基本实现社会主义现代化，既是社会主义初级阶段我国发展的要求，也是我国社会主义从初级阶段向更高阶段迈进的要求。第二个百年目标即建成社会主义现代化强国的实现，意味着社会主义初级阶段任务的完成，社会主义将进入更高级别的阶段。新发展阶段是社会主义初级阶段的一个更高级别的阶段，是向社会主义初级阶段之后的社会主义更高级别迈进的一个具有过渡性的准备阶段，这也说明新发展阶段是在社会主义初级阶段积蓄力量，为社会主义初级阶段向其之后的更高阶段实现质的整体飞跃做好准备的阶段。

---

① 《深入学习坚决贯彻党的十九届五中全会精神　确保全面建设社会主义现代化国家开好局》，《人民日报》2021年1月12日第1版。

第十章

以共享发展促共同富裕：理念、挑战与路径

实现所有人的富裕是未来社会生产的目的。马克思在《政治经济学批判(1857—1858年手稿)》中指出："社会生产力的发展将如此迅速，以致尽管生产将以所有的人富裕为目的，所有的人的可以自由支配的时间还是会增加。因为真正的财富就是所有个人的发达的生产力。"①中国共产党始终把实现全体人民的共同富裕作为自己的奋斗目标，并结合中国的实践发展了马克思主义共同富裕思想。1955年10月，毛泽东在资本主义工商业社会主义改造问题的座谈会上指出："我们还是一个农业国。在农业国的基础上，是谈不上什么强的，也谈不上什么富的。但是，现在我们实行这么一种制度，这么一种计划，是可以一年一年走向更富更强的，一年一年可以看到更富更强些。而这个富，是共同的富，这个强，是共同的强，大家都有份……"②社会主义制度所要实现的是所有人的富裕和强大，即共同富裕。邓小平从社会主义本质的高度对共同富裕进行了论述："社会主义的本质，是解放生产力，发展生产力，消灭剥削，消除两极分化，最终达到共同富裕。"③理论上的发展带来了实践上的进步，江泽民和胡锦涛继续推进共同富裕的实践。中国特色社会主义进入新

---

① 中共中央马克思恩格斯列宁斯大林著作编译局编译：《马克思恩格斯选集》第二卷，人民出版社2012年版，第786—787页。

② 中共中央文献研究室编：《毛泽东文集》第六卷，人民出版社1999年版，第495页。

③ 邓小平：《邓小平文选》第三卷，人民出版社1993年版，第373页。

时代,习近平总书记提出一系列关于共同富裕的重要论述,探索极具中国特色的社会主义共同富裕道路。习近平总书记不仅强调“共同富裕是中国特色社会主义的根本原则”①,还提出“必须把促进全体人民共同富裕作为为人民谋幸福的着力点,不断夯实党长期执政基础”②。党的二十大报告则把实现全体人民共同富裕作为中国式现代化的本质要求之一。

在认识共同富裕重大理论意义的同时,党和国家从实践层面对共同富裕的路径进行了探索。发展理念是发展行动的先导,作为目标和思想,共同富裕蕴含在发展理念之中,但其还未从发展理念本身提出问题。就发展理念而言,共同富裕的实现需要以共享发展理念为先导,从制度层面坚持发展成果全民共享,从而为实现共同富裕打下坚实的制度基础。习近平总书记指出:“我们必须坚持发展为了人民、发展依靠人民、发展成果由人民共享,作出更有效的制度安排,使全体人民朝着共同富裕方向稳步前进,绝不能出现‘富者累巨万,而贫者食糟糠’的现象。”③“共享理念实质就是坚持以人民为中心的发展思想,体现的是逐步实现共同富裕的要求。”④这是对共享发展理念和共同富裕关系的深刻论述。

一、坚持共享发展理念,推动共同富裕

中国经济发展的成就举世瞩目,有关经济腾飞的“中国奇迹”的讨论也愈发热烈。但不可否认的是,在经济发展的“蛋糕”不断做大的同时,分配不公的问题也比较突出,具体表现为收入差距较大和基本公共服务不均等。进入新时代以来,随着人民需要日益增长、不断升级和日趋多元化,共同富裕包含的内容也更为丰富。正如习近平总书记指出的:“我们要在继续推动发展的

① 习近平:《习近平谈治国理政》第一卷,外文出版社 2018 年版,第 13 页。

② 习近平:《扎实推动共同富裕》,《求是》2021 年第 20 期。

③ 习近平:《论坚持全面深化改革》,中央文献出版社 2018 年版,第 173 页。

④ 中共中央文献研究室编:《习近平关于社会主义经济建设论述摘编》,中央文献出版社 2017 年版,第 41 页。

基础上，着力解决好发展不平衡不充分问题，大力提升发展质量和效益，更好满足人民在经济、政治、文化、社会、生态等方面日益增长的需要，更好推动人的全面发展、社会全面进步。”①在追求发展效率的同时，保证发展成果为广大人民群众共享是迈向共同富裕的基本条件。为此，必须将共享发展理念贯彻始终，将构建公正的分配制度，特别是收入分配制度作为重中之重。

共享发展理念是完善收入分配制度所必须遵循的原则。对此，习近平总书记强调：“要坚持社会主义基本经济制度和分配制度，调整收入分配格局，完善以税收、社会保障、转移支付等为主要手段的再分配调节机制，维护社会公平正义，解决好收入差距问题，使发展成果更多更公平惠及全体人民。”②可见，“发展成果惠及全体人民”不仅是完善收入分配制度的出发点，也是其落脚点。如何构建全民共享的收入分配制度呢？

第一，收入分配制度要坚持以公有制为主体，这是不可动摇的基础。在公有制的基础上，按劳分配是基本原则，这是劳动者共享经济发展成果的重要制度保障。“公有制的主体地位保证了市场经济的社会主义性质，有利于经济的持续稳定协调发展和实现社会的共同富裕。多种所有制经济的共同发展有利于发挥各种生产要素的作用，调动各方面的积极性。社会主义初级阶段基本经济制度的确立，为中国特色社会主义的发展奠定了坚实的基础，体现了中国特色社会主义的本质特征。”③整体而言，要“坚持按劳分配原则，完善按要素分配的体制机制，促进收入分配更合理、更有序。鼓励勤劳守法致富，扩大中等收入群体，增加低收入者收入，调节过高收入，取缔非法收入。坚持在经济增长的同时实现居民收入同步增长、在劳动生产率提高的同时实现劳动报酬同步提高。拓宽居民劳动收入和财产性收入渠道。履行好政府

① 习近平：《论坚持全面深化改革》，中央文献出版社2018年版，第355页。

② 中共中央文献研究室编：《习近平关于社会主义经济建设论述摘编》，中央文献出版社2017年版，第41页。

③ 张宇、蒋茜、王娜：《深化对社会主义本质认识的若干思考》，《经济学动态》2012年第3期。

再分配调节职能,加快推进基本公共服务均等化,缩小收入分配差距”①。

在构建收入分配制度的过程中,初次分配要坚持按劳分配为主,使生产要素参与到分配中,要提高劳动要素在分配中所占的比重,通过建立健全工资集体协商制度、职工工资正常增长机制等提高劳动报酬的数额和比重。二次分配要注重缩小收入差距,不断完善财政税收制度、健全社会保障制度,通过增加民生领域的财政支出、完善税制结构、扩大社会保障覆盖面等措施进一步弥补收入差距。三次分配要进一步缩小收入差距,建立和完善公益慈善制度,通过民间捐赠、慈善活动和志愿服务等形式进一步助力分配正义。②

第二,收入分配制度的构建要统筹考虑城乡、区域和群体间的发展成果分配问题,要在综合考虑实现教育、医疗、养老等基本公共服务均等化的基础上,进一步完善收入分配制度。如果基本公共服务均等化解决不好,收入分配主体的积极性就无法调动,将直接影响到收入分配制度的构建和运行。以城乡发展为例,习近平总书记强调:“我们说的缩小城乡区域发展差距,不能仅仅看作是缩小国内生产总值总量和增长速度的差距,而应该是缩小居民收入水平、基础设施通达水平、基本公共服务均等化水平、人民生活水平等方面的差距。”③要按照这一要求构建缩小城乡间发展差距的收入分配制度。

习近平总书记针对共同富裕提出了缩小收入差距和实现基本公共服务均等化两大阶段性目标:“到‘十四五’末,全体人民共同富裕迈出坚实步伐,居民收入和实际消费水平差距逐步缩小。到2035年,全体人民共同富裕取得更为明显的实质性进展,基本公共服务实现均等化。”④换句话说,收入差距较大和基本公共服务差距较大是实现共同富裕的两大挑战。

---

① 习近平:《决胜全面建成小康社会 夺取新时代中国特色社会主义伟大胜利——在中国共产党第十九次全国代表大会上的报告》,《求是》2017年第21期。

② 王丽英:《共享发展的制度属性及现实启示——基于〈1844年经济学哲学手稿〉经济正义观的分析》,《当代经济研究》2018年第3期。

③ 习近平:《习近平谈治国理政》第二卷,外文出版社2017年版,第81页。

④ 习近平:《扎实推动共同富裕》,《求是》2021年第20期。

二、挑战：收入差距和城乡区域公共服务水平差距

发展成果的共享，不仅包括收入分配的公正和收入差距的合理，更重要的是，形成良好的制度环境保证全民共享基本公共服务，建立健全共同富裕的制度保障。“共同富裕是全体人民的富裕，是人民群众物质生活和精神生活都富裕，不是少数人的富裕，也不是整齐划一的平均主义。”①

在以共享发展促共同富裕的过程中，收入差距较大以及这一现象所反映出来的收入分配不合理是实现共同富裕的重大挑战，是需要克服的问题。习近平总书记指出：“我国经济发展的‘蛋糕’不断做大，但分配不公问题突出，收入差距、城乡区域公共服务水平差距较大。在共享改革发展成果上，无论是实际情况还是制度设计，都还有不完善的地方。为此，我们必须坚持发展为了人民、发展依靠人民、发展成果由人民共享，作出更有效的制度安排，使全体人民朝着共同富裕方向稳步前进。”②

从20世纪80年代中期开始，中国居民收入差距开始不断扩大。这一轮收入差距的扩大是全方位的，农村内部、城市内部、城乡之间、地区之间的收入差距都在扩大，而且这个过程一直持续到2008年左右。③ 2008—2015年，中国的基尼系数有所下降，但降幅有限，不到3%；而且，从2016年开始，收入差距有所反弹，基尼系数有所回升。④ 以城乡收入差距为例，1978年城乡居民收入差距是2.57倍，1985年缩小到1.86倍，但随着80年代中后期改革重心开始转向城市，城乡收入差距又开始扩大，1995年扩大到2.71倍，2004年则扩大到3.21倍。⑤ 2020年的城乡居民人均收入倍差为2.58⑥，这一数值虽然

---

① 习近平：《在高质量发展中促进共同富裕　统筹做好重大金融风险防范化解工作》，《人民日报》2021年8月18日第1版。

② 习近平：《习近平谈治国理政》第二卷，外文出版社2017年版，第200页。

③ 李实、朱梦冰：《中国经济转型40年中居民收入差距的变动》，《管理世界》2018年第12期。

④ 李实：《进一步完善收入分配制度，实现共同富裕》，《经济研究参考》2020年第24期。

⑤ 数据为作者根据《中国统计年鉴2005》计算所得，参见国家统计局网站。

⑥ 作者根据《中国统计年鉴2021》整理所得。

低于2004年的3.21,但是依然在2.5倍以上。从基尼系数来看,1988—2007年,中国收入基尼系数从0.38升至0.49,①2008年以后出现了一个逐步的、小幅度下降的过程,大概持续了八年时间,2016年开始有所回升。② 即便如此,中国整体的基尼系数仍在0.4的国际警戒线以上,收入分配差距仍然较大。具体而言,2007—2013年,城乡间以及区域间收入差距是在缩小的,城镇人均收入与农村人均收入之比由2007年的3.8下降为2013年的2.4;城镇内部以及农村内部的收入差距是在扩大的,前者的基尼系数由0.34上升到0.37,后者的基尼系数则由0.37上升为0.41;③从财产不平等程度来看,2002—2013年,城镇居民净房产基尼系数从0.44上升为0.54,农村居民房产分布差距的基尼系数从0.51上升到0.60。④

与此同时,城乡之间、区域之间、不同群体之间基本公共服务水平差距也不小。教育、医疗、养老等支出是居民消费支出的重要项目,若政府能够提供一定水平的公共服务,城乡之间、区域之间、不同群体之间的差距将会进一步缩小。2002年以来,政府社会保障支出大幅增加且更加均等。即便如此,城乡区域间在养老金、医疗服务、教育水平等方面依然有着较大差距,“我们有一千八百万左右的城镇低保人口,对他们而言,要通过完善各项保障制度来保障基本生活;对一亿三千万多六十五岁以上的老年人,要增加养老服务供给、增强医疗服务的便利性;对二亿多在城镇务工的农民工,要让他们逐步公平享受当地基本公共服务;对上千万在特大城市就业的大学毕业生等其他常住人口,要让他们有适宜的居住条件;对九百多万城镇登记失业人员,要让他们有一门专业技能,实现稳定就业和稳定收入;等等”⑤。

---

① 李实、Terry Sicular、Finn Tarp:《中国收入不平等:发展、转型和政策》,《北京工商大学学报》(社会科学版)2020年第4期。

② 李实:《中国特色社会主义收入分配问题》,《政治经济学评论》2020年第1期。

③ 李实、岳希明、史泰丽等:《中国收入分配格局的最新变化》,《劳动经济研究》2019年第1期。

④ 朱梦冰、李实:《中国城乡居民住房不平等分析》,《经济与管理研究》2018年第9期。

⑤ 中共中央文献研究室编:《习近平关于社会主义经济建设论述摘编》,中央文献出版社2017年版,第26页。

三、经济发展成果共享:脱贫攻坚增强贫困人口获得感

贫困不仅是穷人的不幸和苦难,还导致了社会不安并增加了社会成本。① 贫困问题是共同富裕道路上的一个突出问题,解决这一问题的前提是构建发展成果全民共享的分配制度,即"让广大人民群众共享改革发展成果,是社会主义的本质要求,是社会主义制度优越性的集中体现,是我们党坚持全心全意为人民服务根本宗旨的重要体现"②。党的十八大之后,"农村贫困人口脱贫是最突出的短板。虽然全面小康不是人人同样的小康,但如果现有的7000多万农村贫困人口生活水平没有明显提高,全面小康也不能让人信服"③。通过脱贫攻坚缩小收入差距,增强农民的获得感是共同富裕的要求,也是共享发展所要解决的问题。

改革开放以来,中国的脱贫攻坚取得了举世瞩目的成就,大大增强了低收入群体的获得感,真正落实了发展成果在全体人民中共享。以贫困发生率为例,按照1978年的贫困标准估计,当年中国的贫困发生率为30.7%,贫困人口规模为2.5亿人;按照2010年的贫困标准统计,2012年中国农村贫困人口剩余9899万人,贫困发生率降至10.2%。④ 党的十八大以来,党中央从全面建成小康社会要求出发,把扶贫开发工作纳入"五位一体"总体布局和"四个全面"战略布局,作为实现第一个百年奋斗目标的重点任务,做出一系列重大部署和安排,全面打响脱贫攻坚战。⑤ 例如,为解决"扶持谁"的问题,在调查清楚贫困人口、贫困程度、致贫原因的基础上,做到因户施策、因人施策;为解决好"谁来扶"的问题,"加快形成中央统筹、省(自治区、直辖市)负总责、市

① 燕继荣:《反贫困与国家治理——中国"脱贫攻坚"的创新意义》,《管理世界》2020年第4期。
② 习近平:《论坚持全面深化改革》,中央文献出版社2018年版,第173页。
③ 习近平:《习近平谈治国理政》第二卷,外文出版社2017年版,第79—80页。
④ 数据来源于《中国统计年鉴2021》,参见国家统计局网站。
⑤ 习近平:《在打好精准脱贫攻坚战座谈会上的讲话》,《求是》2020年第9期。

(地)县抓落实的扶贫开发工作机制,做到分工明确、责任清晰、任务到人、考核到位”①;为解决好“怎么扶”的问题,实施了“五个一批”工程,即发展生产脱贫一批、易地搬迁脱贫一批、生态补偿脱贫一批、发展教育脱贫一批、社会保障兜底一批。脱贫攻坚战成效卓著。以现行贫困标准来衡量,贫困人口数和贫困发生率从 2012 年的 9899 万人和 10.2% 下降到 2019 年的 551 万人和 0.6%,直至今天的全部脱贫,我国完成了消除绝对贫困的艰巨任务。

从理论上讲,共享发展理念是实现共同富裕所要遵循的理念,消除贫困是共享发展最基本的要求和底线,脱贫攻坚战是坚持共享发展理念的重要实践。第一,聚焦贫困群体,实施精准扶贫战略,做到脱贫攻坚的广覆盖。在实现小康的路上不能有一个人掉队,只有这样才是全面的小康,才是全民共享的小康。“《建议》把农村贫困人口脱贫作为全面建成小康社会的基本标志,强调实施精准扶贫、精准脱贫,以更大决心、更精准思路、更有力措施,采取超常举措,实施脱贫攻坚工程,确保我国现行标准下农村贫困人口实现脱贫、贫困县全部摘帽、解决区域性整体贫困。”②“精准扶贫,确保通过因人施策、因贫困原因施策,帮助还没有脱贫的农村群众实现精准脱贫,是实现共同富裕的必然选择,是制度优势和政治优势的具体体现,丰富和发展了中国特色社会主义理论。”③党的十九大报告则进一步指出脱贫攻坚旨在促进人的全面发展,“深入开展脱贫攻坚,保证全体人民在共建共享发展中有更多获得感,不断促进人的全面发展、全体人民共同富裕”④。

第二,总结深度贫困的成因,做好深度贫困地区的脱贫工作。深度贫困的原因可以归为五条:集革命老区、民族地区、边疆地区于一体;基础设施和社会事业发展滞后;社会发育滞后,社会文明程度低;生态环境脆弱,自然灾

① 习近平:《习近平谈治国理政》第二卷,外文出版社 2017 年版,第 84 页。

② 习近平:《习近平谈治国理政》第二卷,外文出版社 2017 年版,第 80 页。

③ 国务院扶贫开发领导小组办公室组织编写:《脱贫攻坚政策解读》,党建读物出版社 2016 年版,第 58—59 页。

④ 习近平:《决胜全面建成小康社会 夺取新时代中国特色社会主义伟大胜利——在中国共产党第十九次全国代表大会上的报告》,《求是》2017 年第 21 期。

害频发;经济发展滞后,人穷村也穷。[1] 2017 年 6 月 23 日,在深度贫困地区脱贫攻坚座谈会上,习近平总书记提出脱贫攻坚工作的八点要求:合理确定脱贫目标;加大投入支持力度;集中优势兵力打攻坚战;区域发展必须围绕精准扶贫发力;加大各方帮扶力度;加大内生动力培育力度;加大组织领导力度;加强检查督查。[2]

第三,消灭绝对贫困后,做好乡村振兴和脱贫攻坚的对接,应对相对贫困。目前,我们已经实现了脱贫攻坚战的任务目标,即贫困人口全部脱贫、贫困县全部摘帽、贫困村全部出列,解决区域性整体贫困问题,完成消除绝对贫困的艰巨任务,实现了"全面建成小康社会,一个也不能少"的庄严承诺。然而,消灭绝对贫困并不意味着贫困问题已经解决,相对贫困问题仍将长期存在。比如,城乡之间差距仍然较大,由于内生发展动力不足等因素,农村居民的收入远低于城市居民。截至 2020 年,我国城乡收入比仍然高达 2.56,城乡差距在全球范围内都是较高的。[3] 若农村发展长期落后于城市,农村贫困问题难以根治,相对贫困问题就会愈发突出,必将直接影响共同富裕的实现。实施乡村振兴战略,就是要通过抓重点、补短板、强弱项,实现乡村产业振兴、人才振兴、文化振兴、生态振兴、组织振兴,推动农业全面升级、农村全面进步、农民全面发展。这一战略是我国在新发展阶段缩小城乡差距、促进城乡人民共同富裕的重要举措。[4]

---

① 习近平:《在深度贫困地区脱贫攻坚座谈会上的讲话》,《党建》2017 年第 9 期。

② 习近平:《在深度贫困地区脱贫攻坚座谈会上的讲话》,《党建》2017 年第 9 期。

③ Sicular T., Yue X., and Gustafsson B., et al., *The Urban-Rural Income Gap and Income Inequality in China*, London: Palgrave Macmillan, 2008, pp. 30-71.

④ 叶兴庆:《新时代中国乡村振兴战略论纲》,《改革》2018 年第 1 期。

四、公共服务共享:基本公共服务均等化增加低收入群体的福利

国际发展经验表明,收入的提高不一定会降低贫困①,贫困人口除了收入低之外,所享受到的社会福利也可能较少。所以,贫困的消除不仅需要提高低收入群体的收入,更需要提高这一群体的社会福利水平。中国的实践表明,我们不仅消除了绝对贫困,还通过旨在实现基本公共服务均等化的一系列政策措施提高了低收入群体所享受的福利水平,有利于缩小群体间的差距。基本公共服务均等化是坚持共享发展理念的重要实践,是增加贫困人口福利,进而实现共同富裕的重要举措。

共享发展的实现离不开三大要素:能力、机会、保障。其中,主体能力是前提,机会公平是基础,公共财政是保障。基本公共服务是这三大要素的有效连接点,实现基本公共服务均等化是共享发展制度安排中的重要一环。②

第一,基本公共服务均等化可以在一定程度上弥补发展主体能力上的过大差距。例如,由于地理位置、传统文化、个人能力等差异,不同地区或群体间的主体能力存在较大差距,进而会导致发展水平差距较大,严重阻碍共享发展的实现。而这些主体能力的不同,与基本公共服务水平高低有关。实践证明,基础设施、教育等投入越多,主体的发展能力也就越强。特别是对那些基础设施不完善、教育水平较低的地区或群体,基础设施建设和人力资本的投入不仅可以提高其收入水平,还能加快整个社会的进步步伐。住房、教育、医疗、养老是基本公共服务的重要内容,其供给水平和质量直接关系到人力资本的形成和高低,关系到不同主体的共享发展能力,进而影响共享发展的实现。

---

① J. Drèze and A. Sen, *An Uncertain Glory: India and Its Contradictions*, New Jersey: Princeton University Press, 2013.

② 胡志平、甘芬:《公共服务供给侧改革推进共享发展》,《中国社会科学报》2017年8月16日第7版。

第二，基本公共服务均等化有利于实现共享发展的机会公平。无论是教育、医疗还是养老，只有人人参与、人人共享，才能达到真正的共享发展。其中的机会公平，一方面指参与创造社会成果的机会均等，另一方面指分享社会成果的机会公平。作为基本公共服务重要内容之一的社会保障，可以降低社会成员参与创造经济社会发展成果的风险，能够保障低收入群体分享经济社会发展成果的机会，能够消除物质条件等因素对经济社会发展成果的创造和分享造成的不利影响，真正创造公平的共享环境。

第三，基本公共服务均等化的实施需要坚实的财政保障。共享基本公共服务的物质基础是公共财政。公共财政的增加能够提升基本公共服务的质量，从而进一步助推经济社会发展成果的共享。所以，必须为实现共同富裕奠定财政基础。以公共财政保障共享发展的目标范围包括：在教育方面，“努力让 13 亿人民享有更好更公平的教育”①，“必须通过深化改革，促进教育公平、提高人才选拔水平”②；在住房方面，“解决好房地产问题，要坚持‘房子是用来住的、不是用来炒的’这个定位”③，“加快推进住房保障和供应体系建设，要处理好政府提供公共服务和市场化的关系、住房发展的经济功能和社会功能的关系、需要和可能的关系、住房保障和防止福利陷阱的关系”④；在健康方面，“加快推进健康中国建设，努力全方位、全周期保障人民健康，为实现‘两个一百年’奋斗目标、实现中华民族伟大复兴的中国梦打下坚实健康基础”⑤；在社会保障方面，要“全面建成覆盖全民、城乡统筹、权责清晰、保障适度、可持续的多层次社会保障体系”⑥。

---

① 习近平：《习近平谈治国理政》第一卷，外文出版社 2018 年版，第 191 页。

② 中共中央文献研究室编：《习近平关于全面建成小康社会论述摘编》，中央文献出版社 2016 年版，第 145 页。

③ 习近平：《习近平谈治国理政》第二卷，外文出版社 2017 年版，第 367 页。

④ 中共中央文献研究室编：《习近平关于社会主义社会建设论述摘编》，中央文献出版社 2017 年版，第 80 页。

⑤ 习近平：《习近平谈治国理政》第二卷，外文出版社 2017 年版，第 370 页。

⑥ 习近平：《决胜全面建成小康社会　夺取新时代中国特色社会主义伟大胜利——在中国共产党第十九次全国代表大会上的报告》，《求是》2017 年第 21 期。

总之,党和国家采取了一系列措施促进公共服务均等化,提高了公共服务共享发展的能力,破除了公共服务非均等化偏向,进一步夯实了共同富裕的制度基础。一是城乡公共服务均等化程度明显增强。城乡公共服务二元结构的模式逐渐弱化,阻碍农村地区公共服务均衡供给的体制障碍、制度障碍和政策障碍逐步破除。二是区域公共服务均等化程度明显提高。省与省之间以及同一省份不同地区之间的公共服务差距逐渐缩小。三是群体公共服务均等化程度增强。低收入群体与高收入群体,农村居民、城镇居民之间的公共服务待遇差距缩小。

本章对共享发展理念和以共享发展促共同富裕过程中的挑战与路径进行了分析。综上所述,“共同富裕是社会主义的本质要求,是中国式现代化的重要特征,要坚持以人民为中心的发展思想,在高质量发展中促进共同富裕”①。在共同富裕的道路上,发展仍然是关键,我们要通过经济发展来奠定共同富裕的物质基础,即“以经济建设为中心是兴国之要,发展仍是解决我国所有问题的关键。只有推动经济持续健康发展,才能筑牢国家繁荣富强、人民幸福安康、社会和谐稳定的物质基础”②。

在发展的过程中,要始终坚持共享发展理念,构建合理的收入分配制度,处理好效率和公平的关系。“构建初次分配、再分配、三次分配协调配套的基础性制度安排,加大税收、社保、转移支付等调节力度并提高精准性,扩大中等收入群体比重,增加低收入群体收入,合理调节高收入,取缔非法收入,形成中间大、两头小的橄榄型分配结构,促进社会公平正义,促进人的全面发展,使全体人民朝着共同富裕目标扎实迈进。”③

在发展的过程中,要始终坚持共享发展理念,健全基本公共服务均等化制度,做到发展成果为广大人民群众所共享。要坚持普惠性、保基本、均等

① 《习近平:共同富裕是社会主义的本质要求,是中国式现代化的重要特征》,参见求是网 2021 年 8 月 22 日。

② 中共中央文献研究室编:《习近平关于社会主义经济建设论述摘编》,中央文献出版社 2017 年版,第 3 页。

③ 《习近平主持召开中央财经委员会第十次会议》,《党史文苑》2021 年第 8 期。

化、可持续方向,从解决人民群众最关心最直接最现实的利益问题入手,增强政府职责,提高公共服务共建能力和共享水平。首先,要围绕标准化、均等化、法治化,加快健全国家基本公共服务制度,完善基本公共服务体系。合理增加中央和省级政府基本公共服务事权和支出责任,健全基层服务网络,加强资源整合,提高管理效率,推动服务项目、服务流程、审核监管公开透明。其次,要满足多样化公共服务需求。开放市场并完善监管,努力增加非基本公共服务和产品供给;积极推动医疗、养老、文化、体育等领域非基本公共服务加快发展,丰富服务产品,提高服务质量,提供个性化服务方案。最后,要创新公共服务提供方式。推动供给方式多元化,能由政府购买服务提供的,政府不再直接承办;能由政府和社会资本合作提供的,广泛吸引社会资本参与。

2021 年是中国共产党成立 100 周年,是实现了第一个百年奋斗目标、全面建成小康社会的一年,也是历史性地解决了绝对贫困问题,正在意气风发向着全面建成社会主义现代化强国的第二个百年奋斗目标迈进的起步之年。新的征程上,要践行以人民为中心的发展思想,着力解决发展不平衡不充分的难题,向着全体人民共同富裕奋进!

第十一章

全面建成小康社会：中国现代化进程中的重要里程碑

在庆祝中国共产党成立100周年大会上的讲话中，习近平总书记代表党和人民庄严宣告："经过全党全国各族人民持续奋斗，我们实现了第一个百年奋斗目标，在中华大地上全面建成了小康社会，历史性地解决了绝对贫困问题，正在意气风发向着全面建成社会主义现代化强国的第二个百年奋斗目标迈进。""小康"承载了中华民族千百年来对美好生活的向往，全面建成小康社会是中华民族伟大复兴的关键一步，是中国现代化进程中的重要里程碑，昭示着中国现代化的重要阶段性目标的实现和新阶段的开始。现代化演进的同时是现代性的建构和累积，现代性是现代化的目的和结果，现代化是现代性的实现形式和呈现过程，在实践的意义上是不可分割的统一过程的两个方面。全面建成小康社会作为中国现代化建设的重要实践，既是现代化的动态演进过程，也是现代性的建构和累积过程，具有现代化演进和现代性建构的双重意义。那么在中国现代化推进到全面建成小康社会阶段后，建构和累积了什么样的现代性？本章试图从中国现代性建构的视角切入，对全面建成小康社会的现代性意蕴进行分析，以全面展示其里程碑意义和价值。

一、小康社会："中国式现代化"的现代性意蕴

现代化肇始于西方并通过全球化把所有国家和地区挟裹进现代化洪流，使得这些后发现代化国家不可避免地受西方现代化的影响和制约，正如马克思、恩格斯在《共产党宣言》中所揭示的，"它使未开化和半开化的国家从属于文明的国家，使农民的民族从属于资产阶级的民族，使东方从属于西方"①。始于19世纪中叶的中国现代化就是在西方的军事、经济、政治和文化胁迫下开始的。世界现代化进程和西方现代化模式成为中国现代化进程的历史背景和当下处境，在此背景和处境中展开中国现代性的建构，中国面临两大基本问题和三个具体问题。

近代以来中国社会面临的两大基本问题：一是实现民族独立，二是实现现代化。这两大基本问题是中国现代化进程中相互联系、相互制约的两个方面。前者是后者的基础，后者是前者的最终目标和保障。对此，学术界已有深入的研究和系统的概括。胡绳认为："在近代中国面前摆着两个问题：即一、如何摆脱帝国主义的统治和压迫，成为一个独立的国家；二、如何使中国近代化。这两个问题显然是密切相关的。"②刘大年进一步指出："中国近代110年的历史基本问题是两个。一是民族不独立，要求在外国侵略压迫下解放出来；二是社会生产落后，要求工业化、近代化。两个问题内容不一样，又息息相关，不能分离。""没有民族独立，不能实现近代化；没有近代化，政治、经济、文化永远落后，不能实现真正的民族独立。中国人民百折不回追求民族独立，最终目的仍在追求国家的近代化。"③

从具体层面来看，中国现代化实践必然面临着错综复杂的三个方面的具

① 中共中央马克思恩格斯列宁斯大林著作编译局编译：《马克思恩格斯选集》第一卷，人民出版社2012年版，第405页。

② 胡绳：《关于近代中国与世界的几个问题》，《中共党史研究》1990年第6期。

③ 中国社会科学院科研局编：《刘大年集》，中国社会科学出版社2000年版，第5—7页。

体问题。

其一，从全球化的时代背景看，作为一个典型的后发现代化国家，中国社会总体上同时具有前现代、现代、后现代多重因素，西方历时性解决的问题在中国则共时存在，建构中国现代性就成为多重维度的耦合。如何有效解决这种耦合面临的问题和矛盾，是中国现代化进程中无法回避的问题。

其二，作为中国现代化参照物的西方现代性本身存在着内在的冲突和矛盾。现代性具有三重文化含义，即世俗趣味的高涨、工具理性的蔓延和个性表现的张扬，这也是“现代性的完善和社会发展”的三大主轴。“一个组织良好的社会，需要在世俗趣味、工具理性、个性表现三者之间寻求一种恰当的动态平衡。”①不幸的是，西方现代化进程中所呈现的现代性图景，往往是这三大主轴“不仅在骨子里有一种强烈的越界冲动，而且以各自的方式使这种越界冲动在不同的历史时期现实地彰显了出来”②。当这种矛盾的、流变的、不断生成的现代性嵌入中国现代化进程时，不仅要和中国具体的现代化实践发生关系，而且必定与中国独特的文明产生内在关联。在这种极其复杂的实践中如何协调平衡工具理性和价值理性关系，同样是中国现代化无法回避的问题。

其三，从中国现代化进程的实践层面看，一方面，我们必须强化理性精神，加快经济社会的理性化进程，完善社会主义市场经济，推进社会主义民主法治，弘扬科学精神，快速推动社会生产力的跨越式发展，增强综合国力；另一方面，我们还必须注重解决现代化带来的一系列问题，关注和规避后现代主义的消极影响。

现代性作为现代化的终极目标是不容置疑的，中国就是在统筹解决这两大基本问题和三个具体问题的过程中来推进和实现现代性建构的。改革开放以来，我们在现代性建构中意识到了其与生俱来的内在矛盾和冲突并试图加以规避，努力在妥善处理三个具体问题的过程中建构现代性。伴随这个过

① 张凤阳：《现代性的谱系》，南京大学出版社 2004 年版，第 11 页。
② 张凤阳：《现代性的谱系》，南京大学出版社 2004 年版，第 12 页。

程的是一系列现代性二律背反的不断解决和中国现代性建构的不断完善。总体来看，无论是2021年之前的小康社会建设，还是2021之后的社会主义现代化强国建设，都是中国现代性的持续建构过程。站在2021年这一重要历史节点上，我们可以从三个阶段和三条主线来梳理全面建成小康社会与中国现代性的建构问题。

小康社会思想大体上经历了提出、发展、完善三个阶段。站在时代的高度回望，这也是中国现代性意识不断觉醒和日益自觉的过程。

第一阶段：小康社会的提出和中国现代性概念——“中国式现代化”的阐释。中国共产党早在全面建成小康社会与中国现代性建构期就清晰地认识到，在实现民族独立后，中国的未来社会即新民主主义社会和此后的社会主义社会必须是现代性工业社会。1949年中华人民共和国成立之始，我们党即选择了自主探索的新民主主义现代化战略，这一战略的实施路径是既充分利用各种经济力量推动工业化，又要规避资本主义现代性，避免资本主义的前途。但是，新中国成立初期的国际国内形势迫使我们很快转向了学习苏联经典社会主义的现代化战略，开始走上了借鉴苏联并根据中国国情探索自主发展的现代化之路。

从现代性建构的角度来看，该阶段我们一方面确实避免了资本主义的现代性，另一方面我们又尽量避免简单复制苏联模式的做法，试图探索符合本国实际的道路。在领导现代化建设的初始阶段，我们党还不可能对中国现代性问题有自觉的认识，但此时对“适合中国国情的社会主义道路”的探索蕴含了“中国现代性”建构的思想萌芽，成为中国现代性建构的认识论和实践基础。在这方面，毛泽东做出了初步实践和理论探索。

改革开放后的现代化建设根据国际国内形势的变化，对现代化动力和目标进行了调整。把改革开放作为现代化动力，在现代化战略目标和战略步骤方面，提出了“小康社会”和“中国式现代化”这两个具有鲜明中国特色的标志性概念。20世纪60年代在制订第三个五年计划时确定中国现代化要分两步走：第一步是到1980年完成工业化，建立一个独立的比较完整的工业体系和国民经济体系;第二步是到20世纪末全面实现农业、工业、国防和科学技术现代化,使我国经济走在世界前列。改革开放初期,党中央在反思过去和考量时局的基础上,提出了实现中国现代化战略安排,即把20世纪的现代化目标降低为“小康”,把实现现代化目标移到21世纪中叶,把原来的“高度现代化”“全面现代化”的目标调整为“基本实现现代化”,确定了温饱、小康、基本实现现代化的三步走战略,该战略在1987年10月党的十三大上得到确认,成为全党和全社会的共识。

值得注意的是,这一时期邓小平提出了关于中国现代化内涵以及定位的具有鲜明中国特色的概念——“中国式现代化”。1979年,他在多个场合谈到这个概念,一开始称为“中国式的四个现代化”,然后固定为“中国式的现代化”“中国式现代化”,起初并没有将其与小康社会联系起来,直到同年12月,在会见日本首相大平正芳时,邓小平将“中国式现代化”命名为“小康”,明确提出:“我们要实现的四个现代化,是中国式的四个现代化。我们的四个现代化的概念,不是像你们那样的现代化的概念,而是‘小康之家’。”①1984年在会见日本首相中曾根康弘时,邓小平直接把“中国式的现代化”界定为“小康社会”:“翻两番,国民生产总值人均达到八百美元,就是到本世纪末在中国建立一个小康社会。这个小康社会,叫做中国式的现代化。”②

第二阶段:小康社会思想的发展——从“总体小康”的实现到“全面小康”战略的提出。以“发展是硬道理”的思想理念为指导,以经济建设为工作重心,以建设社会主义市场经济体制为改革的总体目标,以先富带动后富为基本路径,以实现小康为目标,构成小康现代化战略的总体思路。在该思路引领下,到20世纪末,除了少数指标外,我国基本上实现了小康社会建设要求。但就全国范围而言,小康社会仍然是低水平的、不全面的、不协调的,只是“总体水平的小康”,现代化建设需要从“总体小康”向“全面小康”建设迈进。这

---

① 邓小平:《邓小平文选》第二卷,人民出版社1994年版,第237页。
② 邓小平:《邓小平文选》第三卷,人民出版社1993年版,第54页。

一“全面小康”战略在2002年党的十六大上正式提出，从此开始了全面建设小康社会的时期。

第三阶段：小康社会思想的体系化——从“全面建设小康”到“全面建成小康社会”。进入21世纪，小康社会思想日益成熟和体系化。2002年党的十六大报告主题是《全面建设小康社会　开创中国特色社会主义事业新局面》，对全面建设小康社会从理论到政策都做了系统论述，提出到建党100周年时，要全面建成惠及十几亿人口的更高水平的小康社会。2007年党的十七大报告主题是《高举中国特色社会主义伟大旗帜　为夺取全面建设小康社会新胜利而奋斗》，继续部署全面建设小康社会的战略任务。2012年党的十八大报告主题则是《坚定不移沿着中国特色社会主义道路前进　为全面建成小康社会而奋斗》，强调要在2020年确保实现全面建成小康社会的宏伟目标，把党的十七大报告中的“全面建设小康社会”改成了“全面建成小康社会”。2017年党的十九大报告的主题是《决胜全面建成小康社会　夺取新时代中国特色社会主义伟大胜利》，小康社会建设在新时代进入了“决胜阶段”。从这一演进过程我们可以认识到，小康社会建设在总体战略布局上，由过去的经济、政治、文化“三位一体”到党的十七大发展为经济、政治、文化、社会“四位一体”，再到党的十八大、十九大拓展为经济、政治、文化、社会、生态“五位一体”，不仅反映了我们党对中国式现代化建设规律认识的深化和提高，也体现了关于小康社会理论体系的丰富和完善。

从小康社会思想的发展过程我们可以看到，三条清晰的主线构成了中国现代性建构的主轴。

第一条主线是社会主义市场经济机制、体制、制度的不断提升。从理念的萌芽到在基层的局部实践，从农村的联产承包责任制的推行、乡镇企业的崛起、国有中小企业的改制到以深圳为代表的特区、各类开发区、贸易区的发展，从微观机制建构的试点到体制的形成再到制度的确定，党的十九届四中全会把社会主义市场经济体制提升到了制度层面。从现代性的角度看，就是充分发挥资本和市场的作用，促进生产力的快速发展。

第二条主线是始终坚持社会主义方向不动摇,走中国特色社会主义道路。1978 年以来,我们党在坚持改革开放的同时,反复强调要坚持走社会主义道路。党的十二大到二十大报告的主题始终都有“中国特色社会主义”这个关键词。党的十八大之后,习近平总书记提出了“四个全面”的战略布局,把全面建成小康社会与全面深化改革、全面从严治党、全面依法治国作为一个整体来强调,就是为了从根本上保证全面建成小康社会的社会主义性质。该主线实际上是为了制约市场经济的负面效应,对资本的作用进行合理限制。从现代性的角度看,就是坚持中国特色社会主义道路和方向,保证中国现代性建构中的社会主义特质。

第三条主线是中华文明作为文化基因在小康社会建设中的作用越来越明显和突出。邓小平用中国文化中的“小康”概念来诠释中国现代化目标,不仅在话语层面用中国化的语言来表达现代化事实,更重要的是在思想理念、思维方式、社会运行机制、社会目标建构等方面把中国文化与现代化的发展自觉地关联起来。自此以后,诸如可持续发展战略、和谐社会理念、中华民族伟大复兴中国梦的构想、人类命运共同体、用中国理论讲中国故事、建构中国话语权等理念和思想在小康社会建设的进程中陆续提出和实施。凡此种种,都反映了中华文明的文化基因的现实作用。这条主线实际上就是挖掘中华优秀传统文化在现代化进程中的根基和本源作用。从现代性的角度看,就是要在实践中为现代性建构找到中华优秀传统文化根基,赋予现代性以中华优秀传统文化基因。

在全面建成小康社会的过程中,中国现代性的建构有了相当的实践基础,自然也有了相应的经验积累,从当代中国的现代性建构实践和经验中,我们可以获得关于未来全面小康时代的中国现代性建构的诸多启示。

二、全面建成小康社会之后:中国现代性建构的未来趋向

按照党的十九大战略部署,全面建成小康社会的目标实现之后,从 2020

年到2035年利用15年时间基本实现现代化。从2035年到21世纪中叶，在基本实现现代化的基础上再奋斗15年，把我国建成富强民主文明和谐美丽的社会主义现代化强国。这个战略安排不仅确定了全面建成小康社会的目标和思路，更是对全面小康时代的现代化建设进行了总体性布局，明确了工作目标和思路。可以确定的是，2020年以后的30年是中国现代化进程中的重要历史时期，也是中国现代性建构的重要历史时期，建设一个什么样的"现代中国"就取决于这30年中国人民的勤劳和智慧。

学术界对当下和未来的中国现代性建构及其走向早就有所探讨。在哲学、社会学、历史学、经济学等领域中，众多学者对中国现代性问题表现出浓厚兴趣，在反思中国现代性建构的历史实践和经验的基础上，就中国现代性建构的思路和方案问题提出了自己的看法。他们都把中国现代化过程看成是一个复杂的系统运行过程，而且强调其实践性特征。尤其需要特别注意的是，他们都普遍认为中国现代性的建构必须注重中国文明的主体性，也就是在总体思维上要坚持以中国为本、以全面建成小康社会与中国现代性建构为中心"来处理古今问题和中西问题，纵看古今，横看中西"，"现代中国是目的、是立场，也就是本"。①

在反思现代性的语境下，坚持以中国为本来思考中国的未来和现代性建构问题也成为中国共产党全党的共识。针对历史虚无主义割裂改革开放前后两个30年的问题，习近平总书记在2013年1月5日的讲话中指出不要把两个30年对立起来，认为改革开放前和改革开放后两个历史时期"是两个相互联系又有重大区别的时期，但本质上都是我们党领导人民进行社会主义建设的实践探索。中国特色社会主义是在改革开放历史新时期开创的，但也是在新中国已经建立起社会主义基本制度、并进行了20多年建设的基础上开创的"②。习近平总书记"七一"重要讲话和党的十九届六中全会审议通过的

① 丁耘：《中道之国——政治、哲学论集》，福建教育出版社2015年版，第86页。
② 习近平：《习近平谈治国理政》第一卷，外文出版社2018年版，第22页。

《中共中央关于党的百年奋斗重大成就和历史经验的决议》则将中国共产党的历史置于中国近现代史的大历史背景之中,采取了中华民族伟大复兴的历史叙事方式,使中国共产党的历史统一在中华民族伟大复兴这个统一的历史主题中,把中国共产党的历史看成了中国近代以来追求民族复兴历史主题的一种接续。

关于中国现代性具有更深刻的指引性的内涵还体现在习近平总书记和党中央对中国特色社会主义来源的综合判断上:“抚今追昔,中国特色社会主义是在改革开放四十多年的伟大实践中得来的,是在新中国成立七十年的持续探索中得来的,是在我们党领导人民进行伟大社会革命九十多年的实践中得来的,是在近代以来中华民族由衰到盛一百七十多年的历史进程中得来的,是在世界社会主义五百年波澜壮阔的发展历程中得来的,是在对中华文明五千多年的传承发展中得来的”①。“六个得来”的基本判断蕴含了中国现代性的建构思路,即“现代中国”是其本位,中国特色社会主义实践是具体路径,“中国特色”是六个方面的综合,“社会主义”是根本方向,未来中国的现代性就是“中国特色社会主义现代性”。“中国特色社会主义现代性”具有现代性的一般意义,但又不是西方的现代性,是具有现代性一般规定性的中国现代性。结合前面分析的中国现代性建构实践和经验,今后全面小康社会时代的现代性建构应坚持以下几方面的原则或路径。

第一,坚持经济发展的基础性定位不动摇,大力发展生产力,充分发挥市场的决定性作用,更好发挥政府作用,推动经济持续高质量发展。党的二十大报告明确提出:“高质量发展是全面建设社会主义现代化国家的首要任务。发展是党执政兴国的第一要务。没有坚实的物质技术基础,就不可能全面建成社会主义现代化强国。”报告还对高质量发展做出战略性安排,要求把实施扩大内需战略同深化供给侧结构性改革有机结合起来,增强国内大循环内生

① 中共中央宣传部编:《习近平新时代中国特色社会主义思想学习纲要》,学习出版社、人民出版社2019年版,第24—25页。

动力和可靠性，提升国际循环质量和水平，加快建设现代化经济体系，着力提高全要素生产率，着力提升产业链供应链韧性和安全水平，着力推进城乡融合和区域协调发展，推动经济实现质的有效提升和量的合理增长。① 总之，在经济发展方面，我们积极学习西方的成功经验，保持对外开放，这是改革开放以来我们积累的成功经验。

第二，坚持中国特色社会主义根本方向，充分发挥社会主义制度对市场经济和资本的规范和制约作用。对此，党的十九大和十九届四中全会都做了十分清晰的论述。党的十九届六中全会审议通过的《中共中央关于党的百年奋斗重大成就和历史经验的决议》在关于习近平新时代中国特色社会主义思想中有明确论述，中国现代性的社会主义方向是不容置疑的。

第三，坚持充分挖掘和利用中华文明的传统文化资源，不仅找到中国现代性建设的文化根基，更重要的是通过中华文明的创造性转化和创新性发展，在现代化基础上推进中华文明的继续发展。传统不是现实生活但也绝对不是与现实生活无关的东西，有些传统可以在现实生活中不断地被发现，在这个意义上，传统非但不是现代性的异质因素，反而恰恰是文明主体性和文明现代性的重要构成。全面小康社会的建设本来就是中国现代化建设的一个阶段，但是为什么选择了一个非常“中国化”的话语符号来表达呢？因为这不仅仅是语言符号问题，更是预示着中国现代性建构过程中的文化自觉。所以，党的十九大报告指出：“文化是一个国家、一个民族的灵魂。文化兴国运兴，文化强民族强。没有高度的文化自信，没有文化的繁荣兴盛，就没有中华民族伟大复兴。”②把中华文化的强盛视为中华民族伟大复兴的必要条件，必须“推动中华文明创造性转化、创新性发展，激活其生命力”③。习近平总书记“七一”重要讲话和党的十九届六中全会审议通过的《中共中央关于党的百年

---

① 习近平：《高举中国特色社会主义伟大旗帜 为全面建设社会主义现代化国家而团结奋斗——在中国共产党第二十次全国代表大会上的报告》，人民出版社2022年版，第28—29页。

② 习近平：《决胜全面建成小康社会 夺取新时代中国特色社会主义伟大胜利——在中国共产党第十九次全国代表大会上的报告》，《求是》2017年第21期。

③ 习近平：《习近平谈治国理政》第二卷，外文出版社2017年版，第340页。

奋斗重大成就和历史经验的决议》则提出了“坚持把马克思主义基本原理同中国具体实际相结合、同中华优秀传统文化相结合”的新命题。

第四,坚持以中国为本、以中国为中心。中国共产党领导的中国现代化不可能走西方现代化的老路,也不可能与其他社会主义国家的现代化道路雷同,因为在观察和思考中国问题的时候,毛泽东早就确立了以中国为中心的立场和方法。1942 年 3 月,毛泽东在中央学习组的讲话中明确提出,“我们研究中国就要拿中国做中心,要坐在中国的身上研究世界的东西”,“不研究中国的特点,而去搬外国的东西,就不能解决中国的问题”。①

不可否认的是,时下的现代性研究中,还存在有意或者无意地以西方现代性标准来衡量中国现代性建构的情况,只认为中国应当怎样,而看不到中国是怎样的。值得注意的是,国内外的很多学者在研究中国现代性的过程中已经自觉地提出了中国本位的问题。例如,日本学者沟口雄三的《作为方法的中国》引起了大家的高度重视,曹锦清在《如何研究中国》一书中则详细论述了“以中国为中心”“以中国为方法”的问题,丁耘明确提出了“西学研究的中国意识”和中国研究中的“以现代中国为本”的问题。

第五,中国现代性建构本质上是中国现代文明秩序的建构。越来越多的国内外学者都意识到中国的现代性可能是“另类现代性”。金耀基在 1996 年就指出:“中国的现代化不能简单地看作是为了中国的富强,它基本上是中国寻求新的文明秩序的一个历史过程。……现代化出现的现代文明的格局在本质上有异于前现代期的文明,它是一种特殊类型的新文明。这个新文明始源于西方而逐渐‘全球化’,所以‘西方的’现代性在世界现代性上享有支配性地位,今天全世界不同的文化都受到这个‘转化’的影响,也都出现了一些现代性的‘共相’,但是,这个现代的新文明性格,不止受到越来越多的批评与抗制,甚至引发了全球性的对旧文明的‘乡愁’(nostalgia)。”②中国的现代性建

① 中共中央文献研究室编:《毛泽东文集》第二卷,人民出版社 1993 年版,第 407 页。
② 金耀基:《中国现代化的终极愿景》,上海人民出版社 2013 年版,第 73—74 页。

构不可能没有现代性“共相”的影响，但也不可能照搬西方现代性，中国的文化传统是中国现代性建构的重要资源。

我们今天面对的不是要不要现代文明的问题，而是要建构一个什么样的现代文明。中国建构新的文明秩序“不止是中国旧的传统文明秩序的解构，也应该是它的重构。中国的新文明是‘现代的’，也是‘中国的’”①。汪晖在《现代中国思想的兴起》一书中也是用现代性作为基本线索来研究中国问题的，他把中国现代性的源头追溯到了宋代。很明显，汪晖的基本问题意识不仅仅是历史研究，而更重要的是对现代中国的追问，是为中国现代性的建构提供历史资源，是寻找中国现代性的文明主体性。与汪晖相比，丁耘把现代中国道路的起源追溯得更远，他从文明学说出发来解决中国现代性建构过程中的古今中西问题。对于中国建构的新的文明，习近平总书记“七一”重要讲话通过总结中国共产党领导中国人民进行现代化建设的百年历史经验，极具创新性地提出了一个新命题，指出：“走自己的路，是党的全部理论和实践立足点，更是党百年奋斗得出的历史结论。中国特色社会主义是党和人民历经千辛万苦、付出巨大代价取得的根本成就，是实现中华民族伟大复兴的正确道路。我们坚持和发展中国特色社会主义，推动物质文明、政治文明、精神文明、社会文明、生态文明协调发展，创造了中国式现代化新道路，创造了人类文明新形态。”党的十九届六中全会审议通过的《中共中央关于党的百年奋斗重大成就和历史经验的决议》在总结中国共产党百年奋斗的历史经验时再次指出，“党领导人民成功走出中国式现代化道路，创造了人类文明新形态”。这不仅将中华文明推进到一个新的历史阶段，即创造了人类文明新形态，还很可能预示着中国对人类文明发展的伟大贡献。

① 金耀基：《中国现代化的终极愿景》，上海人民出版社2013年版，第74页。

第十二章

坚持系统观念:从马克思社会有机体原理理解其科学性

党的十九届五中全会通过的《中共中央关于制定国民经济和社会发展第十四个五年规划和二〇三五年远景目标的建议》(以下简称《建议》)将系统观念与党的全面领导、以人民为中心、新发展理念、深化改革开放并列为“十四五”时期经济社会发展必须遵循的原则,要求“统筹国内国际两个大局,办好发展安全两件大事,坚持全国一盘棋”。习近平总书记在《关于〈中共中央关于制定国民经济和社会发展第十四个五年规划和二〇三五年远景目标的建议〉的说明》(以下简称《说明》)中,将其作为“需要说明的几个重点问题”之一进行了阐释,提出党的十八大以来党中央带领全党全国人民取得历史性成就的过程中,“系统观念是具有基础性的思想和工作方法”,并指出在建设社会主义现代化国家新征程中,“我国发展环境面临深刻复杂变化,发展不平衡不充分问题仍然突出,经济社会发展中矛盾错综复杂,必须从系统观念出发加以谋划和解决”。2021 年 12 月召开的中央经济工作会议也强调“必须加强统筹协调,坚持系统观念”。党的十九届六中全会通过的《中共中央关于党的百年奋斗重大成就和历史经验的决议》再次强调了必须坚持系统观念,统筹推进“五位一体”总体布局,协调推进“四个全面”战略布局。党的二十大报告在阐述继续推进实践基础上的理论创新,首先要把握好新时代中国特色社会主义思想的世界观和方法论,坚持好、运用好贯穿其中的立场观点方法时指出的“六个必须坚持”中,亦包括了坚持系统观念。① 可见,准确理解和把握“坚持系统观念”是学习领会中央精神的重要任务。作为一项基础性的思想和工作方法,学习和理解“坚持系统观念”,应结合其马克思主义理论基础和方法论原理,从马克思主义理论中国化和时代化的高度,准确理解坚持系统观念的科学性。

一、系统观念的总体性思想与社会有机体原理相一致

《建议》将系统观念的工作原则概括为前瞻性思考、全局性谋划、战略性布局、整体性推进,习近平总书记在《说明》中也指出,系统观念体现在十八大以来“党中央坚持系统谋划、统筹推进党和国家各项事业”的实践中。由此可见,系统观念的要义就在于将中国特色社会主义视为一个有机整体,从总体性的角度思考、谋划、布局和推进经济社会发展,统筹经济社会发展全局。这种总体性思想,也是马克思主义理论的重要方法论原则。我国哲学界和政治经济学界,曾长期致力于这一总体性方法论原则的研究。社会有机体原理就是这一方法论的基本原理。科学理解系统观念的科学性和理论价值,有必要回顾总体性方法论和社会有机体原理,探索发掘系统观念的马克思主义理论来源和方法论基础。

(一)马克思的总体性方法论和社会有机体原理

马克思在《资本论》的序言中曾这样概括其总体性方法论的社会有机体原理:“现在的社会不是坚实的结晶体,而是一个能够变化并且经常处于变化过程中的有机体。”②这句话是对社会有机体原理的经典概括,并且至少体现

① 习近平:《高举中国特色社会主义伟大旗帜 为全面建设社会主义现代化国家而团结奋斗——在中国共产党第二十次全国代表大会上的报告》,人民出版社2022年版,第20—21页。

② 在较早的中译本中,此处也被译为“机体”。我们认为,译为“有机体”更为准确,但是在一些译本中,依然采用了“机体”的提法。后文提及的很多文本,亦是如此。可以将这些译本中“机体”视为“有机体”的同义语,后文不再赘述。

了以下三个方面的方法论原则:第一,社会科学研究应借鉴生物学原理而不是物理学观念①;第二,社会有机体原理是总体性结构分析和动态历史分析的有机统一;第三,社会有机体蕴含了唯物主义历史观在社会运动中探索发展规律的方法论原则。在《资本论》第一卷中,马克思大量使用了社会有机体的概念。例如,生活资料的“这种分配的方式会随着社会生产机体本身的特殊方式和随着生产者的相应的历史发展程度而改变”②;“这些古老的社会生产有机体比资产阶级的社会生产有机体简单明了得多”③;商品“把自己的‘分散的肢体’表现为分工体系的社会生产有机体,它的量的构成,也像它的质的构成一样,是自发地偶然地形成的”④;等等。这些表述中,都非常明显地体现出前文所概括的社会有机体原理的三个方法论原则。

马克思在《资本论》之前就已经形成了系统的“社会有机体”思想。一般认为,他最早于《哲学的贫困》中提出了“社会有机体”概念:“单凭运动、顺序和时间的唯一逻辑公式怎能向我们说明一切关系在其中同时存在而又互相依存的社会机体呢?”在《1857—1858 年经济学手稿》中他已经系统论证了社会有机体原理,这里的论证也被后世学者视为对这一原理的经典阐释:“如果说,在完成的资产阶级体制中,每一种经济关系都以具有资产阶级经济形式的另一种经济关系为前提,从而每一种设定的东西同时就是前提,那么,任何有机体制的情况都是这样。这种有机体制本身作为一个总体有自己的各种前提,而它向总体的发展过程就在于:使社会的一切要素从属于自己,或者把自己还缺乏的器官从社会中创造出来。有机体制在历史上就是这样向总体

① 这里的物理学是指马克思所处时代的经典物理学,现代物理学中量子物理等理论的系统论观念与总体性思想的原则是一致的。

② 中共中央马克思恩格斯列宁斯大林著作编译局编译:《马克思恩格斯全集》第二十三卷,人民出版社 1972 年版,第 95 页。

③ 中共中央马克思恩格斯列宁斯大林著作编译局编译:《马克思恩格斯全集》第五卷,人民出版社 2009 年版,第 96 页。

④ 中共中央马克思恩格斯列宁斯大林著作编译局编译:《马克思恩格斯选集》第二卷,人民出版社 2012 年版,第 138—139 页。

发展的。它变成这种总体是它的过程即它的发展的一个要素。”①对于已经熟悉遗传基因理论的现代读者而言，马克思在这里陈述的“有机体制”已经变得易于理解。因为它与生命有机体中的遗传基因非常类似：它使有机体中的一切要素都从属于自己，每一种东西都构成一个前提，同时又都包含有自己的前提，能够把缺乏的器官创造出来，从一个有机体制生成为总体。这与基因主导整个生命体的成长过程，在一个基因中蕴含整个生命体所有器官的基因信息，从基因机制中生成所需的全部器官和整个生命体的基因遗传法则非常类似。例如，“把自己还缺乏的器官从社会中创造出来”，类似于生物基因对生物生长过程的规定性；“使社会的一切要素从属于自己”，类似于生物基因对生命体总体特性的决定性。马克思把类似于基因遗传法则的“有机体制”作为生命有机体的基本特征，并将其应用于社会科学研究，是一种了不起的创举。直到今天，这一方法论原理依然有助于我们把人类社会视为一个有机整体，从系统观念的高度把握经济社会发展全局。

在“有机体制”观念的基础上，把握经济社会发展规律的关键就在于抓住那个起主导作用、占统治地位的“有机体制”。在《〈政治经济学批判〉导言》中，马克思把这种特殊地位的有机体制概括为“普照的光”和“特殊的以太”：“在一切社会形式中都有一种一定的生产决定其他一切生产的地位和影响，因而它的关系也决定其他一切关系的地位和影响。这是一种普照的光，它掩盖了一切其他色彩，改变着它们的特点。这是一种特殊的以太，它决定着它里面显露出来的一切存在的比重。”此后，在《资本论》中，马克思关于资本主义发展规律的研究，就集中在雇佣劳动制的资本主义生产关系和剩余价值规律对整个资本主义社会建立、发展和灭亡过程的总体规定性上。

（二）社会有机体原理的继承和发展

在马克思之后，历代马克思主义学者都高度重视总体方法论的社会有机

① 中共中央马克思恩格斯列宁斯大林著作编译局编译：《马克思恩格斯全集》第四十六卷上册，人民出版社1979年版，第235—236页。

体原理。列宁将这一原理视为马克思主义辩证法的关键要素,把社会视为一个有机统一的活的生命体,即“活的机体”:“马克思和恩格斯称之为辩证方法(它与形而上学方法相反)的,不是别的,正是社会学中的科学方法,这个方法把社会看做处在不断发展中的活的机体(而不是机械地结合起来因而可以把各种社会要素随便配搭起来的一种什么东西),要研究这个机体,就必须客观地分析组成该社会形态的生产关系,研究该社会形态的活动规律和发展规律。”①列宁的上述概括,是马克思社会有机体原理的科学总结,也是把握社会有机体原理科学性的经典文本。

我国学者非常重视马克思总体性方法论和社会有机体原理。顾海良系统论证了马克思《资本论》中的“总体方法”,认为这一方法具有完备性、有序性、关联性和开放性等内在的统一性。② 颜鹏飞尤其重视上文提到的马克思关于“有机体制”的论述。他认为这是马克思对社会机体的发展规律所做的极为精辟和完备的阐述,即社会机体的发展过程既是“使社会的一切要素从属于自己”的过程,也是“把自己还缺乏的器官从社会中创造出来”的过程,从而是一个从属型和创造型相辅相成向前发展的自然历史过程。③ 这个自然历史过程类似于基因对生命体生长过程和总体特性的规定性,是借鉴生物有机体自然科学探索人类社会客观规律的生物学隐喻。在林岗和张宇关于马克思主义政治经济学方法论的概括中,总体性方法论和社会有机体原理也体现得尤为明显。他们指出,“在历史形成的社会经济结构的整体制约中分析个体经济行为”是政治经济学的方法论原则,“尽管社会是由个人组成的,但是社会并不是单个人的简单加总。社会是按照特殊的规则和特定的结构组成的有机整体,这个整体一旦形成,就具有了不以人的意志为转移的客观规律和单个个人所不具有的属性”。④ 这一概括,科学地总结了马克思主义总体性

① 中共中央马克思恩格斯列宁斯大林著作编译局编译:《列宁选集》第一卷,人民出版社2012年版,第32页。

② 顾海良:《马克思总体方法论论析》,《学术界》1990年第4期。

③ 颜鹏飞:《社会机体发展规律刍议》,《学习与探索》1983年第5期。

④ 林岗、张宇主编:《马克思主义与制度分析》,经济科学出版社2001年版,第12页。

方法和社会有机体原理与西方个人主义方法论“还原论”的本质区别，是理解马克思主义理论科学性的重要方法论依据，也是我们立足社会有机体原理、把握系统观念的关键方法论指针。

如果说政治经济学界更关注社会有机体原理的总体性方法论原则，那么哲学界的分析则更侧重于对社会有机体原理本身的深入探讨。孙承叔和王东认为：“历史唯物主义研究的真正对象是社会有机体，它不仅研究社会有机体的横向结构，而且研究社会有机体形成、发展、变化的纵向历史演进……要整体地概括、理解和把握这一切，就必须把社会看作不断运动的活的机体，这正是马克思历史辩证法的精粹之所在。”①这一论断，在哲学高度上论证了社会有机体原理在马克思主义方法论体系中的关键地位。陈志良和杨耕也认为，“马克思的社会有机体方法是社会科学方法现代化的真正源头”②。党的十九届五中全会将系统观念作为基础性思想和工作方法的地位确立下来，也体现了社会有机体方法在当代的传承与创新。

二、立足社会有机体原理的矛盾分析，把握系统观念的“动力学”

在《建议》和《说明》中，关于系统观念的概括和论述，蕴含了丰富的动态思维和矛盾分析。例如“前瞻性思考、全局性谋划、战略性布局、整体性推进”的工作方法，就是一套步骤清晰、驾驭全局的动态方案。在关于系统观念必要性的论述中，习近平总书记强调经济社会发展中矛盾错综复杂，必须从系统观念出发加以谋划和解决。可见，系统观念所关注的不是一个横截面意义上的静态系统，而是经济社会整体发展演化的动态过程。发展规划的意义就在于就其动态过程做出合理预判，谋定而动，在运动中引导和推进经济社会

① 孙承叔、王东：《对〈资本论〉历史观的沉思：现代历史哲学构想》，学林出版社1988年版，第44—45页。
② 陈志良、杨耕：《论马克思的社会有机体理论》，《哲学研究》1990年第1期。

发展全局。在此视角下,矛盾分析是解析社会有机体成长过程和发展动力的重要分析方法,我们也将其称为系统观念的“动力学”。

(一)有机体成长性与毛泽东对中国社会基本矛盾的分析

在马克思那里,除了总体规定性外,动态成长性也是社会有机体原理的另一个重要方面。“有机体制”对整个有机体的规定性,就类似于基因对生命体总体特性和成长过程的规定性。同时,“有机体制”本身也有可能发生变化。在这方面,马克思关于社会有机体的成长性的分析已经非常接近生物基因的变异和演化。在讨论现代工业劳动方式的变迁时,他曾这样写道:“正像各种不同的地质层系相继更迭一样,在各种不同的社会经济形态的形成上,不应该相信各个时期是突然出现的,相互截然分开的。……在这里,起作用的普遍规律在于:后一个[生产]形式的物质可能性——不论是工艺条件,还是与其相适应的企业经济结构——都是在前一个形式的范围内创造出来的。”①这里的“成长性”已经不再局限于既有“基因”的规定性,而是深入基因内部的变异,试图探讨其变异过程中的规律性。这对于我们把握发展过程中经济社会的系统演化,尤其是生产组织方式和文化习俗等非正式规则的演化,具有非常重要的参考价值,也是我们贯彻系统观念所应把握的重要方法论原则。这一原则也被学者视为具有“历史残片”意义上的成长规定性。除此之外,马克思也将这种规定性视为历史进程中“过去”对“未来”的制约,称其为“死人抓住活人”:“人们自己创造自己的历史,但是他们并不是随心所欲地创造,并不是在他们自己选定的条件下创造,而是在直接碰到的、既定的、从过去承继下来的条件下创造。一切已死的先辈们的传统,像梦魇一样纠缠着活人的头脑。”②马克思在这里强调的“纠缠着活人的头脑”的“先辈们的传统”,就是

① 中共中央马克思恩格斯列宁斯大林著作编译局编译:《马克思恩格斯全集》第四十七卷,人民出版社1979年版,第472页。

② 中共中央马克思恩格斯列宁斯大林著作编译局编译:《马克思恩格斯选集》第一卷,人民出版社2012年版,第669页。

当代演化分析和制度研究者所关注的文化、习俗和惯例等非正式规则，也是“组织遗传学”等现代演化分析所关注的关键要素。然而，要解析这种成长过程中的“遗传—变异”问题，仅考察成长动态中的“约束”是不足的，更需要深入“有机体制”的内部，分析其矛盾运动过程。在此方面，矛盾分析方法，为我们探讨这种经济社会系统的动态成长性提供了关键的“动力学”。

马克思唯物主义历史观关于经济社会发展基本矛盾的论述，已经广为人知，这里不再赘述。值得关注的是，我国学者对矛盾分析方法的熟悉，与新中国成立之初毛泽东的在矛盾分析领域的引领不无关系。毛泽东在新中国成立之初就集中论证过社会矛盾问题，为我们在动态思维中把握经济社会发展全局做了重要的理论探索。他曾指出社会主义也要直面社会矛盾，而且主张从“推动社会主义社会向前发展”的角度认识其矛盾运动。毛泽东指出：“在社会主义社会中，基本的矛盾仍然是生产关系和生产力之间的矛盾；上层建筑和经济基础之间的矛盾。不过社会主义社会的这些矛盾，同旧社会的生产关系和生产力的矛盾、上层建筑和经济基础的矛盾，具有根本不同的性质和情况罢了。”[①]这个不同在于“资本主义社会的矛盾表现为剧烈的对抗和冲突，表现为剧烈的阶级斗争，那种矛盾不可能由资本主义制度本身来解决，而只有社会主义革命才能够加以解决。社会主义社会的矛盾是另一回事，恰恰相反，它不是对抗性的矛盾，它可以经过社会主义制度本身，不断地得到解决”[②]。

关于基本矛盾的“非对抗”性质的判断，对于主要矛盾的确定具有重要意义。基本矛盾具有原理层面的含义，需从“生产力—生产关系（经济基础）—上层建筑”的视角下把握；主要矛盾则关注矛盾载体和具体层面的内容，往往关注存在矛盾冲突的群体之间，即存在矛盾对立的双方分别是哪些社会群体。在阶级社会，“对抗性”矛盾发生在两个对立的阶级之间。资本主义社会

① 中共中央文献研究室编：《毛泽东文集》第七卷，人民出版社1999年版，第214页。
② 中共中央文献研究室编：《毛泽东文集》第七卷，人民出版社1999年版，第213—214页。

的基本矛盾被确定为生产社会化与生产资料私人占有制之间的矛盾;主要矛盾是指资产阶级与无产阶级之间的矛盾。取消了阶级对抗性质的情况下,社会主义主要矛盾的确定就不能再集中于寻找两个根本对立的阶级,因此,承载这个矛盾的群体成为“人民群众”这个整体。这也是党的八大会议明确提出的,我国社会的主要矛盾已经是人民对于建立先进的工业国的要求同落后的农业国的现实之间的矛盾,是人民对于经济文化迅速发展的需要同当前经济文化不能满足人民需要的状况之间的矛盾。

(二)透析发展动力的矛盾分析在我国的发展

基本矛盾理论的根本性意义在于确定了我国社会发展的社会主义性质。社会主义改造完成后,我国生产关系和上层建筑都发生了根本性的转变,社会基本矛盾的内容和矛盾运动方式也发生了相应的改变。在社会主义生产基本制度的基础上探讨经济社会发展的矛盾运动,成为把握中国经济社会发展全局的理论和实践前提。因此,虽然到目前为止,我国学界尚未像对待资本主义社会基本矛盾那样,将“生产力—生产关系(经济基础)—上层建筑”之间的矛盾运动概括出一个表述明确的对立统一命题,但是承认这一矛盾的存在,确定这一矛盾的“非对抗性质”,要求在社会主义制度内解决这一矛盾,并将这个矛盾作为推进社会发展的根本动力,已经在很大程度上成为重要的理论共识。这是我们准确认识社会主义社会主要矛盾、基本经济规律和社会主义生产目的三个基本范畴的方法论基础和逻辑前提。

“生产力—生产关系(经济基础)—上层建筑”之间的矛盾是决定社会主义基本性质和基本特征的基本矛盾,这个矛盾的运动与演变是经济社会发展的根本动力。基于毛泽东的理论贡献,中国学术界逐步形成的共识是:社会主义社会依然存在基本矛盾,这个基本矛盾依然是“生产力—生产关系(经济基础)—上层建筑”之间的矛盾,同时,这一矛盾不再具有对抗性,不再是两个对立的阶级之间的矛盾,而是表现为人民群众作为一个整体在满足自身需要方面的所面临的一系列矛盾。基本矛盾的存在性和非对抗性是认识中国社会主义社会的重要理论基础。同时，在基本矛盾中，生产力、生产关系（经济基础）和上层建筑的基本属性，既是基本矛盾的内容构成，也规定了社会的基本性质，决定中国社会进入社会主义社会，以及尚处于社会主义初级阶段的根本要素在于中国的生产力水平、社会主义生产关系以及以人民民主专政为基石的上层建筑。关于社会主义社会主要矛盾、基本经济规律和生产目的的讨论都在社会基本矛盾所决定的社会主义初级阶段的基本国情之下，都是由社会基本矛盾支配的。同时，这三个范畴及三者相互关系的展开过程，也是对社会基本矛盾的展开过程。换言之，社会主义社会主要矛盾、社会主义基本经济规律和社会主义生产目的，分别从不同角度展开了社会基本矛盾的某个方向，三者作为一个整体形成的逻辑关系和基本框架是理解社会主义社会基本矛盾的一个重要的逻辑框架。

在社会主义基本矛盾的决定下，社会主义基本经济规律、社会主义社会主要矛盾和社会主义生产目的之间形成“三位一体”的逻辑关系。这个关系是：社会主义基本经济规律和社会主义社会主要矛盾都分别从社会性质和生产效率两个方面规定了社会主义的生产，而两者又都指向社会主义生产目的。

社会主义基本经济规律要求以更高水平的生产实现社会主义生产目的。在党的十九大之前，社会主义主要矛盾一般指 1981 年党的十一届六中全会指出的社会主义初级阶段的主要矛盾——人民日益增长的物质文化需要同落后的社会生产力之间的矛盾，即实现社会主义生产目的存在手段与目的之间的矛盾性。将“社会主义基本经济规律”和“社会主义初级阶段主要矛盾”相比较，可以看出，两者都围绕社会主义的生产活动与生产目的之间的关系展开，基本经济规律要求生产的方向要指向社会主义的生产目的，而主要矛盾则聚焦了生产能力与生产目的之间的矛盾性。换言之，基本经济规律和主要矛盾分别从生产的方向性和手段性两个层面关注了生产活动与生产目的之间的统一性与矛盾性：要保证生产的社会主义性质，社会主义基本经济规律要求生产活动在方向上符合社会主义生产目的；作为实现社会主义生产目的的手段，社会主义生产活动因其生产效率和能力水平的限制又存在手段与目的之间的矛盾性，即社会主义初级阶段的主要矛盾。

直到今天，矛盾的对立统一性以及矛盾运动的动态性，依然是我们在社会总体规定性的基础上，把握系统观念动态逻辑的重要方法论依据。虽然矛盾论与社会有机体的总体论存在某些哲学层面的差别，但是在方法论层面，矛盾分析是阐释社会有机体动态成长性的重要方法论工具。从基本矛盾和基本规律角度把握我国经济社会发展的系统性和时代性，是指导我国经济社会发展实践的基本理念。其中，社会主要矛盾的演化，就兼具历史发展的延续性与渐变性，是我们确立新时代发展导向和工作思路的理论支撑之一。系统观念的提出就是这些基本理念和基本理论在新时代的重要发展。

三、以社会有机体的中介范畴建构系统观念的分析框架

通过前文的分析不难理解，社会有机体原理在总体性和成长性两个方面，都与系统观念相一致。因此，这一方法论原理，有助于我们从马克思主义基本原理出发，深刻把握系统观念的科学性。同时，总体论和矛盾论两层面的方法论工具，能够为社会有机体原理提供相关分析工具。那么，能否基于社会有机体原理，建构一个理解贯彻系统观念的分析框架呢？我们认为，要达到这一目标，需要在总体论和矛盾论的基础上，回归社会有机体“中介范畴”的方法论本质。

（一）中介范畴与“阶段性+多样性”的方法论原则

国内外马克思主义学者大都将社会有机体视为唯物主义历史观应用于经济社会发展和个人行为分析的“中介范畴”。20世纪中后期以来，国内外马克思主义学者都非常重视中介范畴对于研究经济社会发展过程的方法论价值。在国外，近年来影响较大的法国调节学派和美国积累的社会结构学派，都以“中介范畴”或“中间层次”作为其主要方法论工具。例如，法国调节学派就认为，“研究当代资本主义制度的复杂结构和具体运行机制，需要从马克思

高度抽象的概念中衍生出若干中间层次的概念”，相对于马克思从原始社会、奴隶社会、封建社会、资本主义社会到社会主义社会（共产主义社会）五种社会形态的“宏大的时代尺度”的考察，法国调节学派“考察的时间序列要短得多，仅限于对资本主义这一个社会形态，重点是借助‘中间项’对资本主义生产方式在各国的多样性发展及其空间并存关系的研究”①（当然，马克思并非没有“中间层次”的分析，例如《资本论》第1卷的“协作、分工和机器大工业”部分，马克思就详细分析了“劳动方式”演变的不同阶段，其中关于劳动方式的“简单协作、有分工的工场手工业、机器大工业”三个阶段，就是典型的三个中间层次范畴）。显然，类似的“中间层次”同样可以应用于社会主义形态下“中国特色社会主义”的研究。

国内学者直接将社会有机体理论与这种中介范畴相联系，例如陈志良和杨耕认为，“马克思的‘社会有机体’理论是历史唯物主义渗透到人的发展、社会活动等领域中去的历史学理论”，强调“马克思的社会有机体理论是历史唯物主义渗透到经济学、社会学、历史学、人类学、文化学等具体社会科学中去的中介理论，不深入研究这一理论和方法，对社会的研究就会停留在一般分析或局部分析上”。② 同时，矛盾分析方法同样需要社会有机体原理下的“中介范畴”。林岗和张宇概括政治经济学“从生产力和生产关系的矛盾运动中解释社会制度变迁”的方法论原则时，就指出“生产力与生产关系的统一是以劳动方式为中介实现”的。③ 颜鹏飞和刘会闯结合“斯密难题”对社会有机体“中介范畴”作用和意义的概括，值得关注。所谓“斯密难题”，指的是“如何区分和看待两种层次的研究对象，即经济现象层次研究对象（一国经济发展或者财富增长）和本质层次的研究对象（是什么决定经济发展的总趋势）……并且统一于一个理论体系之中而安然无事”。④ 而引入中介范畴的意义就在于

---

① 吕守军：《法国调节学派理论与马克思主义经济学创新》，上海人民出版社2015年版，第187页。

② 陈志良、杨耕：《论马克思的社会有机体理论》，《哲学研究》1990年第1期。

③ 林岗、张宇：《马克思主义与制度分析》，经济科学出版社2001年版，第10页。

④ 颜鹏飞、刘会闯：《关于马克思主义政治经济学研究对象和研究方法的新思考》，《福建论坛》2013年第8期。

将现象和本质两个彼此差异、相互独立的层面的研究融为一体。正如恩格斯所言:“一切差异都在中间阶段融合,一切对立都经过中间环节而互相转移。”①运用这种中介范畴,我国社会主义革命与建设的不同时期,也可以通过不同的中介范畴来透析其不同阶段,从而在一种“多样性”的角度下探索中国特色社会主义的特殊性:“如果说,实施新民主主义经济纲领的突破口是推翻已成为生产力发展桎梏的半殖民地半封建私有化经济制度,邓小平发动改革开放的突破口是束缚生产力发展的计划经济体制而代之以市场经济体制,那么,现阶段终于找到的中介范畴就是经济发展方式,它是今后数十年贯穿于中国经济社会发展全过程和各领域,使生产力和生产关系平衡发展的突破口。”②

总之,社会有机体原理的“中介范畴”或“中间层次”是指一般理论抽象与具体事物之间的中介,是一定时间和空间范围内相对稳定的阶段性范畴,可做出时间上的阶段性和空间上的多样性划分。中介范畴具有逻辑上的相对独立性,既与其他影响因素相关联,又不因其他因素的变化而立即变动,有一定的“黏性”。中介范畴可以概括具体范畴在不同国家之间的“多样性”,将一国历史文化和习俗惯例等因素的影响纳入分析框架,从而概括出各国生产方式和体制模式等层面的国别特征,而这正是我们透析中国特色社会主义及其新时代所需要的马克思主义方法论工具。

(二)习近平总书记关于阶段性和多样性的论述:以经济新常态为例

中介范畴所代表的阶段性和多样性思维,在习近平总书记关于经济社会发展的相关论述中也体现得非常明显。例如,论及“经济新常态”,他指出:“有人问,新常态是一个好状态还是一个坏状态?这种问法是不科学的。新

① 中共中央马克思恩格斯列宁斯大林著作编译局编译:《马克思恩格斯选集》第三卷,人民出版社2012年版,第909页。

② 颜鹏飞、刘会闯:《关于马克思主义政治经济学研究对象和研究方法的新思考》,《福建论坛》2013年第8期。

常态是一个客观状态，是我国经济发展到今天这个阶段必然会出现的一种状态，是一种内在必然性，并没有好坏之分，我们要因势而谋、因势而动、因势而进。”①在这段论证中，习近平总书记明确指出，简单“分好坏”是不科学的，“看阶段”才是研究经济社会发展的科学思维，其中“因势而谋、因势而动、因势而进”的观念，与《建议》中坚持系统观念部分提出的工作方法——“前瞻性思考、全局性谋划、战略性布局、整体性推进”——是一致的。习近平总书记关于经济新常态的基本判断，就是就“分阶段”观念做出的：“中国经济发展进入新常态，这是中国经济向形态更高级、分工更优化、结构更合理阶段演进的必经过程。”②这个基本判断不仅体现了社会有机体成长性的“过程论”思维，更是将“分阶段”的思维进一步切入到了“如何分阶段”的“中介范畴”层次。“形态更高级、分工更优化、结构更合理”的论述，体现了习近平总书记从经济形态、分工和结构入手把握经济发展阶段性差异的系统观念。

在习近平总书记关于经济新常态的论述中，社会有机体的“成长性”与“分阶段”思维，体现得更为直接生动：“经济发展面临速度换挡节点，如同一个人，10 岁至 18 岁期间个子猛长，18 岁之后长个子的速度就慢下来了。”③在这段话中，社会有机体与个人生命体的类比非常形象，习近平总书记通过个人成长过程中的阶段性差异，形象地阐述了经济社会发展过程中出现“增速换挡”的合理性与规律性。这是一种经典的生物学隐喻论断，而生物学隐喻则是社会有机体作为中介范畴所能运用的最佳分析方法。

在“分阶段”的同时，习近平总书记也重点论述了经济新常态下，中国经济依然具有的那些区别于其他经济体的独特优势，这些分析无疑是以各经济体的“多样性”为前提的“国别性”研究。例如，习近平总书记指出：“我国物质基础雄厚、人力资本丰富、市场空间广阔、发展潜力巨大，经济长期向好基本

---

① 中共中央文献研究室编：《习近平关于社会主义经济建设论述摘编》，中央文献出版社 2017 年版，第 96—97 页。

② 中共中央文献研究室编：《习近平关于社会主义经济建设论述摘编》，中央文献出版社 2017 年版，第 109 页。

③ 习近平：《习近平谈治国理政》第二卷，外文出版社 2017 年版，第 247 页。

面没有改变。经济发展进入新常态，在增长速度不可避免换挡的同时……良好发展态势可以保持。”①在探讨具体阶段上经济社会发展一般规律的同时，能够透过全球经济发展困局看到中国经济不同于相同发展阶段的其他国家，准确把握中国经济的优势所在，表明习近平总书记在“分阶段”的同时，也有效贯彻了中介范畴的“多样性”原则。两个原则的结合，准确把握了系统观念科学性的要义所在。

（三）基于中介范畴的生物学隐喻：“阶段性+多样性”的系统观念分析框架

通过上述介绍不难看出，虽然社会有机体具有区别于生物生命体的不同特征，但是将两者相类比的“生物学隐喻”，明显要优于以传统物理学为基础的方法论理念。马克思论述社会有机体的“有机体制”也与现代生物学的“遗传基因”具有很高的相似度。同时，生物生命体在基因控制下的“成长性”与基因改变后的“变异性”，也可以从“成长”和“变异”两个维度上概括社会有机体的发展。

除了上述“一致性”的类比外，社会有机体也有其特殊性。例如在“变异”方面，社会有机体的不同之处就是：一方面，可以在同一个社会有机体中实现变异，而无须像生物生命体一样经历几代生命体的选择和竞争才能完成；另一方面，与生物生命体无法完全掌控自己的“变异”不同，社会有机体可以通过目标设定和有意识的社会变革或组织变革来引导和推动社会有机体的“有机体制”变革。

基于社会有机体与生物生命体的上述异同，我们可以运用社会有机体的中介范畴，引入“生物学隐喻”来建构一个兼具“阶段性”和“多样性”双重特征的社会有机体分析框架，用于展开和透析系统观念。在这方面，演化经济

① 中共中央文献研究室编：《习近平关于社会主义经济建设论述摘编》，中央文献出版社2017年版，第85页。

学的著名学派，以纳尔逊和温特为代表的“新熊彼特学派”值得关注。他们提供的“组织遗传学”可以作为我们建构系统观念分析框架的有益借鉴。

依据纳尔逊和温特的观点，他们的“组织遗传学”以企业组织为研究对象，其关键的生物学隐喻就是将企业内的“惯例”视为组织的“基因”：“对于一切规则的和可以预测的企业行为方式，我们一般使用的名词是‘惯例（routine）’。……在我们的演化理论里，这些惯例起着基因在生物进化理论中所起的作用。惯例是有机体的持久不变的特点，并决定它可能有的行为（虽然实际的行为也由环境来决定）。今天的有机体生产出来的明天的有机体（例如，建造一座新工厂）具有许多相同的特点，在这个意义上，惯例是可以继承的。”[①]对应“基因变异”的就是这种惯例的改变，而实现这个改变的“变异”过程则涉及“搜寻—满意”假说：假定经济主体具有“适应性抱负”，在这种抱负得到满足的情况下，原有的惯例就被传承下去；如果现有“惯例”已经不能满足经济主体的适用性抱负，经济主体就会搜寻新的“惯例”，并通过应用和实践，检验新的惯例是否达到了其“适应性抱负”。如果抱负长期得不到满足，则其抱负水平会下降，搜寻停止。当抱负在没有降低的情况下得到了满足，则说明经济主体达到了“满意”，搜寻随之结束，企业选择使用新的惯例——类似于生物基因变异的组织变革也随之完成。

借鉴这种“组织遗传学”，我们需要相应做出以下三个方面的调整：第一，将组织的范围从企业拓展到整个人类社会；第二，将对应“基因”的“惯例”更换为马克思意义上的社会有机体的“有机体制”，这种有机体制可以视为社会上得以推行的制度体系或行动准则；第三，将进行搜寻的主体，从单个的经济主体或企业家拓展为领导整个社会的政治力量，在我国就是党的领导。这样一来，我们需要具体明确的关键问题就是，“搜寻—满意”假说中的“适应性抱负”是什么，即党组织满意与否的标准是什么。本章第二部分的讨论为我们提供了一个有益的答案：如果说资本主义世界的基本规律是一切要服从于资

① 理查德·纳尔逊、悉尼·温特：《经济变迁的演化理论》，胡世凯译，商务印书馆1997年版，第19—20页。

本追求剩余价值的需要,那么,社会主义经济的基本规律应是生产要满足社会主义生产目的。因此,能否满足人民日益增长的美好生活需要就是新时代党领导人民判断新的“有机体制”是否达到了“满意”的根本标准。习近平总书记在2020年两会期间参加内蒙古代表团审议时提出的“我们党没有自己特殊的利益,党在任何时候都把群众利益放在第一位。这是我们党作为马克思主义政党区别于其他政党的显著标志”,就是这一思想的集中体现。因此,我们可以在新时代社会主要矛盾的基础上,以是否满足社会主义生产目的作为“搜寻—满意”假说的“适应性抱负”标准。

由此,贯彻系统观念的社会有机体分析框架可以大致概括如下:在我国,经济社会发展的总过程,可以视为党领导人民的集体行动过程。在这个过程中,既有的制度体系、行为准则和运动规则可视为这个社会有机体的“有机体制”,它规定了中国社会的总体特征。随着经济社会的发展,整个社会有机体经历不同的发展阶段,在不同阶段上“适应性抱负”会发生相应的调整,例如新时代社会主要矛盾的转变,就是这个社会有机体“适应性抱负”相应调整的体现。同时,随着国内外环境的变化,党领导人民共同行动,不断搜寻新的“有机体制”,并在实践中检验哪些“有机体制”能够更好地满足新时代的社会主义生产目的,进而通过经济社会体制改革推广那些更符合社会主义生产目的的“有机体制”。这一过程,既是经济社会发展的过程,也是各方面体制机制持续变革的过程。而要有效推进这一过程,就必须把整个经济社会视为一个有机整体,把握经济建设、政治建设、文化建设、社会建设和生态文明建设“五位一体”的总体布局,“统筹国内国际两个大局,办好发展安全两件大事,坚持全国一盘棋”。同时,在明确了社会有机体成长方向、成长规律和成长过程的基础上,因势利导,积极作为,加强前瞻性思考、全局性谋划、战略性布局、整体性推进。在党领导人民的集体行动过程中,经济社会发展就是在既有的有机体制下,推进整个社会有机体的“自然生长过程”,以及以更好地满足社会主义生产目的为原则,搜寻和实施新的有机体制的过程,即社会有机体变革的过程。“自然生长过程”和“社会变革过程”的有机统一,就是党领导人民坚持系统观念推进经济社会发展的历史进程。

第十三章

从“为什么不能发展”到“如何实现发展”：马克思主义经济发展思想的历史跨越

一、经济发展理论与社会主义政治经济学的先天共生性

习近平总书记在经济社会领域专家座谈会上的讲话中，高度重视中国特色社会主义政治经济学的发展，回顾改革开放以来我们取得的一系列理论成果，突出强调了总结实践经验、推进理论发展的重要性。他指出：“面对错综复杂的国内外经济形势，面对形形色色的经济现象，学习领会马克思主义政治经济学基本原理和方法论，有利于我们掌握科学的经济分析方法，认识经济运动过程，把握经济发展规律，提高驾驭社会主义市场经济能力，准确回答我国经济发展的理论和实践问题。新时代改革开放和社会主义现代化建设的丰富实践是理论和政策研究的‘富矿’，我国经济社会领域理论工作者大有可为。”①这也是中国实践推动马克思主义经济发展思想研究主题从“为什么不能发展”向“如何实现发展”转变的历史跨越时期，研究这一新的主题成为中国经济学者的责任与使命。2017 年中央经济工作会议明确提出“以新发展

① 习近平：《在经济社会领域专家座谈会上的讲话(2020 年 8 月 24 日)》，《人民日报》2020 年 8 月 25 日第 2 版。

理念为主要内容的习近平新时代中国特色社会主义经济思想”,并指出这一思想“是5年来推动我国经济发展实践的理论结晶,是运用马克思主义基本原理对中国特色社会主义政治经济学的理性概括,是中国特色社会主义政治经济学的最新成果,是党和国家十分宝贵的精神财富”①。准确把握这一思想,必须结合中国经济发展实践和马克思主义经济发展思想的历史沿革,从马克思主义理论与中国实践相结合的高度,认识习近平新时代中国特色社会主义经济思想对马克思主义经济发展思想的理论贡献。理解经济发展理论与社会主义政治经济学的先天共生性,则是准确认识这一思想的重要前提。

自俄国十月革命以来,落后国家的社会主义经济走上了历史舞台。在过去的100年间,在落后国家建设社会主义并实现经济发展,成为社会主义经济思想的中心议题。作为一个在落后条件下建设社会主义的发展中国家,我国在新中国成立之初就尤其重视学习政治经济学,借鉴苏联的现代化建设经验。从1958年到1961年,毛泽东同志四次提倡领导干部学习政治经济学②,建议中央各部门党组和各省市自治区党委的第一书记组织读书小组读政治经济学。他与刘少奇、周恩来分别组织了读书小组。在组织读书小组在杭州读书期间,他在信中说“读的是经济学。我下决心要搞通这门学问”③。在毛泽东同志的倡导下,20世纪50年代中后期我国出现第一次社会主义经济理论研究高潮。这一时期中国领导人和中国学者对社会主义政治经济学的重视,既体现了他们对马克思主义理论的学习热情,也体现出他们吸收先进发展经验、改变国家落后面貌的迫切愿望。

20世纪中叶以来,实现独立解放的发展中国家数量急剧增加。在这些国家中,控诉和反对资本主义经济体系对落后国家的殖民掠夺,成为经济理论的重要诉求。因此,在二战后建立的大量社会主义国家和其他新兴民族独立

---

① 《坚持习近平新时代中国特色社会主义经济思想——论贯彻落实中央经济工作会议精神》,《人民日报》2017年12月22日第1版。

② 戚义明:《“大跃进”后毛泽东四次提倡领导干部学政治经济学》,《党的文献》2008年第3期。

③ 中央文献研究室第一编研部编:《话说毛泽东》,中央文献出版社2000年版,第94页。

国家中，经济理论往往高度关注资本主义世界体系的剥削和掠夺本质，马克思主义政治经济学成为这些国家的重要理论武器。过去的100年间，社会主义经济理论与落后国家的经济发展理论形成了一定程度的“同源共生”特征：重视吸收和借鉴马克思主义政治经济学原理，反对和控诉资本主义世界体系对落后国家的剥削与掠夺，集中关注资本主义世界体系导致的落后国家的发展困境。

二、为什么不能发展：传统马克思主义经济发展思想的主要议题

经济发展议题具有与生俱来的“国际比较”特性。正如马克思所言：“工业较发达的国家向工业较不发达的国家所显示的，只是后者未来的景象。”[①] 对于落后国家而言，先进与落后的差别天然地来自自身与发达国家的比较。而在落后国家之所以落后的各类原因中，发达资本主义国家的剥削和掠夺是重要因素。马克思曾直言：“美洲金银产地的发现，土著居民的被剿灭、被奴役和被埋葬于矿井，对东印度开始进行的征服和掠夺，非洲变成商业性地猎获黑人的场所：这一切标志着资本主义生产时代的曙光。”[②]在理论上，国际剥削与阶级剥削具有逻辑一致性——“如果说自由贸易的信徒弄不懂一国如何牺牲别国而致富，那么我们对此不应该感到意外，因为这些先生们同样不想懂得，在每一个国家内，一个阶级是如何牺牲另一个阶级而致富的”[③]。正是基于这样的逻辑一致性，在社会主义国家和其他民族独立国家中，以剩余价值理论为关键内容的马克思主义政治经济学成为经济发展理论的重要方法

① 中共中央马克思恩格斯列宁斯大林著作编译局编译：《马克思恩格斯选集》第二卷，人民出版社2012年版，第82页。

② 中共中央马克思恩格斯列宁斯大林著作编译局编译：《马克思恩格斯文集》第二卷，人民出版社2012年版，第296页。

③ 中共中央马克思恩格斯列宁斯大林著作编译局编译：《马克思恩格斯选集》第一卷，人民出版社2012年版，第374页。

论来源。由此形成的马克思主义经济发展思想也都高度关注资本主义世界体系对落后国家发展困境的影响，摆脱和打破这一体系成为实现经济发展的关键诉求。

除国内读者熟悉的社会主义国家政治经济学理论中对西方资本主义发达国家殖民掠夺和经济封锁的控诉及建立国际经济新秩序等主张外，在其他民族独立国家也形成了批判资本主义世界体系剥削和掠夺本质的马克思主义经济发展思想。例如，贡德·弗兰克(Gunder Frank)提出了著名的“依附理论”，将落后国家受控于西方发达资本主义国家的“宗主—卫星”关系下难以实现发展的状态称为“不发达的发展”，从而区别于原始未开发的“未发达”状态。特奥托尼奥·多斯桑托斯(Theotonio Dos-santos)的“新依附论”更加重视发达国家跨国公司在发展中国家投资形成的“技术—工业型依附”，在这种新的依附关系中，发展中国家的技术和外贸依附于发达国家，对发展中国家的经济发展形成“结构性的束缚”。[①] 费尔南多·恩里克·卡多佐(Fernando Henrique Silva Cardoso)提出“依附的发展”理论，认为依附状态和发展是同时存在的，在依附关系中落后国家也可以获得一定的发展机遇，“依附的发展”是走向更高发展阶段的途径之一。[②] 阿吉里·伊曼纽尔(Arghiri Emmanuel)的“不平等交换”理论则直指发展中国家在旧的国际经济秩序中面临的不利市场条件。[③] 萨米尔·阿明(Samir Amin)深入探讨了边缘资本主义状态下的民族独立国家面临的发展困境，并进一步发展了不平等交换理论，将其作为导致中心与边缘国家差别的基础。[④] 这些经济发展理论虽然也涉及了落后条件下的发展中国家如何突破资本主义体系、实现发展的问题，但是这些研究往往只涉及要打破或部分地利用现有的资本主义体系，而未就实现发展的过

---

① 特奥托尼奥·多斯桑托斯：《帝国主义与依附》，杨衍永等译，社会科学文献出版社 2017 年版。

② 费尔南多·恩里克·卡多佐、恩佐·法勒托：《拉美的依附性及发展》，单楚译，世界知识出版社 2002 年版。

③ 阿吉里·伊曼纽尔：《不平等交换——对帝国主义贸易的研究》，文贯中等译，中国对外经济贸易出版社 1988 年版。

④ 萨米尔·阿明：《不平等的发展》，高铦译，商务印书馆 1990 年版。

程和路径进行深入的专题研究，理论的主体内容集中探讨的是资本主义世界体系的封锁和统治对落后国家经济发展的阻碍，并以此为主线解释了落后国家“为什么不能发展”。此外，这一时期国内外社会主义政治经济学的研究议题局限于“为什么不能发展”的另一原因，就是各国经济发展经验不足，尚缺乏推进理论进展的经济社会发展基础。对此，毛泽东同志也曾在20世纪50年代末指出：“社会主义社会的历史，至今还不过四十多年，社会主义社会的发展还不成熟，离共产主义的高级阶段还很远。现在就要写出一本成熟的社会主义、共产主义政治经济学教科书，还受到社会实践的一定限制。”①

客观而言，上述马克思主义经济发展思想未能就摆脱落后状态的出路和过程进行深入的专题研究，究其原因，并非缘于相关学者研究视角的局限性，而是囿于经济发展现实条件不足。在很长的一段时间内，这些社会主义国家和民族独立国家都未能获得长足的经济发展，在摆脱资本主义世界体系的封锁和统治方面，虽然出现了短时期的成功，但是持续彻底的经济崛起并未真正实现。“现实素材”的不足导致传统的马克思主义经济发展思想形成了以“为什么不能发展”为主要议题的基本特征。

三、如何实现发展：中国特色经济发展思想的议题转换

中国对经济发展思想与生俱来的“国际比较”特性具有深刻洞察。改革开放之初，思想解放运动的一项重要内容就是承认我国经济发展水平的相对落后，邓小平同志旗帜鲜明地提出“贫穷不是社会主义”。在社会主义经济理论中，“生产力水平低且发展不平衡”是国内经济体制改革和对外经济开放的重要前提。中国社会主义经济理论与实践对于国内市场经济和国外资本主义世界体系的态度转变，与对经济发展水平的准确认知密切相关。这种转变

① 邓力群编辑整理、中华人民共和国国史学会印：《毛泽东读社会主义政治经济学批注和谈话》，第804页。

就是不再集中控诉资本主义经济与资本主义世界体系导致的经济落后和发展困境,而是尝试驾驭与利用市场经济和世界市场,发展社会主义经济。客观而言,关于中国经济发展阶段的准确认知,从根本上夯实了改革开放以来社会主义经济理论和实践的现实基调。同时,中国经济发展战略突出体现经济发展阶段的特征。党的十三大正式提出的"三步走"战略,使经济发展阶段的跨越深入人心:第一步,1990 年国民生产总值比 1980 年翻一番,解决人民的温饱问题;第二步,20 世纪末国民生产总值再增长一倍,人民生活达到小康水平;第三步,到 21 世纪中叶人民生活比较富裕,基本实现现代化,人均国民生产总值达到中等发达国家水平。其中,前两步目标已经完成。关于第三步任务,党的十五大进一步提出,进入新世纪后"第一个十年实现国民生产总值比 2000 年翻一番,使全国人民的小康生活更加宽裕,形成完善的社会主义市场经济体制;再经过十年的努力,到建党一百年时,使国民经济更加发展,各项制度更加完善;到下个世纪中叶建国一百年时,基本实现现代化,建成富强民主文明的社会主义国家",由此形成了"两个一百年"奋斗目标。这些"分步走"战略目标不仅是理论上的发展方向、国家层面的战略规划,也成为广大人民耳熟能详的美好生活预期,深入人心。除"分步走"战略目标外,一系列具有中国特色的马克思主义经济发展思想不断涌现,如"发展是硬道理"的思想、正确处理"改革、发展和稳定"三者关系的思想、衡量工作得失的"三个有利于"标准等。这些经济发展思想将理论关注点牢牢锁定在"如何实现发展"的时代主题之上。

随着经济发展水平的提升和发展任务的深化,中国特色经济发展思想也在"如何实现发展"的路线上持续深化,生产力跨越式发展思想和科学发展观就是其中的典型。生产力跨越式发展思想由江泽民同志提出,并引发广泛深入的研究,其代表性主张就是工业化与信息化相结合的"新型工业化道路"。有学者针对性地提出,两个不同阶段的发展任务在后发国家叠加出现,使后发国家的高级形态和低级形态互相融合,使两个发展阶段上的双层目标和任务叠加实现，最终促使后发国家不再重复先发国家的渐进式路径，形成一条不同于“加速式”发展和“跳跃式”发展的道路，构成“跨越式”发展。① 这一思想在很大程度上提升了学界对发展中国家独特发展道路的认识。在党的十六大后，党中央结合发展实践，进一步深化了发展的科学内涵，提出“科学发展观”。胡锦涛同志在党的十七大报告中指出，“科学发展观，第一要义是发展，核心是以人为本，基本要求是全面协调可持续，根本方法是统筹兼顾”，将经济发展思想的系统化和理论化提升到全新水平。至此，中国特色经济发展思想不仅为社会主义经济理论提供了关于经济发展阶段的现实基调，而且逐步形成了由“为什么要发展、要怎样的发展、以怎样的方法发展”等论断构成的现实理论，并上升为党和国家的重要指导思想和行动指南。简言之，中国特色的马克思主义经济发展思想不仅实现了从“为什么不能发展”到“如何实现发展”的主题转变，而且实现了从潜在理论前提到理论内容和指导思想的地位提升。

四、新时代“如何实现发展”的思想走向历史新高度

进入新时代，我国将“如何实现发展”的思想推向了新的历史高度。2017年中央经济工作会议总结：“5 年来，我们坚持观大势、谋全局、干实事，成功驾驭了我国经济发展大局，在实践中形成了以新发展理念为主要内容的习近平新时代中国特色社会主义经济思想。”②梳理习近平新时代中国特色社会主义经济思想的形成过程和基本内容，不难发现，这一思想从发展阶段、发展理念、发展战略、全球化思想和发展格局五个方面，将“如何实现发展”的思想推向了历史新高度。

第一，经济发展阶段思想从理论前提上升为主体线索。从 20 世纪 80 年

① 郭祥才：《马克思主义跨越发展理论与中国新型工业化道路》，《中国社会科学》2003 年第 6 期。
② 《中央经济工作会议在北京举行》，《人民日报》2017 年 12 月 21 日第 1 版。

代开始，对经济发展水平的准确认知成为社会主义政治经济学的理论前提。近年来，随着理论的发展，经济发展阶段思想开始从理论前提提升为理论建构的工具和线索。如，关于经济“新常态”的判断，习近平总书记指出：“中国经济发展进入新常态，这是中国经济向形态更高级、分工更优化、结构更合理阶段演进的必经过程。”①经济发展阶段的转变已成为判断经济形势的一个基本视角。这一视角对于“中国特色社会主义进入新时代，我国社会主要矛盾转化”重大论断的提出也具有重要意义。同时，2017 年中央经济工作会议明确指出：“我国经济发展也进入了新时代，基本特征就是我国经济已由高速增长阶段转向高质量发展阶段。”②可见，发展阶段转变成为把握新时代中国经济的基本特征。

第二，经济发展理念从理论主张上升为主要内容。2017 年中央经济工作会议将新发展理念确定为习近平新时代中国特色社会主义经济思想的主要内容。“发展为了谁”“要实现怎样的发展”是经济发展思想的理论先导与核心议题。习近平总书记明确提出：“首先要把应该树立什么样的发展理念搞清楚，发展理念是战略性、纲领性、引领性的东西，是发展思路、发展方向、发展着力点的集中体现。”③在发展思想方面，明确指出“坚持以人民为中心的发展思想。发展为了人民，这是马克思主义政治经济学的根本立场”④。在发展方向方面，创新、协调、绿色、开放和共享五大发展理念，成为把握经济发展全局、布置发展战略的理论基础和战略指引，具有统摄全局的纲领性地位，将习近平新时代中国特色社会主义经济思想总括为一个系统的理论整体。

第三，经济发展战略进一步系统化和理论化。在发展阶段思想的基础上

---

① 中共中央文献研究室编：《习近平关于社会主义经济建设论述摘编》，中央文献出版社 2017 年版，第 109 页。

② 《坚持习近平新时代中国特色社会主义经济思想——论贯彻落实中央经济工作会议精神》，《人民日报》2017 年 12 月 22 日第 1 版。

③ 中共中央文献研究室编：《习近平关于社会主义经济建设论述摘编》，中央文献出版社 2017 年版，第 21 页。

④ 中共中央文献研究室编：《习近平关于社会主义经济建设论述摘编》，中央文献出版社 2017 年版，第 30 页。

和发展理念思想的引领下，新时代的经济发展战略进一步系统化和理论化。如，创新驱动战略是创新理念的集中体现；推进新型工业化、信息化、城镇化、农业现代化同步发展战略，是协调理念的根本要求；防范化解重大风险、精准脱贫、污染防治三大攻坚战，则集中体现了协调、绿色和共享的发展理念；“一带一路”倡议和“提高开放型经济水平”，则充分体现了新时代开放理念的新高度。不同领域和不同区域的发展战略，在新发展理念的统领下相互协调、相互配合，形成推进中国经济发展的系统性战略，其战略思想也直接对接发展阶段和新发展理念，提升了具体战略思想的理论化水平。

第四，在经济全球化思想方面，中国从“积极参与者”上升为“倡议推动者”。近年来，越来越多的国家意识到，以“一带一路”倡议为代表的中国特色的全球化主张，正在为全球化进程提供不同以往的“中国方案”。党的十九大报告明确提出，“推动建设开放型世界经济”，“中国秉持共商共建共享的全球治理观”，“推动人类命运共同体建设”。这些全新的主张开始从战略、理念和人类命运的高度入手，倡导构建更包容、更开放、更合理的开放型世界经济。随着这些思想的提出，中国开始从全球化的积极参与者逐步转变为倡议者和推动者，“中国方案”开始从观点和主张转变为具体的理念与行动，并在全球范围获得了越来越多的支持。相对于力求摆脱资本主义世界体系的传统的马克思主义经济发展思想，新时代中国特色社会主义经济思想的全球化思想成功地开拓了全新的理论境界和实践成果。

第五，“发展格局”思想实现新的历史跨越。习近平总书记在经济社会领域专家座谈会上的讲话中，进一步明确“以畅通国民经济循环为主构建新发展格局”，强调“要推动形成以国内大循环为主体、国内国际双循环相互促进的新发展格局。这个新发展格局是根据我国发展阶段、环境、条件变化提出来的，是重塑我国国际合作和竞争新优势的战略抉择”，并指出“对这个客观现象，理论界进行了很多讨论，可以继续深化研究，并提出真知灼见”①。这在推动理论界展开深入研究的同时，也为今后的研究和发展指明了方向。

总之，相对于传统的马克思主义经济发展思想，习近平新时代中国特色社会主义经济思想秉承改革开放以来中国社会主义经济理论的核心理念，沿着从“为什么不能发展”到“如何实现发展”的基本方向，将“如何实现发展”的思想进一步系统化和理论化，实现了马克思主义经济发展思想的历史性跨越。促使我们实现这一理论跨越的根基就在于中国经济发展实践的巨大成就和历史经验。

综上所述，与时俱进是马克思主义理论鲜明的理论品质，当代中国马克思主义政治经济学的发展更是与中国经济社会发展进程息息相关。20 世纪 80 年代，在改革开放事业的起步阶段，党的十二届三中全会通过的《中共中央关于经济体制改革的决定》，提出“在公有制基础上有计划的商品经济”，初步确立了公有制与商品经济相结合的经济体制改革方向。邓小平同志对此高度评价，认为“写出了一个政治经济学的初稿，是马克思主义基本原理和中国社会主义实践相结合的政治经济学”②。当前，随着社会主义事业的不断发展，习近平总书记指出，“中国特色社会主义是全面发展的社会主义”③，“经过 30 多年改革开放，我国社会生产力、综合国力、人民生活水平实现了历史性跨越，我国基本国情的内涵不断发生变化”④，提出要“提炼和总结我国经济发展实践的规律性成果，把实践经验上升为系统化的经济学说”⑤，“坚持和发展中国特色社会主义政治经济学，要以马克思主义政治经济学为指导，总结和提

① 习近平：《在经济社会领域专家座谈会上的讲话（2020 年 8 月 24 日）》，《人民日报》2020 年 8 月 25 日第 2 版。

② 邓小平：《邓小平文选》第三卷，人民出版社 1993 年版，第 83 页。

③ 中共中央文献研究室编：《习近平关于社会主义经济建设论述摘编》，中央文献出版社 2017 年版，第 11 页。

④ 《坚持运用辩证唯物主义世界观方法论　提高解决我国改革发展基本问题本领》，《人民日报》2015 年 1 月 25 日第 1 版。

⑤ 《立足我国国情和我国发展实践　发展当代中国马克思主义政治经济学》，《人民日报》2015 年 11 月 25 日第 1 版。

炼我国改革开放和社会主义现代化建设的伟大实践经验”①。从毛泽东同志认为写出成熟的教科书“受到社会实践的一定限制”,到邓小平同志认为“写出了一个政治经济学的初稿”,再到习近平总书记提出“把实践经验上升为系统化的经济学说”,坚持和发展中国特色社会主义政治经济学,清晰的历史脉络表明,中国的经济社会发展是中国社会主义经济理论最强大的动力之源。随着改革开放的成功,伴随新时代中国经济从高速增长阶段进入高质量发展阶段,建构中国特色社会主义政治经济学的理论信心日益增强。从“为什么不能发展”到“如何实现发展”的议题转换,正是中国经济学理论自信的生动体现,也为新时代中国特色社会主义政治经济学的理论建构指明了前进的方向。

① 《坚定信心增强定力 坚定不移推进供给侧结构性改革》,《人民日报》2016年7月9日第1版。

下 编

“两个相结合”的思考

第一章

马克思主义与中华优秀传统文化融合的哲学探析

作为前现代的中华优秀传统文化，如果不积极主动地与作为现代文化的马克思主义融合，重生为中华新文化，或者植根于西方文化传统的马克思主义，不和中华优秀传统文化相融合并内化为其中的文化基因，那么二者都将失去对新时代中国社会现代化进程的解释、引领和指导能力。因此，在开启全面建设社会主义现代化新征程的背景下，积极推进和实施马克思主义与中华优秀传统文化的融合就显得极为重要，这事关马克思主义在世界范围的繁荣发展，事关中华优秀传统文化创造性转化和创新性发展的前途命运，事关新时代中华新文化的成功构建。

因此，实现马克思主义与中华优秀传统文化的融合是一个重要的时代课题，也是一个重要的学术话题。从学术史看，关注并讨论两者融合问题的学术讨论并不鲜见，但是，与以往自在的、仅从文化战术层面讨论马克思主义与中华优秀传统文化融合问题的做法不同，本章在自觉的、文化战略的层面上进行思考，即立足于唯物史观和文化哲学，深挖马克思主义与中华优秀传统文化融合的哲学存在论根据，在中国特色社会主义现代化建设实践和文化发展史的视域下，对两者融合问题展开高度自觉自律的审视和考察。

一、马克思主义与中华优秀传统文化的哲学本质

马克思明确指出:“物质生活的生产方式制约着整个社会生活、政治生活和精神生活的过程。不是人们的意识决定人们的存在,相反,是人们的社会存在决定人们的意识。”①唯物史观这一根本观点为我们认识文化的本质提供了根本遵循。不论哪个民族、哪个历史时代的文化,其精神内核都无疑是哲学,而“任何真正的哲学都是自己时代精神的精华”②,这同样适用于马克思主义本身。马克思主义诞生于19世纪的欧洲,是人类历史上最伟大的思想体系之一,也是人类历史上最独特的思想体系。

首先,马克思主义是现代文化,甚至可以说是后现代文化。马克思主义产生的历史背景是现代资本主义的兴起,它是资本主义兴起后所造成的社会矛盾尖锐和社会两大阶级之间的斗争加剧的产物,是关于无产阶级解放和人的自由全面发展的学说。如果说启蒙思想已经属于现代文化,那么全面超越启蒙思想的无产阶级文化当然就是“后现代文化”。无论是“现代文化”,还是“后现代文化”,实质性所指都是对资本主义历史的理论批判和实践扬弃。

其次,既然马克思主义的主题是对资本主义社会形态的系统批判和实践扬弃,那么它所关注的就是无产阶级革命、人类解放以及每个人自由而全面的发展。马克思主义当然会论及自然界以及人与自然的历史性统一,但是它的首要的、重大的主题是人,而且是社会中的人,是人类社会及其发展规律。马克思主义既是彻彻底底的、科学的人道主义,又是彻彻底底的、科学的社会历史主义。

再次,马克思主义是横空出世的,又不是横空出世的。我们说“是”,是指

① 中共中央马克思恩格斯列宁斯大林著作编译局编译:《马克思恩格斯选集》第二卷,人民出版社2012年版,第2页。

② 中共中央马克思恩格斯列宁斯大林著作编译局编译:《马克思恩格斯全集》第一卷,人民出版社1956年版,第121页。

它以无法被超越的、崇高的、严密的理论体系迅速出现在人类思想史中。我们说“不是”，是指它有内在的文化史根源，是欧洲文化史发展到 19 世纪的必然产物，是对欧洲文化尤其是欧洲近代文化的自觉的继承和扬弃。在这个意义上，我们研究马克思主义，就是在间接地研究欧洲文化，就是在间接地、批判地吸收欧洲文化。虽然马克思主义是对欧洲文化的重大继承，但是我们并不否认直接研究欧洲文化的重要意义；同样地，虽然马克思主义是对欧洲文化的批判性颠覆，但是我们并不否认马克思主义依然扎根于欧洲文化。

最后，马克思主义是人类历史上最独特的思想体系。这集中体现为它的实践诉求，即“改变世界”，以及由此决定的与各民族独特社会历史融合的文化必然性。因为马克思主义强调实践，而实践总是各民族特定社会历史条件下的具体性实践，所以它绝不是“纯而又纯”的“经院哲学”，而是必须同时穿梭于社会现实和“书房”的科学理论。这种思想体系看似思想的学术性、严苛性、纯洁性不高，其实是超越纯学术的真学术，是超越理论严苛的社会历史严苛，是超越理论纯洁的社会历史之纯洁。

总之，马克思主义产生于现代资本主义生产方式的内在矛盾及外在化的社会矛盾和阶级对抗，是对现代资本主义社会的理论批判和实践诉求，是对人类解放和人的自由全面发展道路的总体性探索，继承和发展了欧洲文化。马克思主义无疑是“自己时代精神的精华”，甚至是人类思想史上最具科学性和影响力的精华。在这里，我们想强调的是，“自己时代”不能仅仅被理解为 19 世纪，因为马克思主义在今天依然有效，而且比其他各种产生于 20 世纪和 21 世纪的思想流派更为有效。可以说，马克思主义最基本的有效期是共产主义社会的全面到来，这才是马克思主义的“自己时代”。正如萨特所深刻指出的：“这三种哲学（指笛卡儿和洛克的哲学、康德和黑格尔的哲学以及马克思哲学——引者注）依次成为任何特殊思想的土壤和任何文化的前景，只要它们表达的历史时代未被超越，它们就不会被超越。”①

① 萨特：《辩证理性批判》上卷，林骧华等译，安徽文艺出版社 1998 年版，第 9 页。

中华优秀传统文化是中华传统文化中至今仍然拥有强大生命力的精华部分。正如习近平总书记所指出的,“中华优秀传统文化是中华民族的突出优势,是我们最深厚的文化软实力”①。毫无疑问,中华传统文化和中华优秀传统文化是整体与部分的关系,只是中华优秀传统文化的概念内在地蕴含着现代文化价值评价标准,而不是对中华传统文化的纯客观性描述。中华传统文化中的具体理论或观点,已经如其所是地存在于文化史之中了,说它是“优秀”还是“糟粕”,是由我们今天的文化价值标准去衡量而得出的结论。例如,“大一统”政治观念在古代被视为优秀文化,在今天同样被视为优秀文化。但是,封建专制主义在古代被视为优秀文化,在今天则被视为糟粕文化。不过在这里我们关注的是“优秀”或“糟粕”等外在表象之下的中华传统文化的哲学本质。

中华传统文化是在中华民族农耕—游牧自然生产方式基础上历史地形成的文化系统,拥有悠久灿烂的历史和博大精深的内涵,而且是世界各大文明体系中自成一家、从未中断的一个。作为一种非常成熟的农耕—游牧文化,依托得天独厚的地理环境,开创出独特的精神气质和文化内核:“和而不同,厚德载物;刚健自强,生生不息;仁义至上,人格独立;民为邦本,本固邦宁;整体把握,辩证思维;经世务实,戒奢以俭。”②

同样地,中华传统文化也是“自己时代精神的精华”,对于“自己时代”,我们可以认为是从三皇五帝到1840年。尽管这期间生产力和社会形态也在不断发生时大时小的变化或转型,但是都不影响中华传统文化的哲学本质。问题的关键在于,在漫长的历史发展过程中,无论是从语言文字等本质的角度,还是著作典籍等现象的视角;无论是从经史子集等部门学科,还是儒道释等思想流派的视角;亦无论是从汉藏回等民族,还是豫鲁江淮等地域的视角,中华传统文化都在不断丰富完善自己,不断走向成熟稳定,较早形成独具一格

① 《习近平在全国宣传思想工作会议上强调　胸怀大局把握大势着眼大事　努力把宣传思想工作做得更好》,《人民日报》2013年8月21日第1版。

② 郭齐勇:《中国文化精神的特质》,生活·读书·新知三联书店2018年版,第12页。

的精神气质、核心要旨和存在形态。

总之,中华传统文化不仅光辉灿烂,而且历史绵长;不仅多元多样、多姿多彩,而且气质平和、内核统一;不仅成熟稳定,而且自成一家。中华传统文化作为一种奠基于农耕—游牧自然生产方式的文化系统,属于大地文化、农业文化,既不同于古希腊的海洋文化,也不同于西方现代的工商业文化。

二、马克思主义与中华优秀传统文化融合的必要性

探讨关于马克思主义与中华优秀传统文化融合的具体问题之前,应首先思考一个问题:二者为什么要融合? 而要回答这个问题,必须理解和拥有一种历史观和理论视野,即资本主义生产方式及其开创的世界历史和国际格局。

有一种主观主义的历史哲学和文化哲学认为,中华传统文化之中隐藏着现代性的基因,在明清之际已经出现了资本主义生产方式的萌芽。如果不是西方资本主义列强的入侵,中国会按照自身的历史逻辑自然地发展到资本主义社会。在这一话语体系中,中华传统文化不是“传统的”,而是“苟日新,日日新,又日新”的。中华传统文化根本不需要和“西方蛮夷”的文化交流,通过自身的“复古”和“日新”即可解决所有文化方面的困境和问题。持这种主观主义的历史逻辑和文化逻辑的大有人在,这是一种对世界历史和中华传统文化彻底的无知和幻想。

如果不是世界历史的开启,中华传统文化就不会成为“传统的”,也不会在 1840 年以来产生任何自卑、无用、蒙昧和被嫌弃的情结,这和中国是否进入资本主义没有任何关系,也不是中华传统文化自身的错。只要这种生产方式不变革,作为一种非常成熟的、稳定的农耕—游牧自然生产方式基础上的文化,一直都是荣光灿烂、博大精深、高妙而致用的。只要是在这种生产方式的地基上,进一步说只要是在民族的、区域性的历史时代,中华传统文化完全可以永远圆融自足、气定神闲、信心百倍地与其他文化进行平等的优雅对话和交流。

但实际的历史进程并非如此，而是资本主义生产方式率先在欧洲确立，并很快开辟出世界历史，摧毁了任何地域的、民族的隔阂壁垒，并且构建出由西方主导整个世界的支配—从属式世界格局。正如马克思、恩格斯在《共产党宣言》中所深刻揭示的："资产阶级，由于一切生产工具的迅速改进，由于交通的极其便利，把一切民族甚至最野蛮的民族都卷到文明中来了。……它迫使一切民族——如果它们不想灭亡的话——采用资产阶级的生产方式；它迫使它们在自己那里推行所谓的文明，即变成资产者。一句话，它按照自己的面貌为自己创造出一个世界。……正像它使农村从属于城市一样，它使未开化和半开化的国家从属于文明的国家，使农民的民族从属于资产阶级的民族，使东方从属于西方。"①正是这种命运般的世界历史的开启和支配—从属式国际格局的构建，才有了近代中国的"国家蒙辱、人民蒙难、文明蒙尘，中华民族遭受了前所未有的劫难"②。只有从这种客观的历史境况出发，我们才能深入探讨中华传统文化的优劣、命运和前途问题，我们才能继续探讨马克思主义与中华优秀传统文化融合的必要性问题。

中华传统文化之所以成为"传统的"，不是因为它自身的不思进取，而是因为中国被强行拖进现代资本主义生产方式支配的世界历史。正是在世界历史、现代国际格局中，中华文化显得"跟不上时代步伐"而成为"传统的"。但是，中华传统文化特别是中华优秀传统文化，一定要在新时代复活、复兴，而且要在世界历史、人类全新文化意义和层次上复活、复兴，即习近平总书记所期待的"不断铸就中华文化新辉煌"③。要想做到这一点，习近平总书记明确地指出了道路，那就是"坚持创造性转化，创新性发展"④，具体就是"坚持把

① 中共中央马克思恩格斯列宁斯大林著作编译局编译：《马克思恩格斯选集》第一卷，人民出版社2012年版，第404—405页。

② 《中共中央关于党的百年奋斗重大成就和历史经验的决议》，《人民日报》2021年11月17日第1版。

③ 习近平：《决胜全面建成小康社会　夺取新时代中国特色社会主义伟大胜利——在中国共产党第十九次全国代表大会上的报告》，《求是》2017年第21期。

④ 习近平：《决胜全面建成小康社会　夺取新时代中国特色社会主义伟大胜利——在中国共产党第十九次全国代表大会上的报告》，《求是》2017年第21期。

马克思主义基本原理同中国具体实际相结合，同中华优秀传统文化相结合"①。

因此，马克思主义与中华优秀传统文化融合是非常必要的，事关马克思主义世界范围的发展繁荣、永葆活力，事关中华优秀传统文化复活、复兴的前途命运，事关中华新文化的成功创造。

第一，就马克思主义而言，它必须与中华优秀传统文化融合。首先，马克思主义植根于欧洲文化传统，是欧洲文化集大成者。如果不与中华优秀传统文化融合，进入中华民族的文化血脉、思维范式，那么它将始终是外来的、异在的。其次，如果马克思主义始终外在于中华文化，就不能掌握中华民族，就不能实现自己的理论诉求——解放全人类及每个人自由而全面地发展。再次，马克思主义是以实践为核心精神的学说，而实践始终是具体的、历史的、民族的。就中华民族而言，它不与中华优秀传统文化相结合，就不能转化为实践，即不能指导中国曾经的革命运动和现在如火如荼的现代化运动，结果只能是抽象化、教条化以至于失去生命活力。历史的经验教训启示我们，马克思主义的"正统性"不在于"教条"，而在于"方法"；不在于原教旨，而在于它指导下的实践效果。正如卢卡奇所指出的："马克思主义问题中的正统仅仅是指方法。它是这样一种科学的信念，即辩证的马克思主义是正确的研究方法，这种方法只能按其创始人奠定的方向发展、扩大和深化。"②总之，马克思主义必须与中华优秀传统文化融合，这是马克思主义理论体系本身的内在规定和客观要求，否则就会走向自己的对立面，走向自己所坚决反对的境况："哲学家们只是用不同的方式解释世界，问题在于改变世界。"③

第二，比较而言，中华优秀传统文化更有必要与马克思主义融合。无论中华优秀传统文化多么源远流长、博大精深，无论曾经多么"优秀"或现在依

---

① 《中共中央关于党的百年奋斗重大成就和历史经验的决议》，《人民日报》2021 年 11 月 17 日第 1 版。
② 卢卡奇：《历史与阶级意识》，杜章智等译，商务印书馆 1999 年版，第 48 页。
③ 中共中央马克思恩格斯列宁斯大林著作编译局编译：《马克思恩格斯选集》第一卷，人民出版社 2012 年版，第 136 页。

然“优秀”，问题的关键都在于，从文化的根本性质上说，它不是现代文化，而是前现代的文化，它不是现代化生产方式所开创的工业—商业文化，而是小农生产方式所开创的农业—游牧文化，这就决定了中华优秀传统文化从根本上不适合正在大踏步走向现代化的中国。正如李大钊尖锐指出的：“我们可以晓得孔子主义（就是中国人所谓纲常名教）并不是永久不变的真理。孔子或其他古人，只是一代哲人，绝不是‘万世师表’。他的学说，所以能在中国行了二千余年，全是因为中国的农业经济没有大的变动，他的学说适宜于那样经济状况的缘故。现在经济上生了变动，他的学说，就根本动摇，因为它不能适应中国现代的生活、现代的社会。”①正是因为中华优秀传统文化自身的这种“先天”文化本质和封建主义的阶级本质，又恰逢现代化的中国社会现实和社会主义的阶级要求，以及世界历史越来越全面彻底地展开，它必须高度自觉而主动地与马克思主义融合。马克思主义是对现代世界之本质和秘密的系统性的、具有原则高度的揭示、批判和超越，只有通过融合马克思主义蕴含的现代的，甚至是后现代的文化基因，才能实现“创造性转化、创新性发展”，才能完成具有世界历史意义上的复活、复兴。

总之，由于马克思主义与中华优秀传统文化有着完全不同的“先天”文化本质、历史背景、阶级属性和理论诉求，我们既需要马克思主义的指导，又无法简单地、外在地拿来就用；同时，中华优秀传统文化无法很好地满足新时代中国社会现代化实践的需要，但我们又不能将其丢弃、割断自己的精神血脉。因此，唯一的出路和前途就是二者融合。归根结底，马克思主义与中华优秀传统文化融合动因来自中国特色社会主义道路的客观需要。一百年来，党领导人民创造了新民主主义革命、社会主义革命和建设、改革开放和社会主义现代化建设、新时代中国特色社会主义等一系列伟大成就，成功探索出一条符合中国具体实际的社会主义性质的现代化道路，这些伟大历史实践虽然是在马克思主义指导下实现的，但是马克思主义只是“指导”，并没有阐明其中

① 李大钊：《李大钊全集》第三卷，人民出版社 2006 年版，第 149 页。

的每一个重大环节及其重大意义。同样地，这样的伟大历史实践尽管隐秘地借助了中华优秀传统文化，但是中华优秀传统文化自身也缺乏对这样一场"百年未有之大变局"的独立言说和系统解释。只有通过融合马克思主义和中华优秀传统文化，充分利用包括二者在内的一切先进、有用的文化资源，对一百年来的伟大历史实践进行科学的、创造性的、独立自主的文化探索，我们才能对"百年未有之大变局"的历史本质和中国特色社会主义道路的世界历史意义给予系统、全面的阐释。中华民族的百年历史实践，中华民族自己开创的道路，只能靠自己去进行文化反思、提炼和创造，没有现成的文化理论可以解释这一切。质言之，只有通过融合，马克思主义才能发展自己、实现自己，中华优秀传统文化才能复活自己、复兴自己，才能言说清楚中华民族伟大复兴、中国特色社会主义道路对全人类、世界历史、世界社会主义运动的全部意义。

三、马克思主义与中华优秀传统文化融合的可行性、方法论原则和终极目标

马克思主义与中华优秀传统文化融合不仅极具必要性，而且具有现实可行性。两者的融合是一项长期、持久、浩大的系统工程。要顺利推进和有效实施马克思主义与中华优秀传统文化的深度融合，必须明确目标，坚持科学的方法论原则。

（一）马克思主义与中华优秀传统文化融合的可行性分析

马克思主义与中华优秀传统文化融合的可行性的最大理论根据是唯物史观的根本洞见："因此，道德、宗教、形而上学和其他意识形态，以及与它们相适应的意识形式便不再保留独立性的外观了。它们没有历史，没有发展，而发展着自己的物质生产和物质交往的人们，在改变自己的这个现实的同时

也改变着自己的思维和思维的产物。不是意识决定生活,而是生活决定意识。”①

首先,中国开始了全面建设社会主义现代化国家新征程,社会主义现代化强国目标离我们越来越近,这是实践或物质生产方式方面的具体实际。如果中国没有现代化的物质生产方式,马克思主义就根本不可能在中国出场和长期在场。它只有在已经开始现代化和已经比较现代化的中国才能顺利出场,进入我们的民族文化谱系,发挥越来越强大的理论威力。同样,如果中国没有现代化的物质生产方式,没有由此带来的文化难题和生存困境,中华优秀传统文化也就不需要本质性的转化,就不存在与马克思主义相融合的问题。因此,中国现代化历史进程及由此带来的迥异于传统小农生产方式的现代化物质生产方式,为马克思主义与中华优秀传统文化融合提供了实践基础方面的现实可行性。否则,马克思主义与中华优秀传统文化融合就只能是主观主义和浪漫主义的文化臆想。

其次,尽管从实践基础、物质生产方式和历史条件看,马克思主义与中华优秀传统文化有着本质差别,但是从哲学思维、精神内核看,二者却又有很多旨趣相投、异曲同工之处,使得马克思主义和中华优秀传统文化的融合具备文化创造层面的现实可行性。具体表现在以下五个方面:

一是从哲学本体论层面看,马克思主义哲学创造性地发展了实践概念,通过实践概念真正弥合了主观世界与客观世界、理念世界与经验世界的二元对立,从根本上超越了西方自柏拉图开始的理念论,特别是近代德国观念论,进而创立了实践哲学。中华优秀传统文化历来强调实践,从形而上视角看也是实践哲学。比如,儒家强调“修身齐家治国平天下”,墨家强调“必务求天下之利”,法家强调“如何致富强”。二是从哲学世界观层面看,马克思主义强调

① 中共中央马克思恩格斯列宁斯大林著作编译局编译:《马克思恩格斯选集》第一卷,人民出版社2012年版,第152页。

完成了的自然主义=人道主义、完成了的人道主义=自然主义①,是一种“完成了的”“天人合一”的世界观。而中华优秀传统文化同样强调“天人合一”是其最为核心的文化精神之一。无论儒家还是道家或佛教,都是从宇宙全局去看人以及人和宇宙关系的,人与宇宙是“合一”的而不是二元对立的。三是从哲学方法论层面看,马克思主义强调主客体之间相互作用的历史辩证法,把世界看成是人的对象化产物,把人看作世界的一部分,正是主客体之间的辩证法创造出作为历史性存在的人和不断地生成的世界。中华优秀传统文化强调“变易”和“生成”,把整个世界及其中万事万物看作一个“生生不息”“流转不居”的“周而复始”过程。四是从社会哲学层面看,马克思主义强调共产主义,强调人民是历史的主体和创造者,强调整个人类的解放和每个人自由而全面地发展,是一种人道主义的或以人为本的社会哲学、人的哲学。中华优秀传统文化强调小康社会、大同社会,强调民本思想,强调“己欲立而立人,己欲达而达人”,同样是一种以人为本的社会哲学、人的哲学。五是从政治哲学层面看,马克思主义强调民族与民族之间、国家与国家之间没有高低贵贱差别,彼此是平等的关系,而且最后必将过渡到无阶级无国家的“自由人联合体”的社会状态。中华优秀传统文化强调“和为贵”“天下为公”。可以说,“自由人联合体”和“天下为公”的思想宗旨在精神上是相通的。由此可见,在哲学本体论、哲学世界观、哲学方法论、社会哲学、历史哲学、人的哲学等诸多文化内核、精神气质方面,马克思主义与中华优秀传统文化息息相关、心心相通。基于此,融合才有可能现实展开。此外,马克思主义与中华优秀传统文化都具有开放的、稳健的、包容的、兼收并蓄的文化品格,这保证了二者融合的平顺、和谐和有效。

再次,中国共产党作为强有力的文化领导核心,是马克思主义与中华优秀传统文化融合可行性的政治关键。“中国共产党从成立之日起,既是中国

① 中共中央马克思恩格斯列宁斯大林著作编译局编译:《马克思恩格斯文集》第一卷,人民出版社2009年版,第185页。

先进文化的积极引领者和践行者，又是中华优秀传统文化的忠实传承者和弘扬者。”①由于中国共产党的文化领导和积极推动，马克思主义与中华优秀传统文化融合就拥有了政治保障、资源优势和人才保障。而且中国共产党率先垂范，带头促使马克思主义与中华优秀传统文化融合，创造出一系列光辉典范。

最后，文化融合需要充分的理论准备，也需要巨大的理论创新，这是实现马克思主义与中华优秀传统文化融合的基础条件。如果对马克思主义一知半解，对中华优秀传统文化遗忘净尽，即使其他条件样样具备，也无法实现融合。可喜的是，经过一百多年的学习、消化、提升，中国学术界已经具备相当扎实的马克思主义理论功底，同时，对中华优秀传统文化的研究也在持续拓展和深化，为马克思主义与中华优秀传统文化融合提供了扎实的理论能力保障。

（二）方法论原则及具体策略

马克思主义与中华优秀传统文化融合是一项浩大繁复的文化创造工程，不可能一蹴而就，需要持续推进，久久为功。在实际的艰辛漫长的融合工作中，方法论原则和具体策略显得尤为重要。

第一，坚持科学的方法论原则，有效开展和持续推进马克思主义与中华优秀传统文化的融合工作。

首先，最为根本的方法论原则是唯物史观的强有力定向，即必须以新时代中国的物质生产方式及其不断发展为出发点和归宿。深入研究中国现代化进程中物质生产方式的本质特征、历史发展和未来趋势，关注物质生产方式及其发展所奠基和开创的政治上层建筑和意识形态，把它们看作一个统一的社会有机体，并且深入解剖这个不断变化发展的社会有机体。除此之外，

① 习近平：《决胜全面建成小康社会　夺取新时代中国特色社会主义伟大胜利——在中国共产党第十九次全国代表大会上的报告》，《求是》2017年第21期。

我们一定要牢固树立世界历史意识和人类整体意识，把中国现代化进程放到整个现代世界发展的总体中加以考察，在整个世界现代化进程中，以及在中国特色社会主义现代化的世界历史意义层面和立场上，推进马克思主义与中华优秀传统文化的融合，成熟而自觉地审视中国特色社会主义现代化过程中的根本性问题和整个世界现代化过程中的普遍性问题，创造性地解答时代之问。

其次，坚持文化自信、理论自信和创新精神。坚持文化自信，我们就要对当下中国所掌握的文化资源，如马克思主义、中华优秀传统文化以及其他各种先进文化等充满信心，不能“言必称古希腊”，也不能“言必称欧美”。坚持理论自信，中国文化界就要摆脱在西方文化面前的“小学生身份”“学徒状态”，坚信自己的理论能力，敢于在文化创造方面“自作主张”。坚持创新精神，就是要本着中国具体实际和文化发展的基本规律去大胆创新。马克思主义与中华优秀传统文化融合，不是文献编纂学或比较研究学意义上的融合，而是彻彻底底的、前所未有的文化创造事业，不能处处奉马克思主义的某些观点、古圣先贤的某些观点，甚至欧美文化的某些观点为圭臬而畏手畏脚。

再次，坚持党的领导。马克思主义与中华优秀传统文化融合是一项伟大的文化事业，必须坚持党总揽全局、协调各方，必须坚持党为文化事业指引的方向、开创的道路、设定的目标，这是融合事业必须遵循的政治原则，也是融合事业得以有效开展的政治保障。

最后，要有兼收并蓄、海纳百川的文化心态和雅量。做好融合工作，就要去除自己内心深处的“魑魅魍魉”，如教条主义、狭隘民族主义和崇洋媚外的民族虚无主义等。坚持实事求是，坚持与时俱进，坚持胸怀天下，坚持独立自主。融合不是一方征服或吞并另一方，也不是一方支配或主导另一方，而是双方共同构建、创造中华新文化。中华新文化、马克思主义、中华优秀传统文化是三位一体的，或者说，中华新文化是“一体”，马克思主义和中华优秀传统文化是“两翼”。

第二，坚持环环相扣、层层深入、同向发力、统筹推进的具体融合策略。

首先，做好翻译工作和系统性研究，实现马克思主义与中华优秀传统文化的基础性融合。由于马克思主义是源自欧洲的思想体系，我们首先要把这个庞大的思想体系及相关研究高水平地、系统地翻译成中文，这方面的工作已卓有成效，《马克思恩格斯全集》第一版已翻译完毕，第二版也在有序进行。当然，除了马克思和恩格斯的著作，西方学者的马克思主义研究优秀成果，也应及时翻译过来。同时，要对翻译成果开展系统性、深入性研究。翻译本身就是一种融合，因为翻译就是用中华优秀传统文化的语言、风格、思维去理解马克思主义的著作。除此之外，也要对中华传统文化进行系统性的梳理、甄别、研究，分辨优秀部分，挖掘出中华优秀传统文化的生命之源、本真精神、现实价值，为与马克思主义融合做好准备。

其次，开展马克思主义与中华优秀传统文化的比较性研究。通过比较性研究，阐明马克思主义与中华优秀传统文化的异和同，更加凸显各自的内涵、本质、特征，我们能够进一步清晰地看到融合的方向、空间和意义。例如，何中华教授著《马克思与孔夫子》，从历史文化条件、运思方式、人与自然关系及实践观等方面系统地对比了马克思主义与儒家思想，非常鲜明地展示了马克思主义与儒家思想的异同，从儒家思想的视角提供了融合的范例。不仅如此，这种比较性研究还应该在更深层次、更大规模上展开，而且比较性研究并不是仅仅去寻找相同点，寻找本质区别也同样重要。我们可以比较研究马克思主义辩证法与周易、马克思主义实践观与儒家实践观、人民思想与民本思想、共产主义与天人合一等精神核心层面的相同点和根本差别，从而有利于我们深刻把握马克思主义与中华优秀传统文化的内涵、异同和特征。在此基础上，开展大规模的、跨学科的融合、共创工程。中国哲学史、马克思主义哲学史、西方哲学史三个领域可以组建团队，从思想发展的历史脉络出发，研究中华新文化的发展路径、构建规律。这里有个严峻但又意义重大的挑战，这就是对中华优秀传统文化而言，如何融合科技文化，以增补自身完全缺失、对现代世界却又无比重要的文化基因。中华优秀传统文化应该通过自我完善和创造，拥有涵养、支撑现代和未来科技发展所需要的思想营养、思维方式和哲学精神，就像近代西方哲学，内在地就包含着科学主义、理性主义的精神。

最后，重视融合基础上的大胆创造创新。这既是融合的目标，也是最重要、最高意义的融合。这种创造性和创新性的融合，要求突破文化自身的范围，积极主动地与中国社会现实相融合，与世界历史的发展进程相融合。走出文本，走向实践世界和生活世界，自觉回答中国乃至于整个世界现代化进程中所出现的重大问题，这样的融合才是真正的创造，这样的创造才能构建中华新文化。

（三）终极目标和历史使命

马克思主义与中华优秀传统文化融合的目标是多元的。比如，更好地从中华优秀传统文化意义上理解马克思主义，促进马克思主义中国化；更好地继承和弘扬中华优秀传统文化，扩展其内涵，促使其复活和复兴；等等。虽然这些都是真实的、有价值的融合目标，却不是终极目标。我们认为，所谓融合不过是文化创造的方法手段，或者说不能为了融合而融合，为了博学而融合，为了文化量上的扩展而融合。马克思主义与中华优秀传统文化融合的终极目标是中华新文化的系统性创造和构建，是中国文化自信和理论自信的牢固确立和世界范围的承认。马克思主义与中华优秀传统文化融合的历史使命是中华新文化超越现代资本主义文化，克服现代资本主义文化本身固有的和无法自我克服的文化缺陷和困境，探索人类新型文化，为现代世界“立心”，为整个人类“立命”，继古今中外之“绝学”，开未来万世之“太平”。这是宏伟的融合目标，也是前所未有的艰巨使命，这种层次的融合，才是作为目的的融合，才是融合的真实目的。

四、马克思主义与中华优秀传统文化融合的重大意义

正如马克思主义与中华优秀传统文化融合的层次是多维度的、层层深入的，融合的意义也是多维度的、层层深入的。在通往“四个自信”，特别是文化

自信、理论自信的路上,阐明融合的多维度的、层层深入的重大意义,非常必要也非常及时。

第一,对马克思主义而言,与中华优秀传统文化融合是其世界性发展的重要一环,也是在世界范围发挥理论指导功能的关键一步。通过与中华优秀传统文化融合,它就不再是外在于、异在于中华优秀传统文化的存在状态,而是进入中华民族的文化血脉,内化为一个崭新的、充满活力的、面向长远和未来的文化基因,从而极大地扩展了自己的影响力,也保持住了自己"改变世界"的哲学宣言。因为"改变世界"首先要求马克思主义中国化、具体化和与时俱进,与中华优秀传统文化融合,正是马克思主义中国化、具体化和实现与时俱进的重要路径。从实践层面讲,马克思主义在指导中国特色社会主义实践中越成功,离自己解放全人类的理论宗旨就越接近,而想要达此实践目的,就越应该与中华优秀传统文化融合。

第二,对中华优秀传统文化而言,与马克思主义融合是其复活、复兴的关键一步和重要途径,也是优化自身基因、充盈自身文化血脉的关键一步和重要途径。中华优秀传统文化作为中华民族过去了的文化本质,毕竟与新时代中国特色社会主义、与现代世界的本质完全不一致,不加以重铸必定被历史"遗弃"。但是,中华优秀传统文化的优势就在于悠久的历史、内在固有的地位和坚韧包容性,即它作为源远流长的文化早已浸入中华民族的血脉,成为中华民族的文化身份,与中华民族的灵魂不可分割,使其顽强地、持续地存活和赓续演化。但是,通过与马克思主义乃至于西方现代优秀文化融合,中华优秀传统文化就不仅仅是不绝如缕地存活、赓续了,而是大放异彩、新生般地复活和全面复兴,从而担起文化自信和理论自信的大纛。质言之,通过与马克思主义融合,中华优秀传统文化便径直地拥有先进而科学的现代文化的基因和灵魂,这样才能实现创造性转化、创新性发展,进而完成从传统向现代、从农业向工业、从民族主义向世界主义的凤凰涅槃。如此,中华优秀传统文化不仅历史悠久,而且"芳龄永继";不仅是文化的历史本质,而且构成文化的现代本质。

第三,马克思主义与中华优秀传统文化融合的最终目标是创造中华新文化，这必定以极大的开创性载入世界文化发展史，其意义与影响之大不言而喻。我们所说的中华新文化，有着独特的、丰富的内涵。中华新文化不是20世纪初陈独秀、李大钊等发起的以“德先生”和“赛先生”为口号的新文化运动。所谓新文化运动，是相对于落后的、腐朽的中华传统文化而言的，只是比较意义上的相对的“新”。它的本质和主要内容是西方现代文化，就西方现代文化本身而言，无所谓“新”，而且颇显“旧”。中华新文化虽然也是在比较意义上提出来的，但是参照系完全不同于新文化运动概念的参照系。中华新文化概念是以今天所有文化为参照系的，即在文化性质上既是相对于中华传统文化的“新”，又是相对于西方现代文化的“新”，它是中国特色社会主义现代化实践及其世界历史影响在文化精神层面的体现，是中华民族伟大复兴奋斗历程及其对整个人类历史、世界格局重大影响的文化升华。从中不难发现，中华新文化作为马克思主义与中华优秀传统文化融合的终极目标是极其伟大的，同时，达成此目标的道路也是极其崎岖漫长的。回顾世界文化史，可以大体上相比拟的应该就是文艺复兴。文艺复兴本质上是开创新兴资产阶级的文化，它是与当时资本主义在欧洲的兴起完全吻合的，从当时人类历史的各方面看，也确实是“新”的文化。

作为马克思主义与中华优秀传统文化融合之结果的中华新文化的重大意义，又是多维度的、层层深入的。

首先，中华新文化是对中国一百多年现代化探索实践的文化升华，是对中华民族从亡国灭种边缘迅速站起来、富起来、强起来的文化反思，特别是对中国特色社会主义现代化道路和实践的文化总结，所以它必定是对中华民族整个历史而言都非常重要的一种文化，是继汉唐佛学、宋明理学以来的由中国共产党主导创立的中华文化发展的高峰。中华民族正在经历的“百年未有之变局”，正在走向的伟大复兴，马克思主义指明了大概方向，但中华优秀传统文化没有相关现成的总结，只能靠中华新文化去反思、提炼和总结。

其次，中国百年现代化历程、中国特色社会主义道路，不仅以非常鲜明的社会主义性质极大地突破了资本主义的范围和现代化模式，而且为世界各国特别是落后国家的现代化道路提供了“中国方案”“中国模式”。不仅如此，它还极大地推进了世界社会主义的发展，为整个人类进入共产主义积累着而且必将继续积累极其宝贵的探索经验。因此，对这样的现代化道路的文化反思、提炼和总结，必定超越中华文化史上的汉唐佛学和宋明理学等任何时期的文化。因为单就文化影响力而言，汉唐佛学和宋明理学等只是中华民族的区域性文化，影响范围主要在东亚地区，而中华新文化既是中华民族的，又是整个人类的，影响范围将扩展到整个世界。因此，中华新文化的不断创造、构建和发展，必将极大推动中华民族伟大复兴和社会主义现代化强国的实现，而且确证中华民族伟大复兴和社会主义现代化强国的实现及其进一步的发展，因为没有自己的新文化的民族复兴和现代化强国，是名不副实的。因此，随着中华新文化的不断创造、构建和发展，“四个自信”，特别是理论自信和文化自信必定深深嵌入每一个中国人的内心深处。

最后，中华新文化必将走向世界现代文化的舞台中央，成为世界现代文化的重要贡献者、参与者和竞争者甚至引领者，发挥越来越强劲的文化影响力，散发出越来越鲜明的独特魅力。如果说斯宾格勒的“西方没落说”越来越得到历史和西方现代文化的证明，西方现代文化在人与自然紧张对立、人的本质高度异化、历史虚无主义等泥淖中无法自拔，那么中华新文化必将逐步超越、弥合和修正西方现代文化，成为整个人类的新文化，为现代人类寻求“安身立命”的新精神家园。正如汤因比和池田大作所断言：“世界统一是避免人类集体自杀之路。在这点上，现在各民族中具有最充分准备的，是两千年来培育了独特思维方法的中华民族。”①尽管中华新文化目前还只是一种“幽灵”般的存在，但是我们依然可以清晰地感受到它。正如共产主义在1848年同样只是一种“幽灵”般的存在，而在今天已经在中国大地上越来越茁壮了，同理，中华新文化也必将一步步地“赋形”并茁壮成长。

---

① 池田大作、汤因比：《展望21世纪——汤因比与池田大作对话录》，荀春生等译，国际文化出版公司1999年版，第284页。

第二章

从“两个相结合”看马克思主义中国化

在庆祝中国共产党成立100周年大会上，习近平总书记深刻总结马克思主义中国化的重大历史意义和作用，强调“以史为鉴、开创未来，必须继续推进马克思主义中国化”，并指出“坚持把马克思主义基本原理同中国具体实际相结合、同中华优秀传统文化相结合”。之后党的十九届六中全会审议通过的《中共中央关于党的百年奋斗重大成就和历史经验的决议》（以下简称《决议》）和党的二十大报告在对我们党推进马克思主义中国化时代化进行科学总结时均重申了这一重大论断。这一重大论断，从理论高度深化了马克思主义中国化的内涵，对新时代进一步推进马克思主义中国化、社会主义文化强国建设具有重要指导意义。在新的历史条件下，我们要进一步增强实现“两个相结合”的理论自觉，继续推进马克思主义中国化，开辟马克思主义新境界。

一、“两个相结合”是马克思主义中国化百年历史的经验总结

党的百年历史，就是马克思主义基本原理同中国具体实际、中华优秀传统文化相结合的历史。中国共产党既始终坚持马克思主义基本原理，又坚持同中国具体实际和中华优秀传统文化相结合，团结带领中国人民开辟了伟大道路、创造了伟大事业、取得了伟大成就。“实践告诉我们，中国共产党为什

么能，中国特色社会主义为什么好，归根到底是马克思主义行，是中国化时代化的马克思主义行。”①这个“行”体现在我们党的发展历程之中，而这一历程也正是马克思主义基本原理同中国具体实际和中华优秀传统文化相结合的过程。

百年党史就是一部马克思主义不断中国化、不断同中国具体实际相结合的历史。这种结合并非一帆风顺。大革命时期陈独秀的右倾机会主义和土地革命战争时期王明的“左”倾教条主义给中国革命带来了巨大损失，付出了惨痛代价。1930 年，毛泽东指出：“马克思主义的‘本本’是要学习的，但是必须同我国的实际情况相结合。”②1938 年毛泽东又指出：“马克思主义必须和我国的具体特点相结合并通过一定的民族形式才能实现。”③以毛泽东同志为主要代表的中国共产党人深入调查研究，分析中国国情，科学认识中国革命形势，走出了一条创建工农武装，开展武装斗争，以农村包围城市、最后夺取政权的中国革命正确道路。这是把马克思主义基本原理同中国具体实际相结合的光辉典范。在社会主义建设时期，我们党取得了巨大成就，但也经历了像“大跃进”“文化大革命”等较为严重的挫折，走了一段超越阶段、脱离实际、跨越发展的弯路，其根本原因就在于脱离了中国实际。党的十一届三中全会重新恢复和坚持了实事求是的思想路线，一切从实际出发，独立自主、自力更生。改革开放以来，以邓小平同志为主要代表的中国共产党人坚持解放思想、实事求是，坚持“一个中心、两个基本点”基本路线不动摇，站在党和国家事业发展的全局进行科学谋划、推动发展，取得改革开放的伟大成就。党的十八大以来，以习近平同志为主要代表的中国共产党人，顺应时代发展，从理论和实际相结合的角度系统回答了新时代坚持和发展什么样的中国特色社会主义、怎样坚持和发展中国特色社会主义，建设什么样的社会主义现代

① 习近平：《高举中国特色社会主义伟大旗帜 为全面建设社会主义现代化国家而团结奋斗——在中国共产党第二十次全国代表大会上的报告》，人民出版社 2022 年版，第 16 页。

② 毛泽东：《毛泽东选集》第一卷，人民出版社 1991 年版，第 111—112 页。

③ 毛泽东：《毛泽东选集》第二卷，人民出版社 1991 年版，第 534 页。

化强国、怎样建设社会主义现代化强国，建设什么样的长期执政的马克思主义政党、怎样建设长期执政的马克思主义政党这些重大时代课题，创立了习近平新时代中国特色社会主义思想。这一思想，作为马克思主义中国化最新成果，结合新的时代和实践做出新的理论创造，以全新的视野深化了对共产党执政规律、社会主义建设规律、人类社会发展规律的认识，是当代中国马克思主义、21 世纪马克思主义，是中华文化和中国精神的时代精华，实现了马克思主义中国化新的飞跃。

百年党史也是一部马克思主义不断同中华优秀传统文化相结合的历史。百年来，中国共产党不论在哪个历史阶段，都能够根据时代需要，充分吸收中华传统文化中的优秀因子，并将中华优秀传统文化转化为解决实际问题的内动力。马克思主义因吸收中华优秀传统文化而更具有中国性，中华优秀传统文化因汲取马克思主义而更具有时代性，正是在这种双向融合中，才创造性地发展出了中国马克思主义哲学。在新民主主义革命时期，毛泽东指出"从孔夫子到孙中山，我们应当给以总结，承继这一份珍贵的遗产"①，主张剔除其封建性的糟粕、吸取其民主性的精华，坚持古为今用，创造性地使马克思主义同中华优秀传统文化深度融合。毛泽东还根据唯物史观，对中国传统的"民为邦本"的思想进行了创造性转化，提出了"人民群众是历史的创造者"的著名论断，对中国传统文化中的"实事求是"命题进行了认识论上的创造性诠释，使其具有丰富的马克思主义思想内涵。在改革开放和社会主义现代化建设新时期，邓小平继承了古代"小康"思想的精华并予以新的内涵，将其界定为中国式的现代化。江泽民在党的十五大上首次将"继承历史文化优秀传统"写入社会主义初级阶段文化纲领。胡锦涛赋予中国传统"民本"思想以时代内涵，把"以人为本"作为科学发展观的核心。在新时代，以习近平同志为核心的党中央把文化建设提升到一个新的历史高度，从中华优秀传统文化作为中华民族的文化基因与精神家园出发，注重汲取中华优秀传统文化的历史

① 毛泽东：《毛泽东选集》第二卷，人民出版社 1991 年版，第 534 页。

智慧，将传统文化、革命文化、社会主义先进文化作为一个有机的整体，特别注重传统文化在培育和践行社会主义核心价值观当中的作用，深刻阐述了中华优秀传统文化与社会主义核心价值观、现代化建设、革命文化、外来文化的关系等一系列问题，开拓了中华文明现代化的新路。习近平总书记指出："马克思主义传入中国后，科学社会主义的主张受到中国人民热烈欢迎，并最终扎根中国大地、开花结果，决不是偶然的，而是同我国传承了几千年的优秀历史文化和广大人民日用而不觉的价值观念融通的。"①这说明，一方面，马克思主义以其科学性与真理性为近代中国指明了发展方向；另一方面，马克思主义同中华优秀传统文化的相通之处也为马克思主义能够扎根中国大地、为中国人民接受和选择马克思主义提供了重要思想文化基础。

二、"两个相结合"具有重要的理论价值和时代意义

习近平总书记在庆祝中国共产党成立100周年大会上的重要讲话，立足中国共产党百年华诞的重大历史时刻和"两个一百年"奋斗目标历史交汇的关键节点，明确提出"两个相结合"的要求。党的十九届六中全会通过的《决议》和党的二十大报告又重申了这一重大论断。"两个相结合"的新表述，具有重要的理论价值和时代意义，它是习近平新时代中国特色社会主义思想的理论创新，彰显了以习近平同志为核心的党中央对传承和发展中华优秀传统文化的高度重视。

我们党的历史是一部不断推进马克思主义中国化的历史，也是一部不断推进理论创新的历史。以毛泽东同志为核心的党的第一代中央领导集体高度重视把马克思主义的普遍原理同中国具体实际相结合。1938年10月，毛泽东在党的六届六中全会上首次明确提出"马克思主义的中国化"的科学命题，并指出马克思主义中国化的实质和方法就是把马克思主义基本原理同中

① 习近平：《习近平谈治国理政》第三卷，外文出版社2020年版，第120页。

国具体实际相结合。1941 年,毛泽东第一次详细阐释了“实事求是”的内涵,提出“实事求是”是马克思主义中国化的精髓和活的灵魂。在改革开放和社会主义现代化建设新时期,“马克思主义的中国化”被进一步拓展为“马克思主义中国化、时代化和大众化”。随着中国特色社会主义的发展,马克思主义中国化命题的内涵不断丰富,层次更加清晰。习近平总书记指出:“中国共产党人是马克思主义者,坚持马克思主义的科学学说,坚持和发展中国特色社会主义,但中国共产党人不是历史虚无主义者,也不是文化虚无主义者。我们从来认为,马克思主义基本原理必须同中国具体实际紧密结合起来,应该科学对待民族传统文化,科学对待世界各国文化,用人类创造的一切优秀思想文化成果武装自己。在带领中国人民进行革命、建设、改革的长期历史实践中,中国共产党人始终是中华优秀传统文化的忠实继承者和弘扬者。”①这一重要论述进一步揭示了马克思主义与中华文明的内在联系,指明了马克思主义中国化的方向——推进马克思主义中国化,必须立足中国具体实际和中华优秀传统文化。

“两个相结合”,最根本的还是与中国具体实际相结合,这是总结我们党的历史所得出的最基本的经验。习近平总书记强调:“马克思主义是我们认识世界、把握规律、追求真理、改造世界的强大思想武器,是我们党和国家必须始终遵循的指导思想。”②“马克思主义是我们立党立国的根本指导思想,是我们党的灵魂和旗帜。”③“用马克思主义观察时代、把握时代、引领时代。”④同时,我们也要强调马克思主义基本原理同中华优秀传统文化相结合,因为优秀传统文化是民族的根与魂,是我们民族的独特的精神标识和精神血脉。党的十九大报告提出:“中国共产党从成立之日起,既是中国先进文化的积极引领者和践行者,又是中华优秀传统文化的忠实传承者和弘扬者。”《决议》指

---

① 习近平:《在纪念孔子诞辰 2565 周年国际学术研讨会暨国际儒学联合会第五届会员大会开幕会上的讲话》,《人民日报》2014 年 9 月 25 日第 2 版。

② 习近平:《在党史学习教育动员大会上的讲话(2021 年 2 月 20 日)》,《共产党人》2021 年第 7 期。

③ 习近平:《在庆祝中国共产党成立 100 周年大会上的讲话》,《求是》2021 年第 14 期。

④ 习近平:《在庆祝中国共产党成立 100 周年大会上的讲话》,《求是》2021 年第 14 期。

出:“中华优秀传统文化是中华民族的突出优势,是我们在世界文化激荡中站稳脚跟的根基,必须结合新的时代条件传承和弘扬好。”这意味着在马克思主义的引领下,中国共产党始终肩负着传承与弘扬中华优秀传统文化的重任。特别是进入新时代以来,党中央从治国理政和中华民族伟大复兴的战略高度出发,高度肯定了中华优秀传统文化的时代价值,积极推动中华优秀传统文化的创造性转化和创新性发展,提出弘扬中华优秀传统文化要与中华民族伟大复兴的中国梦紧密结合,逐步建立起一个以马克思主义为根本指导、以中华优秀传统文化为文化根脉的思想体系。“两个相结合”的提出实质上包含着如何对中华优秀传统文化进行正确认识和定位问题,以及在此基础上把握传统文化的本质特征及其规律,要自觉运用马克思主义的立场、观点、方法分析传统文化,在此基础上实现结合的问题。

总之,“两个相结合”是在新的时代环境和国际形势下,站在新的理论高度,以更宽广的理论视野将“马克思主义中国化”命题从实践上升为规律性认识,体现了马克思主义中国化的理论自觉。一个国家和民族必然受到自身文化传统的影响,文化传统作为一种影响当今人民生活的精神因素以潜在的和隐形的方式发挥作用,传统中的优秀文化元素对民族的生存和发展起着巨大作用,中国共产党的百年历史恰恰是这一规律性认识的实践表现。这种理论自觉归功于我们党对中华优秀传统文化重要性的深刻认识,也归功于伟大、勇敢和勤劳的中国人民在党的领导下所开创出的民族复兴伟大事业新局面。其理论根据在于马克思主义与中华优秀传统文化相结合具有客观规律性,中华优秀传统文化与马克思主义的价值理想具有亲和性,特别是在民族复兴的征程与实践当中,二者紧密地结合在中华民族伟大复兴的历史伟业中。

三、增强实现“两个相结合”的理论自觉,不断开辟当代中国马克思主义、21 世纪马克思主义新境界

习近平总书记强调“两个相结合”鲜明地反映了中国共产党在理论上的

自觉和文化上的自信。强调同中国具体实际相结合，是充分注重马克思主义同中国革命和现代化建设的实践相融合，是同所处时代的中国具体国情相结合；强调同中华优秀传统文化相结合，是充分注意到当代中国是历史中国的继续，注重马克思主义与中国思想和历史的结合，注重传统的中国文化对当今中国现代化建设的重要作用，特别是看到了中华优秀传统文化对于提升中国文化软实力以及2035年建成文化强国的重要意义。学习贯彻我们党对马克思主义中国化的新的理论定位和时代要求，不断开辟当代中国马克思主义、21世纪马克思主义新境界，更需要理论自觉和文化自信。

理论自觉包含着对自身理论优势的自知之明和自信心，也包含着对其发展历程与未来有充分的理性认识，因而可以提供强大的精神力量。理论自觉意味着对当代中国马克思主义的觉醒、自我反思和理性审视，意味着自觉地系统研究和理解马克思主义何以能“行”。过去百年已证明了马克思主义“行”，开启新的征程更要坚信马克思主义“行”，通过继续推进马克思主义中国化，来证明马克思主义之所以“行”和一直都“行”。马克思主义“行”，在于它被中国共产党百年的历史进程所证明，在于中国共产党在百年实践中不断坚持马克思主义、发展马克思主义，更在于它自身所揭示的历史发展规律的真理性。

推进马克思主义中国化，要在新的实践中同新时代的中国具体实际相结合。马克思主义不是教条，而是实践的行动指南，是需要不断发展和完善的理论，这是马克思主义真理性的重要意涵。如今，第一个百年奋斗目标如期实现，现在我们正朝着全面建成社会主义现代化强国的第二个百年奋斗目标迈进。为实现这一宏伟目标，需要“以我们正在做的事情为中心”①，立足全面建成社会主义现代化强国、实现中华民族伟大复兴的新征程，加深对政党与国家、民主与法治、政府与市场等重大现实问题的马克思主义理论意义上的思考与运用。

① 习近平：《习近平谈治国理政》第二卷，外文出版社2017年版，第344页。

开辟当代中国马克思主义、21世纪马克思主义新境界，需要把它同中华优秀传统文化中丰富的哲学思想、人文精神、教化思想、道德理念相结合。中华优秀传统文化是中华民族的精神血脉、独特的精神标识、民族力量的源泉，也是马克思主义中国化的重要文化滋养和思想基础。马克思主义与中华优秀传统文化的结合要紧密把握新的时代条件，立足新时代中国的社会主要矛盾变化，领会人民美好生活需要的深层内涵，充分挖掘中华优秀传统文化在精神文明、政治文明、生态文明等领域的要素，深入挖掘和阐发中华文化讲仁爱、重民本、守诚信、崇正义、尚和合、求大同的时代价值，形成与中华优秀传统文化相结合的，具有中国特色、中国气派和中国风格的当代中国马克思主义。

“为学之实，固在践履。”在全面建设社会主义现代化国家的新征程上，我们应该积极把马克思主义基本原理同中国具体实际、历史文化传统、时代要求紧密结合起来，增强理论自觉和文化自信，在马克思主义的指导下去实现“两个相结合”，不断开辟当代中国马克思主义、21世纪马克思主义新境界。

第三章

中华文化和中国精神的时代精华

中国共产党第十九届中央委员会第六次全体会议提出，习近平新时代中国特色社会主义思想是当代中国马克思主义、21世纪马克思主义，是中华文化和中国精神的时代精华，实现了马克思主义中国化新的飞跃。在这份具有重要历史意义的报告中，“中华文化和中国精神的时代精华”的提法尤为瞩目。这是在新的历史条件下对习近平新时代中国特色社会主义思想的全新理解和深刻把握，表明作为时代精神的最高凝聚的习近平新时代中国特色社会主义思想并不是无源之水、无本之木。习近平新时代中国特色社会主义思想一方面自觉地从中华文明史的历史性视野来理解过去一百年的奋斗历程，将党领导的革命、改革事业视为中华文化悠久而深厚的传统的演进，在继承传统的基础上实现了中华文化在当下的最新发展；同时又以决议的形式强调从中华文化的维度来定位国家和民族未来的发展方向，以中华文化和中国精神来锚定前行的航向，引导我们以承前启后、继往开来的胸襟和气魄，继续推进中华民族伟大复兴的历史征程。

《中共中央关于党的百年奋斗重大成就和历史经验的决议》（以下简称《决议》）中将“中华文化”和“中国精神”并列，意味着两者是有差别的。中华文化不仅指在中华民族发展历程中创造的总成果，在历史上形成的相对稳定的民族意识、文化心理，而且还作为中华文明的深层地基和内在结构，在当下发挥着持久的力量；中国精神则侧重于中华民族的主体意志，特指文明中葆有的生机活力、积极进取、独立自主的那部分要素。本章试从中华文化和中国精神两个方面,对习近平新时代中国特色社会主义思想进行深入阐释。

一、旧邦新命:以马克思主义为指导激活中华文化的生命力

自清末以降,古老的中国遭遇了西方文明的强烈冲击,中国人民开始意识到仅凭传统文化解决不了“中国向何处去”的问题,于是开启了近代以来“救亡图存”的思想探索与文化改良。“十月革命一声炮响,给我们送来了马克思列宁主义。十月革命帮助了全世界的也帮助了中国的先进分子,用无产阶级的宇宙观作为观察国家命运的工具,重新考虑自己的问题。”①马克思、恩格斯创建的科学社会主义,揭示了人类社会发展的一般规律,揭示了社会主义必然代替资本主义的发展规律,为人类指明了从必然王国向自由王国飞跃的途径,为人民指明了寻求自身解放的道路。通过长期的革命斗争实践和对各种主义、思潮的甄别,中国人民最终认识到只有马克思主义才能救中国。正如习近平总书记所深刻阐明的:“在人类思想史上,就科学性、真理性、影响力、传播面而言,没有一种思想理论能达到马克思主义的高度,也没有一种学说能像马克思主义那样对世界产生了如此巨大的影响。”②

中国共产党在国家危难之际,以天下兴亡为己任,用马克思主义真理的力量激活了中华民族历经几千年创造的伟大文明。在党的百年发展史上,中国共产党始终坚持把马克思主义基本原理同中国具体实际相结合、同中华优秀传统文化相结合,先后创立了毛泽东思想、中国特色社会主义理论体系。这些理论成果在指导中国革命、建设、改革的伟大实践中,激发了中国人的革命精神、团结奋斗精神、改革创新精神等,孕育出社会主义先进文化。可以说,正是马克思主义的有力指引,使得中华文化在中国革命、建设和改革的百

① 毛泽东:《毛泽东选集》第四卷,人民出版社 1991 年版,第 1471 页。
② 习近平:《习近平谈治国理政》第二卷,外文出版社 2017 年版,第 65 页。

年征程中得以激活和弘扬。马克思主义中国化的过程也是马克思主义基本原理同中华优秀传统文化从不自觉到自觉地结合起来的实践历程。

从文化层面加以考察,马克思主义与中华文明的历史性相遇,“既引发了中华文明深刻变革,也走过了一个逐步中国化的过程”①。一方面,从文化交流发展的规律看,一种异质文化进入本土文化的领域,必须吸取本土文化的要素,与本土文化相结合,唯此方能在该地域生根发展。② 按此规律,马克思主义必须在吸收中华文明优秀成果的基础上才能得到发展。在这一意义上,中华文明为马克思主义中国化提供了丰厚滋养。此即冯友兰所言:“把中国古典哲学中的有永久价值的东西,阐发出来,以作为中国哲学发展的养料”③,而“马克思主义在中国也要接上中国古典哲学,作为来源之一,才会成为中国的马克思主义”④。正如《决议》中指出的:“马克思主义……必须中国化才能落地生根、本土化才能深入人心。”这表明,马克思主义不是一成不变的教条,而是一个开放的创造性体系。中国共产党始终立足本民族的具体实际和历史文化,继承中国五千年来的历史智慧、价值理念和精神要素,并将其融入马克思主义,实现了马克思主义的中国化、本土化,为中国马克思主义的理论创新提供源源不断的传统文化养料。习近平新时代中国特色社会主义思想正是沿着这条道路,充分吸收中华优秀传统文化的精髓,深入推进马克思主义中国化,不断开辟当代中国马克思主义的新境界和中华民族伟大复兴的新征程,使当代中国马克思主义、21 世纪马克思主义具有更加鲜明的中国特色、中国风格和中国气派。另一方面,中华文明因同马克思主义相结合而不断焕发新的生机活力。中华传统文化建立在以宗法制度为基础、以血缘为纽带的社会形态之上,它根植于农业文明,是在“成己”与“成物”的伦理实践中构建的“道德的形而上学”。因此,在面临西方工业现代化的冲击和中国社会原有阶

① 习近平:《在哲学社会科学工作座谈会上的讲话》,人民出版社 2016 年版,第 9 页。
② 钱逊:《推动马克思主义与中华优秀传统文化相结合》,《学习时报》2018 年 1 月 24 日第 4 版。
③ 冯友兰:《三松堂自序》,人民出版社 1998 年版,第 372 页。
④ 冯友兰:《三松堂自序》,人民出版社 1998 年版,第 404 页。

级结构的改变时,中华传统文化无法提供适合的解决方案。毛泽东指出,“从一八四〇年的鸦片战争到一九一九年的五四运动的前夜,共计七十多年中,中国人没有什么思想武器可以抗御帝国主义。旧的顽固的封建主义的思想武器打了败仗了,抵不住,宣告破产了”①,而“一九一七年的俄国革命唤醒了中国人,中国人学得了一样新的东西,这就是马克思列宁主义。中国产生了共产党,这是开天辟地的大事变”②。因此,要走革命与国家重建的道路,就必须高举马克思主义旗帜,但马克思主义不能取代中国文化。中国共产党人一直坚持把马克思主义基本原理同中国具体实际相结合、同中华优秀传统文化相结合,以马克思主义来激活中华民族历经几千年创造的伟大文明。

党的十八大以来,以习近平同志为核心的党中央坚持和运用马克思主义,从新时代的实际出发,高度重视中华优秀传统文化,在实践中用马克思主义激活中华文化根脉和中国精神传统,使之成为治国理政的重要思想文化资源。从传统社会的“天下为公”到共产主义的社会理想的转化,从“民为邦本,本固邦宁”到以人民为主体、坚持以人民为中心的执政理念的确立,从“天人合一”“民胞物与”到“绿水青山就是金山银山”的生态文明思想的提出,从“亲仁善邻、协和万邦”到人类命运共同体的构想,等等,习近平新时代中国特色社会主义思想以其强大的历史穿透力、文化感染力和精神感召力延续着中华文化和中国精神及其历史演进的基因,以马克思主义为中华文化注入现代性活力,对五千年文明史进行话语转换和精神激活。正是在马克思主义的引领下,中华民族科学确立了“世界历史”的时代方位,深刻改变了传统的价值观念和社会结构;中国人超越以往农业社会形成的道德性命之学,形成了社会主义的远大理想和共产主义的最高理想;中华优秀传统文化开始了现代转型的历程,中华文化有了新气象。

中华传统文化是在小农经济基础上形成的,关注的是君臣父子等“五伦”

① 毛泽东:《毛泽东选集》第四卷,人民出版社1991年版,第1513—1514页。
② 毛泽东:《毛泽东选集》第四卷,人民出版社1991年版,第1514页。

之理。而当代中国的社会形态显然不同于传统社会，因此，即便是其中的优秀成分，也存在不少与现代工业文明难以适应之处。马克思主义作为最先进、最科学的世界观和方法论，是在西方现代化背景下产生的对西方资本主义现代性进行批判的理论。通过与马克思主义相结合，中华优秀传统文化成为中国特色社会主义先进文化不可或缺的组成部分，闪耀着璀璨的时代光芒。毛泽东指出："自从中国人学会了马克思列宁主义以后，中国人在精神上就由被动转入主动。……已经复兴了并正在复兴着伟大的中国人民的文化。这种中国人民的文化，就其精神方面来说，已经超过了整个资本主义的世界。"①只有马克思主义的指导，才能为中华传统文化从旧的农业文明范式转向现代文明范式提供理论指导和创新动力；也只有掌握了马克思主义的真理武器，才能解决中华优秀传统文化"转向何方"以及"如何转向"的问题，实现民族文化的伟大复兴。

在某种程度上说，中华传统文化的现代化与马克思主义的中国化是一体之两面。鸦片战争以来，中国被迫进入世界历史，中国社会面临着现代化转型的问题。对此，贺麟认为，"中国近百年来的危机，根本上是一个文化的危机。……儒家思想在中国文化生活上失掉了自主权，丧失了新生命，才是中华民族的最大危机"②。伴随着近代历史的展开，中华传统文化也开始了被迫现代化的艰难历程，但人们始终难以找到正确的发展之路。直到马克思主义传入中国，其唯物史观中关于社会形态更替的理论为中国社会转型问题提供了有力支撑，从而使中华传统文化的现代化转型成为可能。正如毛泽东所指出的："在中国文化战线或思想战线上，'五四'以前和'五四'以后，构成了两个不同的历史时期。在'五四'以前，中国文化战线上的斗争，是资产阶级的新文化和封建阶级的旧文化的斗争。……在'五四'以后，中国产生了完全崭新的文化生力军，这就是中国共产党人所领导的共产主义的文化思想。"③可

① 毛泽东：《毛泽东选集》第四卷，人民出版社1991年版，第1516页。
② 贺麟：《文化与人生》，商务印书馆1988年版，第5页。
③ 毛泽东：《毛泽东选集》第二卷，人民出版社1991年版，第696—697页。

见，正是在马克思主义的科学指导下，中华传统文化才开始了变革。然而，马克思主义作为西学，要发挥指导思想的作用，也面临着中国化的问题，即扎根中国，用其立场、观点和方法去分析中国实际，其中包括中国的现实政治、经济层面的实际，也包括中国的文化实际。因此，中华文化的现代化必须经由马克思主义进行转化，中华文化现代化也是马克思主义中国化的应有之义。从目的来看，二者有着共同的问题导向，即解决中国问题；从过程来看，二者有着历史和逻辑的一致性，并且在这一过程中互相推进。

那么，马克思主义与中华传统文化是怎么结合起来的？又是如何在结合中互相促进的？对此，张岱年认为，中华传统文化中包含着两种截然相反的理论倾向：一种是和当前中国的社会现实适应契合的“活的”方面；另一种是影响中国进行现代化实践的理论阻碍，即“死的”方面。[①] 因此，从中华民族的命运出发，只有借助马克思主义哲学之立场、观点与方法才能再次激活中华文化的生命。他提出了“综合创新说”，用“新唯物论”的立场、观点、方法来思考传统文化，最终创造出一种既有民族特色又充分体现时代精神的社会主义新文化。他指出：“中国文化的发展已经达到一个新时代。这个新时代的中国文化是社会主义的新文化，也可以说是民族文化的复兴。”[②]汤一介认为，中国文化的传统中，影响我国社会的可以说有两个：“一个是几千年来的‘国学’，即中国历史上的传统文化，其中影响最大的是儒家思想文化，我们可以称之为‘老传统’；另一个是影响着中国社会、改变着中国社会面貌的马克思主义，我们可以称之为‘新传统’。”[③]这两个“传统”需要在双向选择中实现融合创新，“从文化（哲学）发展的‘源’与‘流’的关系看，中国文化（哲学）的前景可以有两个不同的提法：一是新的中国文化（哲学）将沿着中国化的马克思主义发展；另一是新的中国文化将会是吸收马克思主义和其他各民族的优秀

① 张岱年：《张岱年全集》第二卷，河北人民出版社 1996 年版，第 615—617 页。

② 张岱年：《张岱年全集》第七卷，河北人民出版社 1996 年版，第 125 页。

③ 汤一介：《传承文化命脉　推动文化创新——儒学与马克思主义在当代中国》，《中国哲学史》2012 年第 4 期。

文化(哲学)的中国自身的文化(中国哲学)”①。随后,他认为,这两种提法虽然在说法上或有差异,但就其文化构成来看,则都包括了马克思主义与传统文化,这两种提法不是对立的,而是互补而成为新的中国文化或哲学的形成。② 对于这一“未来的新文化”,汤一介认为冯契的“智慧说”是最好的哲学例证,正是冯契把中国哲学思想和中国哲学问题引入了马克思主义哲学③,才使得“马克思主义哲学成为中国化的马克思主义哲学”④的真正方向。毛泽东是正式开启马克思主义中国化和传统文化现代化的奠基者。他用中国人熟知的“矛盾”观念来阐释唯物辩证法,用“相反相成”说明矛盾对立面的相互转化,用“实事求是”概括马克思主义的方法论。中国马克思主义不仅是一种理论,而且是马克思主义的成功实践。毛泽东思想一方面是对马克思主义实践的深刻理解,另一方面是对中国哲学中知行问题的科学总结;既为马克思主义赋予了民族形式和民族内容,从而搭建了中国马克思主义哲学的基本框架,也使传统的中国哲学文化提升到马克思主义的高度。

综上观之,马克思主义中国化与中华传统文化现代化实为一个过程的两个方面。正如钱逊所言,马克思主义与中华优秀传统文化相结合,体现为两个方面:马克思主义经过中国化的转化,成为中国化的马克思主义;中华传统文化经过创造性的转化,成为社会主义新时代的新文化。在二者的双向互摄中,马克思主义通过结合中华传统文化的精华,获得了鲜明的中国特色、中国风格和中国气派,从“在中国的马克思主义”真正成为“中国马克思主义”;中华文化通过转化、发展,以马克思主义为指导,从而获得新生命,成为有中国特色社会主义的新文化,展现出当代价值和生机活力。马克思主义与中华优秀传统文化的结合是思想旗帜和固有文化的结合,前者是真理武器,以社会个体的维度追求自由与解放,后者以人文化成,从精神主体的角度寻求内在

---

① 汤一介:《儒学与外来文化的传入》,《东吴学术》2010年第1期。
② 汤一介:《儒学与外来文化的传入》,《东吴学术》2010年第1期。
③ 汤一介:《中国现代哲学的三个“接着讲”》,《思想与文化》2006年第六辑。
④ 汤一介:《中国现代哲学的三个“接着讲”》,《思想与文化》2006年第六辑。

超越，共同促进中华民族的新文化走向新境界、迈向全世界。在这一趋势下，随着马克思主义中国化的不断推进，马克思主义与中华文化的双向融合也愈发深入。如果站在历史的角度来看待这一问题，可以说，中国化的马克思主义就是未来中华民族的新文化：从哲学史上讲，中国现代哲学逐渐与中国马克思主义哲学重合；从思想文化史上讲，中国思想的当代形态就是当代中国马克思主义。

党的十八大以来，习近平总书记强调把中华优秀传统文化作为突出优势和最深厚的文化软实力，提出“中国特色社会主义文化，源自于中华民族五千多年文明历史所孕育的中华优秀传统文化，熔铸于党领导人民在革命、建设、改革中创造的革命文化和社会主义先进文化”①，“发展中国特色社会主义文化，就是以马克思主义为指导，坚守中华文化立场”②，一方面将中华优秀传统文化、马克思主义中国化所形成的革命文化和社会主义先进文化放诸中华文化发展史的向度中加以考察，另一方面把中华优秀传统文化、革命文化和社会主义先进文化结合在一起，成为马克思主义中国化在新时代的最新发展。《决议》又进一步指出，习近平新时代中国特色社会主义思想是当代中国马克思主义，是21世纪马克思主义，是中华文化和中国精神的时代精华，分别从中国马克思主义发展史和中华文化精神发展史的维度对习近平新时代中国特色社会主义思想加以定位，使得马克思主义中国化与中华传统文化现代化在新的历史条件下又一次真正贯通起来。

二、文明根基：植根于中华文化的深厚沃土

党的十八大以来，习近平总书记多次强调中华文化的价值和意义，围绕如何正确认识和科学对待中华优秀传统文化做出了一系列重要论述，高度肯

① 习近平：《习近平谈治国理政》第三卷，外文出版社2020年版，第32页。
② 习近平：《习近平谈治国理政》第三卷，外文出版社2020年版，第32页。

定了中华优秀传统文化的时代价值，极大地促进了中华优秀传统文化的传承发展。在《在庆祝中国共产党成立100周年大会上的讲话》中，习近平总书记提出的“把马克思主义基本原理同中国具体实际相结合、同中华优秀传统文化相结合”的重大论断，代表了新时代中国共产党人对中华优秀传统文化的深刻认识。

中华优秀传统文化是古老中国在漫长的历史岁月中积淀的文化形态，体现了中华民族的共同价值理念、精神追求，是“中华民族的根和魂”①。习近平总书记指出，“在5000多年文明发展中孕育的中华优秀传统文化，积淀着中华民族最深沉的精神追求，包含着中华民族最根本的精神基因，代表着中华民族独特的精神标识，是中华民族生生不息、发展壮大的丰厚滋养”②。中华文化不仅体现为一种历史性，是中华民族之所以存在的文化根基，以长期的积累塑造了我们民族稳定的文化心理、精神品格；同时也指向未来，是我们民族继续存在的根源，从抽象的精神、文化层面，为民族的生存和发展提供了根本的支持和动力。习近平总书记指出，“中华优秀传统文化是中华民族的精神命脉，是涵养社会主义核心价值观的重要源泉，也是我们在世界文化激荡中站稳脚跟的坚实根基”③。从这一意义上来说，只有深入理解中华文化，才能真正地理解习近平新时代中国特色社会主义思想，只有深入把握传统文化精髓，才能充分发挥习近平新时代中国特色社会主义思想指导现实、改造现实的强大力量。

关于中华优秀传统文化对于新时代中国特色社会主义建设具有的重要意义，可分三点进行分析。

首先，中华优秀传统文化为中国共产党治国理政提供重要的思想资源。梁启超曾言：“凡一国之能立于世界，必有其国民独具之特质。上自道德、法

---

① 习近平：《在庆祝澳门回归祖国15周年大会暨澳门特别行政区第四届政府就职典礼上的讲话》，《人民日报》2014年12月21日第2版。

② 中共中央宣传部编：《习近平总书记系列重要讲话读本》，学习出版社、人民出版社2016年版，第201页。

③ 习近平：《在文艺工作座谈会上的讲话》，《人民日报》2015年10月15日第2版。

律，下至风俗、习惯、文学、美术，皆有一种独立之精神。”①一个国家走什么样的道路，与这个国家的历史传统和文化积淀紧密相关。中华民族经过几千年的探索，形成了“天下为公”“共享大同”的社会理想，“亲仁善邻”“协和万邦”的和平理念，“居安思危”“改易更化”的忧患意识，“知行合一”“实事求是”的实践价值。这些价值观不仅是新时代中华文化的文明基因，也是新时代中国特色社会主义道路的文化基础。同时，一个国家的治理体系和治理能力也与这个国家的历史传承和文化传统密切相关，“在漫长的历史进程中，中华民族创造了独树一帜的灿烂文化，积累了丰富的治国理政经验，其中既包括升平之世社会发展进步的成功经验，也有衰乱之世社会动荡的深刻教训”②。例如，“以公为先”“夙夜在公”的为政之道，“民为邦本”“敬德保民”的民本思想，“明德慎罚”“隆礼重法”的德法并治理念，“廉者，政之本也”“吏不廉平，则治道衰”的治吏经验等，皆已内化于心而成为党的治国理政理念，外化于行而成为党的治国理政实践，是推进新时代中国特色社会主义现代化建设的宝贵经验和强大精神力量。

其次，中华优秀传统文化是社会主义核心价值观的源头活水，是提升文化软实力、坚定文化自信的内在支撑。文化自信是一个国家和民族对自身文化价值的充分肯定，文化软实力是一个国家基于文化认同、文化自信而体现的凝聚力、创造力。“我们拥有博大精深的中华文化、中华精神，这是我们文化自信的源泉。”③中华优秀传统文化蕴含着丰富的道德理念和规范，如天下兴亡、匹夫有责的担当意识，精忠报国、振兴中华的爱国情怀，崇德向善、见贤思齐的社会风尚，孝悌忠信、礼义廉耻的荣辱观念，④以及“先天下之忧而忧，后天下之乐而乐”的政治抱负，“位卑未敢忘忧国”“苟利国家生死以，岂因祸

① 梁启超：《国民自新之路》，崇文书局2019年版，第9页。

② 《习近平在中共中央政治局第十八次集体学习时强调 牢记历史经验历史教训历史警示 为国家治理能力现代化提供有益借鉴》，《人民日报》2014年10月14日第1版。

③ 李忠发、朱基钗、郭鑫：《习近平视察澳门政府综合服务中心和英才学校》，《光明日报》2019年12月20日第1版。

④ 《关于实施中华优秀传统文化传承发展工程的意见》，《人民日报》2017年1月26日第6版。

福避趋之”的报国情怀,“富贵不能淫,贫贱不能移,威武不能屈”的浩然正气,“人生自古谁无死,留取丹心照汗青”“鞠躬尽瘁,死而后已”的献身精神等。① 中华优秀传统文化中的道德伦理面相,是我们评判是非曲直的价值标准,潜移默化地影响着中国人的行为方式,承载着中华民族最根本的理想追求和价值取向,成为社会主义核心价值观的根基和源泉,“富强、民主、文明、和谐,自由、平等、公正、法治,爱国、敬业、诚信、友善,传承着中国优秀传统文化的基因,寄托着近代以来中国人民上下求索、历经千辛万苦确立的理想和信念”②。这些在历史发展和文明传承过程中积淀而成的思想观念、人文精神、道德规范,扎根于中国人民的历史实践,塑造了中华民族的思想风貌与文化品格,是中华民族能够走过五千年历史的重要支撑,也必将支撑中华民族走向未来。

最后,中华优秀传统文化包含着丰富的哲学社会科学内容,既为古人认识世界、改造世界提供了重要依据,也为解决当代中国和人类难题提供了重要启示。数千年来,中华传统文化经历了先秦子学、两汉经学、魏晋玄学、隋唐佛学、宋明理学、清代朴学等发展、繁荣时期,形成了蕴含哲学思想、人文精神、教化思想、道德理念的珍贵文化遗产。“与西方文化相比,以人为本的人文精神是中国文化最根本的精神,也是一个最重要的特征。”③西方文明以“神”为中心,更多地考虑如何处理人与神之间的关系;中华文明以“人”为中心,注重人与人之间关系的调适,并以人为尺度来认识世界、改造世界,使人己、物我达到和谐统一的状态。传统文化中关于人与自然、人与社会、人与人之间和谐生存、发展的真理性认识和思考,对当下依然具有十分重要的借鉴意义,其中讨论的人类生存与发展的根本问题,对人与自然和谐相处、推进全球生态治理、推动构建合作共赢的新型国际关系,进而构建人类命运共同体具有重要启迪意义,为人类的文明进步和社会发展贡献了原创性的中国智

① 习近平:《习近平谈治国理政》第一卷,外文出版社2014年版,第405页。

② 习近平:《青年要自觉践行社会主义核心价值观——在北京大学师生座谈会上的讲话(2014年5月4日)》,《中国共青团》2014年第6期。

③ 楼宇烈:《中国文化中以人为本的人文精神》,《北京大学学报》(哲学社会科学版)2015年第52卷第1期。

慧，是具有强大历史穿透力和重大现实价值的精神资源。

在“两个一百年”奋斗目标交汇期、中华民族伟大复兴的关键历史时期，习近平新时代中国特色社会主义思想深深扎根于中华优秀传统文化，强调吸取传统文化中的智慧，体现了中华民族自古以来的梦想和追求，突出了中华民族伟大复兴这一伟大梦想，凝结了中国人民的伟大创造精神、伟大奋斗精神、伟大团结精神、伟大梦想精神，以深厚的历史底蕴和文化根基，真正体现了中国特色、中国风格、中国气派的本质特征。

三、两个大局：呼唤中国精神、锻造中国精神的时代精华

习近平总书记指出：“每个时代都有每个时代的精神，每个时代都有每个时代的价值观念。”[①]时代与精神之间具有紧密的关联，时代的进步需要精神的鼓荡，精神的成长则有赖于时代的塑造。马克思曾指出：“任何真正的哲学都是自己时代精神的精华。”[②]“中国精神的时代精华”之表述，强调了习近平新时代中国特色社会主义思想体现了我们这个时代的精神，同时这种精神是属于中国的，是在中国自本自根生发的。站在新的历史起点，中国步入了新的历史实际，需要有新的时代精华来把握我们的时代。

习近平新时代中国特色社会主义思想的形成和发展有着国际、国内“两个大局”的时代背景，其牢牢把握了新时代坚持和发展中国特色社会主义的方向定位，积极回应了当今中国发展必须高举中国特色社会主义伟大旗帜，深刻解答了新时代“坚持和发展什么样的中国特色社会主义，怎样坚持和发展中国特色社会主义”“建设什么样的社会主义现代化强国，怎样建设社会主义现代化强国”“建设什么样的长期执政的马克思主义政党，怎样建设长期执

---

① 习近平：《青年要自觉践行社会主义核心价值观——在北京大学师生座谈会上的讲话（2014 年 5 月 4 日）》，《中国共青团》2014 年第 6 期。

② 中共中央马克思恩格斯列宁斯大林著作编译局编译：《马克思恩格斯全集》第一卷，人民出版社 1956 年版，第 121 页。

政的马克思主义政党”等重大时代课题。坚持把握时代标准、结合时代要求，推动马克思主义中国化向新时代纵深发展。坚持古为今用、以古鉴今，努力实现中华优秀传统文化的创造性转化、创新性发展，不仅为实现中华民族伟大复兴提供精神支撑，也为世界现代化发展贡献中国力量，是当代中国马克思主义、21世纪马克思主义，是中华文化和中国精神的时代精华。

中国当下的精神图景，其重要特征在于用发展着的马克思主义把握时代，将马克思主义的巨大威力真正实现出来，实现马克思主义的中国化。而这一过程，也是中国精神的展开过程。“中华民族有着强大的文化创造力。每到重大历史关头，文化都能感国运之变化、立时代之潮头、发时代之先声。”①中国精神作为具有生命力的自觉的主体性存在，是中华民族传统塑造的思想内核和理想理念在不同历史时期的集中体现。也正是如此，中国人民总是能够立足于当时的社会实践创造出具有不同时代内容、不同形态的文化，总是能够根据时代变化和实践发展，在历史进步中不断实现文化的创新进步。在新时代，习近平总书记立足于中华民族伟大复兴战略全局和世界百年未有之大变局，明确提出“要使中华民族最基本的文化基因与当代文化相适应、与现代社会相协调”②。一方面，中华民族的伟大复兴离不开中国精神的支撑，实现中华民族伟大复兴，是近代以来中华民族最伟大的梦想，中国精神是新时代伟大梦想的重要动力；另一方面，百年未有之大变局意味着世界处于极大的变化和动荡当中，“人类社会每一次跃进，人类文明每一次升华，无不伴随着文化的历史性进步”③，以中国精神来进行思想引领、知识变革和价值重构的工作变得尤为重要。从文明论角度来看，中国是世界上最早的文明古国之一，孕育了极其丰富的历史文化资源，可以为克服现代文明问题提供智慧和启迪。可以说，中华民族的伟大复兴不仅在于中国将成为一个现代化强国，而且还在于：它在完成其现代化任务的同时，在积极地占有现代文明

① 习近平：《在文艺工作座谈会上的讲话》，《人民日报》2015年10月15日第2版。
② 习近平：《建设社会主义文化强国 着力提高国家文化软实力》，《人民日报》2014年1月1日第1版。
③ 习近平：《在文艺工作座谈会上的讲话》，《人民日报》2015年10月15日第2版。

成果的同时，正在开启出一种新文明类型的可能性。①

面对新时代新条件新任务，《决议》在“两个结合”基础上提出要服务民族复兴、促进人类进步，推动建设新型国际关系，推动构建人类命运共同体。“人类命运共同体”是以中华传统的“协和万邦”“亲仁善邻”“讲信修睦”为底色的和平发展之路，是中国古代天下观的当代体现。在“天下”意识的统摄之下，中华民族自古就秉持“和而不同”的理念，尊重万物的多样性和特殊性，其现代化阐释即费孝通所言“各美其美，美人之美，美美与共，天下大同”，世界各国“在了解自己文化的基础上进行人类学的跨文化比较，才能获得一种高度的文化自觉，消除文化之间的误解和偏见，达到‘美美与共’的文化宽容境界”②。“文化宽容”有助于推动构建相互尊重、公平正义、合作共赢的新型国际关系。同时，“人类命运共同体”又体现着共产主义远大理想和中国特色社会主义共同理想，是马克思主义世界历史理论、类存在理论在中国的具体体现。在一定意义上，“人类命运共同体”理念既可以看作马克思历史观的中国化，也可以看作中华传统天下观的现代化，体现的也是中国人恒久的精神追求。这两种趋势的汇流既是实现中华民族伟大复兴的自觉追求，也是应对“百年未有之大变局”的必然选择。

中国精神中自作主宰、独立自主的面相，引导我们在时代大势中把握历史主动，这是中国共产党取得成功的关键。百年党史就是发展着的马克思主义把握时代、引领时代、指导实践的历史。中国共产党始终正确认识所处历史方位和时代环境，带领中华民族实现了从站起来、富起来到强起来的伟大飞跃，迎来了中华民族伟大复兴的光明前景。革命时期，毛泽东指出，“现在的世界，是处在革命和战争的新时代”③。“中国革命是世界革命的一部分”④。这些重大判断明确了中国革命的时代背景，并为中国革命指明了正确

① 吴晓明：《马克思主义中国化与新文明类型的可能性》，《哲学研究》2019年第7期。
② 费孝通：《反思·对话·文化自觉》，《北京大学学报》（哲学社会科学版）1997年第3期。
③ 毛泽东：《毛泽东选集》第二卷，人民出版社1991年版，第680页。
④ 毛泽东：《毛泽东选集》第二卷，人民出版社1991年版，第668页。

的方向。新中国成立后,毛泽东根据当时世界形势发展状况,沿用了列宁的“帝国主义与无产阶级革命的时代”的科学判断。1985 年以后,面对新的历史实际,邓小平提出了“和平与发展”的时代主题,指出“现在世界上真正大的问题,带全球性的战略问题,一个是和平问题,一个是经济问题或者说发展问题”①。这一论断成为我们党在改革开放新时期的重要理论依据,深刻把握了时代主题。

进入新时代,时代形势发生了深刻的变化,我国的各方面发展取得了历史性成就,也发生了重大的“历史性跃迁”。目前,中国面临着“两个大局”的“双期叠加”,即世界百年未有之大变局进入加速演变期、中华民族伟大复兴战略全局进入关键期的历史交汇。从国际上看,当今世界经历着近百年以来前所未有的大变化,百年未有之大变局是各国经济、政治、文化、社会、军事、外交等各领域相互影响和综合作用的必然结果。如今,西方现代化的种种弊端日益暴露,新冠肺炎疫情进一步加速了演变进程,世界亟须寻求一种超越现代文明的新型文明来解决既有的现代性问题。习近平新时代中国特色社会主义思想是对“世界向何处去”的有力回应。

从国内范围看,当代中国正处于近代以来最好的发展时期。2008 年金融危机以来,中国与世界的关系发生了历史性的变化,中国特色社会主义所取得的伟大成就,使中国在全球格局中从边缘逐步走近舞台中央,我们业已迈入中华民族伟大复兴战略全局的关键时期。世界百年未有之大变局和中华民族伟大复兴战略全局这“两个大局”是世界与中国的深度交互,两者同步交织、相互激荡。“两个大局”的历史交汇期于我们而言,既是动荡变革期,更是战略机遇期。中华民族伟大复兴是世界百年未有之大变局的关键变量,中国在与世界的互联互动中既实现了自身的跨越式发展,又以自身的发展变革为世界乃至人类文明进步注入动能。② 在世界多极化、经济全球化、社会信息

① 邓小平:《邓小平文选》第三卷,人民出版社 1993 年版,第 105 页。

② 王立胜:《百年未有之大变局中的中国马克思主义哲学》,《中国社会科学报》2021 年 11 月 25 日第 3 版。

化、文化多样化的百年变局中，西方现代性与新型现代性之间的矛盾显现，工业化社会与信息化社会的社会问题交织叠加。要解决"两个大局"中出现的新矛盾和新问题，就必须"在坚持马克思主义基本原理的基础上，以更宽广的视野、更长远的眼光来思考和把握国家未来发展面临的一系列重大战略问题，在理论上不断拓展新视野、作出新概括"①，用发展着的马克思主义去思考和分析国际国内形势的新特征，用中国精神提振民族自尊心、自信心，这是实现中华民族伟大复兴的必由之路。

四、理论意义：中华文化和中国精神引领中国式现代化和人类文明新形态

从人类文明发展史来看，人类历史可以划分为以农业社会为基础的前现代文明、以工业社会为基础的现代文明和以信息化社会为基础的新型现代文明。由于 16 世纪以来的欧洲文艺复兴、启蒙运动、工业革命和资产阶级革命率先开启了现代文明的进程并奠定了现代文明的基础，因而"现代化"概念便自然而然地等同于西方资本主义的现代化，"现代性"也指向西方现代化进程中形成的西方社会和文化的特征。从文明论的角度考察，现代文明的本质是古希腊文明、古罗马文明、基督教文明与现代工业文明的综合体。在这一综合体中，古希腊是一切的起点。古希腊哲人从自然出发，穷究宇宙合理性来源，追问千变万化的世界背后是否存在唯一永恒的本体，由此形成了西方哲学的形而上学传统，但同时也产生了一与多、变与不变的隔阂，是西方文明最初始的二分思维模式。这种思维上的"二分"模型在政治问题上便演化为"修昔底德陷阱"的历史隐喻，即当一个崛起国威胁取代现有守成国时，由此产生的结构性压力会导致暴力冲突，无一例外。在基于国家利益的问题框架和政治视野中，现代国际社会基于"修昔底德陷阱"所看到的就是"西方—非西方"

① 习近平：《习近平谈治国理政》第二卷，外文出版社 2017 年版，第 62—63 页。

的“非此即彼”式逻辑和不同文化之间的天然“冲突”与“对抗”，并最终演变为“文明冲突论”。所谓的“文明冲突论”，就是指“文明之间最引人注目的和最重要的交往是来自一个文明的人战胜、消灭或征服来自另一个文明的人”[①]。而当“文明冲突论”遭遇“历史终结论”时，它实质上就演变为西方发达国家借文化冲突的观点来抑制其他国家和民族之政治、经济和文化发展的本质。

随着世界历史的推进，二元对立范式下的西方现代化所蕴含的矛盾日益显现，西方资本主义的现代文明以“资本”为核心逻辑，其时代的基础是一个阶级对另一个阶级的剥削，它的全部发展都是在经常的矛盾中进行的。[②] 资本的目的是实现自我增殖，如此一来，围绕物质利益争夺而展开的现代生产必然造成人与人、人与社会、人与自然关系的高度紧张：资本生产形成了“普遍的社会物质变换、全面的关系、多方面的需要以及全面的能力的体系”[③]。基于交换和契约的交往关系而导致的逐利行为，使人与人、人与社会的关系走向全面异化，贫富差距有增无减，阶级对立日益尖锐。随着欧洲殖民统治和全球化浪潮扩展到全世界范围，逐渐形成资本主导下的世界不同文明的不平等结构，造成传统西方先发型现代化国家与非西方后发型国家之间的冲突与矛盾。人与自然的关系也是如此。资本逻辑的扩张本性使人们超限度地开发自然界，自然界沦为资本实现其效用性目的的工具，人类赖以生存的自然基础已然面临崩塌，造成生产与生态之间的全面对立。正是在西方现代化模式下，欧洲殖民主义的时代结束了，美国霸权也日渐衰落，接受并运行这种发展模式的俄罗斯和拉美部分国家经济发展水平不升反降，西方文明的没落已成为事实。

西方资本主义现代文明由于内在危机已无法继续指引人类社会的前进

① 塞缪尔·亨廷顿：《文明的冲突与世界秩序的重建》，周琪等译，新华出版社1998年版，第35页。

② 中共中央马克思恩格斯列宁斯大林著作编译局编译：《马克思恩格斯选集》第四卷，人民出版社2012年版，第194页。

③ 中共中央马克思恩格斯列宁斯大林著作编译局编译：《马克思恩格斯文集》第八卷，人民出版社2009年版，第52页。

和发展，一种适应全人类需要的新型文明形态亟须出场。梁漱溟曾提出，“吾民族实负有开辟世界未来文化之使命，亦为历史所决定；所谓民族自觉者，觉此也”①。与西方二元对立的形而上学思维所主导的现代文明不同，中华文明的传统自古以来便是以多元融合发展为主导的，其根性就是在尊重内部文明差异性的基础上形成的“多元一体”的文化体系；与西方文明的民族国家观念相对，中华文明自古以来就有“天下一家”的天下观念，而“从天下去理解世界，就是以整个世界作为思考单位去分析问题，从而超越现代的民族国家思维方式”②，是一种“万物并育而不相害，道并行而不相悖”的整体意识。它强调万物共生与和谐，试图构建“一个使世界成为政治主体的世界体系，一个以世界为整体政治单位的共在秩序”③，整体体现了“和而不同、亲仁善邻、协和万邦”的文明观，昭示和开显了一种完全不同于西方文明的新型文明观。

中国式现代化的新道路正是在中华传统文化的深厚历史根基中成长起来的，是由中华文化和中国精神所引领开创的人类文明新形态。从文明的发展来看，在前现代文明—现代文明—新型文明的序列中，每一级都是对前一级的超越。新型文明作为“否定之否定”，是在更高的阶段，通过中国道路的不断创造，以实现对西方资本文明的批判扬弃和对西方现代化模式的超越。在世界迈向新型现代化的进程中，中国作为后发型现代化国家，选择了在马克思主义的指导下汲取前现代文明的优势资源，以中华优秀传统文化融入现代文化，以期避免西方先发型现代化国家走过的弯路和付出的代价。中国式现代化的新道路同时也预示了一种未来新型文明的可能性。习近平总书记提出：“我们坚持和发展中国特色社会主义，推动物质文明、政治文明、精神文明、社会文明、生态文明协调发展，创造了中国式现代化新道路，创造了人类文明新形态。”④人类文明新形态是中国特色社会主义的产物，是马克思主义

① 梁漱溟：《中国民族自救运动之最后觉悟》，中华书局1935年版，第110页。
② 赵汀阳：《天下观与新天下体系》，《中央社会主义学院学报》2019年第2期。
③ 赵汀阳：《天下观与新天下体系》，《中央社会主义学院学报》2019年第2期。
④ 习近平：《在庆祝中国共产党成立100周年大会上的讲话》，《求是》2021年第14期。

和中华优秀传统文化相结合的产物。这一新型文明是以马克思主义为指导，在中国共产党的领导下，浸润中华文明的优秀传统文化，熔铸于中国具体实践而形成的文明形态，是开放包容、命运与共的中华传统天下情怀和马克思的世界历史思想、类存在观念的现代阐释和创新发展；这一新型文明既是科学社会主义的新生，又是中华文明的新生，是中华文明与马克思主义相向而行融合创造的结果。

如前所述，习近平新时代中国特色社会主义思想既是马克思主义中国化的最新成果，也是中华优秀传统文化现代化的最新成果，引领着中华优秀传统文化和马克思主义中国化形成的文化共同造就的中华民族新文明。党的十八大以来，以习近平同志为核心的党中央坚持系统观念，领导全国人民统筹推进"五位一体"总体布局、协调推进"四个全面"战略布局，构建了五大文明领域协调发展的良好态势，经济社会各项事业取得了新的伟大成就。事实证明，"西方不是'世界的全部'，也绝非'世界未来'理所当然的范式"①。正是在新时代的中国特色社会主义实践中，中国共产党领导人民成功走出中国式现代化道路，创造了人类文明新形态，为发展中国家提供了现代化另一种途径。从这个意义上说，习近平新时代中国特色社会主义思想揭示了新时代中国式现代化道路的发展规律，为新时代中国共产党领导中国人民团结奋斗提供科学指导，是中国式现代化道路的思想灵魂，是引领人类文明新形态的最新理论成果。

中国式现代化道路及其开创的人类文明新形态是一种全方位的现代化，区别于过于追求社会物质财富增长的西方资本主义现代化。人类文明新形态强调人与自然的和谐发展，强调物质文明、政治文明、精神文明、社会文明、生态文明的协调发展，而这种注重整体发展的新型文明只可能出现在具有传统"天下观"之整体思维的中国。中国式现代化及其开创的人类文明新形态还是一种追求不同文明共存共荣、全球共同发展的现代化。中国历史上"多

---

① 阿兰·加西亚·佩雷斯：《儒学与全球化》，沈庆译，人民出版社2014年版，第6页。

元一体”的文化格局在今天则表现为以文明共存应对文明冲突的“人类命运共同体”的中国方案——认识到世界是兼具多样性和统一性的共同体，超越了非此即彼的零和博弈思维和“强者称霸”的欧洲中心主义，承认多元文明及其价值，坚持各种文明互学互鉴、兼收并蓄。一个以资本逻辑凌驾一切、以形而上学统治一切的西方现代世界，不可能实现人类的全面解放，只有马克思主义与中华文明结合而成的新文明形态，也就是习近平新时代中国特色社会主义思想指引的新文明形态，才能超越资本主义文明的危机循环，超越资本现代性对人类社会发展造成的现实困境。新文明形态强调“人和自然之间、人和人之间的矛盾的真正解决，是存在和本质、对象化和自我确证、自由和必然、个体和类之间的斗争的真正解决”①，是创新人与自然、人与人、人与社会关系的新型人类文明，真正实现物的尺度和人的尺度的统一，实现人的自由而全面的发展。

① 中共中央马克思恩格斯列宁斯大林著作编译局编译：《马克思恩格斯全集》第四十二卷，人民出版社1979年版，第120页。

第四章

构建中华新文化的基本原则、基本路径、指导思想

本书《马克思主义与中华优秀传统文化融合的哲学探析》一章中提出了一个基本观点：马克思主义与中华优秀传统文化的融合不是为了融合而融合，融合的终极目标是中华新文化的构建和创造，是中国文化自信的牢固确立，是中华文化的世界历史使命担当和对人类新文明的先驱性探索。需要进一步思考的问题是，如何实现马克思主义与中华优秀传统文化的真正融合，怎样才能在这种真正的融合中构建和创造中华新文化。这也是在开启现代化强国建设新的历史征程、把文化强国建设作为重要目标的新形势下必须予以重视的问题。以习近平同志为核心的党中央对这个问题做了系统的探索并逐渐提出了“两创”的基本原则、“两个相结合”的基本路径。其后，党的十九届六中全会审议通过的《决议》提出“习近平新时代中国特色社会主义思想是当代中国马克思主义、二十一世纪马克思主义，是中华文化和中国精神的时代精华，实现了马克思主义中国化新的飞跃”的著名论断。这一论断是从历史维度对马克思主义与中华优秀传统文化融合所取得成果的科学总结和理论升华。作为“中华文化和中国精神时代精华”的习近平新时代中国特色社会主义思想，无疑成为中华新文化构建和创造的指导思想。从“两创”的基本原则到“两个相结合”的基本路径再到“时代精华”的指导思想的提出，既有着历史的必然性，又有着理论的逻辑必然性。具体展开可分为三步：第一步，提出中华优秀传统文化的创造性转化和创新性发展，这是在坚守中华文化立

场的基础上，马克思主义基本原理与中华优秀传统文化发生互动反应而产生的新的、正确的中华新文化发展的理念和方法，为中华新文化的发展，既坚持了马克思主义基本原理，又夯实了中华文化和中国精神的深厚地基；第二步，提出坚持把马克思主义基本原理同中国具体实际相结合、同中华优秀传统文化相结合，这是站在新时代的历史高度，统揽中华民族伟大复兴战略全局和世界百年未有之大变局，对中国共产党践行马克思主义中国化百年历程形成的对中国马克思主义发展规律的新认识、新总结，进一步凸显了中华文化、中国精神在中国马克思主义发展过程中的历史作用和中国马克思主义理论体系中的根基性作用；第三步，提出"习近平新时代中国特色社会主义思想是当代中国马克思主义、二十一世纪马克思主义，是中华文化和中国精神的时代精华"，把"当代中国马克思主义、二十一世纪马克思主义"与"中华文化和中国精神的时代精华"这两个论断并列，使得"两创"和"两个相结合"的思想得到了历史逻辑的延展和理论逻辑的提升，是马克思主义和中华文化相融合的新境界，不仅推进了当代中国马克思主义、21 世纪马克思主义的发展，更使得这个发展呈现了中华文化和中国精神的宏伟气派，使得马克思主义的发展更具中国特色、中国风格、中国气派，凸显了当代中国马克思主义、21 世纪马克思主义的中国性。

习近平总书记指出："当高楼大厦在我国大地上遍地林立时，中华民族的精神大厦也应该巍然耸立。"①这个"中华民族的精神大厦"也就是新时代的中华新文化，这个新文化的构造以中华优秀传统文化为地基，以马克思主义立场、观点和方法为四梁八柱，以反映中华民族伟大复兴战略全局和世界百年未有之大变局的思想为时代内容。也就是说，新时代的中华新文化的构建，必须以"两创"为基本原则，以"两个相结合"为基本路径，以"时代精华"为指导思想。

① 习近平：《在文艺工作座谈会上的讲话》，《人民日报》2015 年 10 月 15 日第 2 版。

一、“两创”:构建新时代中华新文化的基本原则

“两创”的基本内涵。“两创”的正式亮相是在2013年习近平总书记在十八届中央政治局第十二次集体学习时的讲话:“在去粗取精、去伪存真的基础上,坚持古为今用、推陈出新,努力实现中华传统美德的创造性转化、创新性发展。”①在这里,创造性转化、创新性发展的具体对象是中华传统美德。真正将传统文化作为创造性转化、创新性发展对象的表述是在2014年9月24日习近平总书记在纪念孔子诞辰2565周年国际学术研讨会暨国际儒学联合会第五届会员大会开幕会上的讲话:“要坚持古为今用、以古鉴今,坚持有鉴别的对待、有扬弃的继承,而不能搞厚古薄今、以古非今,努力实现传统文化的创造性转化、创新性发展,使之与现实文化相融相通,共同服务以文化人的时代任务。”②紧接着,习近平总书记在2014年10月15日文艺工作座谈会上的讲话中,将创造性转化和创新性发展对象的内涵扩展至中华文化:“传承中华文化,绝不是简单复古,也不是盲目排外,而是古为今用、洋为中用,辩证取舍、推陈出新,摒弃消极因素,继承积极思想,‘以古人之规矩,开自己之生面’,实现中华文化的创造性转化和创新性发展。”③接着,习近平总书记于2016年5月17日在哲学社会科学工作座谈会上的讲话中,将创造性转化和创新性发展对象的内涵提升至中华文明:“要推动中华文明创造性转化、创新性发展,激活其生命力,让中华文明同各国人民创造的多彩文明一道,为人类提供正确精神指引。”④

从中华传统美德到传统文化再到中华文化最后到中华文明的种属关系中不难发现,“两创”的适用范围逐渐扩大。中华文化指涉的是包括传统文

① 中共中央文献研究室编:《习近平关于社会主义文化建设论述摘编》,中央文献出版社2017年版,第138页。

② 习近平:《习近平谈治国理政》第二卷,外文出版社2017年版,第313页。

③ 习近平:《在文艺工作座谈会上的讲话》,《人民日报》2015年10月15日第2版。

④ 习近平:《习近平谈治国理政》第二卷,外文出版社2017年版,第340页。

化、革命文化、社会主义先进文化等在内的整个中国特色社会主义文化，中华文明则是将中华文化放置于整个人类多元文明交流互鉴的时代语境中。也就是说，“两创”不仅适用于具体的传统文化的现代转化问题，而且适用于中华文化、中华文明的现代转化问题，成为一种抽象的、普遍的文化理念。这种抽象的、普遍的文化理念在具体实践中转化成解决文化问题的基本原则。基于此，党的十九大报告指出：“发展中国特色社会主义文化，就是以马克思主义为指导，坚守中华文化立场，立足当代中国现实，结合当今时代条件，发展面向现代化、面向世界、面向未来的，民族的科学的大众的社会主义文化，推动社会主义精神文明和物质文明协调发展。要坚持为人民服务、为社会主义服务，坚持百花齐放、百家争鸣，坚持创造性转化、创新性发展，不断铸就中华文化新辉煌。”①“两创”原则第一次被提升到同“二为”方向和“双百”方针并列的重要地位。

“两创”提出的历史必然性。习近平总书记指出：“当代中国正经历着我国历史上最为广泛而深刻的社会变革，也正在进行着人类历史上最为宏大而独特的实践创新。这种伟大实践必将给文化创新创造提供强大动力和广阔空间。”②

时代是思想之母，实践是理论之源。中国特色社会主义进入新时代，社会主义现代化建设进入新阶段，中华民族迎来了从站起来、富起来到强起来的伟大飞跃，迎来了实现中华民族伟大复兴的光明前景。实现强起来的伟大飞跃、实现中华民族伟大复兴的光明前景“呼唤”对传统文化进行创造性转化和创新性发展，需要中华优秀传统文化提供的精神滋养和智慧支撑。中国特色社会主义进入新时代，我国社会主要矛盾已经从人民日益增长的物质文化需要同落后的社会生产之间的矛盾，转化为人民日益增长的美好生活需求和不平衡不充分的发展之间的矛盾。“仓廪实而知礼节，衣食足而知荣辱。”

① 习近平：《习近平谈治国理政》第三卷，外文出版社2020年版，第32页。

② 习近平：《在中国文联十大、中国作协九大开幕式上的讲话》，《人民日报》2016年12月1日第1版。

(《史记·管晏列传》)在物质生活极大丰富的当下,人民更注重精神层面的追求,这种精神层面的追求"呼唤"中华优秀传统文化提供精神滋养。当然,在站起来、富起来到强起来的伟大飞跃中,在中华民族伟大复兴的实现过程中,也产生过一些问题、危机,比如如何处理好经济发展和环境保护之间的关系问题,如何处理好个人与集体、义与利、工具理性和道德理性之间的关系问题,等等。这些问题、危机的解决呼唤中华优秀传统文化提供智慧支撑。"中国优秀传统文化的丰富哲学思想、人文精神、教化思想、道德理念等,可以为人们认识和改造世界提供有益启迪,可以为治国理政提供有益启示,也可以为道德建设提供有益启发。"①

在全球视域内,在中国共产党的领导下,中国的国际地位实现前所未有的提升,中国日益走近世界舞台中央,成为名副其实的大国,中华民族最有理由自信。"四个自信"呼唤中华优秀传统文化提供宝贵经验。当今世界正面临百年未有之大变局,新冠肺炎疫情的全球大流行加速了百年未有之大变局的演进,对经济全球化、全球治理、社会思潮、大国关系等产生影响。作为大国的中国,就应该有大国的风范、大国的气派、大国的责任、大国的担当。这种充满不确定性的变局和大国的身份呼唤中华优秀传统文化贡献"中国智慧"。

"两创"作为中华新文化构建和创造的基本原则。在中华新文化的构建和创造中,中华优秀传统文化是基础和根本。在中华传统美德—传统文化—中华文化—中华文明的种属链条中,处于关键地位的是传统文化。传统文化与中华优秀传统文化显然是两个概念:"传统文化在其形成和发展过程中,不可避免会受到当时人们的认识水平、时代条件、社会制度的局限性的制约和影响,因而也不可避免会存在陈旧过时或已成为糟粕性的东西"②;中华优秀传统文化是指中国传统文化中的优秀部分或精华部分。科学区分传统文化

① 习近平:《在纪念孔子诞辰2565周年国际学术研讨会暨国际儒学联合会第五届会员大会开幕会上的讲话》,《人民日报》2014年9月25日第2版。

② 习近平:《习近平谈治国理政》第二卷,外文出版社2017年版,第313页。

中的优秀成分，是进行创造性转化与创新性发展的前提。

创造性转化的对象是“那些至今仍有借鉴价值的内涵和陈旧的表现形式”，而“那些至今仍有借鉴价值的内涵和陈旧的表现形式”内蕴着一种矛盾、一种对立，即有借鉴价值的内涵与陈旧的表现形式的矛盾、对立。也就是说，创造性转化的对象是“不完美”的，是需要扬弃的。“不完美”和扬弃就意味着有区分。创新性发展的对象是“中华优秀传统文化的具体内涵”，而“中华优秀传统文化的具体内涵”亦内蕴着一种矛盾、一种对立，即优秀与不优秀。这种区分与创造性转化的对象内蕴的区分相同。正是在这个意义上，我们说科学区分传统文化中的优秀成分，是进行创造性转化与创新性发展的前提。换句话说，创造性转化与创新性发展为传统文化获得“新生”提供了基本遵循，是传统文化实现转化和发展需要遵循的基本原则，而传统文化又是构建和创造中华新文化的重要“质料”，中华新文化的构建和创造是马克思主义与中华优秀传统文化融合的终极目标，因此在这个意义上可以说，创造性转化与创新性发展即“两创”，成为中华新文化构建和创造的基本原则。

当然，创造性转化和创新性发展也存在一个前后相继、互为支撑的逻辑关系。创造性转化的对象是“不完美”的，那就必须对糟粕的部分加以抛弃，对不完美的地方加以改造，对优秀部分、精华部分加以继承。在此意义上，创造性转化的界定中并没有出现中华优秀传统文化。创新性发展的对象是“中华优秀传统文化的具体内涵”，中华优秀传统文化即是经过抛弃、改造、继承的传统文化，也即是经过创造性转化的传统文化，“创造性转化是创新性发展的基础和前提”[①]。创造性转化侧重继承，创新性发展侧重创新，创新是继承基础上的创新。由此不难发现，创造性转化和创新性发展前后相继、互为支撑的逻辑贯通点就是中华优秀传统文化。中华优秀传统文化是由传统文化经过“两创”大浪淘洗后剩下来的“金子”。同样，作为内含“两创”结晶——

① 包晓光：《新时代语境下传统文化创造性转化创新性发展的几个问题》，《湖南社会科学》2018年第3期。

中华优秀传统文化的中华新文化,我们亦可以将其理解成由中华优秀传统文化经过"两创"发展和转化而来的"真金"。也就是说,"两创"同样适用于中华新文化的构建和创造,是其基本原则。

中华优秀传统文化是人们在长期的社会实践中形成的产物,深铸于中国人民的精神基因中,是"中华民族的根与魂"①。五千多年来,中华文化绵延不绝,持续不断地滋养着中华民族,"使中华文明成为人类历史上唯一一个绵延五千多年至今未曾中断的灿烂文明"②。中华文化成为中华民族最为鲜明的文化标志。中华民族要在未来的历史长河中继续行稳致远,就必须培"根"固"本"、夯"基"浚"源"。这个"根""本""基""源"就是中华优秀传统文化,而中华优秀传统文化积淀着中华民族最深沉的精神追求,包含着中华民族最根本的精神基因,代表着中华民族独特的精神标识,中华优秀传统文化内蕴的中国精神成为中华民族最为鲜明的精神标识。"两创"是促进中华优秀传统文化实现现代转化必然遵循的原则。在这个意义上可以说,"两创"为中华文化和中国精神夯实了更为深厚的根基。

二、"两个相结合":构建中华新文化的基本路径

强大支柱是在深厚地基上架构起来的。同样,"两个相结合"本身就蕴含在"两创"之中,是"两创"的题中之义;并且,"两个相结合"突破"两创"的文化界域,"两创"经由"两个相结合"扩充至道路、理论、制度等方面;作为马克思主义中国化的重要内容,"两个相结合"反过来又为"两创"提供了正确的方向和理论基础。

"两个相结合"是"两创"的题中之义。"两个相结合"思想的正式亮相是在习近平总书记在庆祝中国共产党成立100周年大会上的讲话中:"坚持把

① 习近平:《在庆祝澳门回归祖国15周年大会暨澳门特别行政区第四届政府就职典礼上的讲话》,《人民日报》2014年12月21日第2版。

② 习近平:《论坚持全面深化改革》,中央文献出版社2018年版,第523页。

马克思主义基本原理同中国具体实际相结合、同中华优秀传统文化相结合，用马克思主义观察时代、把握时代、引领时代，继续发展当代中国马克思主义、21 世纪马克思主义。”[①]“两个相结合”思想若向前追溯，可追溯至 2021 年 3 月 22 日习近平总书记考察朱熹园。习近平总书记强调，我们要特别重视挖掘中华五千年文明中的精华，弘扬优秀传统文化，把其中的精华同马克思主义立场观点方法结合起来，坚定不移走中国特色社会主义道路。而把传统文化与马克思主义立场观点方法结合起来，其实就内蕴于“两创”之中。恩格斯指出：“马克思的整个世界观不是教义，而是方法。它提供的不是现成的教条，而是进一步研究的出发点和供这种研究使用的方法。”[②]“两创”是马克思主义指导下的“两创”。

首先，马克思主义辩证否定思维方式与传统文化相结合。“两创”就是以辩证否定思维方式对待传统文化的必然结果。黑格尔曾指出：“扬弃在语言中，有双重意义，它既意味保存、保持，又意味停止、终结。”[③]马克思继承了黑格尔的这一思想，指出“辩证法在对现存事物的肯定的理解中同时包含对现存事物的否定的理解，即对现存事物的必然灭亡的理解”[④]。对事物的肯定理解，意味着对事物中积极部分的肯定，这部分内容需要“扬”，需要继承发展；相反，对事物的否定的理解，意味着对事物中消极部分的否定，这部分内容需要“弃”，需要彻底放弃。“创造性转化，就是要按照时代特点和要求，对那些至今仍有借鉴价值的内涵和陈旧的表现形式加以改造，赋予其新的时代内涵和现代表达形式，激活其生命力。创新性发展，就是要按照时代的新进步新进展，对中华优秀传统文化的内涵加以补充、拓展、完善，增强其影响力和感

① 习近平：《在庆祝中国共产党成立 100 周年大会上的讲话》，《求是》2021 年第 14 期。

② 中共中央马克思恩格斯列宁斯大林著作编译局编译：《马克思恩格斯选集》第四卷，人民出版社 2012 年版，第 664 页。

③ 黑格尔：《逻辑学》（上卷），杨一之译，商务印书馆 1966 年版，第 98 页。

④ 中共中央马克思恩格斯列宁斯大林著作编译局编译：《马克思恩格斯选集》第二卷，人民出版社 2012 年版，第 94 页。

召力。”[①]在创造性转化中，那些至今仍有借鉴价值的内涵是积极部分，需要肯定，需要“扬”；陈旧的表现形式是消极部分，需要否定，需要改造和转化。在创新性发展中，中华优秀传统文化概念本身就包含扬弃。方克立在一次访谈中指出：“中华优秀传统文化不是笼统地指中国传统文化，而是指用马克思主义科学扬弃观筛选过了的，排除了封建性糟粕的，‘与当代社会相适应、与现代文明相协调’的中国传统文化中的优秀部分或精华部分。”[②]并且，补充、拓展和完善、发展也体现了辩证否定思维方式。

其次，马克思主义“抽象和具体辩证统一”思维方式与传统文化相结合。诚如上文所述，“两创”由最初的解决具体的传统文化现代转化问题的方法，扩展至解决中华文化、中华文明现代转化问题的方法，成为一种抽象的、普遍的文化理念，在具体实践中又转化成解决文化问题的基本原则。这种思维方式即是马克思主义“抽象和具体辩证统一”的思维方式。马克思在《〈政治经济学批判〉导言》中为我们展示了这种思维方式：“行程又得从那里回过头来，直到我最后又回到人口，但是这回人口已不是关于整体的一个混沌的表象，而是一个具有许多规定和关系的丰富的总体了。”[③]这实际反映了从感性具体到思维具体的升华过程。也就是说，在“两创”成为一般指导方针的过程中，马克思主义“抽象和具体辩证统一”的思维方式与传统文化有结合。

最后，马克思主义“实践与认识辩证统一”的关系原理与传统文化相结合。马克思主义哲学认为，实践决定认识：实践是认识的来源，是认识发展的动力，是认识的目的和归宿，是检验认识是否具有真理性的唯一标准；认识对实践具有反作用：正确的认识对实践起着促进作用，错误的认识对实践起着阻碍作用。马克思指出，“人们自己创造自己的历史，但是他们并不是随心所

---

① 中共中央宣传部编：《习近平新时代中国特色社会主义思想学习纲要》，学习出版社、人民出版社2019年版，第147页。

② 杜运辉：《从“三大思潮对立互动”说到“马魂中体西用”论——访中国社会科学院学部委员方克立教授》，《马克思主义文化研究》2018年第2期。

③ 中共中央马克思恩格斯列宁斯大林著作编译局编译：《马克思恩格斯选集》第二卷，人民出版社2012年版，第700页。

欲地创造,并不是在他们自己选定的条件下创造,而是在直接碰到的、既定的、从过去承继下来的条件下创造”①。同样,传统文化的“两创”也不是随心所欲的。传统文化需要进行创造性转化和创新性发展是从当前国内、国际的实际中得出的认识,新时代国内、国际的实际决定了传统文化需要进行创造性转化和创新性发展,传统文化进行创造性转化和创新性发展是为了解决国内、国际出现的实际问题。经过“两创”改造和发展的传统文化为国内、国际实际问题的解决提供了精神滋养、智慧支撑。

“两个相结合”是“两创”的扩充之径。“两创”“两个相结合”思想的提出,其着眼的战略目标皆是中华民族的伟大复兴。“两个相结合”将中华优秀传统文化置于更高的历史高度加以审视,将“两创”思想带入历史和逻辑的新的发展阶段。

首先,“两个相结合”有利于深入理解马克思主义与中华优秀传统文化之间的关系。马克思主义作为一种外来思想,之所以能够在中国落地生根,是因为它是一种科学真理。马克思主义是一种改变世界的实践哲学和方法论哲学。它可以依着不同民族、国家的具体实际,形成适用于那个民族和国家具体环境的民族化形式。毛泽东指出:“马克思主义必须和我国的具体特点相结合并通过一定的民族形式才能实现。马克思列宁主义的伟大力量,就在于它是和各个国家具体的革命实践相联系的……”②它也可以为人们认识世界和改变世界提供各种方法论指导。除此之外,马克思主义能够在中国落地生根的原因在于它和中华优秀传统文化“内在地具有一种本质或本性上的一致性”或者说整体的一致性,两者之间可以建立一种一脉相承的历史性关系。两者皆有现实关怀,始终关注现实,重视实践,如实事求是思想的创造性转化和创新性发展;两者皆注重辩证逻辑,如传统文化中的“一阴一阳之谓道”“仇必和而解”与马克思主义的辩证法;两者皆重“民”,如传统文化中的“民为贵,

① 中共中央马克思恩格斯列宁斯大林著作编译局编译:《马克思恩格斯选集》第一卷,人民出版社2012年版,第669页。

② 毛泽东:《毛泽东选集》第二卷,人民出版社1991年版,第534页。

社稷次之,君为轻"与马克思主义"人民群众创造历史"的唯物史观;两者皆有"梦",如传统文化中的"大同""小康"与马克思主义的共产主义社会;等等。"两个相结合"明确将中华优秀传统文化纳入中国共产党指导思想的创立过程中,"两创"的"中枢"扩充至与马克思主义的内在关联之中,这是马克思主义中国化的内在要求和必然逻辑。

其次,"两个相结合"有利于深入理解中华优秀传统文化(文化自信)与中国道路(道路自信)之间的关系。"两个相结合"思想的提出,其着眼的战略目标是中华民族伟大复兴。"两个相结合"将中华优秀传统文化置于更高的历史高度加以审视,将"两创"带入中国马克思主义发展的历史进程中,从而使当代中国马克思主义发展彰显出更加鲜明的文化底蕴和文化自信;反过来也可以说,文化自信的实现需要依靠"两个相结合"。实践证明,只有通过"两个相结合",才能树立中国人的文化自信、文化理想和文化价值。习近平总书记在庆祝中国共产党成立 95 周年大会上指出:"文化自信,是更基础、更广泛、更深厚的自信。"①这份自信的来源之一便是 5000 多年文明发展孕育的中华优秀传统文化,而中华优秀传统文化是"两创""两个相结合"的对象。文化自信是道路自信、理论自信、制度自信的题中应有之义。"坚定中国特色社会主义道路自信、理论自信、制度自信,说到底是要坚定文化自信。"②文化自信为道路自信提供了强劲的前进定力,"我们走中国特色社会主义道路,一定要推进马克思主义中国化。如果没有中华五千年文明,哪里有什么中国特色?如果不是中国特色,哪有我们今天这么成功的中国特色社会主义道路?我们要特别重视挖掘中华五千年文明中的精华,弘扬优秀传统文化,把其中的精华同马克思主义立场观点方法结合起来,坚定不移走中国特色社会主义道路"。宣传阐释中国特色,"要讲清楚每个国家和民族的历史传统、文化积淀、基本国情不同,其发展道路必然有着自己的特色;讲清楚中华文化积淀着中华民

① 习近平:《习近平谈治国理政》第二卷,外文出版社 2017 年版,第 36 页。
② 习近平:《习近平谈治国理政》第二卷,外文出版社 2017 年版,第 339 页。

族最深沉的精神追求，是中华民族生生不息、发展壮大的丰厚滋养；讲清楚中华优秀传统文化是中华民族的突出优势，是我们最深厚的文化软实力；讲清楚中国特色社会主义植根于中华文化沃土、反映中国人民意愿、适应中国和时代发展进步要求，有着深厚历史渊源和广泛现实基础"①。而中国特色不仅体现于中国特色社会主义文化、中国特色社会主义道路，还体现于中国特色社会主义理论、中国特色社会主义制度。由此可以说，"两创"通过"两个相结合"再通过文化自信扩充至道路自信、理论自信、制度自信。

最后，"两个相结合"有利于深入理解中华优秀传统文化与中国共产党人之间的关系。中国共产党是马克思主义政党，它以马克思主义为指导思想，中国共产党又是植根于中国文化中的马克思主义政党，因此必须科学认识和运用中华优秀传统文化，达到对中华优秀传统文化的理论自觉。科学认识中华优秀传统文化，意味着要辩证地看待中华优秀传统文化，不能"一刀切"，既不能全盘否定中华优秀传统文化，陷入历史和文化虚无主义，也不能全盘肯定中国文化，从而导致夜郎自大、目中无人；辩证地看待中华优秀传统文化，就是要分辨出传统文化中优秀部分和糟粕部分，取其精华，去其糟粕。科学认识中华优秀传统文化，意味着要将中华优秀传统文化放入"大历史观"视域，放入整个中华民族伟大复兴的历史征程中，"将中国共产党的历史，将新中国的历史，将改革开放的历史、社会主义发展史，将革命文化和中国特色社会主义发展史，将马克思主义中国化的历史与整个中国历史、中华文明发展史联结为一个统一的整体"②。传承和弘扬中华优秀传统文化是中国共产党的文化使命。科学运用中华优秀传统文化，意味着在始终坚守中华优秀传统文化立场的基础上，在中华民族伟大复兴的实践中，在建设社会主义现代化强国的实践中，不断从中华优秀传统文化中汲取理论资源、智慧，赋予这些资源以新时代的内涵和现代表达形式，身体力行、推动引领，不断激发优秀传统

① 习近平：《习近平谈治国理政》第一卷，外文出版社2018年版，第155—156页。
② 马庆玲：《以"两个结合"推动中华优秀传统文化的传承发展》，《哈尔滨市委党校学报》2021年第6期。

文化的生机与活力，不断增强优秀传统文化的影响力和感召力。在这个意义上，经由"两个相结合"扩充至中国马克思主义发展过程中的"两创"，又经由中国共产党人这一实践主体由理论领域扩充至实践领域。

"两个相结合"为"两创"提供了制度保障、价值导向和文化支撑。同中国具体实际相结合、同中华优秀传统文化相结合的马克思主义，是中国化了的马克思主义，是中国马克思主义。中国马克思主义作为中国共产党的指导思想，与中国特色社会主义基本制度有着直接的密切的联系，有着鲜明的社会主义政治倾向和价值取向，同时也在社会主义文化中居于核心地位、起主导作用。"马克思主义在正确解答中国的现代化问题，创造中国的新思想、新文化的活动中成为中国先进文化的代表，并从中获得了中国文化身份的合法性。"①基于此，以"两个相结合"为重要内容的中国马克思主义反过来又为"两创"提供基本保障。

首先，作为指导思想，以"两个相结合"为重要内容的中国马克思主义为"两创"提供了有力的制度保障。中国共产党自诞生之日起就将马克思主义作为指导思想。马克思主义不仅是中国共产党的指导思想，而且是中华人民共和国的指导思想。作为国家指导思想，马克思主义具体指导着国家治理的方方面面，体现在中国特色社会主义的各种制度中。《中共中央关于坚持和完善中国特色社会主义制度　推进国家治理体系和治理能力现代化若干重大问题的决定》（以下简称《决定》）在分析新中国成立七十年来取得成就的原因时指出："实践证明，中国特色社会主义制度和国家治理体系是以马克思主义为指导、植根中国大地、具有深厚中华文化根基、深得人民拥护的制度和治理体系。"具体到与文化制度的关系方面，《决定》在"坚持和完善繁荣发展社会主义先进文化的制度，巩固全体人民团结奋斗的共同思想基础"部分中指出"坚持马克思主义在意识形态领域指导地位的根本制度"，首次明确将"马

---

① 何萍：《从马克思主义哲学中国化的视角看马克思主义与儒学的关系》，《思想理论教育》2015 年第 1 期。

克思主义在意识形态领域指导地位”确立为文化制度中的一项根本制度，“这是中国特色社会主义文化建设的重大制度创新”①。作为文化制度中的根本制度，意味着文化领域重点工作的推进都要围绕着它，如深入阐发文化精髓，实施中华文化资源普查工程、实施国家古籍保护及数字化工程；将中华优秀传统文化全方位融入思想道德教育、文化知识教育、艺术体育教育、社会实践教育各环节；保护传承文化遗产；滋养文艺创造；等等。实施这一系列工作，从而为“两创”在文化领域的推进提供有力的制度保障。

其次，作为价值信仰，以“两个相结合”为重要内容的中国马克思主义为“两创”提供了有力的价值保障。中国共产党以马克思主义为指导思想，也必然以其为信仰和精神追求。中国共产党一经成立，便把实现共产主义作为最高理想和最终目标，即意味着把实现共产主义作为自己的信仰，“马克思主义、共产主义信仰是共产党人的命脉和灵魂”，而“实现中华民族伟大复兴是近代以来中华民族最伟大的梦想”，也就是说，实现中华民族伟大复兴是共产主义信仰在当代的具体表现。同时，马克思主义也是一种思想理论和价值体系，“作为一个思想体系和价值体系，马克思主义可以而且应该成为个人的信仰和精神追求，它必须而且应该成为个人的世界观、人生观和价值观的主导与核心支撑”②。马克思主义在中国化、时代化的过程中不断大众化，马克思主义的立场观点方法已经深入社会的方方面面，进入社会工作的日常生活，影响着公众的世界观、人生观和价值观。这两个方面说明了马克思主义不仅是中国共产党的信仰，而且能够成为公众的信仰和精神追求。习近平总书记指出：“人类社会发展的历史表明，对一个民族、一个国家来说，最持久、最深层的力量是全社会共同认可的核心价值观。”③中华民族的伟大复兴、社会主义现代化强国的建设，当然也离不开“全社会共同认可的核心价值观”，这个

---

① 贾世奇、祁述裕：《中国特色社会主义文化制度建设的内在逻辑——基于新制度主义理论的视角》，《治理现代化研究》2021 年第 5 期。

② 李清扬、温波：《当代中国马克思主义的文化功能》，《江西社会科学》2019 年第 2 期。

③ 习近平：《谈治国理政》第一卷，外文出版社 2018 年版，第 168 页。

“全社会共同认可的核心价值观”在当代表现为社会主义核心价值观。社会主义核心价值观是社会主义核心价值体系的内核，而作为指导思想的马克思主义，是社会主义核心价值体系的灵魂，因此可以说，作为指导思想的马克思主义是社会主义核心价值观的灵魂。既然是灵魂，“两个相结合”作为中国马克思主义的重要内容，当然也会体现于社会主义核心价值观中，社会主义核心价值观本身就是马克思主义基本原理同中国具体实际相结合、同中华优秀传统文化相结合的产物。社会主义核心价值观，是现阶段全国人民对社会主义核心价值观具体内容的最大公约数的表述，具有强大的感召力、凝聚力和引导力。以“两个相结合”为重要内容的中国马克思主义，作为社会主义核心价值观的灵魂，在社会主义核心价值观的培育和践行中，为“两创”提供了有力的价值保障。

最后，作为学术思想，以“两个相结合”为重要内容的中国马克思主义为“两创”提供了有力的学理支撑。马克思主义不仅拥有“指导思想”的身份，而且是一种科学理论体系，以学术思想的形态而存在。指导思想与学术思想不是互相矛盾的，能够作为指导思想，要求思想本身是科学的理论，而学术研究能够为理论的科学性提供支撑，保证理论能够与时俱进。我国一直十分重视马克思主义学科的建设。2015 年 7 月，中宣部、教育部专门印发《普通高校思想政治理论课建设体系创新计划》，提出：“加强机构建设，建好高校马克思主义学院。研究制订马克思主义学院建设标准，推进思想政治理论课教学科研机构科学规范建设。实施重点马克思主义学院建设工程，建设一批集马克思主义理论学习教育、研究宣传、人才培养于一体的高水平马克思主义学院，使之成为办好高校思想政治理论课的坚强战斗堡垒。”2015 年以来，马克思主义理论研究与建设工程不断推进，马克思主义学院在高校得到了迅猛发展。“据统计，全国高校中马克思主义学院在 2016 年一跃发展到 454 家；2017 年达到 653 家；2018 年达到 834 家；2019 年这个数字突破了一千家，达到 1012

家;这个数字在2020年又改写为1161家。”①马克思主义理论成为一级学科,当代中国马克思主义成为其二级学科,并且学科下面设有大量的硕士点和博士点;研究学者数量不断增加;等等。这些无疑会推进对于马克思主义理论(当然包括马克思主义中国化理论)的研究。2016年,习近平总书记在哲学社会科学工作座谈会上明确指出:“坚持以马克思主义为指导,是当代中国哲学社会科学区别于其他哲学社会科学的根本标志,必须旗帜鲜明加以坚持。”②中华优秀传统文化作为哲学社会科学的重要组成部分,坚持以马克思主义为指导。马克思主义兼具指导思想和学术思想的文化功能,对马克思主义思想的学理研究间接地为“两创”提供了有力的学理支撑。

综上,作为“两创”题中应有之义的“两个相结合”,是在“两创”基础上的进一步推进。相较于“两创”的对象,即本土的传统文化、中华文化而言,“两个相结合”扩大了对象的内涵;相较于“两创”偏重于“破”“解构”而言,“两个相结合”偏重于“立”“建构”,“不破不立”,在此意义上,“两个相结合”将“两创”思想带入历史和逻辑的新的发展阶段,成为构建中华新文化的基本路径。

三、“时代精华”:构建和创造中华新文化的指导思想

“两创”是在坚守中华文化立场的基础上,是马克思主义的历史观、认识论、实践观与中华优秀传统文化发生化学反应而产生的新的、正确的理念和方法,是习近平新时代中国特色社会主义思想的重要内容。“两个相结合”是习近平总书记站在新时代的历史前沿,立足中华民族伟大复兴战略全局和世界百年未有之大变局,对中国共产党践行马克思主义中国化的百年历程的新认识、在理论高度的新总结,代表了我们党理论创新的新境界,亦构成习近平新时代中国特色社会主义思想的重要内容。“两创”“两个相结合”不是孤立

---

① 陈占安:《关于建强建优全国重点马克思主义学院的思考》,《思想理论教育导刊》2021年第8期。
② 习近平:《在哲学社会科学工作座谈会上的讲话》,《人民日报》2016年5月19日第2版。

的理念、方法，正确地理解“两创”“两个相结合”，需要将其放入理论坐标体系——习近平新时代中国特色社会主义思想中。习近平新时代中国特色社会主义思想是中华文化和中国精神的时代精华，是马克思主义和中华文化相融合的新境界，是构建和创造中华新文化的指导思想。作为中华文化和中国精神大厦的精华之作，习近平新时代中国特色社会主义思想呈现出中华文化和中国精神更为宏伟的气派，这种气派离不开更为深厚的地基和更为稳固的四梁八柱。

《中共中央关于党的百年奋斗重大成就和历史经验的决议》用“十个明确”①对习近平新时代中国特色社会主义思想的核心内容做了进一步的概括。基于此，我们以“十个明确”所彰显的马克思主义和中华文化相融合的新境界、中华文化和中国精神的气派之管，窥习近平新时代中国特色社会主义思想之宏伟气派。

“真”之气派。这个“真”是就两方面而言的：一是内容之“实”，二是方法之“真”。内容之“实”强调的是，“十个明确”立足于实际对新时代党和国家面临的重大课题的有力回应。新时代党和国家面临的重大课题是“新时代坚

① “十个明确”即：明确中国特色社会主义最本质的特征是中国共产党领导，中国特色社会主义制度的最大优势是中国共产党领导，中国共产党是最高政治领导力量，全党必须增强“四个意识”、坚定“四个自信”、做到“两个维护”；明确坚持和发展中国特色社会主义，总任务是实现社会主义现代化和中华民族伟大复兴，在全面建成小康社会的基础上，分两步走在本世纪中叶建成富强民主文明和谐美丽的社会主义现代化强国，以中国式现代化推进中华民族伟大复兴；明确新时代我国社会主要矛盾是人民日益增长的美好生活需要和不平衡不充分的发展之间的矛盾，必须坚持以人民为中心的发展思想，发展全过程人民民主，推动人的全面发展、全体人民共同富裕取得更为明显的实质性进展；明确中国特色社会主义事业总体布局是经济建设、政治建设、文化建设、社会建设、生态文明建设五位一体，战略布局是全面建设社会主义现代化国家、全面深化改革、全面依法治国、全面从严治党四个全面；明确全面深化改革总目标是完善和发展中国特色社会主义制度、推进国家治理体系和治理能力现代化；明确全面推进依法治国总目标是建设中国特色社会主义法治体系、建设社会主义法治国家；明确必须坚持和完善社会主义基本经济制度，使市场在资源配置中起决定性作用，更好发挥政府作用，把握新发展阶段，贯彻创新、协调、绿色、开放、共享的新发展理念，加快构建以国内大循环为主体、国内国际双循环相互促进的新发展格局，推动高质量发展，统筹发展和安全；明确党在新时代的强军目标是建设一支听党指挥、能打胜仗、作风优良的人民军队，把人民军队建设成为世界一流军队；明确中国特色大国外交要服务民族复兴、促进人类进步，推动建设新型国际关系，推动构建人类命运共同体；明确全面从严治党的战略方针，提出新时代党的建设总要求，全面推进党的政治建设、思想建设、组织建设、作风建设、纪律建设，把制度建设贯穿其中，深入推进反腐败斗争，落实管党治党政治责任，以伟大自我革命引领伟大社会革命。

持和发展什么样的中国特色社会主义、怎样坚持和发展中国特色社会主义，建设什么样的社会主义现代化强国、怎样建设社会主义现代化强国，建设什么样的长期执政的马克思主义政党、怎样建设长期执政的马克思主义政党”。“十个明确”以坚持和发展新时代中国特色社会主义为主线，从新时代坚持和发展中国特色社会主义的总任务、对我国社会主要矛盾的判断、总体布局、战略布局、总目标、发展方式、发展动力、战略步骤、外部条件、政治保证等方面对三大时代课题做了系统回答。也就是说，三大时代课题的实际决定了“十个明确”的理论，决定了习近平新时代中国特色社会主义思想的内容。

解决时代问题，关注现实实践，是马克思主义鲜明的特色。马克思主义理论是为了解决在资本主义生产方式已经形成、无产阶级和资产阶级斗争日益尖锐时期，无产阶级向何处去、人类社会向何处去的迫切现实问题。实践是马克思主义首要的基本的观点，人的实践活动具有直接现实性。马克思主义是工人阶级认识和改造世界的思想武器。马克思、恩格斯在阐述共产主义运动时指出，“对实践的唯物主义者即共产主义者来说，全部问题都在于使现存世界革命化，实际地反对并改变现存的事物”①。马克思、恩格斯对现实世界的批判，注重人与世界之间的实践关系。

中华优秀传统文化亦始终与重大现实问题“天下向何处去”“天下如何善治”相关联。春秋战国时期，礼崩乐坏，诸子百家都面临着“天下向何处去”的问题。儒家主张实行仁政，“修身齐家治国平天下”；道家主张顺应自然，无为而治；墨家主张兼爱非攻、尚贤节葬；法家主张严刑峻法；等等。汉武帝时，采用董仲舒“罢黜百家，独尊儒术”的建议，儒学成为官方正统哲学。宋代，以陈亮、叶适为代表的事功学派则更加注重“外王”的实践。明末清初，以顾炎武、王夫之、黄宗羲为代表的实学更是大力弘扬经世致用、崇实黜虚。经世致用思想成为士人阶层认识世界和改造世界的思想武器。

---

① 中共中央马克思恩格斯列宁斯大林著作编译局编译：《马克思恩格斯选集》第一卷，人民出版社 2012 年版，第 155 页。

在内容之“实”的层面，以“十个明确”为核心内容的习近平新时代中国特色社会主义思想实现了马克思主义与中华文化的完美融合；除此之外，以“十个明确”为核心内容的习近平新时代中国特色社会主义思想还在方法之“真”的层面实现了马克思主义与中华文化的完美融合。以“十个明确”为核心内容的习近平新时代中国特色社会主义思想是一个系统的思想。贝塔朗菲在他的《一般系统论的历史和现状》一书中这样界定“系统”：“系统可以确定为处在一定的相互关系中并与环境发生关系的各组成部分（要素）的总体。”据此，以“十个明确”为核心内容的习近平新时代中国特色社会主义思想是一个系统的思想，即表明“十个明确”中的每一个明确并不是孤立存在的，而是互相联系的。“十个明确”即是科学运用辩证法得到的理论成果，充满了辩证智慧。恩格斯说过：“一个民族想要站在科学的最高峰，就一刻也不能没有理论思维。”[①]辩证思维就是理论思维的一种主要形式。习近平总书记非常强调和注重运用辩证思维，“我们的事业越是向纵深发展，就越要不断增强辩证思维能力”[②]。这种辩证思维在“十个明确”中更集中地体现为系统思维和战略思维。系统思维就是把对象、客体看成一个整体的思维，用联系的、发展的观点分析系统内各要素之间关系的思维。习近平总书记非常重视坚持系统观念，主张用系统论的思想方法分析问题。例如，第 4 个明确中提到的“五位一体”总体布局、“四个全面”战略布局，“五位一体”是一个系统，“四个全面”亦是一个系统；第 7 个明确中提到的新发展阶段、新发展理念、新发展格局构成一个系统，其中新发展阶段、新发展理念、新发展格局又各成一个系统。2021 年 1 月 11 日，习近平总书记在省部级主要领导干部学习贯彻党的十九届五中全会精神专题研讨班上指出，“新发展理念是一个系统的理论体系……全党必须完整、准确、全面贯彻新发展理念”；2021 年 1 月 28 日，习近平总书记在中

---

① 中共中央马克思恩格斯列宁斯大林著作编译局编译：《马克思恩格斯全集》第二十卷，人民出版社 1971 年版，第 384 页。

② 中共中央文献研究室编：《习近平关于全面建成小康社会论述摘编》，中央文献出版社 2016 年版，第 195 页。

央政治局第二十七次集体学习时指出,“完整、准确、全面贯彻新发展理念,必须坚持系统观念、统筹国内国际两个大局,统筹‘五位一体’总体布局和‘四个全面’战略布局,加强前瞻性思考、全局性谋划、战略性布局、整体性推进”;2021 年 2 月 26 日,习近平总书记在中央政治局第二十八次集体学习时指出:“要坚持系统观念,把握好新发展阶段、新发展理念、新发展格局提出的新要求,在统筹推进‘五位一体’总体布局、‘四个全面’战略布局中思考和谋划社会保障事业发展。”再比如,第 6 个明确中提到的全面推进依法治国,同样是一个系统工程,“全面依法治国是一个系统工程,要整体谋划,更加注重系统性、整体性、协同性”①;等等。战略思维,究其本质,也是一种系统思维,是系统思维的“进阶”。也就是说,战略思维以系统思维为基础,对经过系统分析的对象进行一种长远的、本质的把握。如果说系统思维展示的是看问题的广度,那么战略思维展示的则是一种看问题的深度和高度,“十个明确”皆体现了这种战略思维的高度和深度,比如最本质、总任务、主要矛盾、总体布局、战略布局、总目标、战略方针等。

唯物辩证法是马克思主义哲学的重要组成部分,认为世界是普遍联系的,是不断变化发展的,这种变化发展是有规律的,具体表现为内容和形式、现象和本质、原因和结果、可能和现实、必然和偶然等五大范畴,以及对立统一规律、量变质变规律、否定之否定规律。不仅如此,唯物辩证法也是中国共产党人的方法论,习近平总书记指出,辩证唯物主义“是中国共产党人的世界观和方法论”②,即唯物辩证法也是中国马克思主义的重要组成部分。习近平新时代中国特色社会主义思想是在党团结带领人民实现中华民族伟大复兴中国梦的过程中,不断接受马克思主义哲学智慧滋养的精华,是当代中国马克思主义,是 21 世纪马克思主义。“实现‘两个一百年’奋斗目标、实现中华

① 习近平:《坚定不移走中国特色社会主义法治道路 为全面建设社会主义现代化国家提供有力法治保障》,《求是》2021 年第 5 期。

② 中共中央宣传部编:《习近平总书记系列重要讲话读本》,学习出版社、人民出版社 2016 年版,第 279 页。

民族伟大复兴的中国梦,必须不断接受马克思主义哲学智慧的滋养,更加自觉地坚持和运用辩证唯物主义世界观和方法论,更好在实际工作中把握现象和本质、形式和内容、原因和结果、偶然和必然、可能和现实、内因和外因、共性和个性的关系,增强辩证思维、战略思维能力,把各项工作做得更好。”①

中华优秀传统文化中亦包含丰富的朴素辩证法思想。被誉为诸经之首的《易经》就认为世界是普遍联系的,人与自然构成一个有机整体。包牺氏“仰则观象于天,俯则观法于地,观鸟兽之文与地之宜,近取诸身,远取诸物,于是始作八卦”,体现了自然和人类社会之间的联系。《易经》还认为世界是不断变化发展的,这种变化发展是有规律的。《周易·系辞上》载:“《易》有太极,是生两仪。两仪生四象,四象生八卦。”《周易·系辞下》载:“八卦成列,象在其中矣;因而重之,爻在其中矣;刚柔相推,变在其中矣;系辞焉而命之,动在其中矣。”从太极到两仪到四象再到八卦的生发过程展现了宇宙的发展,而在这个发展过程中就蕴含“变”与“动”,六十四卦以《未济》卦结束也揭示了这种发展性。并且,这种发展是有规律的。比如物极必反的规律,《否》卦和《泰》卦足以彰显;比如量变质变规律,《周易·文言》载:“积善之家必有余庆,积不善之家必有余殃。臣弑其君,子弑其父,非一朝一夕之故,其由来者渐矣,由早辨之不早辨也”;等等。这些朴素的辩证法思想在《道德经》中亦有体现。“道生一,一生二,二生三,三生万物。万物负阴而抱阳,冲气以为和”,说明了宇宙的运动变化发展。“有无相生,难易相成,长短相较,高下相倾,音声相和,先后相随”,说明了矛盾的普遍性。“企者不立,跨者不行,自见者不明,自是者不彰,自伐者无功,自矜者不长”“柔弱胜刚强”“祸兮福之所倚,福兮祸之所伏”等,说明了矛盾之间的相互转化。“合抱之木,生于毫末;九层之台,起于累土;千里之行,始于足下”,说明了量变与质变的辩证关系。再比如,“矛盾”这一概念就是从韩非子《难势》中矛与盾的寓言故事概括而得的。

---

① 中共中央文献研究室编:《习近平关于全面建成小康社会论述摘编》,中央文献出版社2016年版,第194—195页。

综上所述，作为当代中国马克思主义、21世纪马克思主义，习近平新时代中国特色社会主义思想自觉地坚持和运用辩证唯物主义世界观和方法论；作为中华文化和中国精神的时代精华，习近平新时代中国特色社会主义思想自觉继承中华优秀传统文化，对其进行创造性转化和创新性发展，将其与马克思主义基本原理相结合。如此，就在内容之实及方法之真两个层面彰显了"真"之气派。

"正"之气派。以"十个明确"为核心内容的习近平新时代中国特色社会主义思想，其"正"之气派集中表现在第1个明确和第10个明确中。中国共产党领导是中国特色社会主义最本质的特征、中国特色社会主义制度的最大优势，中国共产党作为最高政治领导力量，唯有进行伟大的自我革命，才能引领伟大的社会革命。党的十八大以来，全面从严治党成为党中央抓党的建设的鲜明主题，被纳入"四个全面"战略布局。全面从严治党的对象是广大党员干部。习近平总书记多次强调党员干部尤其是高级党员干部，必须以身作则，为全党全社会做出示范。他在《关于〈关于新形势下党内政治生活的若干准则〉和〈中国共产党党内监督条例〉的说明》中指出，"新形势下加强和规范党内政治生活，重点是各级领导机关和领导干部，关键是高级干部特别是中央委员会、中央政治局、中央政治局常务委员会的组成人员，高级干部特别是中央领导层组成人员必须以身作则，模范遵守党章党规，严守党的政治纪律和政治规矩，坚持不忘初心、继续前进，坚持率先垂范、以上率下，为全党全社会作出示范"；在党的十八届六中全会第二次全体会议上的讲话中强调，"高级干部要清醒认识自己岗位的特殊重要性，增强自律意识、标杆意识、表率意识，模范遵守党章。凡是要求党员、干部做到的自己首先做到，凡是要求党员、干部不做的自己首先不做"；等等。以身作则、率先垂范、以上率下、标杆意识、表率意识要求领导干部要先"正己"，而"正己"的标准就是"德"与"礼"。"德"是指党员干部能够树立正确的是非观、义利观、权力观、事业观，能够正确处理公私关系；"礼"是指党员干部能够"模范遵守党章党规，严守党的政治纪律和政治规矩"。党员领导干部唯有严格要求自己，才能做到自身

“整齐”，才能增强自身的凝聚力与向心力，才能“被看齐”。

虽然马克思、恩格斯没有对党的自我革命问题进行过专门研究，但是关于党的自我革命散落于其著作中、内蕴于其理论体系中。关于党的自我革命，恩格斯认为，无产阶级是一支有组织、有纪律的国际大军，“一支社会主义者的国际大军，它不可阻挡地前进，它的人数、组织性、纪律性、觉悟程度和胜利信心都与日俱增”①，“没有任何服从纪律的支部！没有任何党的纪律，没有任何力量在一点的集中，没有任何斗争的武器！……这种革命方法无产阶级是无论如何不会效仿的！”②纪律性、党的纪律要求共产党始终不渝地遵守共同的原则，严格执行已经通过的东西；要求共产党不断进行自我批评，勇于同“机会主义”做斗争。随着无产阶级的不断壮大，一些小资产阶级和机会主义者趁机混入党内，侵蚀着党的肌体。对此，恩格斯指出，“一个政党宁愿容忍任何一个蠢货在党内肆意地作威作福，而不敢公开拒绝承认他，这样的党是没有前途的”③。并且，但凡有国家，国际和国家机关的角色就有可能由“社会公仆变为社会主人”④。恩格斯指出，“任何一个身居高位的人，都无权要求别人对自己采取与众不同的温顺态度”⑤。肆意地作威作福，说明党员干部有消极腐败的可能性；由“社会公仆变为社会主人”，也可能引起消极腐败。为了防止腐败、消除腐败，党需要严肃党内监督、坚持民主集中制，“选举者可以随时撤换被选举者”⑥。通过分析不难发现，在恩格斯看来，党的自我革命，革的是资本主义、资产阶级对自身的侵蚀。要想从根本上杜绝这种侵蚀，就要“同

① 中共中央马克思恩格斯列宁斯大林著作编译局编译:《马克思恩格斯选集》第四卷，人民出版社2012年版，第385页。

② 中共中央马克思恩格斯列宁斯大林著作编译局编译:《马克思恩格斯全集》第十七卷，人民出版社1963年版，第519页。

③ 中共中央马克思恩格斯列宁斯大林著作编译局编译:《马克思恩格斯全集》第三十四卷，人民出版社1972年版，第90页。

④ 中共中央马克思恩格斯列宁斯大林著作编译局编译:《马克思恩格斯选集》第三卷，人民出版社2012年版，第55页。

⑤ 中共中央马克思恩格斯列宁斯大林著作编译局编译:《马克思恩格斯全集》第三十八卷，人民出版社1972年版，第76页。

⑥ 中共中央马克思恩格斯列宁斯大林著作编译局编译:《马克思恩格斯选集》第三卷，人民出版社2012年版，第55页。

传统的所有制关系实行最彻底的决裂”、“同传统的观念实行最彻底的决裂”①,进行共产主义革命。在共产主义社会那里,阶级对立的存在条件消灭了,阶级本身的存在条件消灭了,从而它自己这个阶级的统治也消灭了,“每个人的自由发展是一切人的自由发展的条件”②。共产主义社会中正义的实现,离不开无产阶级政党自身之“正”;而无产阶级政党自身之“正”,离不开无产阶级政党对自身展开的革命。

中华优秀传统文化包含丰富的“正己”“正人”思想。《论语·为政》载:“为政以德,譬如北辰,居其所而众星共之。”作为治国理政者,如果以德治国,就会像北极星一样,获得人民的认可,紧紧环绕在他的周围。在孔子看来,国治得好不好,政理得好不好,很大程度上取决于为政者自身的德行。《论语·颜渊》载:“季康子问政于孔子。孔子对曰:‘政者,正也。子帅以正,孰敢不正?’”《论语·子路》载:“其身正,不令而行;其身不正,虽令不从。”“苟正其身矣,于从政乎何有?不能正其身,如正人何?”为政者要率先垂范,因为“欲善而民善”,“君子之德风,小人之德草,草上之风必偃”(《论语·颜渊》)。这就要求为政者自身要先修身,唯有先修养好自己,才能“安人”“安百姓”。这一思想在《孟子》中也有集中体现。《孟子·尽心下》载:“身不行道,不行于妻子;使人不以道,不能行于妻子。”作为为政者,要以道(仁道)作为准则,且要以身作则;要不断地“求放心”,不断地扩充自身已有的恻隐之心、是非之心、羞恶之心、礼让之心,直养集义所生的“至大至刚”的“浩然正气”,做一个堂堂正正的“大丈夫”;要以圣人为“百世师”,充分发挥圣人的影响力和感召力;等等。在《大学》中,修身成为八条目的根本,贯通内圣外王,“物格而后知至,知至而后意诚,意诚而后心正,心正而后身修,身修而后家齐,家齐而后国治,国治而后天下平。自天子以至于庶人,壹是皆以修身为本”。

---

① 中共中央马克思恩格斯列宁斯大林著作编译局编译:《马克思恩格斯选集》第一卷,人民出版社2012年版,第421页。

② 中共中央马克思恩格斯列宁斯大林著作编译局编译:《马克思恩格斯选集》第一卷,人民出版社2012年版,第422页。

综上所述，作为当代中国马克思主义、21世纪马克思主义，习近平新时代中国特色社会主义思想没有忘记共产党的使命和信仰；作为中华文化和中国精神的时代精华，习近平新时代中国特色社会主义思想继承发展中华优秀传统文化中为政者“正己”“正人”的逻辑，在最高政治领导主体层面彰显了“正”之气派。

“民”之气派。以“十个明确”为核心内容的习近平新时代中国特色社会主义思想，其“民”之气派于明而言集中表现于第3个明确，于暗而言统贯于“十个明确”。2012年11月15日，习近平总书记在十八届中共中央政治局常委同中外记者见面时指出，“人民对美好生活的向往，就是我们的奋斗目标”。2017年7月26日，习近平总书记在省部级主要领导干部“学习习近平总书记重要讲话精神，迎接党的十九大”专题研讨班开班式上指出：“经过改革开放近40年的发展，我国社会生产力水平明显提高；人民生活显著改善，对美好生活的向往更加强烈，人民群众的需要呈现多样化多层次多方面的特点，期盼有更好的教育、更稳定的工作、更满意的收入、更可靠的社会保障、更高水平的医疗卫生服务、更舒适的居住条件、更优美的环境、更丰富的精神文化生活。”为人民谋幸福，是中国共产党人的初心，中国共产党人要坚持“以百姓心为心”，始终把实现好、维护好和发展好最广大人民根本利益作为一切工作的出发点和落脚点；要顺应人民群众对美好生活的向往，坚持以人民为中心的发展思想，要不断增强人民的获得感、幸福感、安全感，不断推进全体人民共同富裕。“人民是历史的创造者，人民是真正的英雄。波澜壮阔的中华民族发展史是中国人民书写的！博大精深的中华文明是中国人民创造的！历久弥新的中华民族精神是中国人民培育的！中华民族迎来了从站起来、富起来到强起来的伟大飞跃是中国人民奋斗出来的！”①所以必须坚持人民主体地位，坚持立党为公、执政为民，践行全心全意为人民服务的宗旨。中国共产党来自人民，中国共产党的根基和血脉在人民，人民立场是中国共产党的根本

① 习近平：《在第十三届全国人民代表大会第一次会议上的讲话》，《人民日报》2018年3月21日第2版。

政治立场。中国共产党要始终保持同人民群众的血肉联系，同人民群众同呼吸、共命运、心连心。习近平总书记强调：“历史充分证明，江山就是人民，人民就是江山，人心向背关系党的生死存亡。赢得人民信任，得到人民支持，党就能够克服任何困难，就能够无往而不胜。”①

马克思主义唯物史观认为，人民群众是历史的创造者。“人们自己创造自己的历史，但是他们并不是随心所欲地创造，并不是在他们自己选定的条件下创造，而是在直接碰到的、既定的、从过去承继下来的条件下创造。”②这里所说的人们，指的就是人民群众。人民群众既是社会物质财富的创造者，也是社会精神财富的创造者，还是社会变革的决定力量。马克思、恩格斯在《神圣家族》中说，“历史上的活动和思想都是‘群众’的思想和活动”，“历史活动是群众的事业，随着历史活动的深入，必将是群众队伍的扩大”③。创造物质财富、生产物质生活是创造历史的基础，“人们为了能够‘创造历史’，必须能够生活。……因此第一个历史活动就是生产满足这些需要的资料，即生产物质生活本身”④。随着人们生产物质生活本身能力的提升，生产工具得以改进，劳动生产率得以提高，社会物质财富得以积累，生产力得以发展，进而为精神财富提供了物质基础，为上层建筑奠定了经济基础。国家制度作为意识形态、上层建筑（精神层面），也是由人民群众创造的。马克思在《黑格尔法哲学批判》中写道：“正如同不是宗教创造人而是人创造宗教一样，不是国家制度创造人民，而是人民创造国家制度。”⑤马克思认为，人民在国家活动中具

① 习近平：《在党史学习教育动员大会上的讲话》，《求是》2021年第7期。

② 中共中央马克思恩格斯列宁斯大林著作编译局编译：《马克思恩格斯选集》第一卷，人民出版社2012年版，第669页。

③ 中共中央马克思恩格斯列宁斯大林著作编译局编译：《马克思恩格斯全集》第二卷，人民出版社1957年版，第103—104页。

④ 中共中央马克思恩格斯列宁斯大林著作编译局编译：《马克思恩格斯全集》第三卷，人民出版社1960年版，第31页。

⑤ 中共中央马克思恩格斯列宁斯大林著作编译局编译：《马克思恩格斯全集》第一卷，人民出版社1956年版，第281页。

有决定作用,“必须使国家制度的实际体现者——人民成为国家制度的原则”①。巴黎公社即是人民群众把国家政权重新收回的最好体现,是“由人民自己当自己的家”②,也就是说,在巴黎公社中,人民自己当家作主。人民群众在创造物质财富和精神财富的过程中,推动历史不断向前发展,成为社会变革的决定力量。恩格斯指出,“构成历史的真正的最后动力的动力,……与其说是个别人物,即使是非常杰出的人物的动机,不如说是使广大群众、使整个整个的民族,以及在每一民族中间又使整个阶级行动起来的动机”③。

中华优秀传统文化中亦包含丰富的“民本”思想。中国“民本”思想的源头可追溯至《尚书》之“民惟邦本,本固邦宁”,民是君权神(天)授的依据和关键,“天视自我民视,天听自我民听”,“欲至于万年,惟王子子孙孙永保民”。接续《尚书》“民本”思想之源,儒家将其进一步发展和完善。孔子认为,对于为政者来说,得到老百姓的信任最重要。“子贡问政。子曰:‘足食,足兵,民信之矣。’子贡曰:‘必不得已而去,于斯三者何先?’曰:‘去兵。’子贡曰:‘必不得已而去。于斯二者何先?’曰:‘去食。自古皆有死,民无信不立。’”(《论语・颜渊》)为此,为政者要“节用而爱民”,要“使民以时”。孟子继承了孔子的理念,认为“得天下有道,得其民,斯得天下矣。得其民有道,得其心,斯得民矣”(《孟子・离娄上》);荀子则直接引用“传曰:君者,舟也;庶人者,水也。水则载舟,水则覆舟”来论证其“庶人安政,然后君子安位”(《荀子・王制》);西汉贾谊提出“闻之于政,民无不为本”;朱熹指出“国以民为本,社稷亦为民而立”;等等。

综上所述,作为当代中国马克思主义、21 世纪马克思主义,习近平新时代中国特色社会主义思想坚守人民群众是历史的创造者这一唯物史观;作为中

---

① 中共中央马克思恩格斯列宁斯大林著作编译局编译:《马克思恩格斯全集》第一卷,人民出版社1956年版,第 315 页。

② 中共中央马克思恩格斯列宁斯大林著作编译局编译:《马克思恩格斯全集》第十七卷,人民出版社1963 年版,第 565 页。

③ 中共中央马克思恩格斯列宁斯大林著作编译局编译:《马克思恩格斯全集》第二十一卷,人民出版社1965 年版,第 343 页。

华文化和中国精神的时代精华，习近平新时代中国特色社会主义思想吸收中华优秀传统文化中的“民本”思想，在权力与权利主体层面彰显了“民”之气派。

“和”之气派。“和”之气派统贯于以“十个明确”为核心内容的习近平新时代中国特色社会主义思想。诚如上文“真”之气派中所分析的系统辩证法，“和”的内涵的价值旨归即是和谐——各组成部分、各要素之间的和谐。系统辩证法不仅强调“一分为二”，还强调“合二为一”，若从系统整体的优化出发，则可能出现和谐一致。乌杰先生指出：“系统辩证学一开始就把唯物辩证法的基本原则作为自身立论的基础，但又不满足于它，并综合和发展了它。①”这种和谐一致于“十个明确”而言，体现为追求“四个意识”“四个自信”“两个维护”之间的和谐；“实现社会主义现代化和中华民族伟大复兴，在全面建成小康社会的基础上”两步走之间的和谐，富强、民主、文明、和谐、美丽之间的和谐；人民日益增长的美好生活需要和不平衡不充分的发展之间的和谐，臻至人的全面发展、全体人民共同富裕的和谐之境；“五位一体”“四个全面”之间的和谐；国家治理体系各要素之间的和谐；新发展理念之间的和谐；新发展理念、新发展阶段、新发展格局之间的和谐；军队内部关系和谐；中国与世界的和谐；等等。这种“和谐”究其根本可划分为两类：一是人与自然的和谐，二是人与社会的和谐。其中，人与社会的和谐包含人与人的和谐，人与人的和谐可扩展至国与国的和谐。就人与自然的和谐而言，2020 年 9 月 30 日，习近平总书记曾向世界传递“万物和谐”之道，他在联合国生物多样性峰会上指出，“人与自然是生命共同体。我们要同心协力，抓紧行动，在发展中保护，在保护中发展，共建万物和谐的美丽家园”。就人与社会的和谐而言，主要体现于社会主义核心价值观。社会主义核心价值观中的“爱国、敬业、诚信、友善”，是公民层面的价值要求。公民若践行这个要求，则会形成忠诚、责任、亲情、热爱学习、热心公益等理念，形成夫妻和睦、邻里团结、同事友爱等和谐的人

① 乌杰：《系统辩证学》，中国财政经济出版社 2003 年版，第 93 页。

际关系,有助于和谐社会的建设。社会主义核心价值观是“反映全国各族人民共同认同的价值观‘最大公约数’,使全体人民同心同德、团结奋进,关乎国家前途命运,关乎人民幸福安康”①。就国与国的和谐而言,2018 年 4 月 11 日,国家主席习近平在集体会见博鳌亚洲论坛现任和候任理事时指出:“各国都应当致力于建设一个包容的世界,营造共同和谐的氛围。我们主张包容,反对大小通吃、你输我赢的零和博弈。自己发展得好、生活得舒适,也要让别人同样发展得好、生活得舒适。”②

马克思文本中亦包含丰富的和谐思想,这种和谐思想也可以从人与自然的和谐、人与社会的和谐两个方面来看。在《德意志意识形态》中,马克思提出了“人与自然的和谐”的观点。恩格斯发挥了这一思想,指出“自然界中物体——不论是死的物体或活的物体——的相互作用中既包含和谐,也包含冲突,既包含斗争,也包含合作”③。“自然界,就它本身不是人的身体而言,是人的无机的身体。人靠自然界生活。这就是说,自然界是人为了不致死亡而必须与之不断交往的、人的身体。所谓人的肉体生活和精神生活同自然界相联系,也就等于说自然界同自身相联系,因为人是自然界的一部分。”④人与自然是共生共存的关系,没有自然就没有人,更没有人的发展。同时,人还是一种“合群”的动物、社会的动物,只有在社会中,人才能称其为人。“人的本质并不是单个人所固有的抽象物,实际上,它是一切社会关系的总和。”⑤人与社会、人与人关系的和谐集中体现在和谐的共产主义社会中,“代替那存在着各种阶级以及阶级对立的资产阶级旧社会的,将是一个以各个人自由发展为一

① 习近平:《青年要自觉践行社会主义核心价值观——在北京大学师生座谈会上的讲话》,《人民日报》2014 年 5 月 5 日第 2 版。

② 《建设一个包容和谐的世界》,《成都商报》2018 年 4 月 12 日第 1 版。

③ 中共中央马克思恩格斯列宁斯大林著作编译局编译:《马克思恩格斯全集》第三十四卷,人民出版社 1972 年版,第 161 页。

④ 中共中央马克思恩格斯列宁斯大林著作编译局编译:《马克思恩格斯全集》第四十二卷,人民出版社 1979 年版,第 95 页。

⑤ 中共中央马克思恩格斯列宁斯大林著作编译局编译:《马克思恩格斯全集》第三卷,人民出版社 1960 年版,第 5 页。

切人自由发展的条件的联合体”①。人与社会的和谐、人与人关系的和谐是实现人的自由全面发展的条件,实现人的自由全面发展意味着实现了人与社会的和谐、人与人关系的和谐。

中华优秀传统文化中包含着丰富的和谐理念。在中国人看来,世界本来就是多元多样、丰富多彩的。《国语·郑语》载:“夫和实生物,同则不继。以他平他谓之和,故能丰长而物归之;若以同裨同,尽乃弃矣。”《孟子·滕文公上》载:“物之不齐,物之情也。”《礼记·中庸》载:“万物并育而不相害,道并行而不相悖。”这种和谐理念依然可以从人与自然的和谐、人与社会的和谐两个方面来看。人与自然和谐相处的思想发端于夏商周时期。“汤见祝网者,置四面,其祝曰:‘从天坠者,从地出者,从四方来者,皆离我网。’汤曰:‘嘻!尽之矣。非桀,其孰为此也?’汤收其三面,置其一面。”(《吕氏春秋·孟冬纪·异用》)这一“以时禁发”的休养生息理念同样被先秦儒家吸收、继承、丰富。孔子强调要“钓而不纲,弋不射宿”(《论语·述而》)。孟子强调“不违农时,谷不可胜食也;数罟不入洿池,鱼鳖不可胜食也;斧斤以时入山林,材木不可胜用也。谷与鱼鳖不可胜食,材木不可胜用,是使民养生丧死无憾也”(《孟子·梁惠王上》)。荀子强调“圣王之制也,草木荣华滋硕之时,则斧斤不入山林,不夭其生,不绝其长也;鼋鼍、鱼鳖、鳅鳝孕别之时,罔罟、毒药不入泽,不夭其生,不绝其长也;春耕、夏耘、秋收、冬藏,四者不失时,故五谷不绝而百姓有余食也;洿池、渊沼、川泽谨其时禁,故鱼鳖优多而百姓有余用也;斩伐养长不失其时,故山林不童而百姓有余材也”(《荀子·王制》)。注重人与自然和谐相处的思想经由汉唐儒学发展至宋明理学,宋明理学家张载把天称为父,把地称为母,把万物看成朋友,“乾称父,坤称母……民,吾同胞;物,吾与也”(张载《西铭》)。人与人和谐相处的思想可以追溯至尧舜禹时代,“圣人有忧之,使契为司徒,教以人伦:父子有亲,君臣有义,夫妇有别,长幼有序,朋友有

① 中共中央马克思恩格斯列宁斯大林著作编译局编译:《马克思恩格斯全集》第四卷,人民出版社 1958 年版,第 491 页。

信”(《孟子·滕文公上》)等。夏商周时代,“惟尔令德孝恭。惟孝友于兄弟,克施有政”(《尚书·君陈》)等。春秋战国时期,孔子强调“孝悌其为人之本与”“仁者爱人”“己欲立而立人,已欲达而达人”“己所不欲,勿施于人”“恭宽信敏惠”;孟子强调“老吾老以及人之老,幼吾幼以及人之幼”;荀子强调“礼者,法之大分也,类之纲纪也”;经由董仲舒提炼为“三纲五常”,将其制度化;宋明理学家在此基础上将其理论化……由此有了大同、小康的和谐社会愿景。人与自然的和谐、人与人的和谐,即是“天人合一”思想的具体表现。这种“天人合一”思想于不同民族、文明之间则表现为不同民族、文明关系的和谐。孟子曰“吾闻用夏变夷者,未闻变于夷者”;韩愈曰“孔子之作《春秋》也,诸侯用夷礼则夷之,进于中国则中国之”。

综上所述,作为当代中国马克思主义、21 世纪马克思主义,习近平新时代中国特色社会主义思想汲取马克思主义哲学中的和谐思想;作为中华文化和中国精神的时代精华,习近平新时代中国特色社会主义思想吸收中华优秀传统文化中的“和而不同”“天人合一”思想,在价值境界层面彰显了“和”之气派。

不论是“真”之气派、“正”之气派、“和”之气派、“民”之气派,都可以看出习近平新时代中国特色社会主义思想充分遵循了“两创”的基本原则,真正践行了“两个相结合”,是“两个相结合”的典范。在这个意义上得出:习近平新时代中国特色社会主义思想是当代中国马克思主义、21 世纪马克思主义,是中华文化和中国精神的时代精华。作为当代中国马克思主义、21 世纪马克思主义,中华文化和中国精神的时代精华的习近平新时代中国特色社会主义思想,必然成为构建和创造中华新文化的指导思想。

第五章

马克思主义中国化新的飞跃“新”在哪里

党的十九届六中全会审议通过的《中共中央关于党的百年奋斗重大成就和历史经验的决议》(以下简称《决议》)明确提出:“习近平新时代中国特色社会主义思想是当代中国马克思主义、21世纪马克思主义,是中华文化和中国精神的时代精华,实现了马克思主义中国化新的飞跃。”这个论断阐明了习近平新时代中国特色社会主义思想在马克思主义思想史上的历史地位,也指明了它在中华文化史和中国精神史上的历史地位。习近平新时代中国特色社会主义思想是党的十八大以来历史性成就和历史性变革的重要理论结晶,是马克思主义基本原理同中国具体实际相结合、同中华优秀传统文化相结合的重大理论成果,实现了马克思主义中国化新的飞跃。那么,马克思主义中国化新的飞跃“新”在哪里?有哪些理论创新,如何正确理解新的飞跃的“新”,有必要结合习近平总书记“七一”重要讲话和《决议》进行深入研究。

一、从五个维度理解“七一”重要讲话和党的十九届六中全会《决议》精神

习近平总书记“七一”重要讲话是一部光辉的马克思主义纲领性文献,它不仅用马克思主义的立场观点方法来总结历史和预测未来,而且在总结党的百年历史经验和展望未来前景的过程中,坚持把马克思主义基本原理同中国

具体实际、同中华优秀传统文化相结合，与时俱进地坚持和发展了马克思主义，提出了很多新提法、新概念、新论断、新命题，为推进当代中国马克思主义、21 世纪马克思主义发展，为开拓马克思主义新境界，做出了重大的理论贡献。

《决议》坚持马克思主义唯物史观和正确的党史观，全面总结党百年奋斗的重大成就和历史经验，突出十八大以来以习近平同志为核心的党中央开创中国特色社会主义新时代的重大成就，体现了党中央对党的百年奋斗的新认识，是一篇具有极强历史穿透力、思想引领力、政治动员力、时代感召力的马克思主义纲领性文献，是新时代中国共产党人牢记初心使命、坚持发展中国特色社会主义的政治宣言，是以史为鉴、开创未来，实现中华民族伟大复兴的行动指南。

研究“七一”重要讲话和《决议》的理论创新、正确理解马克思主义中国化新的飞跃的“新”，首先要深入理解“七一”重要讲话和《决议》的主要精神。

“七一”重要讲话和《决议》蕴含着五个维度的重要关系：中国共产党与中国历史的关系、中国共产党与中国人民的关系、中国共产党与世界的关系、中国共产党与人类文明的关系、中国共产党改造客观世界与改造自身的关系。可以从这五个维度来理解“七一”重要讲话和《决议》的主要精神。

（一）大历史维度：中国共产党与中国历史的关系

中国共产党的历史是不断在解决历史问题的探索中前进的历史，其重要意义在于不断解决问题、在实践中成长，完成历史赋予的使命。习近平总书记在“七一”重要讲话中指出，中华民族近代以来 180 多年的历史，中国共产党成立 100 年的历史，中华人民共和国成立 70 多年的历史都充分证明，没有中国共产党就没有新中国，就没有中华民族伟大复兴，历史和人民选择了中国共产党，中国共产党的领导是中国特色社会主义最本质的特征，是中国特色社会主义最大的优势，是党和国家的根本所在，命脉所在。[①] 随后的《决议》再次强调，中国共产党是领导我们事业的核心力量。中国人民和中华民族之所以能够扭转近代以后的历史命运，取得今天的伟大成就，最根本的是有中国共产党的坚强领导。历史和现实都证明，没有中国共产党，就没有新中国，就没有中华民族伟大复兴。

这些论述都把对中国共产党领导地位的理解拉伸到了180多年前，引导大家从中国近代史的发展中理解中国共产党的历史地位，在中国共产党与中国近代史的历史联系中理解中国共产党的历史作用。“七一”重要讲话和《决议》把人民对马克思主义的选择放在中国近代历史中去考察，在讲到人民选择马克思主义这种必然性时，把视线拉到了中国近代历史中。《决议》指出：“为了拯救民族危亡，中国人民奋起反抗，仁人志士奔走呐喊，进行了可歌可泣的斗争。太平天国运动、洋务运动、戊戌变法、义和团运动接连而起，各种救国方案轮番出台，但都以失败告终。”中国迫切需要新思想引领救亡运动，迫切需要新组织凝聚革命力量。这些都是把中国共产党100年的历史置于中国近代180多年的历史中来研究的。

只有以这样的历史大视野，才能看清楚中国共产党在中国历史上的翻天覆地变革中的重要作用。中国共产党不仅解决了中国近代史的诸多问题，也解决了中国5000多年历史发展中的一些顽疾，如农民土地问题、军队与国家的关系问题、中央和地方的关系问题，这些问题的解决无疑开创了中国历史的新局面。中国共产党做到了社会主义不辜负中国，同时也做到了中国不辜负社会主义。中国共产党领导中国人民进行的社会主义实践，同样为社会主义开创了新局面，为社会主义的成功实践提供了可供借鉴的样本。中国所进行的土地改革和工业化探索，无疑为其他国家提供了追赶资本主义国家、摆脱殖民困境的模板。作为发展中国家成功实践，可以为世界上广大发展中国

① 本章中引用的习近平总书记“七一”重要讲话中的论述均摘自习近平：《在庆祝中国共产党成立100周年大会上的讲话》，《求是》2021年第14期。以下有关引用均略去注释。

家和地区的民族解放和民族富强提供一条全新的可以参照的道路。

（二）人民性维度：中国共产党和中国人民的关系

中国共产党一经诞生，就把为中国人民谋幸福、为中华民族谋复兴确立为自己的初心使命。一百年来，中国共产党团结带领中国人民进行的一切奋斗、一切牺牲、一切创造，归结起来就是一个主题：实现中华民族伟大复兴。“七一”重要讲话重申了人民是历史的创造者、是真正的英雄的历史唯物主义观点。在强调江山就是人民、人民就是江山的人民观的基础上，得出了“打江山守江山，守的是人民的心”的历史性结论。《决议》再次强调，“党的根基在人民、血脉在人民、力量在人民，人民是党执政兴国的最大底气。民心是最大的政治，正义是最强的力量。党的最大政治优势是密切联系群众，党执政后的最大危险是脱离群众。党代表中国最广大人民根本利益，没有任何自己特殊的利益，从来不代表任何利益集团、任何权势团体、任何特权阶层的利益，这是党立于不败之地的根本所在”。

这些论述继承和发扬了毛泽东、邓小平等老一辈无产阶级革命家关于中国共产党和人民关系的理论，提出了在新征程上必须紧紧地依靠人民创造历史，坚持全心全意为人民服务的宗旨，站稳人民立场，贯彻群众路线，尊重人民首创精神，特别强调了要解决发展不平衡不充分的问题和人民群众急难愁盼的问题，最后归结到要推动人的全面发展和全体人民共同富裕，而且在这个问题上要取得更为明显的实质性的进展。人民不是抽象的人民，而是有着历史的、现实的需求的真实群体，人民不是被统治者，而是赋予党力量的坚实基础。中国共产党从群众中来，代表了人民的真实诉求，并将这些诉求转化为实际的实践。人民的需求会变化，人民的问题不会一劳永逸地解决，这就要求我们党永远站在革命立场上，不断地与损害人民利益的现象做斗争，不断地立足人民向前发展。中国共产党代表的始终是最广大人民的利益，只要我们党坚持人民性，党就永葆青春，永远具有活力，革命事业就能不断前行。

（三）全球性维度：中国共产党与世界的关系

“七一”重要讲话和《决议》贯穿中国共产党的100年历史，有显著的全球性维度。中国共产党关注人类的前途命运，同世界上一切进步力量携手前进。中国始终是世界和平的建设者、全球发展的贡献者、国际秩序的维护者。习近平总书记多次讲“百年未有之大变局”，“大变局”全面体现了全球思维。中国的发展绝不只是为了一个国家的特殊利益，而是努力探索人类和平发展、公平发展的新格局。当前我们探索构建人类命运共同体，实际上就是探索人类的理想在现实中逐步实现的具体方式。中国的新发展为世界提供新机遇，意味着中国的发展绝不是关起门来的“故步自封”与“孤芳自赏”，而是中国愿意以开放的胸襟学习世界上一切先进的东西，与世界上一切进步力量平等交流，也愿意共享自身的发展成果、发展理念，提供一种理解全球化的新的方案。

全球性维度显示了基于中国优秀传统文化而产生的中国共产党具有极大的包容性和开阔的胸襟，从来都是非常重视学习全世界优秀成果，但也反复强调要独立自主走自己的道路。

（四）文明论维度：中国共产党与人类文明的关系

在延续“七一”重要讲话论述的基础上，《决议》指出：“中华民族是世界上古老而伟大的民族，创造了绵延五千多年的灿烂文明，为人类文明进步作出了不可磨灭的贡献。1840年鸦片战争以后，由于西方列强入侵和封建统治腐败，中国逐步成为半殖民地半封建社会，国家蒙辱、人民蒙难、文明蒙尘，中华民族遭受了前所未有的劫难。”这里的“文明蒙尘”就是从文明论的角度而言的，是近代以来西方列强的侵略行径对中华文明的摧残，中华民族遭受了前所未有的历史磨难，这是把中华民族伟大复兴的中国梦的实现过程放在中华文明5000多年历史当中来衡量的。

中华民族伟大复兴，意味着一种文明形态的新生。“七一”重要讲话指出:“我们坚持和发展中国特色社会主义,推动了物质文明、政治文明、精神文明、社会文明、生态文明协调发展,创造了中国式的现代化新道路,创造了人类文明新形态。五大文明协调发展既体现了中国式的现代化道路,体现了不同于西方现代性的中国现代性,而这种现代性的根基就是中国的文明。”《决议》指出:“党领导人民成功走出中国式现代化道路,创造了人类文明新形态,拓展了发展中国家走向现代化的途径,给世界上那些既希望加快发展又希望保持自身独立性的国家和民族提供了全新选择。”我们复兴的“中华文明”绝不是旧文明的“复活”,而是中华民族在新的历史阶段的一次文明“新生”。马克思主义激活了中华优秀传统文化,并在这一激活当中丰富和发展了马克思主义,创立了中国式的马克思主义,在中国式的马克思主义的指导下,中华文明以一种崭新的形态,重新充满活力。如果说中国式的现代化道路讲的是中国道路的特殊性,那么创造了人类文明新形态,就是讲中国这种特殊的道路的普遍意义、世界意义以及对世界的贡献。“七一”重要讲话在谈到必须不断推动构建人类命运共同体时指出,和平、和睦、和谐是中华民族5000多年来一直追求和传承的理念,中华民族的血液中没有侵略他人、称王称霸的基因。这一文明特点作为文化基因是从历史中来并被中国共产党所继承的,这是我们为世界文明的现实与未来做出的贡献,也是我们为人类文明提供的中国方案。正如《决议》所指出的,“党推动构建人类命运共同体,为解决人类重大问题,建设持久和平、普遍安全、共同繁荣、开放包容、清洁美丽的世界贡献了中国智慧、中国方案、中国力量,成为推动人类发展进步的重要力量”。

(五)自我革命维度:改造客观世界与改造自身的关系

在改造客观世界的同时改造主观世界,这是中国共产党的优良传统。在新时代,这个命题被转换为通过伟大斗争实现伟大的社会革命,通过自我革命引领社会革命。“七一”重要讲话指出:“勇于自我革命是中国共产党区别于其他政党的显著标志。我们党历经千锤百炼而朝气蓬勃,一个很重要的原因就是我们始终坚持党要管党、全面从严治党。”“新的征程上,我们要牢记打铁必须自身硬的道理，增强全面从严治党永远在路上的政治自觉。”《决议》指出：“勇于自我革命是中国共产党区别于其他政党的显著标志。自我革命精神是党永葆青春活力的强大支撑。先进的马克思主义政党不是天生的，而是在不断自我革命中淬炼而成的。”

中国共产党是在改造客观世界的过程中不断认识世界、认识真理，进而实现自身的改造与进步的，在改造自身的同时又推进了对客观世界的改造。在这一过程中，中国共产党不断丰富马克思主义，不断克服困难、壮大自身。在改造世界与改造自身的实践过程中，中国共产党不断将理想具体化，不断加深对中国、中国人民以及世界、人类文明的理解。我们说中国共产党伟大、光荣、正确，就要看到我们党的这种实践能力。也正是拥有这种能力，我们党的事业才能够走过百年历程，并最终从胜利走向胜利。

二、马克思主义中国化新的飞跃中的重大理论创新

结合习近平总书记“七一”重要讲话和《决议》，马克思主义中国化新的飞跃中的重大理论创新可以从以下六个方面来认识。

（一）采取中华民族伟大复兴的历史叙事方式

对中国共产党的历史叙事方式主要有两种：一种是革命史的叙事方式，另一种是现代化史的叙事方式。这两种历史叙事方式过去都有很多著作和文章。“七一”重要讲话和《决议》转换了中国共产党历史的叙事方式，将中国共产党的历史置于中国近现代史的大历史背景之中，采取了中华民族伟大复兴的历史叙事方式。

“七一”重要讲话指出：“中国共产党一经诞生，就把为中国人民谋幸福、为中华民族谋复兴确立为自己的初心使命。一百年来，中国共产党团结带领中国人民进行的一切奋斗、一切牺牲、一切创造，归结起来就是一个主题：实现中华民族伟大复兴。”《决议》指出：“中国共产党自 1921 年成立以来，始终

把为中国人民谋幸福、为中华民族谋复兴作为自己的初心使命，始终坚持共产主义理想和社会主义信念，团结带领全国各族人民为争取民族独立、人民解放和实现国家富强、人民幸福而不懈奋斗，已经走过一百年光辉历程。”这些论述极其简明地概括了中国共产党百年的历史主题。这一主题的概括，精准、简明，将中国共产党的历史与中华民族伟大复兴的历史紧密相连，并凸显了实现中华民族伟大复兴的历史重要性。

“七一”重要讲话和《决议》以实现中华民族伟大复兴的历史进程和历史贡献为标准，将中国共产党的历史划分为四个历史时期。第一时期，中国共产党带领中国人民，浴血奋战、百折不挠，创造了新民主主义革命的伟大成就，建立了人民当家作主的中华人民共和国，为实现中华民族伟大复兴创造了根本社会条件。第二时期，中国共产党带领中国人民，自力更生、发愤图强，创造了社会主义革命和建设的伟大成就，消灭了封建剥削压迫制度，确立了社会主义基本制度，推进社会主义建设，为实现中华民族伟大复兴奠定了根本政治前提和制度基础。第三时期，中国共产党团结带领中国人民，解放思想、锐意进取，创造了改革开放和社会主义现代化建设的伟大成就，开创、坚持、捍卫、发展了中国特色社会主义，为实现中华民族伟大复兴提供了充满新的活力的体制保证和快速发展的物质条件。第四时期，中国共产党团结带领中国人民，自信自强、守正创新，统揽伟大斗争、伟大工程、伟大事业、伟大梦想，创造了新时代中国特色社会主义的伟大成就，为实现中华民族伟大复兴提供了更为完善的制度保证、更为坚实的物质基础、更为主动的精神力量。

关于中国共产党的这一历史叙事具有重大的创新意义：一是使中国共产党的历史主题和历史任务的表述更加明确，过去一直讲的近代以来的两大历史任务（民族独立、人民解放和国家富强、人民富裕）在中华民族伟大复兴这个主题中统一起来了，从历史观的角度看，它把过去的革命史观和现代化史观高度统一起来了。二是使中国共产党的历史统一在中华民族伟大复兴这个统一的历史主题中，从而避免了在中共党史研究中有些别有用心的人通过割裂中国共产党的历史，用某一个阶段的历史否定另一个阶段的历史的做法;同时也意味着把中国共产党的历史看成了中国近代以来追求民族复兴历史主题的一种接续,从而表明中国共产党不是外在于历史的一种政治存在,而是近代以来中国人民追求民族复兴实践逻辑的历史选择。这四个时期统一在中华民族伟大复兴的历史征程之中,是连续且不可分割的历史进程,每一时期都在前一时期的基础上,更进一步地深化了中华民族伟大复兴这一历史使命和历史主题,并依靠一代代中国共产党人的努力一步步接近目标。这种历史表明,中国共产党诞生在民族最危急的时刻,中国共产党没有辜负民族的期待,靠着一批批不怕流血牺牲和艰苦奋斗的共产党人,最终做到了“社会主义没有辜负中国”。脱离中华民族伟大复兴的历史使命就无法理解中国共产党的初心,脱离中国共产党的奋斗、牺牲就无法理解中华民族的前行动力。中国共产党的伟大、光荣、正确,就体现在带领全国各族人民在不同时期,始终朝着同一目标奋力前行上。三是这一时期划分吸取了近几年党史界最新的研究成果,并将之提炼升华,以准确、凝练的表述,上升为党对自身历史的规律性认识。从党的领导和中华民族伟大复兴这样一个关系上来划分中国共产党的历史时期,是一个宏大的理论创造,这有利于将中华民族史与中国共产党史有机融合起来。四是这个理论创新实质上是中共党史观的一种时代重构,这就给我们理论界提出了重大的任务,那就是要认真系统地研究这种党史观,并以此为方法论站在新时代的高度重新学习中共党史。

(二)第一次提出“伟大建党精神”的概念

“七一”重要讲话在党的建设理论上的重大创新就是第一次提出了“伟大建党精神”的概念。《决议》又再次强调了这个概念。这个理论创新表现在:

1. 概括了伟大建党精神的内涵

“七一”重要讲话指出:“一百年前,中国共产党的先驱们创建了中国共产党,形成了坚持真理、坚守理想,践行初心、担当使命,不怕牺牲、英勇斗争,对党忠诚、不负人民的伟大建党精神。”在这里,真理和理想对应,初心和使命对应,牺牲和斗争对应,忠诚和人民对应。这种概括以浓缩的语言鲜明地表达了中国共产党的理想信念和政治立场，也表达了中国共产党人执着于共产主义和为人民的利益而奋斗到底的精神追求。可以认为，在中国共产党经历的各个历史时期，中国共产党人始终坚持这样的精神，并以此指引其行动，这种精神也必将指引中国共产党人朝着未来继续奋斗。

2. 阐述了伟大建党精神是中国共产党的精神之源

习近平总书记在2021年2月的中共中央党史学习教育动员大会上，对我们党在不同历史时期不同地方不同领域形成的一系列精神做了集中概括，并认为形成了一个中国共产党人的精神谱系。“七一”重要讲话和《决议》明确了伟大建党精神是中国共产党的精神之源。这就表明在不同时期、不同地域、不同领域形成的一系列中国共产党人的具体精神，其实都可以视作建党精神在不同时期、不同地域、不同领域的具体化，而这些不同精神也都可以被建党精神所统摄。“坚持真理、坚守理想，践行初心、担当使命，不怕牺牲、英勇斗争，对党忠诚、不负人民”，这32个字体现了习近平总书记对党的精神的深刻把握，也是他对我们党在不同时期形成的各种精神的一种高度凝练，将各个时期形成的精神谱系浓缩为这32字的精神“原理”，表明中国共产党人的精神谱系是对伟大建党精神的弘扬，伟大建党精神又是对中国共产党人的精神谱系的概括和提升。伟大建党精神和中国共产党人的精神谱系，共同彰显了中国精神、中国价值和中国力量。

3. 阐述了伟大建党精神与中国共产党政治品格的关系

“七一”重要讲话指出：“一百年来，中国共产党弘扬伟大建党精神，在长期奋斗中构建起中国共产党人的精神谱系，锤炼出鲜明的政治品格。”《决议》指出：“一百年来，党坚持性质宗旨，坚持理想信念，坚守初心使命，勇于自我革命，在生死斗争和艰苦奋斗中经受住各种风险考验、付出巨大牺牲，锤炼出鲜明政治品格，形成了以伟大建党精神为源头的精神谱系。”可见，伟大建党精神锤炼出政治品格，是中国共产党优秀政治品格产生的精神支柱。对于任何一个党员和党的任何一级组织来说，建党精神都是政治品格的内在涵养，而政治品格是建党精神的外在表现。

4. 号召把伟大建党精神发扬光大

“七一”重要讲话指出:“历史川流不息,精神代代相传。我们要继续弘扬光荣传统、赓续红色血脉,永远把伟大建党精神继承下去、发扬光大!”《决议》指出:“全党全军全国各族人民要更加紧密地团结在以习近平同志为核心的党中央周围,全面贯彻习近平新时代中国特色社会主义思想,大力弘扬伟大建党精神,勿忘昨天的苦难辉煌,无愧今天的使命担当,不负明天的伟大梦想,以史为鉴、开创未来,埋头苦干、勇毅前行,为实现第二个百年奋斗目标、实现中华民族伟大复兴的中国梦而不懈奋斗。”党的建设理论的这一创新意义十分重大。我们理论工作者应该对建党精神的理论意义和实践价值进行系统的研究。首先,要准确理解什么是伟大建党精神。我们不能把伟大建党精神理解为创党精神。有的学者把建党精神理解为中国共产党创立时的那个历史时刻或者历史节点的精神,那就把建党精神予以窄化了。从习近平总书记的概括来看,伟大建党精神是对中国共产党百年来一以贯之的精神的一个总体性概括,这个精神贯彻中国共产党历史的始终。其次,对于中国共产党人的精神谱系的理解和研究都要有伟大建党精神的高度和视野,要看到中国共产党精神的每一个具体形态,都是伟大建党精神的具体表现,同时又都有自己的时代特色和地域文化的内涵及底蕴。三是党性修养很重要的一个方面是对党员和党的组织的政治品格的培养,但是政治品格的内在品质在于精神涵养。所以,在党史学习教育和日常党的建设实践中,党员和党的组织的政治品格的养成重在精神涵养,这也证明了加强伟大建党精神的教育至关重要。

(三)重申发展全过程人民民主的重要性

全过程人民民主思想不是第一次提出,但是在“七一”重要讲话和《决议》中重申意义重大。“七一”重要讲话是对中国百年历史经验的总结和提升,《决议》是对党的百年奋斗重大成就和历史经验的总结,发展全过程人民民主又是在新的征程上提出的明确要求,把它作为必须坚持的重要思想放在实现第二个百年的奋斗目标的总体框架中提出，具有深意。2019 年 11 月 2 日，习近平总书记在考察上海长宁区虹桥街道古北市民中心同社区居民代表交流时指出：“我们走的是一条中国特色社会主义政治发展道路，人民民主是一种全过程的民主，所有的重大立法决策都是依照程序、经过民主酝酿，通过科学决策、民主决策产生的。”人民民主是社会主义的生命，是中国特色社会主义民主政治建设的一条重要经验。没有民主就没有社会主义，就没有社会主义的现代化，就没有中华民族伟大复兴。

全过程人民民主这个新的论断，深刻揭示了人民民主的本质，昭示了其与西方民主的根本不同，是中国特色社会主义民主政治的实践新成果，也是理论的新表达。全过程人民民主彰显了社会主义民主不是将人抽象为“选票”，将人民意志理解为非此即彼的“选择题”，而是在选举、决策、管理、监督等过程中，充分反映人民的具体意志、具体想法，实现人民的具体利益。全过程人民民主体现了人民民主的具体性、真实性，而不是选票民主的抽象、虚伪。全过程人民民主是党带领全国各族人民参与政治实践的具体形式，也体现了党和人民的具体联结方式，是党一百年来成功的基本政治经验。这实际上为我们理论界总结百年来中国共产党政治实践所取得的发展民主政治的成果提供了根本的理论指导，也为我们重建政治学知识体系、创立中国自己的政治学理论指明了根本方向和前进道路。

（四）明确继续推进马克思主义中国化时代化

让马克思主义植根于中国土壤，与具体实际相结合，与时代发展同进步，不断推进马克思主义中国化时代化，是马克思主义始终焕发生机活力的重要原因。“七一”重要讲话和《决议》在这方面提出了许多新观点。

1. 提出了“洞察时代大势，把握历史主动”的历史唯物主义命题

“七一”重要讲话指出：“中国共产党坚持马克思主义基本原理，坚持实事求是，从中国实际出发，洞察时代大势，把握历史主动，进行艰辛探索，不断推进马克思主义中国化时代化，指导中国人民不断推进伟大社会革命。”《决议》

指出："以习近平同志为核心的党中央，以伟大的历史主动精神、巨大的政治勇气、强烈的责任担当，统筹国内国际两个大局，贯彻党的基本理论、基本路线、基本方略，统揽伟大斗争、伟大工程、伟大事业、伟大梦想，坚持稳中求进工作总基调，出台一系列重大方针政策，推出一系列重大举措，推进一系列重大工作，战胜一系列重大风险挑战，解决了许多长期想解决而没有解决的难题，办成了许多过去想办而没有办成的大事，推动党和国家事业取得历史性成就、发生历史性变革。""七一"重要讲话中提出的"洞察时代大势，把握历史主动"这一重要论断不仅提出了"洞察时代大势"与"把握历史主动"关系的重要哲学命题，而且强调了处理好这个关系对于推进马克思主义中国化时代化进而指导中国人民进行伟大社会革命的重要性。"洞察时代大势"就是要求用马克思主义的哲学武器穿透纷繁复杂的历史表象，看到历史发展的本质和主流，掌握历史发展的客观规律性；"把握历史主动"就是要求在尊重客观规律的前提下，充分发挥主体能动性，以认识世界和改造世界。"洞察时代大势"是"把握历史主动"的认识论前提，"把握历史主动"是"洞察时代大势"的目的和归宿。"洞察时代大势，把握历史主动"，就是要求在洞察时代大势中把握历史主动，就是要在认识世界和改造世界过程中掌握主动权。具体到当前，就是要在洞察"百年未有之大变局"的大势中把握"中华民族伟大复兴"这个战略全局的历史主动权。

2. 提出了"中国共产党为什么能，中国特色社会主义为什么好，归根到底是因为马克思主义行"的新论断

"能""好""行"这三个命题其实早已提出，理论界也有很大研究成果。但是，过去没有系统研究过这三个命题之间的关系，没有提出过"归根到底是因为马克思主义行"的论断。"七一"重要讲话提出这个创新性命题，强调了马克思主义作为"我们立党立国的根本指导思想"、作为"我们党的灵魂和旗帜"的根本意义。而中国特色社会主义之所以好，也就是因为以马克思主义为理论武装的中国共产党的全面领导，这也是中国取得经济快速发展和社会持续稳定奇迹的原因所在。《决议》在阐述中国共产党百年奋斗的历史意义

时指出,“马克思主义的科学性和真理性在中国得到充分检验,马克思主义的人民性和实践性在中国得到充分贯彻,马克思主义的开放性和时代性在中国得到充分彰显”,立足党的重大成就和历史经验,进一步深刻诠释了“马克思主义行”的内在根据。

3. 提出了“马克思主义同中华优秀传统文化相结合”的新命题

“七一”重要讲话在讲到“必须继续推进马克思主义中国化”的时候,在“马克思主义基本原理同中国具体实际相结合”的后面,加上了“同中华优秀传统文化相结合”。《决议》在总结中国共产党百年奋斗的历史经验时再次指出,“坚持把马克思主义基本原理同中国具体实际相结合、同中华优秀传统文化相结合”。过去我们讲马克思主义中国化,一直在讲马克思主义基本原理和中国具体实际相结合。当然也不是完全忽视中华优秀传统文化在马克思主义中国化中的作用,而是在解释和理解“具体实际”的基本内涵时,捎带提及中华优秀传统文化的作用。“七一”重要讲话和《决议》是把“中华优秀传统文化”与“中国具体实际”并列来提,明确了马克思主义中国化的过程是“两个相结合”,凸显了“中华优秀传统文化”在马克思主义中国化过程中的重要地位。这是马克思主义中国化理论的一个重大创新。习近平总书记一直高度重视中华优秀传统文化。2021 年 3 月,他在福建考察时就指出,要以时代精神激活中华优秀传统文化的生命力,把坚持马克思主义同弘扬中华优秀传统文化有机结合起来,坚定不移走中国特色社会主义道路。而在“七一”重要讲话和《决议》等重要文献中,特别强调马克思主义基本原理同中华优秀传统文化相结合,这是值得我们深思的。中华优秀传统文化作为一个“实际”,属于“心理实际”,是中华民族文化心理结构的重要要素,自觉认识到这一文化心理作用,有助于凝聚全国人民共同实现中华民族伟大复兴的历史目标。同时,中华文明对于人类文明发展做出了重要贡献,这一贡献既体现在历史过程中,也体现在中华文明的思想精神对于未来人类发展的意义上。可以看到,中华优秀传统文化的很多内容与马克思主义具有融通性,特别是在文明理想层面,都区别于某种形态的霸权文明、排他主义。重视马克思主义基本原理同中华优秀传统文化的结合,既是对历史的尊重,也是对人类未来的深刻思考。这一结合不是策略上的,而是理论上、实践上的。

4. 提出了"立足新时代继续发展马克思主义"的任务

"七一"重要讲话指出:"用马克思主义观察时代、把握时代、引领时代,继续发展当代中国马克思主义、21 世纪马克思主义!"《决议》指出:"习近平新时代中国特色社会主义思想是当代中国马克思主义、21 世纪马克思主义,是中华文化和中国精神的时代精华,实现了马克思主义中国化新的飞跃。""全党必须坚持马克思列宁主义、毛泽东思想、邓小平理论、'三个代表'重要思想、科学发展观,全面贯彻习近平新时代中国特色社会主义思想,用马克思主义的立场、观点、方法观察时代、把握时代、引领时代,不断深化对共产党执政规律、社会主义建设规律、人类社会发展规律的认识。"我们必须自觉地深化对关于马克思主义中国化问题新论断的理论意义和实践意义的理解,并将之贯彻于我们的理论工作之中。一是马克思主义唯物史观在中国特色社会主义实践中、在新的历史形态的研究中具有根本的意义。"洞察时代大势,把握历史主动"显示的是重构新时代历史唯物主义理论形态的重要性。二是马克思主义"行"在中国共产党"能"、中国特色社会主义"好"中的"归根到底作用",显示的是真学、真用、真信马克思主义对于中国共产党自身建设和中国共产党伟大事业推进的根本意义。三是马克思主义中国化的"两个相结合"实际上意味着对马克思主义中国化命题的重新定义。我们要以此为观照重新思考马克思主义中国化的历史,同时也意味着由马克思主义中国化而形成的"中国化的马克思主义"所具有的中国特性的彰显。四是要在马克思主义的"两个相结合"中推进当代中国马克思主义、21 世纪马克思主义发展,进一步丰富和完善习近平新时代中国特色社会主义思想。

(五)做出"全人类共同价值"判断

早在 2015 年 9 月,习近平主席在出席第七十届联合国大会一般性辩论时就指出:"和平、发展、公平、正义、民主、自由,是全人类的共同价值。"在这以后,他在不同场合多次论及人类共同价值问题,“七一”重要讲话又重申了这个问题,《决议》也继续强调了这个问题。在中国马克思主义发展史上提出人类共同价值问题是非常重要的理论创新。我们反对西方倡导的普世价值,但是倡导人类命运共同体,而人类命运共同体的建构必然需要有共同价值作为观念基础。正是在这个意义上,“七一”重要讲话和《决议》明确地将全人类共同价值思想宣示了出来。普世价值把西方价值普遍化为人类必须遵循的价值,而共同价值是以承认各个国家的文化个性为前提的,是在不同的文化中寻求共同的东西并使之成为合作的基础,也就是费孝通先生所说的“各美其美,美人之美,美美与共,天下大同”。

由此,“七一”重要讲话和《决议》强调中华民族的伟大复兴,但并不是将中华民族的复兴孤立于人类共同进步的历史进程,更不是要走“新殖民主义”道路从而将中华民族的伟大复兴建立在其他国家、民族的痛苦之上。“七一”重要讲话和《决议》提出的共同价值在于,明确了中华民族的复兴绝不会是颠倒了的“金字塔”霸权结构,我们在实现自身民族复兴的同时,也将促进人类的共同发展,探寻出一条完全不同于西方霸权结构世界的模式。共同价值的强调,其实意味着要终结西方弱肉强食的“丛林逻辑”,在文明论上对人类未来道路进行新的探索。共同价值相比于西方所谓的“普世价值”,更强调国与国相处的底线、价值的多元,强调国与国之间的相互尊重。这一价值同样是具体的——这是中国共产党价值论述的一贯特点。我们反对一个抽象的、虚幻的美好,而注重现实的、具体的、可实现的价值范式。这既是马克思主义理想的体现,也是中华文明核心价值的彰显。我们的任务是加强对人类共同价值问题的哲学研究,为人类命运共同体的建设奠定哲学基础。

(六)提出中国式现代化道路和人类文明新形态命题

“七一”重要讲话通过总结中国共产党领导中国人民进行现代化建设的百年历史经验,极具创新性地提出了一个从哲学层面概括中国道路的新命题,指出:“走自己的路,是党的全部理论和实践立足点,更是党百年奋斗得出的历史结论。中国特色社会主义是党和人民历经千辛万苦、付出巨大代价取得的根本成就,是实现中华民族伟大复兴的正确道路。我们坚持和发展中国特色社会主义,推动物质文明、政治文明、精神文明、社会文明、生态文明协调发展,创造了中国式现代化新道路,创造了人类文明新形态。"《决议》在总结中国共产党百年奋斗的历史经验时再次指出:"党领导人民成功走出中国式现代化道路,创造了人类文明新形态。"

"七一"重要讲话概括的新命题有三层含义:一是中国的现代化道路走的是自己的路,二是中国式的现代化道路是物质文明、政治文明、精神文明、社会文明、生态文明协调发展的道路,三是中国式的现代化道路创造了人类文明新形态。从文明论的角度看,基督教文明、伊斯兰文明和儒家文明是当今世界的三大文明体系。奠定在基督教文明基础上的西方现代文明仍然主导着世界秩序。但是,基于基督教文明的西方现代性出现了自己难以克服的弊端和矛盾。儒家文明虽然在韩国、日本、新加坡等地取得了一定限度的成功,但其问题在于不具有独立性,与西方文明是依附关系,没有形成自己独立的文明形态。可以说韩国、日本、新加坡等地文明形态独立性的缺失是西方文明中心论的一种现代变形或者说是一种延伸。

自古至今,中华文明就是以儒家为主导的文明体系,中国特色社会主义道路开辟了中国现代化之路,形成了中国式的现代化道路,这个新道路成功实现了现代化发展,但是又避免了西方现代性弊端。为什么会有这种结果呢?因为它首先是一种以马克思主义为主导的文明形态。马克思主义是中国共产党的理论信仰,中国共产党以马克思主义为根本指导原则,领导中国革命、建设、改革取得了举世瞩目的成就。但同时中国也是传统的,中国不可能离开传统搞建设,尽管儒家传统在新文化运动中和新中国成立后的一些时段不被看重,但优秀传统文化始终是中国人的根,习近平总书记倡导"推动中华优秀传统文化创造性转化、创新性发展",为今后中国文化建设事业的发展指明了方向。重视优秀传统文化,发掘优秀传统文化的现代价值,以之烛照中国现代化建设道路,是中国特色社会主义现代化建设亟须解决的问题。

事实上，中国的现代化进程中五大文明的协调推进形成了一种以中华优秀传统文化为根基、以马克思主义和共产主义信仰为主导的新的文明形态。这种新型的文明形态，既有儒家信仰的传统，又有共产主义理想这样一种科学的主义的指导。传统文化在马克思主义的“激活”状态下出现了现代化转型。这就使奠定在现代化基础上的中华文明焕发出强大的生命力，在世界文明形态中确立了自己的地位。从全球范围看，这条产生于中华文明基础上、具有特殊性的现代化道路也就具有普遍性的意义，为全球尤其是发展中国家的发展提供了中国智慧和中国方案。这不仅将中华文明推进到一个新的历史阶段，即创造了人类文明新形态，也可能预示着中国对人类文明发展的伟大贡献。

这一理论创新提示我们，必须认真研究中国共产党怎么样在马克思主义指引下既遵循了现代化的一般规律，又基于中华优秀传统文化，既避免了西方的现代性迷茫，又克服了东方一些国家和地区信奉儒家文明却从根本上受西方支配的现代化发展模式弊端。

三、正确理解马克思主义中国化新的飞跃之“新”

马克思主义中国化新的飞跃之“新”可以从中国化马克思主义的新形态、社会主要矛盾的新判断、重大时代课题的新回答、“两个相结合”的新境界四个方面来理解。

（一）中国化马克思主义的新形态

任何事物都是一定形态的历史存在。马克思主义理论也是一样的，不同时期和地域的马克思主义理论也会表现为不同的历史存在。从形态是具体的历史的现实的存在来看，形态就是内容与形式、本质与现象、内在规定性与外在规定性的有机统一，就是内容、本质、内在规定性通过形式、现象、外在表现而展现的具体的存在。无论何时何地，马克思主义的本质都是一样的，超出了本质的规定性,就不是马克思主义了。但是,马克思主义的表现形态却是随着时代和地域的发展变化而变化的,呈现为基本内容和内在规定的一致性与表现形态的多样性,即所谓“一源多流”。其表现形态的多样性有不同的划分,比如以马克思主义创始人的思想为基础进行划分,那就是马克思主义的原生形态(马克思、恩格斯的思想)、次生形态(苏联马克思主义)、衍生形态(西方马克思主义)、再生形态(中国化马克思主义)。还有学者将马克思主义形态分得更细:马克思主义创始人的思想、苏联马克思主义、西方马克思主义、新马克思主义、后马克思主义、马克思主义之后、中国化马克思主义。事物的存在形态往往是由一系列要素及要素之间的结构决定和制约的,要素及要素之间的结构变化导致了形态的变化。理论形态的转变也是如此,它是由理论要素及要素之间的结构发生质的变化所决定和制约的,这种理论形态的转变就是理论的原创性贡献。原生形态的马克思主义是自由竞争时代的马克思主义,次生形态的马克思主义是垄断资本主义时代的马克思主义,衍生形态的马克思主义是放弃了对革命的追求而致力于对资本主义进行意识形态批判的各种马克思主义思潮和流派。这些理论形态的转变都反映了时代和时代问题的变化所导致的理论要素及要素之间结构变化所引起的理论形态的根本转变。习近平总书记在“七一”重要讲话中指出:“马克思主义是我们立党立国的根本指导思想,是我们党的灵魂和旗帜。”回望中国共产党100年历史进程和马克思主义中国化的历史,中国共产党的历史就是一部不断推进马克思主义中国化的历史。马克思主义中国化的智慧成果就是中国化的马克思主义。中国化的马克思主义,既坚持了马克思主义的基本原则,又结合了中国的具体实际和中华优秀传统文化。就前者来说,它与原生态和次生态的马克思列宁主义具有本质上的一致性,但在表现形态上又有了不同特点。

习近平总书记多次引用恩格斯的两句话来说明这个问题:“马克思的整个世界观不是教义,而是方法。它提供的不是现成的教条,而是进一步研究的出发点和供这种研究使用的方法。”[①]我们的理论“是一种历史的产物,它在不同的时代具有完全不同的形式,同时具有完全不同的内容”[②]。正是在这种意义上,中国化了的马克思主义与马克思列宁主义具有不同的理论形态。基于同样的道理,中国化的马克思主义也已经历了百年的发展。在这百年的历史进程中,“七一”重要讲话和《决议》,围绕实现中华民族伟大复兴这一主题在不同时期的历史任务、奋斗历程、历史成就、理论贡献、历史意义将中国共产党历史划分为四个历史时期。在新民主主义革命时期和社会主义革命和建设时期,中国共产党在推动马克思主义中国化、推进理论创新的过程中,创立了毛泽东思想这一中国化的马克思主义形态,实现了马克思主义中国化的第一次历史性飞跃。在改革开放和社会主义现代化建设新时期,中国共产党在推动马克思主义中国化、推进理论创新的过程中,创立了邓小平理论,形成了“三个代表”重要思想和科学发展观,形成了中国特色社会主义理论体系这一理论形态,实现了马克思主义中国化新的飞跃。在中国特色社会主义新时代,以习近平同志为主要代表的中国共产党人,根据时代的变化和社会的发展,继续推动马克思主义中国化,推进理论创新,创立了习近平新时代中国特色社会主义思想这一理论形态,实现了马克思主义中国化新的飞跃。习近平新时代中国特色社会主义思想,与马克思列宁主义在本质上一脉相承,与毛泽东思想和中国特色社会主义理论一脉相承,但是具有新的实践特点和时代特征。中国化马克思主义这一新的理论形态的形成正体现了习近平总书记关于理论创新的基本原则。习近平总书记说:“科学社会主义基本原则不能丢,丢了就不是社会主义。同时,科学社会主义也绝不是一成不变的教条。我说过,当代中国的伟大社会变革,不是简单延续我国历史文化的母版,不是简单套用马克思主义经典作家设想的模板,不是其他国家社会主义实践的再

---

① 中共中央马克思恩格斯列宁斯大林著作编译局编译:《马克思恩格斯全集》第三十九卷,人民出版社1974年版,第406页。

② 中共中央马克思恩格斯列宁斯大林著作编译局编译:《马克思恩格斯选集》第三卷,人民出版社2012年版,第873页。

版，也不是国外现代化发展的翻版。社会主义并没有定于一尊、一成不变的套路，只有把科学社会主义基本原则同本国具体实际、历史文化传统、时代要求紧密结合起来，在实践中不断探索总结，才能把蓝图变为美好现实。”①正是马克思主义与中国具体实际、历史文化传统、时代要求的紧密结合这种综合性的理论创新，使这一理论形态成为当代中国马克思主义、21 世纪马克思主义。

（二）社会主要矛盾的新判断

社会主要矛盾的转换是一个社会阶段性转化的根据，中国特色社会主义进入新时代的一个重要根据就是中国的社会主要矛盾发生了转换。中国化马克思主义新形态的形成，就是中国共产党人对解决这个具有新的时代特征的主要矛盾所形成的答案的思想理论体系。唯物辩证法认为，在复杂事物、系统的发展过程中，有许多矛盾同时存在，相互交织，构成一个复杂的矛盾体系。其中，主要矛盾的存在和发展，规定或影响其他矛盾的存在和发展。只有抓住主要矛盾，才能正确地确定战略目标、任务、方针和政策，形成正确的思想体系。

《决议》指出，近代中国社会主要矛盾是帝国主义和中华民族的矛盾、封建主义和人民大众的矛盾。其中，在九一八事变之后，中日民族矛盾逐渐超越国内阶级矛盾上升为主要矛盾。新民主主义革命的胜利和中华人民共和国的成立，标志着这一社会主要矛盾的根本解决，为实现中华民族伟大复兴创造根本社会条件。社会主义革命和建设时期，实现从新民主主义到社会主义的转变，进行社会主义革命，推进社会主义建设，为实现中华民族伟大复兴奠定根本政治前提和制度基础。新中国成立后，中国社会的主要矛盾转换为工人阶级与资产阶级的矛盾，“一化三改”的过渡时期总路线使这个矛盾得到系统解决，顺利完成了社会主义革命，建立了社会主义的根本制度。1956 年，

---

① 习近平：《在纪念马克思诞辰200周年大会上的讲话》，《求是》2018 年第 10 期。

党的八大根据我国社会主义改造基本完成后的形势，提出国内主要矛盾已经不再是工人阶级和资产阶级的矛盾，而是人民对于经济文化迅速发展的需要同当前经济文化不能满足人民需要的状况之间的矛盾，全国人民的主要任务是集中力量发展社会生产力，实现国家工业化，逐步满足人民日益增长的物质和文化需要。以毛泽东同志为主要代表的中国共产党人对新民主主义革命时期、社会主义革命和建设时期社会主要矛盾的解决形成了关于新民主主义革命、社会主义革命和社会主义建设的理论体系，创立了中国化马克思主义的第一个理论形态——毛泽东思想。

改革开放以来，我们重新恢复和坚持了党的八大的科学论断。1981 年十一届六中全会讨论通过的《关于建国以来党的若干历史问题的决议》指出：“在社会主义改造基本完成以后，我国所要解决的主要矛盾，是人民日益增长的物质文化需要同落后的社会生产之间的矛盾。党和国家工作的重点必须转移到以经济建设为中心的社会主义现代化建设上来，大力发展社会生产力，并在这个基础上逐步改善人民的物质文化生活。我们过去所犯的错误，归根到底，就是没有坚定不移地实现这个战略转移。今后，除了发生大规模外敌入侵（那时仍然必须进行战争所需要和容许的经济建设），决不能再离开这个重点。党的各项工作都必须服从和服务于经济建设这个中心，全党干部特别是经济部门的干部要努力学习经济理论、经济工作和科学技术。”这个决议还指出：“党明确我国社会的主要矛盾是人民日益增长的物质文化需要同落后的社会生产之间的矛盾，解决这个主要矛盾就是我们的中心任务，提出小康社会目标。”改革开放和社会主义现代化建设，为实现中华民族伟大复兴提供充满新的活力的体制保证和快速发展的物质条件。在新的历史时期，以邓小平同志为主要代表的中国共产党人，以科学的态度对待毛泽东思想，坚持和发展了毛泽东思想，在解决改革开放和社会主义现代化建设时期的社会主要矛盾的过程中，展开理论创新和理论探索，形成了中国化马克思主义的新的形态——中国特色社会主义理论体系。

党的十八大以来，中国特色社会主义进入新时代。中国特色社会主义新时代是我国发展新的历史方位。中国特色社会主义进入新时代,我国社会主要矛盾已经转化为人民日益增长的美好生活需要和不平衡不充分的发展之间的矛盾。我国社会主要矛盾的变化,是中国特色社会主义进入新时代的重要依据,也是新时代更好开展工作,推动中国特色社会主义事业发展的重要依据。《决议》指出:“我国仍处于并将长期处于社会主义初级阶段,我国仍然是世界最大的发展中国家,社会主要矛盾是人民日益增长的美好生活需要和不平衡不充分的发展之间的矛盾。”换言之,新时代中国特色社会主义是社会主义初级阶段的新发展阶段,从社会形态发展看,是量变中的质变,是一种新的飞跃。在以习近平同志为核心的党中央坚强领导下,党和国家事业取得历史性成就、发生历史性变革,为实现中华民族伟大复兴提供了更为完善的制度保证、更为坚实的物质基础、更为主动的精神力量。中国共产党和中国人民以英勇顽强的奋斗向世界庄严宣告,中华民族迎来了从站起来、富起来到强起来的伟大飞跃。以习近平同志为主要代表的中国共产党人,在解决新的主要矛盾的过程中,在进行具有许多新的历史特点的伟大斗争中,不仅勇于实践,而且勇于理论探索,自信自强、守正创新,形成了解决新时代社会主要矛盾的理论体系,创立了中国化马克思主义的新形态——习近平新时代中国特色社会主义思想。

（三）重大时代课题的新回答

理论形态是现实问题得以解决、思想体系得以实现的不同层次的形式和方法的总和,是理论内容和理论形式的有机统一。马克思指出:“一个时代的迫切问题,有着和任何在内容上有根据的因而也是合理的问题共同的命运:主要的困难不是答案,而是问题。正如一道数学方程式只要题目出得非常精确周密就能解出来一样,每个问题只要已成为现实问题,就能得到答案。”“问题是时代的格言,是表现时代自己内心状态的最实际的呼声。”①中国共产党的百年历史就是要解决一个总问题:领导和推进中国现代化进程,实现中华民族伟大复兴。但是这个总问题在不同的历史时期表现为不同的时代问题,面对不同的时代问题,中国共产党人勇于提出问题、勇于解决问题,以马克思主义思想为旗帜,在领导中国革命、建设和改革的实践历程中,使马克思主义中国化,创立和形成了中国化马克思主义的不同理论形态。

新民主主义革命时期,以毛泽东同志为主要代表的中国共产党人,围绕着新民主主义革命的基本问题,把马克思列宁主义基本原理同中国具体实际相结合,对中国新民主主义革命的一系列独创性经验进行理论总结,开辟了农村包围城市、武装夺取政权的正确革命道路,创立了毛泽东思想。社会主义革命和建设时期,以毛泽东同志为主要代表的中国共产党人围绕社会主义革命和社会主义建设的基本问题,提出了中国社会主义革命和社会主义建设的一系列重要思想。这些思想成为毛泽东思想的重要组成部分。毛泽东思想是马克思列宁主义在中国的创造性运用和发展,是对中国革命和建设的经验总结和理论概括,实现了马克思主义中国化的第一次飞跃。改革开放和社会主义现代化建设新时期,以邓小平同志为主要代表的中国共产党人,围绕什么是社会主义、怎样建设社会主义这一根本问题,借鉴世界社会主义历史经验,创立了邓小平理论;以江泽民同志为主要代表的中国共产党人,加深了对什么是社会主义、怎样建设社会主义和建设什么样的党、怎样建设党的认识,形成了“三个代表”重要思想;以胡锦涛同志为主要代表的中国共产党人,深刻认识和回答了新形势下实现什么样的发展、怎样发展等重大问题,形成了科学发展观。中国特色社会主义理论体系从新的实践和时代特征出发坚持和发展马克思主义,实现了马克思主义中国化的新飞跃。

从革命、建设、改革的伟大历史进程看,习近平总书记对关系新时代党和

① 中共中央马克思恩格斯列宁斯大林著作编译局编译:《马克思恩格斯全集》第一卷,人民出版社1995年版,第203页。

国家事业发展的一系列重大理论和实践问题进行了深刻思考和科学判断，系统回答了新时代坚持和发展什么样的中国特色社会主义、怎样坚持和发展中国特色社会主义，建设什么样的社会主义现代化强国、怎样建设社会主义现代化强国，建设什么样的长期执政的马克思主义政党、怎样建设长期执政的马克思主义政党等重大时代课题。针对这些课题，以习近平同志为主要代表的中国共产党人，坚持把马克思主义基本原理同中国具体实际相结合、同中华优秀传统文化相结合，坚持毛泽东思想，坚持中国特色社会主义理论体系，深刻总结并充分运用党成立以来的历史经验，从新的实际出发，提出一系列原创性的治国理政新理念新思想新战略，创立了习近平新时代中国特色社会主义思想。它明确中国特色社会主义最本质的特征是中国共产党领导；明确坚持和发展中国特色社会主义，总任务是实现社会主义现代化和中华民族伟大复兴；明确新时代我国社会主要矛盾是人民日益增长的美好生活需要和不平衡不充分的发展之间的矛盾；明确中国特色社会主义事业总体布局是经济建设、政治建设、文化建设、社会建设、生态文明建设五位一体，战略布局是全面建设社会主义现代化国家、全面深化改革、全面依法治国、全面从严治党四个全面；明确全面深化改革总目标是完善和发展中国特色社会主义制度、推进国家治理体系和治理能力现代化；明确全面推进依法治国总目标是建设中国特色社会主义法治体系、建设社会主义法治国家；明确必须坚持和完善社会主义基本经济制度；明确党在新时代的强军目标是建设一支听党指挥、能打胜仗、作风优良的人民军队；明确中国特色大国外交要服务民族复兴、促进人类进步，推动建设新型国际关系，推动构建人类命运共同体；明确全面从严治党的战略方针。这些战略思想和创新理念，是党对中国特色社会主义建设规律认识深化和理论创新的重大成果。习近平新时代中国特色社会主义思想是当代中国马克思主义、21 世纪马克思主义，是中华文化和中国精神的时代精华，实现了马克思主义中国化新的飞跃。

（四）“两个相结合”的新境界

习近平总书记在《关于〈中共中央关于党的百年奋斗重大成就和历史经验的决议〉的说明》中指出，要“深入研究党坚持把马克思主义基本原理同中国具体实际相结合、同中华优秀传统文化相结合，不断推进马克思主义中国化的百年历程，深化对新时代党的创新理论的理解和掌握”，马克思主义中国化的百年历程即是“两个相结合”历史过程。这说明，《决议》一方面把习近平新时代中国特色社会主义思想放在马克思主义发展的历史进程中进行历史定位，认为它是在新时代对马克思列宁主义、毛泽东思想、中国特色社会主义理论体系的坚持和发展，是站在新的历史起点上，面对时代问题实现的重大理论创新。另一方面，又将习近平新时代中国特色社会主义思想放在中华文化发展史和中国精神发展史中进行历史定位，认为它是在马克思主义立场观点方法的指导下，通过对中华文化和中国精神的激活而形成的中华文化和中国精神的时代精华，是马克思主义的世界观和方法论与中华文化中穷变通久、实事求是等精神以及大群一体、以民为本等传统思想相结合而实现的中国思想体系的跃升。马克思主义激活了中华文明这一机体的生机，为中华文化和中国精神的发展提供了正确的方向。又因为中华文化具有极强的吸纳、融合的能力，从而为马克思主义落地生根提供了丰富的土壤，使得马克思主义避免流于空想，避免陷入教条。马克思主义因吸收中华优秀传统文化而更具有中国性和民族性，中华优秀传统文化和中国精神因汲取马克思主义而更具有真理性和时代性，正是在这种双向融合中，才创造性地发展出了中国化马克思主义。马克思主义与中华文化和中国精神的不断融合所推动的理论创新，使中国马克思主义新的理论形态成为中华文化和中国精神的时代精华，也使中华文化和中国精神的时代发展成为中国马克思主义理论形态的内在特质和内在规定。

中国共产党人是马克思主义的坚定信仰者和实践者，也是中华文化和中国精神的忠实传承者和弘扬者。中国共产党历来高度重视对中华文化和中国精神的继承和发展,在革命、建设、改革的过程中都强调要把马克思主义与中华优秀传统文化深度结合起来,使中华文化在马克思主义的指导下加以弘扬,并根据新的历史特点和时代要求加以创造和发展。毛泽东把这些思想概括为"古为今用""推陈出新",新中国成立后这些思想发展为"百花齐放、百家争鸣"的文化发展方针。中国特色社会主义进入新时代,习近平总书记在继承我们党长期以来所坚持的文化方针的基础上,立足新的实践和时代要求,提出了新时代的中华文化发展方针:坚持创造性转化、创新性发展。"两创"方针的首次提出是在2013年12月习近平总书记主持十八届中央政治局第十二次集体学习时的讲话中,他提出了实现中华美德创造性转化、创新性发展问题,在十八届中央政治局第十三次集体学习时的讲话中,"两创"的对象就由中华美德扩展为中华优秀传统文化。在此后的纪念孔子诞辰2565周年国际学术研讨会开幕会、文艺工作座谈会、哲学社会科学座谈会等会议的讲话中,习近平总书记都反复强调"两创"问题。在党的十九大报告中,习近平总书记指出:"发展中国特色社会主义文化,就是以马克思主义为指导,坚守中华文化立场,立足当代中国现实,结合当今时代条件,发展面向现代化、面向世界、面向未来的,民族的科学的大众的社会主义文化,推动社会主义精神文明和物质文明协调发展。要坚持为人民服务、为社会主义服务,坚持百花齐放、百家争鸣,坚持创造性转化、创新性发展,不断铸就中华文化新辉煌。"这是第一次以党代表大会的形式确认了"两创"的文化发展方针地位。这里对"两创"的强调有了全方位的前提性规定:以马克思主义为指导、坚守中华文化立场、"三个面向"的开放态度、"中华文化新辉煌"的目标。其中已经内含着一个根本的命题:马克思主义基本原理与中华优秀传统文化相结合。2021年3月,习近平总书记到福建视察武夷山朱熹园时明确指出:"要推动中华优秀传统文化创造性转化、创新性发展,以时代精神激活中华优秀传统文化的生命力。要把坚持马克思主义同弘扬中华优秀传统文化有机结合起来,坚定不移走中国特色社会主义道路。"十九大报告隐含的命题在这里第一次彰显出来。这个思想在"七一"重要讲话中得到全面系统阐述,发展成为马克思主义中国化的"两结合"思想："我们必须坚持马克思列宁主义、毛泽东思想、邓小平理论、'三个代表'重要思想、科学发展观，全面贯彻新时代中国特色社会主义思想，坚持把马克思主义基本原理同中国具体实际相结合、同中华优秀传统文化相结合，用马克思主义观察时代、把握时代、引领时代，继续发展当代中国马克思主义、21 世纪马克思主义！""两创"的命题就深化和升华为马克思主义中国化的原则性问题，是马克思主义中国化的重大理论创新。同时，这个理论创新也为《决议》关于习近平新时代中国特色社会主义思想"是中华文化和中国精神的时代精华"的新定位奠定了理论基础。按照马克思主义中国化的"两个相结合"原则，作为马克思主义中国化的最新成果的习近平新时代中国特色社会思想必然会呈现为马克思主义思想史和中华文化发展史上的双重定位，作为"中华文化新辉煌"的习近平新时代中国特色社会主义思想既是当代中国马克思主义、21 世纪马克思主义，又是中华文化和中国精神的时代精华，把"两个相结合"推向了新的高度和新的境界。

习近平新时代中国特色社会主义思想承前启后、继往开来，实现了马克思主义中国化新的飞跃，是关乎中国前途命运的中国马克思主义，是关乎世界历史潮流的当代马克思主义，是关乎科学社会主义发展前景的 21 世纪马克思主义，为马克思主义在当今时代的大发展做出了开创性、全面性、历史性贡献。在当代中国和当今世界，坚持习近平新时代中国特色社会主义思想，就是真正坚持和发展马克思主义，就是真正坚持和发展科学社会主义。新的征程上，我们必须高举马克思主义、中国特色社会主义伟大旗帜，必须坚持习近平总书记党中央的核心、全党的核心地位，必须坚持习近平新时代中国特色社会主义思想的指导地位。

第六章

中国马克思主义哲学视域中的人类命运共同体

自从党的十八大报告正式提出构建“人类命运共同体”思想以来，党和政府在多种场合重申此理念已逾百次，显然，它不仅是一种倡导建立全球治理体系、重建世界秩序的重要价值理念，而且是一个基本的事实判断。一方面，命运共同体准确、恰当地说明了当代人类生存的作为“自在的存在”的真实境遇，在由资本、科技、交通推动的全球化形势下，同处一个“地球村”的人类命运与共，正面临着环境污染、气候变暖、疫病流行等命运性难题；从外太空拍摄的卫星图片可直接观察到人类生存之“太空船”，人类也只能同舟共济。另一方面，命运共同体也是引领人类走向作为“自为的存在”的一种应对方案和价值理想，是处理国内不同民族之间、国际上不同民族和国家之间发展方式的一种制度设计。“中国通过构建人类命运共同体，助力改变以大欺小、以强凌弱、以富吃贫、以霸为尊的国际旧格局、旧秩序，做世界和平的建设者，推动建立以互利共赢为核心的新型国际关系。”①由此亦可言，作为一种新型的国际合作发展模式，它也是实现人类解放的当代路径。马克思曾说：“理论一经掌握群众，也会变成物质力量。理论只要说服人，就能掌握群众；而理论只要彻底，就能说服人。所谓彻底，就是抓住事物的根本。”②任何理论都不是无源

---

① 张雷声：《唯物史观视野中的人类命运共同体》，《马克思主义研究》2018 年第 12 期。

② 中共中央马克思恩格斯列宁斯大林著作编译局编译：《马克思恩格斯选集》第一卷，人民出版社 2012 年版，第 9—10 页。

之水、无本之木，阐明新理念“言之有理、持之有故”的理论基础，可以增强其不言自明的理论解释力、公信力和吸引力，提高其在世界范围内的现实化程度，从而加速形成改造现实世界的强大力量。

一、研究现状与哲学的出场

新理念发时代之声音，引世界之潮流，得到了国际社会各界人士的广泛支持，这可从被多次写进联合国决议及得到多国响应而窥见一斑。顾名思义，构建人类命运共同体不仅需要在人类社会层面形成和谐的共同体，构成社会的政治、经济、文化、法律等多个层面的通力协作，而且需要在每个个体的精神状态和情感体验等方面与之相适应。同时，人类命运共同体的提出是有着深厚历史文化渊源，有着广泛哲学理论基础的时代之思的。因此，新理念日益得到哲学社会科学领域的学者重视，学界已对此进行了多维度的深入研究。从目前学界的相关研究成果来看，包括国际关系、民族融合、全球治理、文明对话、社会心理、哲学基础、思维方式等多方面。作为当代中国马克思主义的重要组成部分，新理念如同中国梦（二者互相包含、互相诠释），具有统领全局的整体性价值。从话语体系上看，新理念也是一种新表述，是最具中国特色，最能彰显中国智慧、中国价值、中国力量的“中国方案”，体现了当今中国为人类社会发展谋篇布局并提供道义担当的大国情怀和历史使命。

从学者的研究成果来看，目前普遍形成了关于人类命运共同体的整体理解与共识。相对于其他人文社会科学，哲学的重要性体现在它观察和思考问题的识度及深刻性上。哲学一般被认为是对世界、社会和人生的科学论述与论证，它从诞生之时就开始思考整体，它的特殊性在于其反思意识和问题意识，形成了独特的、没有固定答案的哲学问题域。当科学把人类的问题进行了信服的、可证诸实验的解答之际，从而从哲学的学科分离出去之后，哲学依然具有科学的求真宗旨，同时哲学还肩负着解答人生问题的重任，因而不可避免地与宗教、文学形成了既竞争又合作的格局。从哲学史考察哲学学科的本性、特点和功能可知，哲学既依托于其他人文社会科学，又保持了自己的独立性和超越性。一种理解是各门科学（包括自然科学）都是从哲学中分化出来的，各门科学都逐渐形成了自己关于研究对象和问题链的历史积淀，成为正式而成熟的学科。研究社会各领域的社会科学都在探索其各自领域内的规律或真理，哲学不以各自领域内的研究对象、问题及规律为自己的研究对象，但也不外乎这些研究对象。近现代以来人类知识体系和学术体系分工的大致情形如下：人文科学如哲学、文学、宗教、艺术学、教育学等致力于研究“人”的问题；社会科学如政治学、经济学、法学等致力于研究“社会”问题；自然科学如物理学、化学、天文学、生物学等致力于研究“自然”问题；有些学科如历史学较难界定，它往往被归入人文科学，然而历史是一部人性史，同时也是一部社会发展变迁史，为各门社会科学提供了重要的研究对象和理论基础。由于人与社会、自然之间的内在关联，现在也出现很多交叉学科，如人文地理学、社会心理学等。在人类的这一现代知识谱系之中，当各个领域被其他学科研究之后，哲学的研究领域变成其他学科不再研究而又为各个学科提供一个基本理解基础的领域，从对象上说，就是关系中的人、自然与社会的整体存在，其问题主要就是关于这一整体存在的本体论、认识论和价值论问题，哲学试图在认识世界本源和本质的基础上对“人”进行全面的基础性理解。现代科学的出现不仅使科学自身成为哲学的重要研究对象，而且为哲学具备现代性和科学性创造了条件，从此哲学获得了科学视域下的关照，而科学的发展也获得了哲学的审视。相较于古代科学，现代科学使科学的求真精神充分地展现出来，尽管有些科学还存在假说、理论范式的类型等问题。

在上述与其他学科的比较中，哲学呈现了科学性的面相。不仅在古代哲学与科学纠缠不清，而且近代以来也曾出现致力于把哲学科学化的现象。维也纳学派是其中的突出代表，它体现出科学主义立场并以此批判和拒斥哲学形而上学，认为其具有不可证实性和无意义性。科学主义思潮则使得哲学模仿自然科学或社会科学以便更专业化、更便利地融入现代知识分类体系。20世纪出现的语言学转向及人工语言、元语言论题也与哲学科学化有关。现象学与后现代思潮也与传统形而上学保持了相当的距离，但是把哲学科学化终究是徒劳的，哲学从未把自身局限于某一领域。自然科学或者社会科学有着固定的研究对象和方法，但社会科学的科学性是打折扣的、不充分的，因为“社会科学的研究对象是人的行为方式、行为所建构的一切结构以及行为所依据的主观世界（心理、欲望、信念和文化）”①。社会运作方式离不开人的无穷变量的行为。社会科学是西方知识分类的结果，“分”本身即源于一个有机整体，而与社会科学相比，哲学更具有全视域性。哲学在与科学的比较之中呈现出自身的特性，呈现出相同又相异的关系。当自然科学、社会科学从哲学中分离出去之后，哲学的本性才真正地显示出来：哲学不是科学，但具有科学性；不提供问题的科学式的固定答案，但提供产生问题的问题及解决问题的可能性。哲学的本性并不是一种知识，虽然它体现在一切知识类型之中。

哲学的另一重要面相是人文性。相较于古希腊哲学以自然哲学开场，中国哲学似乎直接以人文性出场。自然哲学与自然科学似乎更具家族相似性，而人文与科学往往产生冲突，20 世纪的科玄论战即是明证。科学与宗教在近代亦是水火不容。科学主义与人文主义也成为近代哲学并行的两大主流。当古希腊时期哲学与诗发生争执的时候，哲学正致力于弘扬其科学性，而哲学自身却常常栖身于文学之中，对人生命运与世态变幻有最多感悟，也对人生价值和生活方式有最多思考。换言之，哲学的人文性使得哲学与文学、宗教之间产生了既相同又相异、既竞争又合作的关系。哲学的部分的真理，即哲学的根本目的和重大作用在于在这流变的世界中确立人类生存的精神家园、确立人类生活观念体系的理论基础，因而具有“多”中求“一”、“变”中求“常”的特点。哲学常在一个不变的理念世界和一个变动的现实世界的关系之中反思、追索人类生存的智慧。哲学就是“爱智慧”而并非智慧本身；她的精神和生命力在于对智慧的热爱，而非那个放之四海而皆准的智慧本身，一旦成为智慧学、成为一个理论工具箱就把她僵化和固定化了，从而戕害其自

① 赵汀阳：《中国哲学的身份疑案》，《哲学研究》2020 年第 7 期。

由之活力,但同时也要看到哲学本身最接近于智慧和真理。

从哲学的全视域出发并结合学界的多学科研究成果,本章初步总结了学者关于人类命运共同体的共识:利益共同体和道德共同体是人类命运共同体的两个主要维度,体现了事实与价值、历史和逻辑的统一。作为一种全球价值观,它包括国际权力观、共同利益观、可持续发展观和全球治理观等相互依存的观念;作为全球化的时代大势的判断,它是对"政治多极化、经济全球化、社会信息化、文化多样化"形势及和平、发展时代主题的揭示。前者意味着它要走出价值独断主义和价值相对主义的"两极",是有待于建设的理想;后者意味着我们要在共同价值的基础上面对人类的共同利益。人类命运共同体思想不仅具有现实的针对性,亦具有长远的方向性。在上述共识中可以推论出哲学对于推进人类命运共同体建设的潜在意义与现实价值:用哲学的科学性为全人类谋取共同长远的物质利益(社会稳定、环境美化、经济文化繁荣),用哲学的人文性为世界人民谋取持久的精神幸福(人际和谐、心理健康)。当然确切地说,哲学的两方面——事实与价值,本应合一,也本是合一的,二者总是相互作用、彼此影响,只有在动态的宏观把握之中才能臻于至善之境。

二、人类命运共同体的哲学基础

构建人类命运共同体是一个具有鲜明中国特色的思想命题。哲学如同思想,不为自身设置任何思考的禁地,哲学具有反思的特征。思想可以思考一切对象,可以提供一切可能性,而哲学会思考思想本身,思考其来源、价值、目标、走向等。"以思想为思想对象是哲学,所以哲学是形而上的反思;以思想之外的事情为思想对象是历史或社会科学,因此是经验知识。"①哲学的这种特性为理解共同体思想的相关问题奠定了基础。

① 赵汀阳:《中国哲学的身份疑案》,《哲学研究》2020年第7期。

（一）人的“类”本质、世界历史与“自由人的联合体”

命运共同体由人类共有、共治、共建、共享，具有鲜明的属人性。新理念的提出是对人类问题和时代精神的哲学理解，而其理论根基有马克思主义人学基础，体现在人的类本质论之中。“类”是人类中的所有人都具有的本质属性，是人类共同体形成的前提，也是随着资本和生产力发展所开创的真正意义上的世界历史的变迁动因，而世界历史也一定会朝着自由人的联合体的方向进发。马克思主义哲学研究社会发展规律，以此理解历史的本质，预测人类的未来发展，它是不同于费尔巴哈人本主义哲学、黑格尔关于世界历史是绝对精神演化诸环节的理论，以及以乌托邦思想为代表的空想社会主义的新哲学。

普观天地万物，人为万物之灵长，是具有鲜明类意识和群意识的高级生命体。马克思对人的本质的理解是从人的社会性出发的，社会是人类存在的形式和载体。他在《关于费尔巴哈的提纲》中指出：“人的本质不是单个人所固有的抽象物，在其现实性上，它是一切社会关系的总和。”①又指出：“通过实践创造对象世界，即改造无机界，证明了人是有意识的类存在物，也就是这样一种存在物，它把类看作自己的本质，或者说把自身看作类存在物。”②人具有有意识的生命活动，也具有自我反思意识，这是人区别于动物的重要标志。类意识就是自我意识的重要组成部分，“类”是对具有共性特征的事物的本质的抽象。马克思写道：“动物和它的生命活动是直接同一的。动物不把自己同自己的生命活动区别开来。它就是这种生命活动。人则使自己的生命活动本身变成自己的意志和意识的对象。”③这说明人与动物的区别在于人的意

① 中共中央马克思恩格斯列宁斯大林著作编译局编译：《马克思恩格斯选集》第一卷，人民出版社2012年版，第135页。

② 中共中央马克思恩格斯列宁斯大林著作编译局编译：《马克思恩格斯全集》第四十二卷，人民出版社1979年版，第96页。

③ 中共中央马克思恩格斯列宁斯大林著作编译局编译：《马克思恩格斯全集》第四十二卷，人民出版社1979年版，第96页。

识具有反思性,是类意识产生的条件。人正是利用人的类特征和类组织形式来实现人的生存和发展,“类”在其现实性上就体现为社会,社会就是人的类存在形式。类意识的存在是人的社会性的形成前提和本质体现。马克思指出:“只有在社会中,自然界才是人自己的合乎人性的存在的基础,才是人的现实的生活要素。只有在社会中,人的自然的存在对他来说才是人的合乎人性的存在,并且自然界对他来说才成为人。”①在这里,马克思强调了社会对于人之为人的基础性意义,它不仅使人与自然界的关系获得了否定性的内在统一关系,而且使人与自己、人与人之间的关系获得了本真的理解。社会让单个的个体组成为人类,造就了个人的生存空间,使得人与自然的交往具有新内涵。人类通过自己的类活动来创造类文化,从而进一步丰富和生成了人的类本质,而人的类意识的形成建立在类活动的不断开展的基础之上。这是马克思对人的社会发展过程的根本理解,即社会意识的产生依赖于社会实践。“旧唯物主义的立脚点是‘市民’社会;新唯物主义的立脚点则是人类社会或社会化的人类。”②旧唯物主义者不能站在人类整体的视野去观照现实,“至多也只能达到对单个人和市民社会的直观”③,如费尔巴哈把人的本质理解为爱、同情等,马克思批判他“把人的本质理解为‘类’,理解为一种内在的、无声的、把许多个人纯粹自然地联系起来的共同性”④。马克思认为这种“共同性”只是一种“抽象的普遍性”,因而无法说明人的社会关系的差别性和具体性,马克思强调要从现实的感性的个人出发去寻求人类的解放道路。

社会性是人的类存在方式,故需要考察人的类意识的形成过程以及生活在社会中的具体的人的存在方式。马克思认为,在旧世界中作为一个共同体

① 中共中央马克思恩格斯列宁斯大林著作编译局编译:《马克思恩格斯文集》第三卷,人民出版社2009年版,第一87页。

② 中共中央马克思恩格斯列宁斯大林著作编译局编译:《马克思恩格斯选集》第一卷,人民出版社2012年版,第140页。

③ 中共中央马克思恩格斯列宁斯大林著作编译局编译:《马克思恩格斯选集》第一卷,人民出版社2012年版,第136页。

④ 中共中央马克思恩格斯列宁斯大林著作编译局编译:《马克思恩格斯全集》第三卷,人民出版社1960年版,第5页。

的社会对人的异化负有责任,但资本的力量具有双重性:一方面它造成人的异化,扭曲了人的类意识。这种“抽象力量”的统治使人处于一种“被异化”“被奴役”的“非人”的境况,因为作为社会运作机制的资本对社会进行了抽象的统治,在一定程度上资本是抽象的病毒,带有破坏性地进入几乎所有的社会关系,并“将每一个定性的和特殊的关系转变成一个定量的和普遍的关系”①。另一方面,它也开拓了海内外市场,使“历史成为世界历史”;又拓展了人的类意识,因为社会生产力带来了国际化趋势和普遍交往,使得各民族原始的封闭状态被打破,“地域性的个人为世界历史性的、经验上普遍的个人所代替”。② 马克思指出,世界历史的出现以世界市场的形成为物质前提,市场把各文明国家的人民紧密连接起来,相互作用和影响③,这主要归因于大工业,“大工业创造了交通工具和现代的世界市场,控制了商业,把所有的资本都变为工业资本,从而使流通加速(货币制度得到发展)、资本集中”④,并且“开拓了世界市场,使一切国家的生产和消费都成为世界性的了。……过去那种地方的和民族的自给自足和闭关自守状态,被各民族的各方面的相互往来和各方面的相互依赖所代替了”⑤。于是,资本主义终于“开创了世界历史,因为它使每个文明国家以及这些国家中的每一个人的需要的满足都依赖于整个世界”⑥。当然,如果没有工业革命和近代航海技术的发展,这也是不可想象的。马克思生活的时代已经看出了这种全球化的端倪,而全球化是一把双刃剑,如狄更斯所言,它带来的既是“最好的时代”,又是“最坏的时代”。

---

① 转引自吉布森-格雷汉姆:《资本主义的终结》,陈东生译,社会科学文献出版社2002年版,第179页。

② 中共中央马克思恩格斯列宁斯大林著作编译局编译:《马克思恩格斯选集》第一卷,人民出版社2012年版,第166页。

③ 中共中央马克思恩格斯列宁斯大林著作编译局编译:《马克思恩格斯选集》第一卷,人民出版社2012年版,第306页。

④ 中共中央马克思恩格斯列宁斯大林著作编译局编译:《马克思恩格斯选集》第一卷,人民出版社2012年版,第194页。

⑤ 中共中央马克思恩格斯列宁斯大林著作编译局编译:《马克思恩格斯选集》第一卷,人民出版社2012年版,第404页。

⑥ 中共中央马克思恩格斯列宁斯大林著作编译局编译:《马克思恩格斯选集》第一卷,人民出版社2012年版,第194页。

马克思一方面揭示出资本在推动世界历史形成中的第一推动力的地位以及世界历史形成的根源，认为“历史向世界历史的转变，不是‘自我意识’、世界精神或者某个形而上学幽灵的某种纯粹的抽象行动”①，而是可以从人类的物质生活经验中得到完全的证明。另一方面马克思对资本展开批判，并关注世界历史进程中的人的解放及自由全面发展问题，换言之，它把世界历史与人的类本质联系起来加以说明。他说：“每一个单个人的解放的程度是与历史完全转变为世界历史的程度一致的。”②“世界历史”也是与人的发展的同步性的“条件”与“现象”，“各民族的原始封闭状态由于日益完善的生产方式、交往以及因交往而自然形成的不同民族之间的分工消灭得越是彻底，历史也就越是成为世界历史。”③这深刻揭示世界历史形成的动力、本质、规律，分析人类解放的可能性及其现实条件，充分论证共产主义和社会主义发生的历史必然性及其现实根据。马克思深刻指出：“整个所谓世界历史不外是人通过人的劳动而诞生的过程。”④世界历史的“共同性只是劳动的共同性以及由共同的资本——作为普遍的资本家的共同体——所支付的工资的平等的共同性。关系的两个方面被提高到想象的普遍性：劳动是为每个人设定的天职，而资本是共同体的公认的普遍性和力量”⑤。

“世界历史”是人类社会发展到一定程度的产物，使人类越来越成为联系密切、不可分离的共同体，它带来了人的类本质的生成条件，同时也被有自由意识的人类引导和矫正前进方向。在《1857—1858年经济学手稿》中，马克思提出人类社会发展的大方向是走“自然共同体—经济的社会形态—自由人联

① 中共中央马克思恩格斯列宁斯大林著作编译局编译：《马克思恩格斯文集》第一卷，人民出版社2012年版，第169页。

② 中共中央马克思恩格斯列宁斯大林著作编译局编译：《马克思恩格斯选集》第一卷，人民出版社2012年版，第169页。

③ 中共中央马克思恩格斯列宁斯大林著作编译局编译：《马克思恩格斯文集》第一卷，人民出版社2009年版，第168页。

④ 中共中央马克思恩格斯列宁斯大林著作编译局编译：《马克思恩格斯文集》第一卷，人民出版社2009年版，第196页。

⑤ 中共中央马克思恩格斯列宁斯大林著作编译局编译：《马克思恩格斯文集》第一卷，人民出版社2009年版，第184页。

合体”的发展路径。在联合体里,“每个人的自由发展是一切人的自由发展的条件”,因为“只有在共同体中,个人才能获得全面发展其才能的手段,也就是说,只有在共同体中才可能有个人自由”[①]。马克思这里所言的共同体是“真正的共同体”,他反对建立在虚假意识形态之上的抽象的、虚幻的共同体。“正是由于特殊利益和共同利益之间的这种矛盾,共同利益才采取国家这种与实际的单个利益和全体利益相脱离的独立形式,同时采取虚幻的共同体的形式”[②],在“人的依赖纽带、血统差别、教养差别等等事实上都被打破了,被粉碎了(一切人身纽带至少都表现为人的关系);各个人看起来似乎独立地……自由地互相接触并在这种自由中互相交换”。但“这种自由中互相交换”只不过是错觉,它形成了“彼此漠不关心”的货币、资本等“抽象共同体”和国家、阶级等“虚幻共同体”。

马克思认为共产主义社会代表着人类社会发展的必然未来:“只有在那个时候,才能完全超出资产阶级权利的狭隘眼界,社会才能在自己的旗帜上写上:各尽所能,按需分配!”[③]又认为共产主义“是人和自然之间、人和人之间的矛盾的真正解决,是存在和本质、对象化和自我确证、自由和必然、个体和类之间的斗争的真正解决”[④]。在未来社会里,个人与共同体之间形成了良性的发展关系,共同体是实现人的自由本性、充分实现人的本质力量外化的前提,而每个人的类本性实现也是共同体中其他人自由实现的条件。“一个种的整体特性、种的类特性就在于生命活动的性质,而自由的有意识的活动恰恰就是人的类特性。”[⑤]显然,马克思是从现实的社会存在的人以及人的实践

---

① 中共中央马克思恩格斯列宁斯大林著作编译局编译:《马克思恩格斯选集》第一卷,人民出版社2012年版,第119页。

② 中共中央马克思恩格斯列宁斯大林著作编译局编译:《马克思恩格斯选集》第一卷,人民出版社2012年版,第164页。

③ 中共中央马克思恩格斯列宁斯大林著作编译局编译:《马克思恩格斯选集》第三卷,人民出版社2012年版,第365页。

④ 中共中央马克思恩格斯列宁斯大林著作编译局编译:《马克思恩格斯全集》第四十二卷,人民出版社1979年版,第120页。

⑤ 中共中央马克思恩格斯列宁斯大林著作编译局编译:《马克思恩格斯选集》第一卷,人民出版社2012年版,第56页。

活动出发理解人的“类本质”的。不过这种本质的实现在资本主义社会导致的人的异化世界里不具备条件，必须通过阶级革命的方式为人类解放开辟道路，在马克思看来，“任何解放都是使人的世界即各种关系回归于人自身”①，“只有当现实的个人把抽象的公民复归于自身，并且作为个人，在自己的经验生活、自己的个体劳动、自己的个体关系中间，成为类存在物的时候，只有当人认识到自身‘固有的力量’是社会力量，并把这种力量组织起来因而不再把社会力量以政治力量的形式同自身分离的时候，只有到了那个时候，人的解放才能完成”②。

（二）和而不同、万物一体与大同理想

人类命运共同体受到“天下大同，和合共生”等传统思想的精神滋养和理论支撑，传统思想构成新理念的重要思想来源。习近平总书记说：“和衷共济、和合共生是中华民族的历史基因，也是东方文明的精髓。”③又说：“‘和’指的是和谐、和平、中和等，‘合’指的是汇合、融合、联合等。这种‘贵和尚中、善解能容，厚德载物、和而不同’的宽容品格，是我们民族所追求的一种文化理念。”④他还指出中国传统思想蕴含天人合一的宇宙观、协和万邦的国际观、和而不同的社会观、人心和善的道德观，同时强调这已深深植根于中国人的精神之中并体现在中国人的行为上，可以说这一具有鲜明时代内涵的新理念植根于中国的优秀传统文化，它为新理念的形成与践行提供了重要的精神力量和智力支持。作为解决国际问题的中国方案的新理念也因此获得了中国思想特色。

“和而不同”“协和万邦”“和为贵”是儒家思想中关于处理人际、国际关

① 中共中央马克思恩格斯列宁斯大林著作编译局编译：《马克思恩格斯文集》第一卷，人民出版社2009年版，第46页。

② 中共中央马克思恩格斯列宁斯大林著作编译局编译：《马克思恩格斯文集》第一卷，人民出版社2009年版，第46页。

③ 习近平：《习近平二十国集团领导人杭州峰会讲话选编》，外文出版社2017年版，第12页。

④ 习近平：《之江新语》，浙江人民出版社2007年版，第150页。

系的一贯主张，这是因为儒家认识到“和实生物，同则不继”的自然规律，它也是从人类生活经验如“和羹之美，在于合异”“若以水济水，谁能食之？若琴瑟专一，谁能听之？”（《左传》）等出发得出的智慧结晶。“和”有两层内涵：“以他平他谓之和”（《国语》），意思就是会合不同的事物而达到平衡，即多样性的统一，强调包容；“刚柔得道谓之和，反和为乖”（《贾子》）强调不同方面相互顺应，避免冲突。[①] 因此，“和”具有作为事物根基的地位和作用。《荀子》言：“万物各得其和以生，各得其养以成。”《中庸》云：“和也者，天下之达道也。致中和，天地位焉，万物育焉。”与“同”相比，“和”包容和协调各种差异性因素；“同”则排斥差异，同是单一的纯粹性，是从差异中抽象出来的共同性、普遍性。儒家重视“和”，实质上是注重多样性，是不同物类、不同力量之间的互动过程及其带来的和睦共处、混同一致的状态，不以任何一方作为具有优先权和统治地位的存在，因此不能“一刀切”，以一种方式、一种思想统治社会，人类在自然界中也不具有绝对价值。儒家又重视蕴含着“吸纳包容”“兼收并蓄”精神的“合”，《荀子》有言“天地合而万物生，阴阳接而变化起”，因为多样性的聚合和相互作用、配合才能产生真正的“和谐”。“合”是“和”之道，即践行“和”的基本路径；“和”为本位，“合”为方法；事物因“和”而存在，因“合”而发展。“合”的重要性尤其体现在人类社会发展道路的探索和抉择中，它强调了事物之间的普遍联系、和谐状态共生关系，预示了追求具有独立性的人或物之间可以互含、互化，通过互嵌、互动、互变，表现为差异性特征的多元事物可以达到动态均衡的和谐状态，对于构建全球政治经济新秩序具有重要的指导意义：和而不同、相互尊重是人与人交往、国与国交往的基本准则，也是推动人类命运共同体良性发展的核心基石。在这里，早期儒家已经认识到整体与部分之间的辩证关系，整体功能大于部分，虽然整体由每个个体组成，但整体是个体发展的条件，个体的本质力量的发挥是经过整体的抽象的再塑造、再组织过程，但同时它也是整体生成的过程和其他个体发展的条件。和合强

① 张岱年：《文化与哲学》，中国人民大学出版社 2006 年版，第 6 页。

调多元性的和谐、差异性的包容以及异质的协调和对立的消融，作为诸多要素融合、聚合的和合是事物产生的原因，也是事物的存在方式。

万物一体论是儒家哲学的形而上学基础，具有天人合一的共同体内涵。先秦时期的中国哲人对和合、和而不同的重视可以推出“道并行而不相悖，万物并育而不相害”的理论认识，这本是自然界带给人类的教谕，深刻地揭示了万物之间的同异关系，只不过这种理论上的详尽阐释和论证要等到宋明时期才完成。理学奠基人张载著有《西铭》，论述了天父地母、“民吾同胞，物吾与也”的天人一体的宇宙图景，被朱熹释为是阐明理一分殊之旨的重要文献。万物为什么为一体是颇难论证、易生歧解的问题，实质上就是古希腊哲学家讨论的一多关系、同异问题。朱熹用理一分殊解释之，意在万物可以统一在理，他认为“人人一太极，物物一太极，统天地万物一太极”，太极即为天理。如果说“一体”之“体”有实体的内涵，万物一体论就要解释这个作为整体的实体中的个体与个体之间的关系问题。“一”“产生”“多”，或是相反；“一”并不存在，或“多”不存在。在现在看来，儒家只是给出了一种形态、一种类型的形而上学以解释世界。但无可置疑的是这种解释的全面性、系统性和深刻性，不容忽视的是它由其自身历史文化积淀而带来的现实感、影响力和生命力。程颢指出：“夫仁者，以天地万物为一体者也。”王阳明《大学问》：“其视天下犹一家，中国犹一人。”这种观点容易被现代人理解为是境界论意义上的，犹如《周易》的大人四合说：“与天地合其德，与日月合其明……”是在用人心有意识地去“合”万物为“一体”，但在理学家那里、在现代自然科学或一些西方哲人那里，它首先是存在论意义上的。如前所述，“合”本是相异的事物之间的事情，是站在事物之上的“天”之立场而言的，或谓“以道观之”，“能合”即证明了事物之间具有共同的本质与属性。程颢认为，“天人本无二，不必言合”（《河南程氏遗书》卷六），就是看到了人来源于天之事实。万物一体或天人合一常被释为从境界论出发得出的论断，事实上，它可在存在论意义上得以诠释。二者的“一”可以解释为一理、一气或者一道、一心，无论从哪种意义上，它们都是真实存在的。宋明理学家不仅提出了这一命题，而且就此命题的政治和伦理内涵进行阐释，指出了一些言之可行、行之有效的治道举措和个人修身的工夫论。构建人类命运共同体也依然面临着这两方面的问题：作为价值理念的认识与实践，作为存在事实的论证与言说，唯如此才可以深入推动该理念的贯彻落实。

万物一体、天人合一的思想落实在政治领域就是儒家的天下观念和大同理想。正因为有“一体”之境界和胸怀，儒家才提出“大道之行也，天下为公”，才认为“天下是天下人的天下”。虽然“公天下”的理想需要通过“平天下”来实现，但儒家是以柔远人、修文德的方式，即通过文化的向心力和文化价值来实现的，由此可见儒家之高度的文化自信。这种超越国家单位的“天下”观念对现代以民族国家为主体的国际秩序的建立具有重要作用，因为它实质上是跳出和超越“国家”，或者站在国与国关系之上来思考人类的价值、命运及其相关问题。《论语》曰：“四海之内皆兄弟也。”《荀子》言：“四海之内若一家。”《庄子》言：“藏天下于天下。”这些言论说明中国人的天下观里并没有霸权，完全依靠价值理想及其理论来实现和平、发展，古人思考的“天下”就是当今所指的“人类命运共同体”。《威斯特伐利亚和约》确立的现代国际关系准则与儒家的王道理念是一致的。天下“唯有德者居之”，“威天下不以兵革之利。得道者多助，失道者寡助”（《孟子》）。虽然《诗经》所言“普天之下，莫非王土”似乎反映出专制或自我中心的一面，但可以把它视为儒家的王道理想，而真正的王道却恰恰是以民为本，“民惟邦本，本固邦宁”；“天子作民父母，以为天下王”（《尚书》），天下观意味着它虽然可能有以自己为中心的地方主义，但不会有截然不共戴天的他者或异端意识。① 可以说，“天下”观念是思考世界的思想坐标，以“世界”作为基本单位思考问题，意味着要以世界责任为己任，创造世界新理念和世界制度。② 合作共赢、共建共享是人类命运共同体的价值理念和建设方式，如果仔细分析《礼记》所描述的“大同”社会，就会发现其

---

① 赵汀阳：《“天下体系”：帝国与世界制度》，《世界哲学》2003 年第 5 期。

② 中国社会科学院哲学研究所编：《中国哲学年鉴·2006》，哲学研究杂志社 2006 年版，第 186 页。

理念也相一致,其中"货恶其弃于地也,不必藏于己"含有共享之意;"力恶其不出于身也,不必为己"不仅含有共建之意,而且包含人的自由的本质力量的外化思想;"人不独亲其亲,不独子其子"正体现了天下为公的理念。天下观和大同理想是内在贯通的一体性之两面。费孝通"各美其美,美人之美,美美与共,天下大同"的箴言实质上通俗地表达了新理念的价值追求。大同的社会理想体现为"大道之行,天下为公",这与马克思主义站在"人类"高度追求理想社会制度建构遵循着相同的思想逻辑。

(三)一多关系与世界主义

西方哲学也可以构成新理念的重要来源,发挥重要作用。这不仅因为马克思主义产生的直接根源之一就是植根于整个西方哲学传统的德国古典哲学,而且主要在于西方哲学的很多问题都直接或间接地讨论共同体和人类问题。此外,西方哲学注重以逻辑分析和论证为主的形式系统,其重视理性、个体和主体的思想与中国哲学形成了互补作用。因此,探索古代和近现代西方哲学的相关人类共同体思想对此十分有利。在西哲方面,学界关于新理念理论来源的探索不多。在此我们要超越东西方文明优越论和对立论两种极端认识,取其中道,而学者则有义务坚持"不忘本来、面向未来、吸收外来"的态度去处理和利用各种思想资源以丰富新理念、发挥新理念的时代引领和指导作用,其中心任务在于增加人类命运共同体的理论内涵,同时亦在增强其说服力和解释力,形成全球范围内的心理认同和价值共识。世界人民在不同地域、不同时代以不同方式创造了辉煌灿烂的多元文明,随着航海技术、工业革命的到来,人类的普遍交往开始产生,世界历史得以形成,以近代各民族国家为主体的国际关系逐渐形成。人类本是一个自然的共同体,随着全球性问题的凸显,当人类以自觉的方式去应对问题并有意识地建构共同体之时,问题之核心在于共在何处,同在何处。而共同价值可以说是人类命运共同体的核心与灵魂。这里涉及一多关系问题,而古希腊关于此问题的讨论具有哲学宇宙论和本体论的内涵,能够为人类社会的一多问题提供理论根基。古希腊哲学这种地方性思想也经历了世界化的过程[①],正如它的本性和理性精神就在追求一种普遍性,而只有具有普遍性特征的哲学或者哲学中的普遍性内容才能世界化,而"世界的哲学化同时就是哲学的世界化"[②]。

古希腊哲学对一多关系的讨论固然是在言说自然的本源问题,但实质上也提供了考察人类社会现象的一种方法和角度,因为人本质上也是自然的产物,也要遵循自然律。整体上可以把古希腊的一多论视为对事物本质和规律的一般性认识,是在讨论共性问题,而人类社会诸现象可以视为个性。这种推崇自然的思想在现代并不被接受,即便在古希腊也不完全被接受,普罗泰戈拉就认为"人是万物的尺度";后来的苏格拉底更是把哲学从天上拉回人间,提倡"认识你自己",其精义在于认识自然律中的人自身内的"善"的具体呈现;柏拉图两个世界的划分也根据于人的逻各斯能力。后来笛卡儿的"我思故我在"、康德的"人是目的"、费希特的"自我产生非我"等无不强调了人的作用。但古希腊对自然律的探索呈现了人的爱智求真的哲学本性。泰列斯把"水"、阿那克西曼德把"无定"("无限者")、阿那克西美尼把"气"、赫拉克利特把"火"视为"可变的一",由此产生变化的多,这种猜想式的宇宙本源论存在"如何产生"等难以论证的问题。于是出现了歧解,认为本源在于"不变的多",如恩培多克勒的水火土气四元素说、阿那克萨哥拉的种子说,他们化一为多,寓一于多,以及毕达哥拉斯学派的数本源论,这里的"数"含有作为抽象的万物质料的意思。后来的关于本原的论述则凸显了"不变的一",如德谟克利特的原子论;巴门尼德则抽象出了"存在"(being)作为存在者之本质,"存在"是自满自足的整体"一",是"从不变化,永远不可毁灭"的"一",实现了从宇宙论向本体论的转向,但其认为"整个的宇宙只有一个东西,它不包含任何部分"的观点又忽视了"多"。古希腊上述理论观点的变迁是由于自身的解释力所限,同时也是人类认识能力的呈现。这些被罗素称为"科学的假设"

① 王晓朝:《论古希腊哲学的地方性特征与世界化历程》,《学海》2012年第2期。

② 中共中央马克思恩格斯列宁斯大林著作编译局编译:《马克思恩格斯全集》第四十卷,人民出版社1982年版,第258页。

的论断对人们认识共同体提供了思维上的借鉴意义，比如涉及一般与个别、整体与部分、一与多、同与异等关系问题。就一般与个别关系而言，始基与派生物就类似于此，如“原子”是一般，万物是个别。苏格拉底在与美诺的对话中讨论了一般美德和具体美德的区别，并指出二者既有区别又有联系。柏拉图的理念说和模仿说则近似地说明了这一点，个别（具体事物）是对一般（理念）的模仿。亚里士多德对此进行了批判，他认为一般或共相只能存在于个别事物当中，他把“归纳论证和一般定义”视为苏格拉底的两大贡献。整体与部分关系虽然并不完全等于一多关系问题，但是非常类似。古希腊哲学家也意识到这对范畴并产生诸多讨论，如阿那克西曼德认为，作为世界之始基的无限“变换其部分，而全体则常住不变”①，主张种子说的阿那克萨戈拉认为：“全体是不能减少也不能增加的，因为多于全体是不可能的事，全体是始终如一的。”②吸收四根说内容的种子说实际上“一”不是绝对的“一”，而是包含着“多”的“一”，但一多不并存：“在一个时候，事物由多结合成为一个，在另一个时候，它又分解成为多，不再是一。”③种子说的全体“始终如一”的观点也未能很好地解决一多关系，一多似乎只有外在关系，“一”只是包含着多的一种外在整合得出的概念，如果二者关系只是外在的，那么就没有“一”而只有“多”。“多”与“一”何者是真实的存在？究竟如何理解才能实现“一”与“多”的内在统一？本章在这里略举一二观点旨在说明古希腊哲学对宇宙的认识虽然是朴素的，但又是抽象的、普遍的思考，对认识人类社会的常变、一多、同异等不无重要启发意义。此外，如同早期中国设想的天下观和大同社会一样，西方也有世界主义和理想国的设想。

古希腊对自然现象统一性的追求体现在政治伦理领域就是它们的世界

① 北京大学哲学系外国哲学史教研室编：《西方古典哲学原著选辑　古希腊罗马哲学》，生活·读书·新知三联书店1957年版，第6页。

② 北京大学哲学系外国哲学史教研室编：《西方古典哲学原著选辑　古希腊罗马哲学》，生活·读书·新知三联书店1957年版，第69页。

③ 北京大学哲学系外国哲学史教研室编译：《西方哲学原著选读》上卷，商务印书馆1981年版，第43页。

主义传统。针对当时盛行的希腊人“天然”地优越于野蛮人的“希腊优越论”，斯多葛学派奉行世界主义，当被问及来自何地时，第欧根尼说：“我是世界公民。”奥勒留则认为：“就我们是理性的存在者来说，理性也是共同的……这样，我们就是同类公民了，因而在某种意义上，这个世界就是一个国家。”①芝诺曾说：“我们应该认为全人类是一个公共体和一种政策，对于我们来说应该过着同一种生活，有着同一种秩序，就像羊群在分享同一块草地一样。”②塞涅卡声称：“我来到世界并非因为想占有一块狭小的土地，而是因为全世界都是我的母国。”③又说：“我们每个人都至少从属于两个共和国：我们出生所在的国家和普遍的理性共和国，后者包括了整个人类，无论其出身、阶层和文化。”④由此可见，这种世界主义首要认识在于世界是人类赖以生存和发展的整体，具有共同理性的人们组成的应该“是一个国家”“有着同一种秩序”，因为他们认为天地之间存在着一种贯通人与自然的“世界理性”，法律和权利皆由天赋，因而是唯一的。“所有的人都有关系，都是兄弟，都是同一父亲的儿女。”“他们服从同一种法律，是同一国家的公民，甚至敌人也应当得到我们的帮助和宽恕。”⑤这种世界主义的核心关切是个体人以及人类整体的在世状态，它在承认世界客观性的基础上指出人的生活与自然规律的统一。

近代以来的世界主义以康德为代表，他主张普遍人权、全球正义与世界和平，并宣称：“随着世界各国与人民彼此之间通过公共法律建立起和平的关系，人类就越来越接近于拥有宇宙宪法。”⑥通过这些自己创设的新理念如“世界法律”的阐释，他构想了一种旨在获得永久和平的世界秩序。可以说，康德丰富了现代意义上世界主义的伦理和政治内涵。在当今时代，随着全球性问

---

① 安希孟：《从国家主义到世界主义》，《世界民族》2003 年第 5 期。

② 陈恒：《希腊化研究》，商务印书馆 2006 年版，第 477 页。

③ M. 艾德勒、C. 范多伦编：《西方思想宝库》，吉林人民出版社 1988 年版，第 1625 页。

④ 张永义：《人权与国际伦理：基于世界主义视角的探究》，《湘潭大学学报》（哲学社会科学版）2017 年第 3 期。

⑤ 梯利：《西方哲学史》，葛力译，商务印书馆 1995 年版，第 121—122 页。

⑥ 伊曼努尔·康德：《永久和平》，坎博尔-史密斯译，纽约：佳兰出版社 1972 年版，第 118 页。

题和风险的出现和加剧，学者也从不同角度分析了世界主义的理论价值。托马斯·珀格指出，现代西方哲学中也有司法世界主义、伦理道德世界主义、社会正义世界主义与一元世界主义等不同版本。① 瓦特·米格诺罗通过追溯其历史演变，称之为“千面”世界主义，并主张采用“辩证世界主义”对其进行重构。海瑟主张要发扬生态世界主义精神以应对世界问题。罗伯特·斯宾塞从后殖民主义视角出发分析了世界主义在政治方面的争议性，贝克将其称为“强制性世界主义”。贝多尔德·肖恩主张新型世界主义必须“立足于现实，而不是为了将来实现某一乌托邦理想”②。赫尔德则认为：“各种不同民族、种族、文化和社会的认同，正是人类感觉自身存在于世界中的基础之一。……每种认同都必须承认另一种认同的合法存在并与之共处；并且，每一种认同都必须放弃对于正义、善、普世性或空间的独占性要求。”③滕尼斯认为，相比于血缘共同体和地缘共同体，精神共同体可以被理解为“真正的人的和最高形式的共同体”和“心灵的生活的相互关系”④。世界主义与其说是对民族主义的超越，不如说它与民族主义是对立统一关系，民族主义把世界主义虚无化，而世界主义有其自身的价值追求，但即便如此，也不能把世界主义作为民族主义的反抗力量，因为二者具有内在关联，二者之间的张力存在于个体与共同体之间，存在于民族国家作为主体与世界作为主体之间，而实质上也涉及一多、整体与部分之关系。

三、中国马克思主义哲学视域的首要地位

哲学基础与理论来源的上述探讨在逻辑的应然层面上对新理念进行了

---

① 托马斯·珀格：《世界主义：通往和平与正义之路》，《中西思想杂志》2012 年第 4 期。

② 唐建南：《关于世界主义的辩证思考》，《广西社会科学》2016 年第 11 期。

③ 戴维·赫尔德：《民主与全球秩序：从现代国家到世界主义治理》，胡伟等译，上海人民出版社 2003 年版，第 297 页。

④ 斐迪南·滕尼斯：《共同体与社会》，林荣远译，北京大学出版社 2010 年版，第 53 页。

阐释,理论源于实践,理解是为了行动。人类命运共同体思想是在全球化时代背景下治国理政的实践中产生的,它首先是一个实然层面上的现实问题。在某种程度上,人类面临的并不是认同不认同命运共同体的问题,而是如何建设的问题。由于新理念具有国家关系、经济、伦理、法律、道德、文化、政治等多层内涵,对此我们必须立足于现实,而不能把它仅仅停留于价值理想的观念层面。然而,"知是行之始""真知必能行",若从一般意义上阐释王阳明的上述知行关系,可以理解为马克思哲学层面上理论与实践的关系。理论是批判的武器,实践则是武器的批判,马克思对资本主义社会的革命性批判精神所导引的正是自由人的联合体,也大致对应于人类命运共同体的理想状态。基于此,中国马克思主义哲学的视域对认知、理解和构建命运共同体具有首要的理论地位。

首先,人类命运共同体思想产生于中国马克思主义哲学的现代语境之中。马克思哲学的现代性和生命力正体现在它对现代社会的解释力之中。中国马克思哲学的实践对其生命力做出了最好的诠释,但马克思哲学作为活的方法和精神必然要与中国社会的现实实现融合,这是不以人的意志为转移的客观现象,这是普遍性与特殊性的合一,僵化的、教条的结合或许在某时某地某人某群体中阶段性、间歇性地出现,但绝非主流。中国经济的发展和社会的进步为中国马克思主义的证成提供了有说服力的证据。因此,深化和丰富人类命运共同体价值认同的理论阐释需要讲清楚中国马克思主义理论的精髓和实质,古代儒家就是在全球化尚未彰显的无资本作用下的社会之下提出"大同"理想的,这与马克思是站在现代生产力发展而来的资本主导下的社会之下提出"联合体"理想具有类似性,但马克思哲学分析范式的现代性和现代议题的引入是传统思想所不具备的。中国马克思主义哲学更能以鲜明的时代感揭示这一思想,这不仅是现实生存之境遇、历史发展之趋势,同时也是人类应当追求之价值。

其次,中国马克思主义哲学对人类命运共同体思想具有整体的理论指导意义，这是因为它自身是一个逻辑严密、富含理想、具有智慧的完整理论体系，但它同时又是与时俱进的开放性、生成性的体系。人类命运共同体构建的初心使命、目标路径都可以在这一体系中获得全方位、即时性的支撑。除上述理论品质之外，其理论优越性还在于它有中国传统哲学的滋养和辅益。如果说马克思主要以批判的方式反思人类的“现实”与未来，那么儒家就是以建构的方式反思人类的“现实”与未来。中华优秀传统文化的核心理念、文化脉络和思想逻辑可以进一步论证和丰富人类命运共同体的理论架构和价值意蕴，提升人类命运共同体价值认同的吸引力和影响力。其理论优越性还在于它的理想性和功能性，以整个人类解放和自由发展为理想，具备以“批判的革命的方法论”为指导的“改造世界”的功能。在中国共产党人以人民为中心的立场上，命运共同体凸显了自身的人类性以及为人类的最终解放奠基的理论范导意义。

最后，中国马克思主义哲学的视域之首要性还在于其“中国性”、“中国立场”和“哲学性”。马克思主义哲学可以在东欧、苏联等地实践，具有理论指导层面上的普遍性，但其普遍性是具体的、寓于特殊性之中的普遍性。中国马克思主义哲学的政治使命在于指导中国的现代化事业，在中国立场上为中国人民谋幸福，坚持正义标准基础上的中国实践具有世界意义，没有纯粹的地方知识和纯粹的特殊性，也没有纯而又纯的哲学社会科学，只有现实的特殊性与普遍性的融合，因此中国具有世界性。这一结论正是哲学的全视域性带来的，哲学意味着思考整体、以整体为背景的对各类终极问题的智慧求索。马克思主义哲学扬弃了西方传统哲学，中国马克思主义哲学又在此基础上扬弃了中国传统哲学，在理论应然性的建构意义层面，它的哲学性乃是一种综合的集大成者。当然扬弃之后的中西方哲学因其关注的哲学问题与马克思哲学并不重合且具有普遍性，所以其存在的独立性与对马克思哲学的增益作用毋庸置疑，而视域只是一种视域。

在哲学视域中反思人类命运共同体思想可知，虽然它是具有中国特色的思想主张，但其综合了古今中西的相关思想，不仅是马克思世界历史思想的新发展，而且吸收了中外关于共同体、理想社会的思想因素，又赋予全球化的丰富时代内涵；不仅是新时代中国外交和国家秩序重建的行动纲领，也是各国人民共同发展的文化新理念；不仅是思考人类未来命运的新视角，也是世界各国、各民族发展的共同理想。新理念是新时代的思想精华，是中国为世界贡献出的中国理论、中国智慧，彰显着中国精神、中国价值和中国力量。

第七章

从中华民族伟大复兴叙事视角科学把握毛泽东和毛泽东思想历史地位

毛泽东同志是伟大的马克思主义革命家、战略家、理论家，他把自己的一生都奉献给中国革命和建设事业，为中华民族和中国人民做出了巨大贡献。在中国共产党100年来四个阶段的接续奋斗中，有两个阶段近60年的伟大成就是在以毛泽东同志为主要代表的中国共产党人的带领下取得的，为改革开放后40多年的发展打下了重要而坚实的基础。毋庸置疑，毛泽东对中华民族伟大复兴事业做出了极大贡献。重视历史、总结历史、以史为鉴是中国共产党不断从胜利走向胜利的一条很重要的历史经验。站在中国共产党成立一百周年的历史节点，科学认识中华民族为什么能够接续实现站起来、富起来、强起来的伟大飞跃，必须深刻把握毛泽东和毛泽东思想在其中扮演的历史性、开创性作用，从中“看清楚过去我们为什么能够成功，弄明白未来我们怎样才能继续成功”①。

① 《中共中央关于党的百年奋斗重大成就和历史经验的决议》，《人民日报》2021年11月17日第1版。

一、中共党史的民族复兴叙事与党的十九届六中全会《决议》的党史观重构

评价历史需要科学的视角和方法。对中国共产党的历史叙事方式主要有两种:一种是革命史的叙事方式;另一种是现代化史的叙事方式。《决议》在总结党的历史经验时"坚持唯物史观和正确党史观",将中国共产党的历史置于中国近现代史的大历史背景之中,采取了中华民族伟大复兴的历史叙事方式,这为全面认识和科学评价毛泽东与毛泽东思想指明了方向。

《决议》通过回顾中国共产党百年奋斗的光辉历程,展望中华民族伟大复兴的光明前景,深刻指出中国共产党与中华民族命运相伴而生的历史逻辑:"中国共产党自一九二一年成立以来,始终把为中国人民谋幸福、为中华民族谋复兴作为自己的初心使命,始终坚持共产主义理想和社会主义信念,团结带领全国各族人民为争取民族独立、人民解放和实现国家富强、人民幸福而不懈奋斗。"从"中华民族任人宰割、饱受欺凌的时代一去不复返了",到"不可逆转地走向中华民族伟大复兴",中华民族焕发出新的蓬勃生机,展现出无比灿烂的光明前景,这是贯穿《决议》的一个总脉络。

以实现中华民族伟大复兴的历史进程和历史贡献为标准,将中国共产党的历史划分为四个历史阶段。第一阶段,中国共产党带领中国人民,浴血奋战、百折不挠,推翻了帝国主义、封建主义、官僚资本主义,实现了民族独立、人民解放,为实现中华民族伟大复兴创造了根本社会条件。第二阶段,中国共产党带领中国人民,自力更生、发愤图强,实现了从新民主主义到社会主义的转变,进行了社会主义革命,推进了社会主义建设,为实现中华民族伟大复兴奠定了根本政治前提和制度基础。第三阶段,中国共产党团结带领中国人民,解放思想、锐意进取,找到了中国建设社会主义的正确道路,解放和发展了社会生产力,为实现中华民族伟大复兴提供了充满新的活力的体制保证和快速发展的物质条件。第四阶段,中国共产党团结带领中国人民,自信自强、

守正创新，统揽伟大斗争、伟大工程、伟大事业、伟大梦想，创造了新时代中国特色社会主义的伟大成就，为实现中华民族伟大复兴提供了更为完善的制度保证、更为坚实的物质基础、更为主动的精神力量。四个历史阶段相互贯通、层层递进，具有深刻的内在联系和历史逻辑，完整呈现出一百年来中国共产党带领人民为实现中华民族伟大复兴做出的历史性贡献。

历史地看，中华民族伟大复兴是中国共产党初心不改、矢志不渝一以贯之的宏伟目标。无论是中华人民共和国的成立还是社会主义道路的选择，中国的革命、建设、改革都是围绕中华民族伟大复兴展开的。把握这个主题，是读懂《决议》和百年党史的关键。从中华民族伟大复兴的叙事视角来总结百年党史，意义更加非凡：一是彰显了党的奋斗目标和奋斗历程的连贯性和统一性。中华民族伟大复兴的叙事视角将党的各个阶段的历史都贯通起来，各阶段既有各自的奋斗目标，同时也遵循一个更长远的奋斗主题，使过去一直讲的近代以来的两大历史任务（民族独立、人民解放和国家富强、人民富裕）在中华民族伟大复兴这个主题中统一起来了，凸显出中国共产党是一个目标明确、坚守初心、不懈奋斗、一往无前的世界百年大党。中国共产党的伟大、光荣、正确，就体现在她始终在不同阶段，坚定地带领全国各族人民朝着同一目标奋力前行。二是更加凸显中国共产党的先进属性和历史自觉。中国共产党百年来始终坚持中华民族伟大复兴这一一以贯之的奋斗主题，既彰显出马克思主义为什么行的真理，也彰显了掌握这一真理武器的中国共产党勇立时代潮头、志为人民服务、堪当民族复兴大任的先进属性。在追求中华民族伟大复兴的历史征程中，中国共产党人善于“用马克思主义的哲学武器穿透纷繁复杂的历史表象，看到历史发展的本质和主流，掌握历史发展的客观规律性”，又“在尊重客观规律的前提下，充分发挥主体能动性，以认识世界和改造世界”①，在洞察时代大势中把握历史主动。三是这种叙事方式实质上是中共党史观的一种时代重构，不仅使中国共产党的历史统一在中华民族伟大复

① 王立胜：《在洞察时代大势中把握历史主动》，《西江日报》2021年9月16日第5版。

兴这个统一的历史主题中，避免了有些别有用心的人通过割裂党的历史，用某一个阶段的历史否定另一个阶段的阴险做法，同时也意味着把中国共产党的历史看成是中国近代以来追求民族复兴历史主题的一种接续，从而表明中国共产党从来都不是外在于历史的一种政治存在，而是近代以来中国人民追求民族复兴实践逻辑的历史选择。因此，必须认真系统地研究这种党史观，以此为方法站在新时代的高度重新学习中共党史，对历史人物和历史事件做出正确认识和科学评价。

二、毛泽东对中华民族伟大复兴的历史贡献

《决议》对毛泽东的评价更加全面、准确、客观，其重要原因就在于《决议》将毛泽东和毛泽东思想置于中华民族伟大复兴的大历史进程中去分析把握，不局限于一时一域，不困惑于一篇一章，真正体现出《决议》宽广的历史视野和深邃的历史眼光，也充分体现出毛泽东同志对中华民族伟大复兴事业做出的丰功伟绩。历史是一个大过程，必须坚持将近代以来中华民族伟大复兴连续性的奋斗历程同毛泽东同志领导中国人民进行革命和建设阶段性的奋斗历程相统一，从更长远、更广阔、更宏大的视野来科学把握毛泽东同志的历史贡献。

毛泽东同志把自己的一生都奉献给了中国革命和建设事业，不管是“倒海翻江卷巨澜”，还是“雄关漫道真如铁”，毛泽东同志都始终坚持“风物长宜放眼量”的历史眼光、“敢教日月换新天”的政治魄力以及“而今迈步从头越”的革命豪情，矢志不移、执着追求，鞠躬尽瘁、死而后已，为中国人民和中华民族建立了不朽功勋。在中国共产党一百年来的奋斗历程中，有近乎一个甲子年的时间是在毛泽东同志的领导下进行的。毛泽东思想更是贯穿了整个奋斗历程，对中华民族伟大复兴事业产生了深远影响。在毛泽东同志的领导下，中国人民和中华民族完成了两个时期的历史任务，实现了两次“伟大飞跃”。在新民主主义革命时期，毛泽东带领中国共产党人和中国人民推翻了

帝国主义、封建主义、官僚资本主义的统治，取得了民族独立、人民解放，为实现中华民族伟大复兴创造了根本社会条件，“实现了中国从几千年封建专制政治向人民民主的伟大飞跃”①；在社会主义革命和社会主义建设时期，实现了从新民主主义到社会主义的转变，推进了社会主义建设，为实现中华民族伟大复兴奠定了根本政治前提和制度基础，“实现了一穷二白、人口众多的东方大国大步迈进社会主义社会的伟大飞跃”②。邓小平同志曾多次讲过：“没有毛主席，至少我们中国人民还要在黑暗中摸索更长的时间。”③如果没有毛泽东同志的正确领导和毛泽东思想的科学指引，中国共产党的百年历程就不会如此光辉瞩目，中华民族伟大复兴的梦想就不会如此接近。

夺取新民主主义革命伟大胜利。近代以来，由于西方列强侵略和封建统治腐败，中华民族从天朝上邦沦落为被欺凌被压迫的落后国家。在这样的背景下，无数先进的中国人纷纷以救亡图强为目标进行振兴中华的探索，因为主客观等多种原因，他们均已失败告终。“落后就要挨打”，这是毛泽东同志对近代中国饱受侵略欺压得出的历史结论。一个民族若想立足于世界民族之林，首先必须实现民族独立和人民解放。以毛泽东同志为主要代表的中国共产党人，自投身革命事业以来，一生都在为争取民族独立和人民解放的宏伟事业而不懈奋斗。毛泽东同志呼吁：“我们中华民族有同自己的敌人血战到底的气概，有在自力更生的基础上光复旧物的决心，有自立于世界民族之林的能力。”④“要为大中华民族的独立解放奋斗到最后一滴血！”⑤在毛泽东同志的领导下，中国共产党和中国人民浴血奋战、百折不挠，成立了人民当家作主的新中国，实现了民族独立、人民解放，“彻底结束了旧中国半殖民地半封建社会的历史，彻底结束了极少数剥削者统治广大劳动人民的历史，彻底结束了旧中国一盘散沙的局面，彻底废除了列强强加给中国的不平等条约和帝国

① 《中共中央关于党的百年奋斗重大成就和历史经验的决议》，《人民日报》2021年11月17日第1版。
② 《中共中央关于党的百年奋斗重大成就和历史经验的决议》，《人民日报》2021年11月17日第1版。
③ 邓小平：《邓小平文选》第二卷，人民出版社1994年版，第345页。
④ 毛泽东：《毛泽东选集》第一卷，人民出版社1991年版，第161页。
⑤ 中共中央文献研究室编：《毛泽东文集》第一卷，人民出版社1993年版，第433页。

主义在中国的一切特权,实现了中国从几千年封建专制政治向人民民主的伟大飞跃”①,为实现中华民族伟大复兴创造了根本社会条件。

完成社会主义革命和推进社会主义建设。毛泽东同志认为,实现中华民族伟大复兴是一个宏大的历史工程,必须建立起实现这一宏伟目标的社会主义制度保障。毛泽东同志领导完成了社会主义改造,构建起具有中国特色的社会主义基本制度体系。毛泽东同志指出:“我们一定要努力把党内党外、国内国外的一切积极的因素,直接的、间接的积极因素,全部调动起来,把我国建设成为一个强大的社会主义国家。”②随后,以毛泽东同志为主要代表的中国共产党人又提出“四个现代化”的战略目标和“两步走”的战略规划,进一步具体地描绘出中华民族伟大复兴的宏伟蓝图。在毛泽东同志的带领下,我国建立起实现中华民族伟大复兴所必需的社会主义制度,消灭了一切剥削制度,建立了独立的、比较完整的工业体系和国民经济体系,“实现了中华民族有史以来最为广泛而深刻的社会变革,实现了一穷二白、人口众多的东方大国大步迈进社会主义社会的伟大飞跃”③,为实现中华民族伟大复兴奠定了根本政治前提和制度基础。

三、毛泽东思想是马克思主义中国化的第一次历史性飞跃

毛泽东同志是将马克思主义全面、系统地中国化的第一人。毛泽东思想作为中国化马克思主义的第一个理论成果,实现了马克思主义与中国国情、中国传统文化及中国共产党人具体实践的科学与完美的结合,是马克思主义中国化的第一次历史性飞跃。“中国革命是在毛泽东思想指导下取得胜利,中国社会主义制度是在毛泽东思想指导下得以确立,中国社会主义道路同样

① 《中共中央关于党的百年奋斗重大成就和历史经验的决议》,《人民日报》2021 年 11 月 17 日第 1 版。
② 中共中央文献研究室编:《毛泽东文集》第七卷,人民出版社 1999 年版,第 44 页。
③ 《中共中央关于党的百年奋斗重大成就和历史经验的决议》,《人民日报》2021 年 11 月 17 日第 1 版。

是在毛泽东思想指导下扬帆起航。”[①]《决议》指出，毛泽东思想“为党和人民事业发展提供了科学指引”。

毛泽东思想是马克思主义中国化的第一次历史性飞跃。《决议》科学界定了毛泽东思想的基本内涵，更加突出了毛泽东思想的历史地位：“毛泽东思想是马克思列宁主义在中国的创造性运用和发展，是被实践证明了的关于中国革命和建设的正确的理论原则和经验总结，是马克思主义中国化的第一次历史性飞跃。”[②]这是《决议》对毛泽东思想的科学概括和总结。相比第二份历史决议用“马克思列宁主义普遍原理和中国革命具体实践相结合的产物”来概括毛泽东思想，本次决议在表述方面更显科学、全面、准确。以往讲的“第一次飞跃”是指“马克思列宁主义普遍原理和中国革命具体实践相结合”而产生的理论飞跃，《决议》使用“第一次历史性飞跃”的表述，并将其贯穿于中国革命和建设两个历史时期，更加强烈地凸显出毛泽东思想对中国近现代史影响的长度、广度和深度。这种“历史性”体现出一种开创性、正确性和必然性，论证了毛泽东思想在中国马克思主义发展史上是空前的、被历史检验为正确的理论，是历史规律与主体意志的统一。毛泽东同志在党的六届六中全会上明确提出“马克思主义中国化”的命题，有意识地开启了“马克思主义中国化”的历史进程，并逐渐成为全党的共识，使中国共产党人在纷繁复杂的民族复兴事业中增强了理论自觉，掌握了历史主动。

毛泽东思想是在中国革命和建设的实践中形成发展起来的科学理论。在探索中国革命道路的问题上，年轻的中国共产党没有成功经验可循，一味地将马克思主义基本原理与苏联革命经验奉为圭臬，试图靠背诵经典文献和照搬固有经验来解决中国问题，为此，中国革命付出了沉痛代价。毛泽东同志领导秋收起义部队“从进攻大城市转为向农村进军，是中国革命具有决定意义的新起点”[③]。在革命斗争实践中，毛泽东同志坚持立足中国实际，正确

---

① 王立胜:《70年来毛泽东哲学思想研究的历史轨迹与未来展望》,《毛泽东研究》2019年第6期。
② 《中共中央关于党的百年奋斗重大成就和历史经验的决议》,《人民日报》2021年11月17日第1版。
③ 《中共中央关于党的百年奋斗重大成就和历史经验的决议》,《人民日报》2021年11月17日第1版。

运用马克思主义的立场观点方法研究中国革命问题，探索出一条适合中国国情和革命斗争实际的中国革命道路。《决议》指出："以毛泽东同志为主要代表的中国共产党人，把马克思列宁主义基本原理同中国具体实际相结合，对经过艰苦探索、付出巨大牺牲积累的一系列独创性经验作了理论概括，开辟了农村包围城市、武装夺取政权的正确革命道路，创立了毛泽东思想，为夺取新民主主义革命胜利指明了正确方向。"①新中国成立后，毛泽东同志先后对中国社会主义改造和建设的道路进行了艰辛探索，《决议》指出："毛泽东同志提出把马克思列宁主义基本原理同中国具体实际进行'第二次结合'，以毛泽东同志为主要代表的中国共产党人，结合新的实际丰富和发展毛泽东思想。"②

毛泽东思想以独创性的理论成果丰富和发展了马克思列宁主义。毛泽东同志是马克思主义中国化的伟大开拓者，他始终坚持从实际出发，深刻研究中国革命的特点和规律，发展了马克思列宁主义关于无产阶级在民主革命中的领导权的思想，创立了新民主主义革命理论；发展了马克思列宁主义关于无产阶级专政的思想，创立了人民民主专政的理论；发展了马克思列宁主义关于社会矛盾的学说，提出了正确区分和处理敌我矛盾和人民内部矛盾的思想。此外，毛泽东同志系统提出了人民战争思想、现代化建设思想、政策和策略思想、建党学说等一系列独创性的理论成果，为中国革命和建设事业开辟了新的道路。

毛泽东思想是将马克思主义与中国传统文化融通发展的典范。《决议》指出："马克思主义理论不是教条而是行动指南，必须随着实践发展而发展，必须中国化才能落地生根、本土化才能深入人心。"推动马克思主义中国化、本土化，这一概念本身包含着对中国文化的继承和发展。毛泽东同志坚持用马克思主义的立场观点方法对待中国传统文化，批判继承、古为今用、推陈出

---

① 《中共中央关于党的百年奋斗重大成就和历史经验的决议》，《人民日报》2021 年 11 月 17 日第 1 版。
② 《中共中央关于党的百年奋斗重大成就和历史经验的决议》，《人民日报》2021 年 11 月 17 日第 1 版。

新，使古老的中华文明在新的时代焕发出新活力。毛泽东同志将肯定中国传统文化与肯定中华民族历史相统一，指出“我们是马克思主义的历史主义者，我们不应当割断历史”[①]，新民主主义文化是“民族的科学的大众的文化”[②]。作为“民族的”文化，首先要承认民族的历史及特性，主张中华民族的尊严和独立，外来文化必须“和民族的特点相结合，经过一定的民族形式，才有用处”[③]。作为“科学的”文化，就是要反对一切封建腐朽的糟粕文化，弘扬符合实践要求、贴近群众需求、顺应时代潮流的进步文化，“中国现时的新文化也是从古代的旧文化发展而来，因此，我们必须尊重自己的历史，决不能割断历史”[④]，从历史的发展变迁中认识传统文化的特点和作用。作为“大众的”文化，就要坚持文化“为千千万万劳动人民服务”[⑤]，用文化的力量唤醒大众，并为大众所掌握，凝聚起推动中华民族伟大复兴的巨大力量。

《决议》科学阐述了马克思主义中国化的第一次历史性飞跃与马克思主义中国化新的飞跃的辩证关系。在《决议》中，毛泽东思想的历史地位被定义为“马克思主义中国化的第一次历史性飞跃”，中国特色社会主义理论体系和习近平新时代中国特色社会主义思想都是“实现了马克思主义中国化新的飞跃”。可以看出，三者都是中国化的马克思主义理论，是一脉相承而又与时俱进的关系，而毛泽东思想有意识地开启了马克思主义中国化的历史进程，是将马克思主义全面、系统地进行中国化的第一个科学理论，也是科学地解释世界和改变世界的光辉典范，为党在新的历史时期开创中国特色社会主义提供了理论准备。可见，毛泽东思想的历史影响极其深远广泛，只有从中华民族伟大复兴的叙事视角来考察，才能充分展现出毛泽东思想日生不滞的理论品质、一往无前的真理力量以及不可替代的历史地位。

---

① 毛泽东：《毛泽东选集》第二卷，人民出版社 1991 年版，第 534 页。
② 毛泽东：《毛泽东选集》第二卷，人民出版社 1991 年版，第 706 页。
③ 毛泽东：《毛泽东选集》第二卷，人民出版社 1991 年版，第 707 页。
④ 毛泽东：《毛泽东选集》第二卷，人民出版社 1991 年版，第 708 页。
⑤ 毛泽东：《毛泽东选集》第三卷，人民出版社 1991 年版，第 854 页。

四、毛泽东是科学总结党的历史经验的光辉典范

高度重视并善于总结历史经验是中国共产党的优良传统和成功之道。以毛泽东同志为主要代表的中国共产党人十分重视对历史经验的科学总结，积极吸取历史教训，多次在危急关头力挽狂澜。毛泽东同志亲自主持起草的《关于若干历史问题的决议》是系统总结历史经验的开始，毛泽东同志是科学系统总结历史经验的开创者和光辉典范。“一百年来，党领导人民进行伟大奋斗，在进取中突破，于挫折中奋起，从总结中提高，积累了宝贵的历史经验。”①《决议》以“十个坚持”总结了党百年奋斗的宝贵历史经验，“十个坚持”或是毛泽东同志明确提出，或是对毛泽东同志重要论述的总结概括，每一个“坚持”都可以看到毛泽东思想的影子，都是对毛泽东思想的继承和发展。“毛泽东思想的活的灵魂是贯穿于各个组成部分的立场、观点、方法，体现为实事求是、群众路线、独立自主三个基本方面，为党和人民事业发展提供了科学指引。”②

坚持实事求是。一切从实际出发，理论联系实际，实事求是，在实践中检验真理和发展真理，是我们党的思想路线，也是党总结历史经验的基本指导思想和根本原则。一百年来，中国共产党始终坚持实事求是的思想路线，坚持客观公正地看待和评价党的历史，善于在纷繁复杂的历史现象中把握历史规律。1941 年，毛泽东同志在《改造我们的学习》中对“实事求是”进行了划时代的科学阐述：“‘实事’就是客观存在着的一切事物，‘是’就是客观事物的内部联系，即规律性，‘求’就是我们去研究。”③毛泽东同志一生十分重视通过调查研究去“求”事物的规律性，提出了“没有调查，没有发言权”④的著名观

① 《中共中央关于党的百年奋斗重大成就和历史经验的决议》，《人民日报》2021 年 11 月 17 日第 1 版。
② 《中共中央关于党的百年奋斗重大成就和历史经验的决议》，《人民日报》2021 年 11 月 17 日第 1 版。
③ 毛泽东：《毛泽东选集》第三卷，人民出版社 1991 年版，第 801 页。
④ 毛泽东：《毛泽东选集》第一卷，人民出版社 1991 年版，第 109 页。

点,“要了解情况,唯一的方法是向社会作调查”①。第一次国内革命战争时期,他在湖南湘潭、湘乡、衡山、醴陵、长沙五个县做过系统的社会调查。土地革命时期,他先后到永新、宁冈、寻乌、兴国等地做社会调查,并写作了《反对本本主义》。毛泽东同志不仅强调通过实践获得对事物的正确认识,而且注重研究和区分不同地区、不同时期事物的发展变化,强调对具体事物进行具体分析,“用不同的方法去解决不同的矛盾,这是马克思列宁主义者必须严格地遵守的一个原则”②,为实事求是思想路线赋予了更加丰富而深刻的内涵。可见,实事求是的思想路线对于正确认识分析党的历史和现实,具有很强的指导意义。

坚持群众路线。“为了群众”是中国共产党一切工作的出发点和落脚点。《决议》指出:“党的根基在人民、血脉在人民、力量在人民,人民是党执政兴国的最大底气。”毛泽东同志在中国革命和建设的长期实践中,深刻地认识到人民群众中蕴藏着伟大力量,明确指出“人民群众的创造力是无穷无尽的”③,“只有人民,才是创造世界历史的动力”④。中国革命要凝聚磅礴的力量,就要团结带领广大人民群众为解放自己而奋斗,坚持“一切为了群众,一切依靠群众”,做到“共产党人的一切言论行动,必须以合乎最广大人民群众的最大利益,为最广大人民群众所拥护为最高标准”⑤。毛泽东同志认为,党的正确认识要“从群众中来”,而不能“从本本中来”,“在我党的一切实际工作中,凡属正确的领导,必须是从群众中来,到群众中去”⑥。“从群众中来”就是将群众中分散的不够系统的意见收集起来,经过研究上升为比较系统的意见;“到群众中去”就是将这些比较系统的意见用群众喜闻乐见的形式传播到群众中,变成群众能够理解接受的意见,成为他们的自觉行动,并在行动中检验这些

① 毛泽东:《毛泽东选集》第三卷,人民出版社 1991 年版,第 789 页。
② 毛泽东:《毛泽东选集》第一卷,人民出版社 1991 年版,第 311 页。
③ 毛泽东:《毛泽东选集》第三卷,人民出版社 1991 年版,第 1096 页。
④ 毛泽东:《毛泽东选集》第三卷,人民出版社 1991 年版,第 1031 页。
⑤ 毛泽东:《毛泽东选集》第三卷,人民出版社 1991 年版,第 1096 页。
⑥ 毛泽东:《毛泽东选集》第三卷,人民出版社 1991 年版,第 899 页。

意见是否正确。可见,坚持群众路线对党的科学决策、正确实践以及树立良好形象等都具有重要意义。因此,必须坚持群众路线,紧紧依靠群众,密切联系群众,代表群众利益,而不能脱离群众,也不能凌驾于群众之上,更不能损害群众的利益,否则就背离了历史规律,必然被人民群众和历史所唾弃。

坚持独立自主。中华民族一直走着一条不同于其他国家和民族的文明发展道路。《决议》指出,"坚持独立自主""走自己的路,是党百年奋斗得出的历史结论"。在探索中国革命的道路方面,毛泽东同志指出:"中国人向西方学得很不少,但是行不通,理想总是不能实现。"①坚持独立自主、自力更生、艰苦奋斗,"走自己的路",才是通向中华民族伟大复兴的康庄大道。"走自己的路",就是走符合中国国情、时代潮流和中国人民需求的民族复兴道路,这既是马克思列宁主义关于社会主义建设理论在中国的具体化体现,也是中国传统文化中独立自主、自力更生思想的时代化体现,还结合了毛泽东同志在深入考察苏联模式后形成的深刻洞见。毛泽东同志主张"走自己的路",但并不反对接受外援和学习先进经验,"自力更生为主,争取外援为辅"②,"一切民族、一切国家的长处都要学"③。通过坚持独立自主"走自己的路",毛泽东带领中国共产党和中国人民成功探索出"农村包围城市"的中国革命道路,为中国革命事业积累了无数"火种";顺利完成对农业、手工业和资本主义工商业的改造,初步奠定了社会主义工业化体系和国民经济体系,为中国现代化建设奠定了坚实的基础。

五、毛泽东对中国共产党百年发展的卓越贡献

毛泽东同志是中国共产党的主要缔造者,在把中国共产党建设成为先进的、自觉的马克思主义政党的过程中起到了决定性作用。《决议》指出:以毛

---

① 毛泽东:《毛泽东选集》第四卷,人民出版社1991年版,第1470页。
② 中共中央文献研究室编:《毛泽东文集》第七卷,人民出版社1991年版,第380页。
③ 中共中央文献研究室编:《毛泽东文集》第七卷,人民出版社1991年版,第41页。

泽东同志为主要代表的中国共产党人，实施和推进党的建设伟大工程，提出着重从思想上建党的原则，坚持民主集中制，坚持理论联系实际、密切联系群众、批评和自我批评三大优良作风，形成统一战线、武装斗争、党的建设三大法宝，努力建设全国范围的、广大群众性的、思想上政治上组织上完全巩固的马克思主义政党。毛泽东同志在领导中国革命和建设实践中，成功完成了在无产阶级人数很少、农民和其他小资产阶级占人口大多数的国家里，建设一个具有广泛群众性的马克思主义政党的艰巨任务，开创了马克思主义党建理论中国化的先河。

思想建设放在首位，把组织入党与思想入党相统一。思想建设是中国共产党的政治优势和优良传统，古田会议最早确立了思想建党的原则，对党的建设和中国革命起到深远影响。中国共产党诞生在半殖民地半封建社会，受当时中国社会结构和革命条件的制约，党的组织主要集中在农村，党内工人阶级的体量较小，农民阶级和其他小资产阶级成为党员的绝大多数，这种情况就造成了很多党员在组织上入了党，但在思想上并没有入党。如何克服党内非无产阶级思想，把党建设成无产阶级的先锋队，以毛泽东同志为主要代表的中国共产党人进行了一系列艰苦而富有创造性的探索。一是加强党员的思想教育。毛泽东同志指出："必须从思想上组织上认真地整顿一番。而为要从组织上整顿，首先需要在思想上整顿，需要展开一个无产阶级对非无产阶级的思想斗争。"①毛泽东同志认为，思想建设是组织建设的前提，只有从思想上教育广大党员干部，将组织入党与思想入党统一起来，才能把党组织建设成为坚强堡垒。二是提高党员的理论水平。毛泽东同志认为，党员的理论素养关系着革命事业的发展前途，"指导一个伟大的革命运动的政党，如果没有革命理论，没有历史知识，没有对于实际运动的深刻的了解，要取得胜利是不可能的"②。无论是革命年代还是和平时期，毛泽东同志始终都坚持理论

① 毛泽东：《毛泽东选集》第三卷，人民出版社 1991 年版，第 875 页。
② 毛泽东：《毛泽东选集》第二卷，人民出版社 1991 年版，第 533 页。

学习,带头到干部群众中讲授马列主义,将马克思主义理论中晦涩难懂的内容用通俗语言讲出来,使广大同志都能听得懂,提升了他们的理论水平。三是重视作风建设,时刻做到拒腐防变。中国共产党自创建伊始就十分重视纪律作风建设,党的第一个纲领和第一个党章都明确地将纪律置于重要位置,通过加强纪律作风建设来巩固思想建设的成效。在中国革命实践中,毛泽东同志警醒地发现作风建设关系着革命事业的成败,适时提出了"三大纪律、六项注意""三大优良作风""两个务必"等纪律要求。新中国成立后,毛泽东同志就反对官僚主义、领导干部特殊化等问题做了许多重要论述,保证了党的工人阶级先锋队性质。

坚持民主集中制的根本原则,把广泛民主与高度集中相统一。民主集中制是中国共产党的根本组织制度和领导制度,也是我们党区别于其他政党的重要标志。毛泽东同志认为,坚持把广泛民主和高度集中相统一是增强党的凝聚力和战斗力的重要方式。他在《论联合政府》中指出:"应该采取民主集中制,……它是民主的,又是集中的,就是说,在民主基础上的集中,在集中指导下的民主。"①没有民主,就无法形成正确的集中;缺乏集中,民主就难以形成统一的意见。毛泽东同志从哲学的高度深刻揭示了民主与集中的辩证关系,民主和集中既存在矛盾性,也存在统一性,民主集中制就是"将民主和集中两个似乎相冲突的东西,在一定形式上统一起来"②。他认为民主集中制是发挥全党积极性的重要武器,共产党人要搞民主作风,不能搞家长制作风。长期以来,中国共产党人创造性地运用民主集中制原则,坚持集中指导下的民主与民主基础上的集中相结合,健全了民主集中制的各项具体制度,既保证了各级党组织和广大党员积极性创造性的充分发挥,又保证了全党的团结统一和行动一致,确保了党的路线和决策的贯彻执行。

坚持和完善党的领导,把坚持党的领导与加强自身建设相统一。《决议》

① 毛泽东:《毛泽东选集》第三卷,人民出版社1991年版,第1057页。
② 毛泽东:《毛泽东选集》第二卷,人民出版社1991年版,第383页。

指出:“中国共产党是领导我们事业的核心力量。中国人民和中华民族之所以能够扭转近代以后的历史命运、取得今天的伟大成就,最根本的是有中国共产党的坚强领导。”坚持党的领导和加强自身建设是中国共产党的一条基本经验。中国共产党在创建时只有五十多名党员,那时候的党还很不成熟,只会机械地套用马克思列宁主义,在处理中国革命问题时遭受了很多挫折。毛泽东同志认识到,解决中国问题一定要有一个坚强而成熟的政党,实现中华民族伟大复兴,就必须加强和完善党的领导。他强调:“革命党是群众的向导。”①“指导伟大的革命,要有伟大的党。”②毛泽东同志将党的建设看作“伟大工程”,根据马克思列宁主义政党学说,紧密联系中国革命实际,形成了一套完整的中国共产党的党建理论。中华人民共和国成立后,毛泽东更加清醒地认识到,党的领导是把我国建设成为一个社会主义现代化强国、实现中华民族伟大复兴的根本保证。为此,毛泽东告诫全国青年:“中国共产党是全中国人民的领导核心。没有这样一个核心,社会主义事业就不能胜利。”③在毛泽东同志的领导下,全党在思想上政治上组织上达到空前统一和团结,从而使党成为领导中国革命、建设、改革和复兴事业的核心力量。

毛泽东同志为中华民族伟大复兴事业做出了彪炳史册的丰功伟绩。“实践的每一次跃进,都呼唤新的思想和理论。而理论的每一次飞跃,又都是以之前理论为前提的。中国越发展越凸显毛泽东的历史地位,越凸显毛泽东思想、毛泽东哲学思想的价值。”④新时代,必须认真学习研究《决议》,从党的百年奋斗历程和历史经验总结中科学把握毛泽东和毛泽东思想的历史性地位,认真汲取毛泽东同志无私无畏、奋勇争先、开拓进取的奋斗精神和毛泽东思想守正求真、为民求实、创新求变的真理力量,为实现中华民族伟大复兴的中国梦顽强拼搏、一往无前。

① 毛泽东:《毛泽东选集》第一卷,人民出版社1991年版,第3页。

② 毛泽东:《毛泽东选集》第一卷,人民出版社1991年版,第277页。

③ 毛泽东:《在接见出席中国新民主主义青年团第三次全国代表大会的全体代表时的讲话》,《新华半月刊》1957年第12号,第57页。

④ 王立胜:《70年来毛泽东哲学思想研究的历史轨迹与未来展望》,《毛泽东研究》2019年第6期。

第八章

从党的十九届六中全会《决议》看毛泽东与毛泽东思想研究的新起点

研究历史需要科学的视角和方法。以往对毛泽东和毛泽东思想的研究主要立足革命史与现代化史两种叙事方式，就毛泽东和毛泽东思想从总体历史、具体历史时期、具体领域进行挖掘研究。习近平总书记“七一”重要讲话和党的十九届六中全会通过的《决议》坚持唯物史观和正确党史观，综合了革命史和现代化史的叙述方式，采取中华民族伟大复兴的历史叙事方式，将毛泽东和毛泽东思想置于中华民族伟大复兴的宏大历程中去认识和研究，不仅吸取了以往两种叙事方式对党史研究的长处，也克服了单一使用以往两种叙述方式的片面性、局限性及矛盾性问题，更加凸显了党史认识和研究的整体性、系统性、历史性与时代性，为新时代研究毛泽东与毛泽东思想提供了新的视角和方法，开拓了党史研究的新起点。

一、从新时代的高度看毛泽东和毛泽东思想对中华民族伟大复兴的积极贡献

《决议》指出：“中国共产党自一九二一年成立以来，始终把为中国人民谋幸福、为中华民族谋复兴作为自己的初心使命，始终坚持共产主义理想和社会主义信念，团结带领全国各族人民为争取民族独立、人民解放和实现国家

富强、人民幸福而不懈奋斗。”一百年来,中国共产党人前赴后继,不断探索民族复兴的道路。中国共产党追求的中华民族伟大复兴事业要完成两大历史任务,即民族独立、人民解放和国家富强、人民富裕。也就是要通过中国共产党领导的中国新民主主义革命和社会主义革命实现民族独立和人民解放,通过中国共产党领导的社会主义现代化实现国家富强和人民富裕。这为当前研究毛泽东和毛泽东思想提供了新视角。

《决议》坚持将近代以来中华民族伟大复兴的连续性奋斗历程同毛泽东领导中国人民进行革命和建设的阶段性奋斗历程相统一,充分肯定了毛泽东和毛泽东思想对中华民族伟大复兴事业的历史贡献。在中国共产党一百年来四个历史阶段的奋斗历程中,有两个历史阶段的伟大成就是在毛泽东的领导下取得的。毛泽东思想不仅贯穿于它所领导的中国革命和建设的历史进程,而且对毛泽东之后的历史也有着重大的指导作用,对中华民族伟大复兴事业产生了深远影响。《决议》认为,在毛泽东的领导下,中国人民和中华民族完成了两个时期的历史任务,实现了两次“伟大飞跃”,创立了毛泽东思想,实现了马克思主义中国化的第一次历史性飞跃,为党和人民事业发展提供了科学指引。

毛泽东和毛泽东思想的总体追求,首先是要实现中华民族的独立和中国人民的解放。毛泽东在青年时代就深感近代中国被列强瓜分和欺凌的屈辱,在面对国家腐败分裂和无秩序混乱的无奈中得出了“落后就要挨打”的历史结论。他深刻认识到:“天下之事可为,国家有不富强幸福者乎?”①为此,他选择投笔从戎参加中国革命,主张并身体力行武装反抗一切反动势力。1935年,面对日本帝国主义的肆意侵略,他凭借着对革命规律的深刻把握和对民族精神的坚定信仰自信地喊道:“我们中华民族有同自己的敌人血战到底的气概,有在自力更生的基础上光复旧物的决心,有自立于世界民族之林的能

① 中共中央文献研究室编:《毛泽东年谱:1983—1949》上卷,中央文献出版社2002年版,第28—29页。

力”①,“我们要为大中华民族的独立解放奋斗到最后一滴血!”②抗战全面爆发后,他领导人民军队成为夺取抗日战争胜利的中流砥柱。在解放战争中,他又领导中国人民推翻国民党反动统治,建立了中国人民期盼已久的独立、自由的新中国,“彻底结束了旧中国半殖民地半封建社会的历史,彻底结束了极少数剥削者统治广大劳动人民的历史,彻底结束了旧中国一盘散沙的局面,彻底废除了列强强加给中国的不平等条约和帝国主义在中国的一切特权,实现了中国从几千年封建专制政治向人民民主的伟大飞跃”,完成了中华民族伟大复兴的第一个历史任务,“中国人民从此站起来了”,“中国发展从此开启了新纪元”③。

毛泽东和毛泽东思想的总体追求,其次是希望尽早改变中国一穷二白的面貌,实现社会主义现代化,赶超世界发达国家。新中国成立时,毛泽东就适时提出了实现中华民族伟大复兴的战略构想。他庄严宣告:“占人类总数四分之一的中国人从此站立起来了。”④“我们的民族将从此列入爱好和平自由的世界各民族的大家庭,以勇敢而勤劳的姿态工作着,创造自己的文明和幸福,同时也促进世界的和平和自由。”⑤他认识到,实现中华民族伟大复兴是一个宏大的历史工程,必须接续进行社会主义革命和推进社会主义建设。为把我国建设成为一个强大的社会主义国家,以毛泽东同志为主要代表的中国共产党人经过艰苦探索,提出“四个现代化”的战略目标和“两步走”的战略规划,“经过实施几个五年计划,我国建立起独立的比较完整的工业体系和国民经济体系,农业生产条件显著改变,教育、科学、文化、卫生、体育事业有很大发展”,“积累了执政党建设的初步经验”⑥。以毛泽东同志为主要代表的中国共产党人虽然未能完全实现民族复兴事业,但为接续奋斗、一往无前的中国

① 毛泽东:《毛泽东选集》第一卷,人民出版社1991年版,第161页。
② 中共中央文献研究室编:《毛泽东文集》第一卷,人民出版社1993年版,第433页。
③ 《中共中央关于党的百年奋斗重大成就和历史经验的决议》,《人民日报》2021年11月17日第1版。
④ 中共中央文献研究室编:《毛泽东文集》第五卷,人民出版社1996年版,第343页。
⑤ 中共中央文献研究室编:《毛泽东文集》第五卷,人民出版社1996年版,第344页。
⑥ 《中共中央关于党的百年奋斗重大成就和历史经验的决议》,《人民日报》2021年11月17日第1版。

共产党人提供了宝贵经验、理论准备、物质基础。

面对近代中国面临的“数千年未有之大变局”，毛泽东在复杂多变的历史大潮中始终坚持运用马克思主义的立场观点方法看问题，善于洞察时代大势，在纷繁复杂的历史现象中抓住本质问题。早在1927年，毛泽东就在科学把握世界革命形势和充分进行社会调查研究的基础上，认识到中国社会性质、中国革命性质以及社会各阶级力量等中国革命深层次的问题，明确了革命任务和革命对象，并据此分析得出了中国革命的领导力量、依靠力量和需要联合的力量，科学回答了“分辨真正的敌友”的革命首要问题，深化了对中国革命规律的认识。在九一八事变后，毛泽东就敏锐地观察到中国社会矛盾正在发生变化，民族矛盾逐渐上升为主要矛盾，在战略战术上也将过去的“反蒋抗日”调整为“逼蒋抗日”“联蒋抗日”。1940年毛泽东在《新民主主义论》中指出：“现在的世界，是处在革命和战争的新时代。”[①]毛泽东立足于时代和战略全局的高度，准确把握中国革命和世界革命的关系，系统阐述了新民主主义革命的路线和纲领，科学回答了“中国向何处去”的重要问题。二战结束后，世界逐渐形成以美国为首的资本主义阵营和以苏联为首的社会主义阵营。面对波诡云谲的世界局势，1949年春夏，毛泽东在新中国成立前夕审时度势，先后提出“另起炉灶”、“打扫干净屋子再请客”和“一边倒”三条方针。这些方针构成了新中国成立初期外交政策的主要内容，对新中国外交乃至国际关系都产生了深远影响。

毛泽东思想是指引中华民族伟大复兴事业的伟大旗帜。毛泽东思想作为中国化马克思主义的第一个理论成果，实现了马克思主义与中国国情、中国传统文化以及中国共产党人具体实践的科学与完美的结合。《决议》指出：“毛泽东思想是马克思列宁主义在中国的创造性运用和发展，是被实践证明了的关于中国革命和建设的正确的理论原则和经验总结，是马克思主义中国

① 毛泽东：《毛泽东选集》第二卷，人民出版社1991年版，第680页。

化的第一次历史性飞跃。”①长期以来，毛泽东思想一直是我们党的指导思想，新的历史时期必须仍然坚持和运用好毛泽东思想。

总体来说，前两个历史时期，在以毛泽东同志为核心的党中央领导下，我国社会发展取得了举世瞩目的光辉成就，为以后的两大历史性成就和两次历史性飞跃奠定了坚实基础。《决议》指出：“从新中国成立到改革开放前夕，党领导人民完成社会主义革命，消灭一切剥削制度，实现了中华民族有史以来最为广泛而深刻的社会变革，实现了一穷二白、人口众多的东方大国大步迈进社会主义社会的伟大飞跃。在探索过程中，虽然经历了严重曲折，但党在社会主义革命和建设中取得的独创性理论成果和巨大成就，为在新的历史时期开创中国特色社会主义提供了宝贵经验、理论准备、物质基础。”②

未来毛泽东和毛泽东思想研究应以此为新起点，深入研究毛泽东对“两个大局”的重要论述和有益探索，全面把握新时代重要战略机遇，防控化解风险挑战，为从容应对世界百年未有之大变局、奋力实现中华民族伟大复兴事业提供科学指引。

二、从大历史的高度看毛泽东和毛泽东思想对中国共产党人增强历史自信的积极贡献

中国共产党的历史自信来源于中国共产党对自身历史的科学认知，中国共产党具有对自身历史进行不断总结并通过总结经验教训增强历史自觉的优良传统。习近平总书记在中央政治局专题民主生活会上强调：“历史认知是历史自信的重要基础。”“对历史进程的认识越全面，对历史规律的把握越深刻，党的历史智慧越丰富，对前途的掌握就越主动。”“在新的赶考之路上，

① 《中共中央关于党的百年奋斗重大成就和历史经验的决议》，《人民日报》2021年11月17日第1版。
② 《中共中央关于党的百年奋斗重大成就和历史经验的决议》，《人民日报》2021年11月17日第1版。

我们能否继续交出优异答卷，关键在于有没有坚定的历史自信。”①《决议》明确指出：“全党要坚持唯物史观和正确党史观，从党的百年奋斗中看清楚过去我们为什么能够成功、弄明白未来我们怎样才能继续成功，从而更加坚定、更加自觉地践行初心使命，在新时代更好坚持和发展中国特色社会主义。”②这为当前研究毛泽东和毛泽东思想提供了新视角。

中国共产党对自身历史的认知是从总结历史经验开始的。科学评价毛泽东与毛泽东思想是科学认知百年党史的“基础性问题”。基于改革开放初期的形势，邓小平曾明确对《关于建国以来若干历史问题的决议》起草小组提出具体要求：“确立毛泽东同志的历史地位，坚持和发展毛泽东思想。这是最核心的一条。”③1945 年，党的六届七中全会通过的《关于若干历史问题的决议》充分肯定了毛泽东运用马克思主义的立场观点方法对解决中国革命问题做出的巨大贡献。1981 年，党的十一届六中全会通过了《关于建国以来党的若干历史问题的决议》，在充分肯定新中国成立以前中共党史所取得的重大历史成就的基础上，对社会主义革命和建设的经验进行系统总结，彻底否定了“文化大革命”，科学评价了毛泽东和毛泽东思想，维护了毛泽东的历史地位，肯定了毛泽东思想的指导作用，同时也客观指出了毛泽东晚年的错误。党在庆祝改革开放 20 周年、30 周年和 40 周年大会上，都充分肯定了毛泽东和毛泽东思想的历史地位和价值。党的十九届六中全会通过的《决议》在总结党的历史经验时牢牢坚持唯物史观和正确党史观，将中国共产党一百年来四个时期的历史置于中国近现代史的大历史背景之中，从中华民族伟大复兴的宏大角度完整、准确、连贯地评价党的历史，更加凸显出毛泽东对中华民族伟大复兴事业做出的重大贡献，鲜明地体现出中国共产党的历史自觉和历史自信。

---

① 《弘扬伟大建党精神坚持党的百年奋斗历史经验　增加历史自信增进团结统一增强斗争精神》，《人民日报》2021 年 12 月 29 日第 1 版。

② 《中共中央关于党的百年奋斗重大成就和历史经验的决议》，《人民日报》2021 年 11 月 17 日第 1 版。

③ 邓小平：《邓小平文选》第二卷，人民出版社 1994 年版，第 291 页。

历史认知的目的是增强历史自觉。中国共产党的历史自觉来自她所坚持的科学历史观和方法论，能够把握历史规律和发展趋势，真实客观全面地阐述历史过程、总结历史经验。毛泽东坚持用马克思主义的立场观点方法，全面客观地对待中国历史。他指出，“我们信奉马克思主义是正确的思想方法”①，“一旦接受了马克思主义是对历史的正确解释以后，我对马克思主义的信仰就没有动摇过”②。一方面，毛泽东坚持用唯物辩证法的态度看待中国历史，从正确把握三个“区别开来”中增强历史自觉。一是把“封建时代的文化”和“封建主义文化”区别开来，二是“把封建主义的东西和非封建主义的东西区别开来”③，三是“将古代封建统治阶级的一切腐朽的东西和古代优秀的人民文化即多少带有民主性和革命性的东西区别开来”④，明确指出“我们的态度是批判地接受我们自己的历史遗产”⑤，提倡科学辩证地认识中华民族历史。另一方面，毛泽东坚持用历史唯物主义态度看待中国历史，从深入研究历史中增强历史自觉。毛泽东指出，“我们这个民族有数千年的历史，有它的特点，有它的许多珍贵品”，“从孔夫子到孙中山，我们应当给以总结，承继这一份珍贵的遗产”，⑥必须坚持历史的眼光，科学对待民族历史，认识到封建时代的历史遗产不全是腐朽的，它也曾经在自己所属的时代中发挥过积极作用，对当代社会仍有很多启示。“中国现时的新政治新经济是从古代的旧政治旧经济发展而来的，中国现时的新文化也是从古代的旧文化发展而来，因此，我们必须尊重自己的历史，决不能割断历史”⑦，这是我们对待自己历史的科学态度。可见，马克思主义为毛泽东增强历史自觉自信提供了科学的世界观。

增强历史自觉的目的是把握历史规律。毛泽东高度评价中华民族历史，

---

① 中共中央文献研究室编：《毛泽东文集》第三卷，人民出版社 1996 年版，第 191 页。
② 埃德加·斯诺：《红星照耀中国》，董乐山译，新华出版社 1984 年版，第 136 页。
③ 中共中央文献研究室编：《毛泽东文集》第八卷，人民出版社 1999 年版，第 225 页。
④ 毛泽东：《毛泽东选集》第二卷，人民出版社 1991 年版，第 708 页。
⑤ 中共中央文献研究室编：《毛泽东文集》第三卷，人民出版社 1996 年版，第 192 页。
⑥ 毛泽东：《毛泽东选集》第二卷，人民出版社 1991 年版，第 533—534 页。
⑦ 毛泽东：《毛泽东选集》第二卷，人民出版社 1991 年版，第 708 页。

坚定地认为中国共产党的发展壮大必须从中国历史的长河中汲取经验和智慧。他明确指出:“没有中华民族,就没有中国共产党。”“中国历史遗留给我们的东西中有很多好东西,这是千真万确的。我们必须把这些遗产变成自己的东西。”[①]也正是基于这个认识,他将郭沫若先生总结明朝灭亡和李自成骄傲失败的历史文章《甲申三百年祭》“当作整风文件来读”。同时,毛泽东也非常重视对党的自身经验的研究和总结,他告诫全党:“如果不把党的历史搞清楚,不把党在历史上所走的路搞清楚,便不能把事情办得更好。”“要研究哪些是过去的成功和胜利,哪些是失败,前车之覆,后车之鉴。”[②]党对中国革命规律的认识是在不断深入实践和不断总结经验的过程中形成的,“没有两次胜利和两次失败的比较,还没有充分的经验,还不能充分认识中国革命的规律”[③]。对此,毛泽东提出了著名的“古今中外法”,所谓“古今”就是历史的发展[④],强调研究党的历史必须从历史的具体环境出发,准确把握党史的本质性、规律性问题,同时也要坚持用发展的眼光看问题,不断推动理论创新以适应时代和实践发展的需要。

把握历史规律的目的是在洞察时代大势中把握历史主动。毛泽东早在1921年1月就明确指出:“唯物史观是吾党哲学的根据。”[⑤]他在研究历史问题时,坚持“用马克思主义的哲学武器穿透纷繁复杂的历史表象,看到历史发展的本质和主流,掌握历史发展的客观规律性”,并“在尊重客观规律的前提下,充分发挥主体能动性,以认识世界和改造世界”。[⑥] 毛泽东基于对马克思主义立场观点方法的熟练掌握以及对中国历史的深入研究,在面对中国革命和建设的各方面问题时,能够做到以小见大、见微知著,敏锐地抓住事物的发展倾向和本质规律,并做出科学的预判,规避历史风险,化解历史危机,在洞

① 中共中央文献研究室编:《毛泽东文集》第三卷,人民出版社1996年版,第191页。
② 中共中央文献研究室编:《毛泽东文集》第二卷,人民出版社1993年版,第399页。
③ 中共中央文献研究室编:《毛泽东文集》第八卷,人民出版社1999年版,第299页。
④ 中共中央文献研究室编:《毛泽东文集》第二卷,人民出版社1993年版,第400页。
⑤ 中共中央文献研究室编:《毛泽东文集》第一卷,人民出版社1993年版,第4页。
⑥ 王立胜:《“七一”重要讲话的重大理论创新及意义》,《人民论坛》2021年第21期。

察时代大势中把握历史主动。例如,在中国革命处于低潮时,面对党内很多人提出的疑问,毛泽东灵活运用唯物史观和历史经验,科学预见了中国革命的发展趋势和前途,得出“星星之火,可以燎原”的科学结论。在新中国成立前夕,毛泽东敏锐地观察到党内存在的骄傲自满不良风气,并联想到历史上反复出现的兴亡事件,提出“两个务必”以回答“进京赶考”的历史考卷。新中国成立后,毛泽东基于对社会矛盾转化的把握以及对世界发达国家发展经验的总结,适时提出了正确处理人民内部矛盾、正确处理“十大关系”、实现“四个现代化”等战略方针以加快中国社会发展。这些都充分表现出毛泽东在洞察时代大势中把握历史主动的战略能力。

在洞察时代大势和把握历史主动中增强历史自信。早在1920年,毛泽东就已经接受马克思主义并成为一名马克思主义者,之后在中国革命和建设的长期实践中,他逐渐加深了对马克思主义的认识,熟练灵活地掌握了马克思主义理论武器,从时代的高度、历史的高度、理论的高度、民族的高度科学认识和分析中国社会问题,深入洞察时代大势,积极把握历史主动,从根本上解决了一系列长期困扰中国人民和中华民族发展进步的重大问题,用真理和事实增强了中国共产党人的历史自信。1945年,毛泽东在延安的窑洞里,灵活运用马克思主义立场、观点和方法,洞察时代大势,把握历史主动。就如何克服历史周期率的问题,他给出了“民主”的新路,提出让人民群众来监督政府工作,防止政府骄傲和松懈,始终保持积极进取、清正廉明、为民服务的政治本色。1946年,毛泽东在综合对时局的把握、对历史规律的认识、对人民力量的认识以及对反动势力的分析的基础上,在接受美国记者安娜·路易斯·斯特朗采访时提出了“一切反动派都是纸老虎”的著名论断,这些都展现了毛泽东高度的历史自信。

因此,必须站在大历史的高度认真研究毛泽东和毛泽东思想,科学把握毛泽东对历史认知和历史自信、历史自觉和历史自信、历史主动和历史自信等命题的辩证关系,从而为当前持续深入开展党史学习教育、深化中共党史研究、增强全党历史自信等工作提供重要理论支撑。

三、从方法论的高度看毛泽东和毛泽东思想对马克思主义中国化“两个相结合”的重大贡献

习近平总书记在庆祝中国共产党成立100周年大会上的重要讲话中首次明确提出“两个相结合”的命题,即“坚持把马克思主义基本原理同中国具体实际相结合、同中华优秀传统文化相结合”①,这是当代中国马克思主义理论的又一重大创新。其后,《决议》又明确指出了“马克思主义中国化”的科学内涵是“把马克思主义基本原理同中国具体实际相结合、同中华优秀传统文化相结合”②。这为当前研究毛泽东和毛泽东思想提供了新视角。

“两个相结合”的根本是坚信马克思主义基本原理的科学性,这是逻辑前提。毛泽东认为,马克思列宁主义之所以能成为“放之四海而皆准”的真理,就在于它不是教条的、机械的理论,而是科学的、实践的世界观和方法论,“马克思主义的最本质的东西,马克思主义的活的灵魂,就在于具体地分析具体的情况”③,“马克思列宁主义并没有结束真理,而是在实践中不断开辟认识真理的道路”④。毛泽东在《整顿党的作风》报告中对党的干部提出具体要求:要“能够依据马克思列宁主义的立场、观点和方法,正确地解释历史中和革命中所发生的实际问题,能够在中国的经济、政治、军事、文化种种问题上给予科学的解释,给予理论的说明。我们要的是这样的理论家”⑤。毛泽东善于灵活运用马克思主义的立场、观点和方法,并成功解决了中国革命和建设的一系列重大问题,反复验证了马克思主义的科学性、人民性和革命性,为推进马克思主义中国化明确了根本逻辑前提。

“相结合”不是简单的对接与拼凑,“两个相结合”关键要在“化”上做文

① 习近平:《在庆祝中国共产党成立100周年大会上的讲话》,《求是》2021年第14期。
② 《中共中央关于党的百年奋斗重大成就和历史经验的决议》,《人民日报》2021年11月17日第1版。
③ 毛泽东:《毛泽东选集》第一卷,人民出版社1991年版,第187页。
④ 毛泽东:《毛泽东选集》第一卷,人民出版社1991年版,第296页。
⑤ 毛泽东:《毛泽东选集》第三卷,人民出版社1991年版,第814页。

章。《决议》指出:马克思主义“必须中国化才能落地生根、本土化才能深入人心”。毛泽东强调“马克思主义必须和我国的具体特点相结合并通过一定的民族形式才能实现”①,这句话具体阐明了马克思主义中国化分为理论和实践两个层面的结合。一是理论层面的结合,即马克思主义基本原理同中华优秀传统文化相结合。毛泽东认识到马克思主义与中国优秀传统文化在政治理想、人生价值、逻辑思维等诸多方面上存在相通性,这种相通性是马克思主义能够实现中国化的重要基础。在中国革命和建设实践中,毛泽东善于将马克思主义基本原理同中华优秀传统文化结合起来认识和解决问题。例如,他在论述中国革命问题时肯定了孔子的“中庸”思想,指出:“‘过犹不及’是两条战线斗争的方法。”②“‘过’的即是‘左’的东西,‘不及’的即是右的东西。”③党的干部在工作中要学会把握“中庸”,克服“过”和“不及”的错误。毛泽东找到马克思主义与中华优秀传统文化的相通点,进而用发展的观点解读“中庸”思想,并指出这个思想是“孔子的一大发现,一大功绩”④。此外,毛泽东在论述新民主主义文化,以及创造性运用实事求是、求同存异、和而不同等中国文化的基本概念时都体现出这种相通性。二是实践层面的结合,即马克思主义基本原理和中国具体实际相结合。毛泽东特别注重实践,始终坚持一切从实际出发来研究和解决中国问题。他指出:“认清中国的国情,乃是认清一切革命问题的基本的根据。”⑤“中国革命斗争的胜利要靠中国同志了解中国情况。”⑥他反复强调:“对于中国共产党说来,就是要学会把马克思列宁主义的理论应用于中国的具体的环境。”⑦在毛泽东看来,马克思主义离开了中国文化、中国实践等中国特点,就会变成“抽象的空洞的马克思主义”,“因此,使马克思主义在中国具体化,使之在其每一表现中带着必须有的中国的特性,即

① 毛泽东:《毛泽东选集》第二卷,人民出版社 1991 年版,第 534 页。
② 中共中央文献研究室编:《毛泽东文集》第二卷,人民出版社 1993 年版,第 161 页。
③ 中共中央文献研究室编:《毛泽东文集》第二卷,人民出版社 1993 年版,第 162 页。
④ 中共中央文献研究室编:《毛泽东文集》第二卷,人民出版社 1993 年版,第 162 页。
⑤ 毛泽东:《毛泽东选集》第二卷,人民出版社 1991 年版,第 633 页。
⑥ 毛泽东:《毛泽东选集》第一卷,人民出版社 1991 年版,第 115 页。
⑦ 毛泽东:《毛泽东选集》第二卷,人民出版社 1991 年版,第 534 页。

是说，按照中国的特点去应用它，成为全党亟待了解并亟须解决的问题。”①正是因为毛泽东始终坚持把马克思主义基本原理同中国具体实际相结合、同中华优秀传统文化相结合，创造出中国化的马克思主义理论——毛泽东思想。这一伟大思想既是对马克思主义的继承和发展，又是对中华优秀传统文化的继承和发展，在具体内容和表现形式方面带有鲜明的中国特色。

历史证明，推进“两个相结合”必须坚持实事求是的态度，旗帜鲜明地反对本本主义。毛泽东指出：“马克思主义的‘本本’是要学习的，但是必须同我国的实际情况相结合。我们需要‘本本’，但是一定要纠正脱离实际情况的本本主义。”②《决议》指出：“在革命斗争中，以毛泽东同志为主要代表的中国共产党人，把马克思列宁主义基本原理同中国具体实际相结合，对经过艰苦探索、付出巨大牺牲积累的一系列独创性经验做了理论概括，开辟了农村包围城市、武装夺取政权的正确革命道路，创立了毛泽东思想，为夺取新民主主义革命胜利指明了正确方向。”社会主义革命和建设时期，“毛泽东同志提出把马克思列宁主义基本原理同中国具体实际进行‘第二次结合’，以毛泽东同志为主要代表的中国共产党人，结合新的实际丰富和发展毛泽东思想，提出关于社会主义建设的一系列重要思想，包括社会主义社会是一个很长的历史阶段，严格区分和正确处理敌我矛盾和人民内部矛盾，正确处理我国社会主义建设的十大关系，走出一条适合我国国情的工业化道路”等等。毛泽东思想是马克思列宁主义在中国的创造性运用和发展，是马克思主义中国化的第一次历史性飞跃。

可见，毛泽东和毛泽东思想是推进和实现“两个相结合”的光辉典范。未来毛泽东和毛泽东思想研究应以此为新起点，从方法论的高度认真研究毛泽东关于“两个相结合”的重要论述和有益探索，深刻把握“两个相结合”的基本内涵、核心要义及科学方法，不断推进马克思主义中国化、本土化。

---

① 毛泽东：《毛泽东选集》第二卷，人民出版社 1991 年版，第 534 页。

② 毛泽东：《毛泽东选集》第一卷，人民出版社 1991 年版，第 111—112 页。

四、从党的自身发展的高度看毛泽东和毛泽东思想对科学回答中国共产党根本问题的积极贡献

为人民服务是中国共产党的根本宗旨，是贯穿毛泽东思想始终的重要内容，也是贯穿百年党史的一根红线。习近平总书记在庆祝中国共产党成立100周年大会上的重要讲话中明确指出："我们必须紧紧依靠人民创造历史，坚持全心全意为人民服务的根本宗旨，站稳人民立场，贯彻党的群众路线。"《决议》将"坚持人民至上"置于"十条历史经验"的第二条的突出位置，全文共有253处提到"人民"，通篇都在总结党依靠人民群众取得的伟大成绩及历史经验，足见党的根本属性和人民群众的重要地位，充分体现出《决议》坚持党性与人民性的统一。《决议》指出："只要我们始终坚持全心全意为人民服务的根本宗旨，坚持党的群众路线，始终牢记江山就是人民、人民就是江山，坚持一切为了人民、一切依靠人民，坚持为人民执政、靠人民执政，坚持发展为了人民、发展依靠人民、发展成果由人民共享，坚定不移走全体人民共同富裕道路，就一定能够领导人民夺取中国特色社会主义新的更大胜利。"这为研究毛泽东和毛泽东思想提供了新视角。

为人民服务是中国共产党人的政治本色。1945年，毛泽东在党的七大作政治报告时说："我们共产党人区别于其他任何政党的又一个显著的标志，就是和最广大的人民群众取得最密切的联系。全心全意地为人民服务，一刻也不脱离群众；一切从人民的利益出发，而不是从个人或小集团的利益出发；向人民负责和向党的领导机关负责的一致性；这些就是我们的出发点。"[①]全心全意为人民服务，且贯穿于党和国家工作的方方面面，是中国共产党能够打下江山并带领中国人民取得革命、建设和改革历史性成就的根本原因。

为人民服务是对"中国共产党是什么、要干什么"这个根本问题的科学解

① 毛泽东：《毛泽东选集》第三卷，人民出版社1991年版，第1094—1095页。

答。《决议》指出:"全党要牢记中国共产党是什么、要干什么这个根本问题。""决不在根本性问题上出现颠覆性错误。"什么是中国共产党,毛泽东早在1942年5月的《在延安文艺座谈会上的讲话》中就明确提出:"为什么人的问题,是一个根本的问题,原则的问题。"①他始终强调:"我们共产党是无产阶级的先锋队,同时又是最彻底的民族解放的先锋队。"②"共产党是为民族、为人民谋利益的政党,它本身决无私利可图。"③为民族、为人民谋利益,这就是党的初心,是对党的性质和宗旨的根本体现。关于中国共产党要干什么,毛泽东指出:"我们一切工作干部,不论职位高低,都是人民的勤务员,我们所做的一切,都是为人民服务。"④"我们的共产党和共产党所领导的八路军、新四军,是革命的队伍。我们这个队伍完全是为着解放人民的,是彻底地为人民的利益工作的。"⑤"共产党人的一切言论行动,必须以合乎最广大人民群众的最大利益,为最广大人民群众所拥护为最高标准。"⑥毛泽东从党的原则宗旨出发,深刻阐明了中国共产党是中国人民和中华民族的代言人,"他们完全不谋私利,而只为民族与人民求福利"⑦。毛泽东通过系统阐述为人民服务的马克思主义价值观,深刻回答了"中国共产党是什么、要干什么"这个根本问题。

为人民服务是中国共产党进行自我革命的内在规定和价值追求。《决议》指出:"党历经百年沧桑更加充满活力,其奥秘就在于始终坚持真理、修正错误。党的伟大不在于不犯错误,而在于从不讳疾忌医,积极开展批评和自我批评,敢于直面问题,勇于自我革命。"毛泽东十分注重在为人民服务的过程中坚持真理、改正错误,积极对人民负责。1941年陕甘宁边区有老百姓讲毛泽东的怪话,立即被当成反革命抓捕。毛泽东闻讯后要求立即放人,他说没有搞清楚情况怎么可以随便抓人呢?在一番调查研究之后,毛泽东发现当

① 毛泽东:《毛泽东选集》第三卷,人民出版社1991年版,第857页。
② 中共中央文献研究室编:《毛泽东文集》第二卷,人民出版社1993年版,第42页。
③ 毛泽东:《毛泽东选集》第三卷,人民出版社1991年版,第809页。
④ 中共中央文献研究室编:《毛泽东文集》第三卷,人民出版社1996年版,第243页。
⑤ 毛泽东:《毛泽东选集》第三卷,人民出版社1991年版,第1004页。
⑥ 毛泽东:《毛泽东选集》第三卷,人民出版社1991年版,第1096页。
⑦ 中共中央文献研究室编:《毛泽东文集》第三卷,人民出版社1996年版,第47页。

地老百姓负担过重，严重脱离了生产力水平，他认真检讨，并积极调整党的政策，减轻群众负担，通过开展大生产运动、整风运动等一系列工作，极大改善了当地群众的生活。

毛泽东要求党员干部要不断对标党的宗旨，勇于坚持真理、修正错误。他将为人民服务宗旨作为中国共产党人坚持真理、修正错误的根本原因，“因为我们是为人民服务的，所以，我们如果有缺点，就不怕别人批评指出。不管是什么人，谁向我们指出都行。只要你说得对，我们就改正。你说的办法对人民有好处，我们就照你的办。……只要我们为人民的利益坚持好的，为人民的利益改正错的，我们这个队伍就一定会兴旺起来”①。毛泽东提出从人民群众根本利益的高度来认识真理与错误问题，要虚心接受群众的批评和意见建议，敢于为群众利益坚守真理、修正错误。他指出：“共产党人必须随时准备坚持真理，因为任何真理都是符合于人民利益的；共产党人必须随时准备修正错误，因为任何错误都是不符合于人民利益的。”②毛泽东要求共产党人要始终不忘初心，敢于自我批评，勇于自我反省，祛除私心杂念，时刻做到“全心全意为人民服务，不要半心半意或者三分之二的心三分之二的意为人民服务”③。

毛泽东从党的根本属性和宗旨出发，将“中国共产党是什么、要干什么”这个根本问题与党的阶级属性以及为人民服务宗旨贯通起来，并在革命和建设的实践中深化了对这一问题的认识。未来毛泽东和毛泽东思想研究应以此为新起点，认真研究毛泽东对“中国共产党是什么、要干什么”这一根本问题的深刻见解，从理论与实践、历史与现实、个人与集体等多个维度把握这一问题，为实现中华民族伟大复兴事业塑造更加坚强有力的领导力量。

---

① 毛泽东：《毛泽东选集》第三卷，人民出版社 1991 年版，第 1004—1005 页。
② 毛泽东：《毛泽东选集》第三卷，人民出版社 1991 年版，第 1095 页。
③ 中共中央文献研究室编：《毛泽东文集》第七卷，人民出版社 1999 年版，第 285 页。

五、从战略思维的高度看毛泽东和毛泽东思想对提高中国共产党掌控和驾驭全局能力的积极贡献

重视战略安排是中国共产党治国理政的重要经验。习近平总书记指出："战略问题是一个政党、一个国家的根本性问题。"①中国共产党历来重视研究战略战术问题，善于从全局出发谋划中国革命、建设、改革，制定了一系列符合中国实际的路线、方针、政策，指引党和人民的事业不断从胜利走向新的胜利，引领中华民族迎来从站起来、富起来到强起来的伟大飞跃。《决议》指出："一百年来，党总是能够在重大历史关头从战略上认识、分析、判断面临的重大历史课题，制定正确的政治战略策略，这是党战胜无数风险挑战、不断从胜利走向胜利的有力保证。"这为研究毛泽东和毛泽东思想提供了新视角。

关于中国革命战争及其规律的认识。毛泽东在《中国革命战争的战略问题》中指出："战略问题是研究战争全局的规律的东西。"②他强调战略思维的核心意义就在于从全局的战略出发把握和处理各部分的相互关系及其变化，更好地实现整体而长远的战略效果。毛泽东作为党的第一代领导核心，将战略思想灵活运用于中国革命战争，系统研究和回答了"什么是中国革命、怎样进行中国革命"这一重大历史课题。他指出："我们应该研究一般战争的规律；也应该研究革命战争的规律；最后，我们还应该研究中国革命战争的规律。"③这表现出毛泽东从个别到一般、从局部到全局、从经验到规律的战略思维特点。他认为，对中国革命战争的认识，要从其共性和个性的统一中找出带有规律性的东西，以此来把握革命发展趋势，做出科学的战略部署。以此为指导，他深入研究了中国革命战争的四个主要特点，并指出"这些特点，规

---

① 习近平：《习近平谈治国理政》第二卷，外文出版社2017年版，第10页。
② 毛泽东：《毛泽东选集》第一卷，人民出版社1991年版，第175页。
③ 毛泽东：《毛泽东选集》第一卷，人民出版社1991年版，第171页。

定了中国革命战争的指导路线及其许多战略战术的原则”①。他善于从全局的战略高度出发研究和指导战争，他认为，“懂得了全局性的东西，就更会使用局部性的东西，因为局部性的东西是隶属于全局性的东西的。……战争的胜败的主要和首先的问题，是对于全局和各阶段的关照得好或关照得不好”②。基于这种认识，在抗日战争时期，以毛泽东同志为核心的党的第一代中央领导集体综合战略全局，“实行正确的抗日民族统一战线政策，坚持全面抗战路线，提出和实施持久战的战略总方针和一整套人民战争的战略战术”③，为战胜日本帝国主义提供了科学的战略指导。解放战争时期，“党领导广大军民逐步由积极防御转向战略进攻，打赢辽沈、淮海、平津三大战役和渡江战役，向中南、西北、西南胜利进军，消灭国民党反动派八百万军队，推翻国民党反动政府，推翻帝国主义、封建主义、官僚资本主义三座大山”，“为夺取新民主主义革命胜利建立了历史功勋”④。事实证明，这种战略思维为中国共产党取得新民主主义胜利提供了科学指导。

关于社会主义革命和建设事业的初步探索与经验积累。新中国成立后，毛泽东综合分析中国发展实际及世界局势，提出了以“一化三改”为主要内容的过渡时期总路线，开辟了一条适合中国特色的社会主义改造的道路，建立起社会主义制度。毛泽东根据这一时期社会主要矛盾的转化积极调整战略任务，以适应社会主义社会的快速发展。在社会主义建设时期，毛泽东深入研究了苏联、东欧等社会主义国家的建设经验和教训，结合我国社会主义建设实际，提出“以苏为戒”、独立探索中国社会主义建设道路的战略思想。在处理十大关系和人民内部矛盾的问题上，毛泽东提出“统筹兼顾”的方针，并明确指出“这是一个什么方针呢？就是调动一切积极力量，为了建设社会主义。这是一个战略方针”⑤。后来，在“大跃进”和“人民公社化”运动中，毛泽

---

① 毛泽东：《毛泽东选集》第一卷，人民出版社 1991 年版，第 191 页。
② 毛泽东：《毛泽东选集》第一卷，人民出版社 1991 年版，第 175 页。
③ 《中共中央关于党的百年奋斗重大成就和历史经验的决议》，《人民日报》2021 年 11 月 17 日第 1 版。
④ 《中共中央关于党的百年奋斗重大成就和历史经验的决议》，《人民日报》2021 年 11 月 17 日第 1 版。
⑤ 中共中央文献研究室编：《毛泽东文集》第七卷，人民出版社 1999 年版，第 187 页。

东认真总结反思，针对运动中存在的问题，提出三条要求，即“情况明，决心大，方法对”①，要扎实做好调查研究工作，首先弄明白情况，从实际出发制定方针政策，谋划战略全局，“过去搞革命战争，没有一次是情况不清楚、条件不成熟而打了胜仗的”②。在认真调查研究和全面把握全局的情况下，“以毛泽东同志为主要代表的中国共产党人，结合新的实际丰富和发展毛泽东思想，提出关于社会主义建设的一系列重要思想”，指导了我国社会主义社会不断向前发展，“这些独创性理论成果至今仍有重要指导意义”③。

此外，毛泽东还十分注重用战略思维教育干部。“毛主席曾经指出，我们党历来是重视战略的，部队的战士、伙夫都关心战略，只要把战略形势讲清楚，问题就好办了。”④在延安时期，他经常给干部讲课，说：“那时我可讲得多，三天一小讲，五天一大讲。”讲军事、讲政治、讲哲学、讲历史，特别是讲战略，叫“提高战略空气”。⑤ 他在《中国革命战争的战略问题》的报告中说，“战略问题是研究战争全局的规律的东西”，“指挥全局的人，最要紧的，是把自己的注意力摆在照顾战争的全局上面”；“任何一级的首长，应当把自己注意的重心，放在那些对于他所指挥的全局说来最重要最有决定意义的问题或动作上，而不应当放在其他的问题或动作上”；即使是战役指挥员和战术指挥员，也应重视研究战略问题，“因为懂得了全局性的东西，就更会使用局部性的东西”。⑥ 在社会主义建设时期，毛泽东也强调党的领导干部应该学会从战略高度把握工作方法和社会主义发展规律，特别是“对情况和问题一定要注意到它们的数量方面”，“不懂得注意决定事物质量的数量界限，一切都是胸中无‘数’，结果就不能不犯错误”。⑦ 可见，毛泽东善于把马克思主义立场、观点和方法创造性运用于战略思维，并科学阐明了党的政策策略辩证法，以及一系

① 中共中央文献研究室编：《毛泽东文集》第八卷，人民出版社1999年版，第234页。
② 中共中央文献研究室编：《毛泽东文集》第八卷，人民出版社1999年版，第235页。
③ 《中共中央关于党的百年奋斗重大成就和历史经验的决议》，《人民日报》2021年11月17日第1版。
④ 邓小平：《邓小平文选》第一卷，人民出版社1994年版，第198页。
⑤ 金冲及：《毛泽东传(1893—1949)》，中央文献出版社1996年版，第523页。
⑥ 毛泽东：《毛泽东选集》第一卷，人民出版社1991年版，第175—176页。
⑦ 毛泽东：《毛泽东选集》第四卷，人民出版社1991年版，第1442页。

列有中国特色的唯物辩证的思想方法、领导方法和工作方法。

未来毛泽东和毛泽东思想研究应以此为新起点，认真研究毛泽东的战略思想，学习他掌控和驾驭全局的能力，从全局战略出发把握和处理新时代中国特色社会主义各部分的相互关系及其变化，为实现中华民族伟大复兴提供坚强战略支撑。

六、从文明论的高度看毛泽东和毛泽东思想对构建人类文明新形态的积极贡献

文化是一个国家、一个民族的灵魂。中国共产党是一个具有高度文化自觉和自信的党，党的百年奋斗凝聚着我国文化奋进的历史。《决议》指出："文化自信是更基础、更广泛、更深厚的自信，是一个国家、一个民族发展中最基本、最深沉、最持久的力量，没有高度文化自信、没有文化繁荣兴盛就没有中华民族伟大复兴。"一百年来，"党领导人民成功走出中国式现代化道路，创造了人类文明新形态，拓展了发展中国家走向现代化的途径，给世界上那些既希望加快发展又希望保持自身独立性的国家和民族提供了全新选择"。这为研究毛泽东和毛泽东思想提供了新视角。

中国共产党高度的文化认知和文化自觉。经过俄国十月革命和五四运动的思想洗礼，以毛泽东同志为主要代表的中国共产党人就对文化上坚持什么、批判什么具有明确的历史选择和敏锐的文化自觉。1920 年，毛泽东便公开发表文章说：大家都在闹新文化，但并不懂得新文化是什么，"彻底些说吧，不但湖南，全中国一样尚没有新文化。全世界一样尚没有新文化。一枝新文化小花，发现在北冰洋岸的俄罗斯"①。可见，在这一时期，毛泽东就已经明确把坚持发展马克思列宁主义当作中华民族新文化、新文明的前进方向。

科学把握文化与经济、政治的辩证关系。在《新民主主义论》中，毛泽东

① 中共中央文献研究室、新华通讯社编：《毛泽东新闻作品集》，新华出版社 2014 年版，第 77 页。

坚持历史唯物主义立场，指出，“一定的文化（当作观念形态的文化）是一定社会的政治和经济的反映，又给予伟大影响和作用于一定社会的政治和经济；而经济是基础，政治则是经济的集中的表现”[①]，“至于新文化，则是在观念形态上反映新政治和新经济的东西，是替新政治新经济服务的”[②]。毛泽东科学认识到文化与经济、政治的辩证关系，不仅揭示了经济、政治对文化的决定作用，也强调了文化对经济、政治的反作用。毛泽东从“不是人们的意识决定人们的存在，相反，是人们的社会存在决定人们的意识”[③]出发，科学阐释了构建中华民族新文明的现实意义。

对中华民族新文明的科学预见。在新民主主义革命时期，毛泽东就认识到文化与革命的重要作用，他指出：“革命文化，在革命前，是革命的思想准备；在革命中，是革命总战线中的一条必要和重要的战线。而革命的文化工作者，就是这个文化战线上的各级指挥员。‘没有革命的理论，就不会有革命的运动’，可见革命的文化运动对于革命的实践运动具有何等的重要性。”[④]新中国成立之初，对于文化建设的重要地位和作用，毛泽东以对政治、经济等方面与文化的辩证关系的科学分析为基础，明确提出：“随着经济建设的高潮的到来，不可避免地将要出现一个文化建设的高潮。中国人被人认为不文明的时代已经过去了，我们将以一个具有高度文化的民族出现于世界。”[⑤]由此，毛泽东不仅从客观上揭示了我国“文化建设的高潮”的历史必然性，而且指出了文化建设对于社会主义现代化建设、对于中华民族立足世界以及实现伟大复兴的重要意义。他充分阐明了与资本主义国家相比，社会主义国家的优越性不仅体现为物质和经济层面上更高质量的发展，而且体现为文化层面的更加繁荣与文明形态的更大进步。

---

① 毛泽东：《毛泽东选集》第二卷，人民出版社1991年版，第663—664页。

② 毛泽东：《毛泽东选集》第二卷，人民出版社1991年版，第695页。

③ 中共中央马克思恩格斯列宁斯大林著作编译局编译：《马克思恩格斯全集》第二卷，人民出版社2012年版，第2页。

④ 毛泽东：《毛泽东选集》第二卷，人民出版社1991年版，第708页。

⑤ 中共中央文献研究室编：《毛泽东文集》第五卷，人民出版社1996年版，第345页。

提出“百花齐放、百家争鸣”与“古为今用、洋为中用”的基本方针，为发展社会主义文化提供了基本遵循。早在1942年5月，毛泽东在延安文艺座谈会的讲话中，就提到了文艺事业自由发展的问题。1956年4月，毛泽东在中共中央政治局扩大会议上的总结讲话中明确提出：“艺术问题上的百花齐放，学术问题上的百家争鸣，我看应该成为我们的方针。”①应该提倡“艺术上不同的形式和风格可以自由发展，科学上不同的学派可以自由争论”②。面对当时有些人的担忧，毛泽东运用矛盾分析法指出：“正确的东西总是在同错误的东西作斗争的过程中发展起来的。真的、善的、美的东西总是在同假的、恶的、丑的东西相比较而存在，相斗争而发展的。”③“实行百花齐放、百家争鸣的方针，并不会削弱马克思主义在思想界的领导地位，相反地正是会加强它的这种地位。”④

在如何对待传统文化和外来文化方面，毛泽东提出“古为今用、洋为中用”的方针。一方面，在对待中国传统文化的问题上要坚持“古为今用”的方针。因为“中国的长期封建社会中，创造了灿烂的古代文化。清理古代文化的发展过程，剔除其封建性的糟粕，吸收其民主性的精华，是发展民族新文化提高民族自信心的必要条件”⑤。必须运用马克思主义的方法来对待传统文化，“继承一切优秀的文学艺术遗产，批判地吸收其中一切有益的东西”⑥。另一方面，在对待外来文化的问题上要坚持“洋为中用”的方针。毛泽东提出的“三个都要学”的要求表现出中国共产党人高度的文化自信与自觉，他指出：“我们的方针是，一切民族、一切国家的长处都要学，政治、经济、科学、技术、文学、艺术的一切真正好的东西都要学。”⑦“世界上所有国家的有益的东西，

① 中共中央文献研究室编：《毛泽东文集》第七卷，人民出版社1999年版，第54页。
② 中共中央文献研究室编：《毛泽东文集》第七卷，人民出版社1999年版，第229页。
③ 中共中央文献研究室编：《毛泽东文集》第七卷，人民出版社1999年版，第230页。
④ 中共中央文献研究室编：《毛泽东文集》第七卷，人民出版社1999年版，第232页。
⑤ 毛泽东：《毛泽东选集》第二卷，人民出版社1991年版，第707—708页。
⑥ 毛泽东：《毛泽东选集》第三卷，人民出版社1991年版，第860页。
⑦ 中共中央文献研究室编：《毛泽东文集》第七卷，人民出版社1999年版，第41页。

我们都要学。”①他清醒地指出:“对于外国文化,排外主义的方针是错误的,应当尽量吸收进步的外国文化,以为发展中国新文化的借镜。”②在这个问题上,毛泽东始终保持批判继承的清醒态度,“排泄其糟粕,吸收其精华”,一分为二地看待传统文化和外来文化,坚决反对全盘照搬或全盘否定的错误做法,体现了毛泽东高度的文化自信与自觉,也体现出马克思主义与中华优秀传统文化共同具有的包容性与自觉性特质。

探索共同富裕的中国式现代化道路。毛泽东对中国式现代化道路的设想,具有中华民族新文明的特征。实现共同富裕是毛泽东的毕生追求,他早在1919年就曾提出在岳麓山建设“新村”的计议,后来积极领导开展轰轰烈烈的土地革命和大生产运动,极力批判“均平主义”落后思想,从多方面探索共同富裕道路。新中国成立后,毛泽东就如何建设现代化、加快共同富裕步伐提出科学设想,他指出:经过几个五年计划,“将我们现在这样一个经济上文化上落后的国家,建设成为一个工业化的具有高度现代文化程度的伟大的国家”③。1955年7月,毛泽东在《关于农业合作化问题》报告中指出:“使全体农村人民共同富裕起来。”④“要巩固工农联盟,我们就得领导农民走社会主义道路,使农民群众共同富裕起来,穷的要富裕,所有农民都要富裕,并且富裕的程度要大大地超过现在的富裕农民。”⑤1956年9月,毛泽东在党的八大的开幕词中指出,我们“要把一个落后的农业的中国改变成为一个先进的工业化的中国”⑥。1957年春天,毛泽东提出:要向自然界开战,发展我们的经济,发展我们的文化,巩固我们的新制度,建设我们的新国家。他还提出要“建设一个具有现代工业、现代农业和现代科学文化的社会主义国家”⑦。1959年底1960年初,他第一次比较完整规范地表述了“四个现代化”思想:

---

① 中共中央文献研究室编:《毛泽东文集》第七卷,人民出版社1999年版,第41页。
② 毛泽东:《毛泽东选集》第三卷,人民出版社1991年版,第1083页。
③ 中共中央文献研究室编:《毛泽东文集》第六卷,人民出版社1999年版,第350页。
④ 中共中央文献研究室编:《毛泽东文集》第六卷,人民出版社1999年版,第437页。
⑤ 中共中央文献研究室编:《建国以来重要文献选编》第七册,中央文献出版社2011年版,第261页。
⑥ 中共中央文献研究室编:《毛泽东文集》第七卷,人民出版社1999年版,第117页。
⑦ 中共中央文献研究室编:《毛泽东文集》第七卷,人民出版社1999年版,第268页。

“建设社会主义,原来要求是工业现代化,农业现代化,科学文化现代化,现在要加上国防现代化。”①在如何实现共同富裕的中国式现代化的问题上,以毛泽东同志为主要代表的中国共产党人提出了“两步走”战略步骤,积极做好统筹兼顾,处理好国民经济的各种关系,扎实稳妥地实现这一目标:第一步,用15年的时间,即1980年以前,建成一个独立的比较完整的工业体系和国民经济体系;第二步,在20世纪内,全面实现农业、工业、国防和科学技术的现代化,使我国国民经济走在世界的前列。② 这种共同富裕的现代化模式为人类文明形态赋予了新的内涵。

可见,毛泽东对如何看待“古今中外”文化和构建中华民族新文明都有着清醒的认识和一整套科学的方式方法,这为当前中国共产党人继续创造人类文明新形态提供了有益思考和经验借鉴。我们必须站在人类文明新形态的高度研究毛泽东和毛泽东思想,继续开拓人类文明形态的新认知、新限度。

七、从人类发展的高度看毛泽东和毛泽东思想对世界和平发展事业的积极贡献

《决议》总结了党的百年奋斗的历史意义,其中第四条指明了中国共产党对世界发展做出的重大贡献:“党的百年奋斗深刻影响了世界历史进程。党和人民事业是人类进步事业的重要组成部分。一百年来,党既为中国人民谋幸福、为中华民族谋复兴,也为人类谋进步、为世界谋大同,以自强不息的奋斗深刻改变了世界发展的趋势和格局。”《决议》将“坚持胸怀天下”明确为中国共产党百年奋斗的“十条”重要经验之一,指出:“党始终以世界眼光关注人类前途命运,从人类发展大潮流、世界变化大格局、中国发展大历史正确认识和处理同外部世界的关系,坚持开放、不搞封闭,坚持互利共赢、不搞零和博

① 中共中央文献研究室编:《毛泽东文集》第八卷,人民出版社1999年版,第116页。
② 中共中央文献研究室编:《周恩来选集》下卷,人民出版社1984年版,第479页。

弈，坚持主持公道、伸张正义，站在历史正确的一边，站在人类进步的一边。”中国共产党始终致力于为人类文明进步贡献自己的智慧和力量，不断推动历史车轮向着光明的前途前进，“成为推动人类发展进步的重要力量”。这为研究毛泽东和毛泽东思想提供了新视角。

毛泽东始终胸怀世界、心系天下。早在新民主主义革命时期，他就明确指出：共产党人研究革命战争的规律，是为了消灭战争，实现永久和平，我们“不但求一国的和平，而且求世界的和平，不但求一时的和平，而且求永久的和平”①。毛泽东还从社会制度的层面认识人类和平问题，只有彻底消灭了私有制，消灭了阶级，消灭了国家，实现了共产主义社会，才可能彻底消灭战争，“人类的永久和平的时代”②才可能到来。二战结束前后，毛泽东基于对世界民主力量与帝国主义力量的科学分析，对世界和平形势做出了明确、肯定的战略判断，他指出：“总的看来，形势是向好的方面发展的。”③“各国革命力量所处的地位是比第一次大战后要好得多。”④“将来世界上的事情，和平友好是基本的。”⑤在毛泽东看来，所谓“天下大事，就是解放、独立、民主、和平友好、人类进步”⑥。1956 年 8 月 30 日，在中共八大预备会第一次会议上，毛泽东指出：“过去人家看我们不起是有理由的。因为你没有什么贡献。”⑦如果不能赶超发达资本主义国家，“那就要从地球上开除你的球籍”⑧。同年 9 月，毛泽东又谈道：“中国是一个大国，它的人口占全世界人口的四分之一，但是它对人类的贡献是不符合它的人口比重的。”⑨这种状况一定要改变。同年 11 月，在为纪念孙中山诞辰 90 周年发表的文章中，毛泽东提出“中国应当对于人类有

① 毛泽东：《毛泽东选集》第二卷，人民出版社 1991 年版，第 476 页。
② 毛泽东：《毛泽东选集》第一卷，人民出版社 1991 年版，第 174 页。
③ 中共中央文献研究室编：《毛泽东文集》第八卷，人民出版社 1999 年版，第 92 页。
④ 中共中央文献研究室编：《毛泽东文集》第四卷，人民出版社 1996 年版，第 146 页。
⑤ 中共中央文献研究室编：《毛泽东文集》第六卷，人民出版社 1999 年版，第 484 页。
⑥ 中共中央文献研究室编：《毛泽东文集》第六卷，人民出版社 1999 年版，第 484 页。
⑦ 中共中央文献研究室编：《毛泽东文集》第七卷，人民出版社 1999 年版，第 88 页。
⑧ 中共中央文献研究室编：《毛泽东文集》第七卷，人民出版社 1999 年版，第 89 页。
⑨ 中共中央文献研究室编：《毛泽东文集》第七卷，人民出版社 1999 年版，第 124 页。

较大的贡献”[①]。可见，毛泽东忧国忧民忧天下，对中国共产党充满期望，对中国社会主义事业充满期望，对世界人民满怀关心。

科学分析和把握世界大势，提出“三个世界”理论，为世界和平发展事业做出积极贡献。第二次世界大战以后，亚非拉广大地区国家掀起了民族解放运动的浪潮。新建立的中华人民共和国竭尽所能，在多方面支援了亚非拉国家争取民族独立的斗争。1974 年 2 月，毛泽东从战略意义上提出了“三个世界”理论。他在会见来华访问的赞比亚总统卡翁达时说：“我看美国、苏联是第一世界。中间派，日本、欧洲、澳大利亚、加拿大，是第二世界。咱们是第三世界。”“第三世界人口很多。”“亚洲除了日本，都是第三世界。整个非洲都是第三世界，拉丁美洲也是第三世界。”[②]毛泽东从全球战略的高度出发，根据各国发展情况对世界格局做出“三个世界”的划分，明确地把加强同第三世界的团结与合作作为新中国对外政策的重要内容，壮大了世界和平民主力量。《决议》指出：“党提出划分三个世界的战略，做出中国永远不称霸的庄严承诺，赢得国际社会特别是广大发展中国家尊重和赞誉。”提出处理国与国之间关系的基本准则，积极倡导构建国际新秩序。国与国之间完全平等，是毛泽东国际关系思想的基本观点，也是他主张的世界和平的根本原则。1945 年 4 月，毛泽东就在党的七大上强调互相尊重独立、平等地位在处理国家关系中的核心作用：“中国共产党的外交政策的基本原则，是在彻底打倒日本侵略者，保持世界和平，互相尊重国家的独立和平等地位，互相增进国家和人民的利益及友谊这些基础之上，同各国建立并巩固邦交，解决一切相互关系问题。”[③]1949 年 1 月，他又提出了“不干涉内政”的要求：“最重要的一项，不允许任何外国及联合国干涉中国内政。”[④]同年 4 月底，他强调，我们愿意考虑同

① 中共中央文献研究室编：《毛泽东文集》第七卷，人民出版社 1999 年版，第 157 页。
② 中共中央文献研究室编：《毛泽东文集》第八卷，人民出版社 1999 年版，第 441—442 页。
③ 毛泽东：《毛泽东选集》第三卷，人民出版社 1991 年版，第 1084—1085 页。
④ 中华人民共和国外交部、中共中央文献研究室编：《毛泽东外交文选》，中央文献出版社 1994 年版，第 78 页。

各外国建立外交关系，但“这种关系必须建立在平等、互利、互相尊重主权和领土完整的基础上”①。1949 年 9 月，“平等、互利、互相尊重主权和领土完整”被写进中国人民政治协商会议通过的《共同纲领》，成为新中国处理外交关系的指导原则。1955 年 4 月，在万隆会议上，周恩来总理结合世界发展形势和党的外交立场，进一步完善和发展了党的外交思想，明确提出“互相尊重主权和领土完整、互不侵犯、互不干涉内政、平等互利、和平共处”的和平共处五项原则。在这五项原则指导下，中国很快与印度、缅甸达成协议，解决历史遗留问题，并共同倡议将和平共处五项原则作为指导国际关系的基本原则，为推动建立国际新秩序做出重要贡献。《决议》指出：“党坚持独立自主的和平外交政策，倡导和坚持和平共处五项原则，坚定维护国家独立、主权、尊严，支持和援助世界被压迫民族解放事业、新独立国家建设事业和各国人民正义斗争，反对帝国主义、霸权主义、殖民主义、种族主义，彻底结束了旧中国的屈辱外交。党审时度势调整外交战略，推动恢复我国在联合国的一切合法权利，打开对外工作新局面，推动形成国际社会坚持一个中国原则的格局。”

毛泽东对实现人类自由平等、构建国际新秩序、推动世界和平发展做出了积极贡献，未来毛泽东和毛泽东思想研究应以此为新起点，从人类发展的高度看待和把握中国共产党的事业，将“为中国人民谋幸福、为中华民族谋复兴”与“为人类谋进步、为世界谋大同”统一起来，同世界人民一道共创人类和平发展未来。

综上所述，党的十九届六中全会通过的《决议》采取新的视角、新的方法完整准确地呈现了毛泽东与毛泽东思想的历史价值和时代价值，为新时代继续深化毛泽东与毛泽东思想研究提供了科学指引。必须认真学习《决议》的重要内容与精神实质，灵活掌握党史研究的科学视角与方法，从时代的高度、

---

① 毛泽东：《毛泽东选集》第四卷，人民出版社 1991 年版，第 1461 页。

大历史的高度、方法论的高度、党的自身发展的高度、战略思维的高度、文明论的高度、人类发展的高度，认真细致地研究和把握毛泽东与毛泽东思想，更加坚定自觉地从党的百年奋斗中看清楚过去我们为什么能够成功、弄明白未来我们怎样才能继续成功，不断为中华民族伟大复兴汲取更加磅礴的前进动力。

第九章

从“两个相结合”看《实践论》《矛盾论》对中国马克思主义哲学的贡献

一、问题的提出

马克思主义基本原理与中华优秀传统文化相结合是马克思主义中国化题中应有之义。但是，无论在追求站起来的社会革命语境中，还是实现富起来的经济建设语境中，中华优秀传统文化及其转化和发展都不是核心话语，故而很长一段时间里，与中国实际相结合一直是马克思主义中国化的显性表达，与中华优秀传统文化相结合则常被忽视。习近平总书记在庆祝中国共产党成立100周年大会上的重要讲话中提出，把马克思主义基本原理同中国具体实际相结合、同中华优秀传统文化相结合。党的十九届六中全会通过的《中共中央关于党的百年奋斗重大成就和历史经验的决议》再次强调，坚持把马克思主义基本原理同中国具体实际相结合、同中华优秀传统文化相结合，及时回答时代之问、人民之问，不断推进马克思主义中国化时代化。“两个相结合”的明确提出，使原本被遮蔽的与中华优秀传统文化相结合得以彰显，进一步完善了马克思主义中国化的科学内涵。

“两个相结合”是马克思主义中国化之一体两面。马克思主义基本原理只有同中国具体实际相结合，才是“活的马克思主义”；只有同中华优秀传统文化相结合，才能真正“本土化”，即“中国化”。作为马克思主义哲学中国化的理论成果，中国马克思主义哲学同样是马克思主义哲学基本原理同中国实际相结合、同中华优秀传统哲学思想相结合的产物。事实上，此前已有学者注意到了这一点，并提出了中国马克思主义哲学理论体系之“中国特性”的命题，①试图以此揭示马克思主义哲学与中国实际相结合、与中华优秀传统文化相结合熔铸而成的中国马克思主义哲学本质属性。“中国特性”既指中国的具体实际，更指中国的历史文化传统，即中国马克思主义哲学是立足中国实际，回答中国问题，具有中国气派、中国风格的马克思主义哲学。

当前，“两个相结合”尤其是“同中华优秀传统文化相结合”的明确提出，验证了中国马克思主义哲学研究范式的必然性与必要性，也给我们提出了深入揭示中国马克思主义哲学理论“中国特性”的学术任务。因此，有必要在中国马克思主义哲学视域下，梳理和呈现马克思主义哲学中国化进程中“第二个相结合”的脉络，总结马克思主义哲学与中华优秀传统文化相结合的理论成就和历史经验。

从马克思主义哲学中国化史看，毛泽东在推动马克思主义哲学中国化的事业中起到了奠基和开创性的作用。毛泽东哲学思想是马克思主义哲学中国化的第一个重大理论成果，是中国马克思主义哲学的重要组成部分。其中，《实践论》和《矛盾论》作为毛泽东哲学思想的代表作，是马克思主义哲学与中国实际相结合、与中华优秀传统文化相结合的产物。在《实践论》中，毛泽东用马克思主义能动的认识论对中国古代的直观反映论进行改造，形成了知行统一的实践论思想；在《矛盾论》中，毛泽东用马克思主义的唯物辩证法融合传统“两一”之说，形成了“两一”统一的矛盾论思想。这两篇哲学著作是马克思主义哲学与中华优秀传统文化相结合的典范，在马克思主义哲学与中华优秀传统文化结合史上具有里程碑意义。以《实践论》《矛盾论》为分析对象，深入探讨马克思主义哲学与中华优秀传统文化相结合的具体实践、理论

① 王立胜：《中国马克思主义哲学范式下的毛泽东哲学研究》，《哲学动态》2021年第4期。

成果和经验启示,对于全面认识马克思主义哲学中国化进程中"第二个相结合"的历史脉络,深刻把握中国马克思主义哲学的中国特性,具有重要意义。

二、中国马克思主义哲学认识论:知行统一的实践观

毛泽东是一位博古通今的马克思主义者,在旧学教育之下,他的思想中浸润着深厚的传统文化底蕴,深受经世致用的湖湘文化的熏染,注重在日用之实中为学。随着革命实践事业的展开,他又立足于中国社会现实,在中国传统践履之学的基础上逐渐形成了马克思主义的实践哲学。1937 年,毛泽东写出了著名的《实践论》,深入讨论了认识和实践的关系问题,即中国哲学史上的知行问题,故《实践论》副标题是"论认识和实践的关系——知和行的关系",试图用马克思主义哲学的认识论对中国传统知行关系予以批判继承和科学总结。

第一,对知与行、认识与实践的范畴进行了规定。"知行"是中国哲学史的一对核心范畴,中国哲学从先秦直到近代都未曾停止对知行的讨论,知与行的关系问题更是认识论领域的焦点,主要围绕着知行先后、知行轻重、知行难易三大核心问题展开。中国传统哲学探讨的"知"有两种:一是"见闻之知",即事物是否为真;二是"德性之知",即对道德原则的体认。"行"则包含修身求道之行与治世致用之行。但传统哲学作为"性命之学",对知行的探讨大多都落在道德意义上,因此"知"与"行"具有明显的伦理化倾向。《实践论》将"认识和实践"与中国哲学范畴"知行"相对应,这是对中国古代哲学话语做了直接的继承。同时又依据马克思主义实践哲学,将传统"知"和"行"转化为马克思主义的"认识"和"实践"。在这里,"知"转变为以"求真"为目的的"认识",是与主体息息相关的、具有实践意义的规律和真理,既吸收了"见闻之知"的内涵,又对传统的"价值之知"进行了主体实践意义上的创新。"行"也并非只在道德意义上论说,而是指向了更广泛的"社会实践","人的社会实践,不限于生产活动一种形式,还有多种其他的形式,阶级斗争,政治生

活,科学和艺术的活动”[①]。生产活动是人依据人性的现实需要来改造万物的实践,是变革现实的活动,因而具有创造性、现实性和物质性;阶级斗争和政治生活也超越了传统的个体道德实践,显示了人民创造历史的哲学内涵,这种实践具有社会性和历史性。可以说,《实践论》通过着眼于实践性,对传统“知”“行”范畴进行了科学定义。

第二,系统地阐明了知与行、认识与实践的辩证关系。正如《实践论》指出的,马克思之前的唯物论,在研究和分析问题的过程中忽视了人的社会与历史两项重要的属性,因此难以从根本上正确厘清认识和实践之间的关系。[②]中国传统哲学把“知行”仅放诸个体修身的视域,没有认识到“知行”是生活在社会中的多个个体共同进行的活动,忽视了其社会性和历史性,因而在知行关系问题上大多持形而上学的、静止的理解,各执一端,僵化地探讨孰先孰后、孰轻孰重。如程颐讲“君子以知为本,行次之”[③],朱熹讲“论先后,知为先;论轻重,行为重”[④],直至王阳明才第一次明确提出“知行合一”,但此“行”源于人内心的良知天理,实则将“行”消解于“知”。而后王夫之对其进行了批判地发展,在强调知行区别的同时肯定知行的统一,提出知行二者“相资以为用”[⑤],“并进而有功”[⑥],并且,“行”是二者统一的基础,“知有不统行,而行必统知”[⑦],这代表了我国古典知行观的最高峰。

毛泽东继承了传统的知行范畴,吸收了古哲先贤对知行结合的论述,并在此基础上做了马克思主义认识论的创造性阐发。首先,他超越了传统知行学说“非此即彼”的机械论观点,认为认识与实践不可被截然分为先后,二者在现实上是辩证统一的。一方面,《实践论》是“认识论的唯物论”[⑧],“只有社

① 毛泽东:《毛泽东选集》第一卷,人民出版社 1991 年版,第 283 页。
② 毛泽东:《毛泽东选集》第一卷,人民出版社 1991 年版,第 282 页。
③ 程颢、程颐:《二程集》,中华书局 2004 年版,第 205 页。
④ 黎靖德:《朱子语类》,中华书局 1986 年版,第 148 页。
⑤ 王夫之:《礼记章句》第 2 册,岳麓书社 2011 年版,第 1256 页。
⑥ 王夫之:《读四书大全说》第 2 册,岳麓书社 2011 年版,第 600 页。
⑦ 王夫之:《读四书大全说》第 2 册,岳麓书社 2011 年版,第 817 页。
⑧ 毛泽东:《毛泽东选集》第一卷,人民出版社 1991 年版,第 290 页。

会实践才能使人的认识开始发生"①,认识是建立在实践基础之上的,实践是认识的目的与来源;另一方面,《实践论》又是"认识论的辩证法"②,认识是一个辩证发展过程,认识只有通过实践才能得以发展,并且一定要再回到实践中去,从而创立了辩证唯物论的知行统一观。如此,毛泽东将传统"知行"的时间先后问题转化成为逻辑先后问题,通过认识与实践的辩证关系点明了实践对认识的决定性。

其次,实践是认识的来源,认识依赖于实践。实践的观点是马克思主义最基本和首要的观点,《实践论》提出,"人的认识一点也不能离开实践"③,"人的认识,主要地依赖于物质的生产活动,……而且经过生产活动,也在各种不同程度上逐渐地认识了人和人的一定的相互关系"④。"行"是"知"的来源,人们只有通过实践,才能将从外界获得的对客观事物本质和规律的认识,实现能动的反映,进而认识事物的本质,没有"行"就无法获得"知",由此,唯物辩证法"排斥一切否认实践重要性、使认识离开实践的错误理论"⑤。这一点早在先秦时期就有阐述,孔子言"学而知之"⑥,主张"多闻""多见而识之"⑦,荀子言"学至于行之而止矣。行之,明也"⑧,都肯定"行"的重要性。荀子还强调一定要亲身实践,提出"不登高山,不知天之高也;不临深溪,不知地之厚也"⑨。这些后来被毛泽东批判地继承而形成了"行是知的来源"的实践唯物论观点:"你要知道梨子的滋味,你就得变革梨子,亲口吃一吃。你要知道原子的组织同性质,你就得实行物理学和化学的实验,变革原子的情况。你要知道革命的理论和方法,你就得参加革命。一切真知都是从直接经验发

① 毛泽东:《毛泽东选集》第一卷,人民出版社1991年版,第290页。
② 毛泽东:《毛泽东选集》第一卷,人民出版社1991年版,第291页。
③ 毛泽东:《毛泽东选集》第一卷,人民出版社1991年版,第284页。
④ 毛泽东:《毛泽东选集》第一卷,人民出版社1991年版,第282—283页。
⑤ 毛泽东:《毛泽东选集》第一卷,人民出版社1991年版,第284页。
⑥ 张燕婴译注:《论语》,中华书局2006年版,第257页。
⑦ 张燕婴译注:《论语》,中华书局2006年版,第98页。
⑧ 张晚林导读、注译:《荀子》,岳麓书社2019年版,第95页。
⑨ 张晚林导读、注译:《荀子》,岳麓书社2019年版,第2页。

源的。”①“知”来源于“行”，认识活动是来源于、依赖于实践活动，并且从属于、内置于实践活动之中的，不能与实践活动割裂。

最后，基于知行的辩证统一，提出了以实践为基础的认识发展理论，“认识从实践始，经过实践得到了理论的认识，还须再回到实践去”②。认识过程有“两个飞跃”：从经验获得的感性认识飞跃到理性认识，以及理性认识到实践的能动飞跃。从形式上看，这一过程表现为“实践—认识—实践”之循环往复以至无穷的序列；从内容上看，在主体的实践过程中，认识不断得到证实、发展，“通过实践而发现真理，又通过实践而证实真理和发展真理”③。行也得以在知的指导下，更科学地改造客观世界，这样，知行二者在既对立又统一的辩证关系中所形成的每一循环序列，都比较地进到了高一级的程度，最终达到“主观和客观、理论和实践、知和行的具体的历史的统一”④。因此，《实践论》总结道：“实践、认识、再实践、再认识，这种形式，循环往复以至无穷，而实践和认识之每一循环的内容，都比较地进到了高一级的程度。这就是辩证唯物论的全部认识论，这就是辩证唯物论的知行统一观。”⑤

《实践论》是毛泽东从马克思主义哲学的角度对中国传统哲学之知行观的重新阐释，他将辩证唯物主义的实践观引入认识论，明确了实践在认识中的决定性作用，系统阐明了中国马克思主义哲学的认识论——知与行统一的实践论，从而在实践的基础上，改造了中国古代哲学的朴素知行观和直观认识论，使得中国哲学史上关于知行先后、知行分合、知行轻重等问题的争论在总体上得到解决。儒家传统思想作为“前见”，其重践履的思想取向和传统思想资源为毛泽东接受马克思主义、融合马克思主义提供了文化基础，最终建构了以实践为基础的、知行统一的中国马克思主义哲学认识论。

---

① 毛泽东：《毛泽东选集》第一卷，人民出版社 1991 年版，第 287—288 页。
② 毛泽东：《毛泽东选集》第一卷，人民出版社 1991 年版，第 292 页。
③ 毛泽东：《毛泽东选集》第一卷，人民出版社 1991 年版，第 296 页。
④ 毛泽东：《毛泽东选集》第一卷，人民出版社 1991 年版，第 296 页。
⑤ 毛泽东：《毛泽东选集》第一卷，人民出版社 1991 年版，第 296—297 页。

三、中国马克思主义哲学辩证法:“两”“一”统一的矛盾论

《实践论》《矛盾论》是毛泽东哲学思想的集中体现,是马克思主义哲学与中国具体实际和中华优秀传统文化相结合的光辉典范。针对当时党内的教条主义和经验主义错误,毛泽东结合中国传统哲学,分别从实践与认识的关系、矛盾的对立与统一这两个方面着手,运用马克思主义的认识论和辩证法观点写出了《实践论》和《矛盾论》,对中国革命的历史经验做了系统的哲学总结。在《矛盾论》中,毛泽东深刻阐述了马克思主义的唯物辩证法,围绕“矛盾”的对立统一规律,形成了一个完备的理论体系,既在内容和形式上渗透了中国传统文化的因素,又对马克思主义辩证法有了进一步的发展和论证。

第一,从宇宙论的高度来说明对立统一法则是区分辩证法和形而上学的根本标志,明确了对立统一规律是辩证法的实质和核心。《矛盾论》开篇就点明了形而上学的缺陷,在这一宇宙观中,万事万物一旦产生就永远不变,发展的变化只是数量上的增减以及所处地点的变更。① 同时,事物在数量上的增减和场所的变更这类变化,是由于外部的事物发挥了推动作用。② 这种孤立、静止和片面的观点,主要体现为西方“神创”思维而产生的神学世界观,以及在此基础上发展而来的机械世界观。中国也有“所谓‘天不变,道亦不变’的形而上学的思想”③,但同时毛泽东又指出,在中国古代就已经产生了辩证法的宇宙观。④ 古人在先秦时就发现了事物的变化是由于其内部矛盾双方的相互作用,看到了对立面的相互转化、相互依存,提出了阴阳互感、相反相成等辩证思想。同样地,唯物辩证法也认为,世界是处于普遍联系与变化之中的,并且这一联系与变化的根据就在于,事物内部存在着既对立又统一的矛盾,

---

① 毛泽东:《毛泽东选集》第一卷,人民出版社 1991 年版,第 300 页。
② 毛泽东:《毛泽东选集》第一卷,人民出版社 1991 年版,第 300 页。
③ 毛泽东:《毛泽东选集》第一卷,人民出版社 1991 年版,第 301 页。
④ 毛泽东:《毛泽东选集》第一卷,人民出版社 1991 年版,第 303 页。

“一切事物中包含的矛盾方面的相互依赖和相互斗争，决定一切事物的生命，推动一切事物的发展”①。不仅如此，矛盾还存在于一切事物的发展过程之中，同时任何事物的发展过程中都存在自始至终的矛盾运动，所以说，“没有什么事物是不包含矛盾的，没有矛盾就没有世界”②。不可否认的是，正是先秦以来形成的辩证思维的传统，使我们不同于西方机械的形而上学，而更接近于马克思的辩证唯物主义，在二者共通的思想基础之上，毛泽东得以汇通马克思主义与中国传统哲学，形成了系统的中国马克思主义哲学辩证法体系。

第二，创造性地阐释了矛盾两种基本属性的辩证关系。马克思主义辩证法的实质和核心是事物或事物之间的对立和统一及其关系，毛泽东借用了中国古代的“矛盾”概念将其归纳为矛盾的对立统一规律。同一性和斗争性是矛盾的两种基本属性，是矛盾双方相互联系的两个方面，因此，对立统一规律的关键就是同一性和斗争性的关系。首先，《矛盾论》认为，矛盾双方共处于一个统一体中，并且依据一定的条件，各向着其相反的方面转化。③ 中国哲学很早就有关于矛盾的同一性和斗争性的思想，《周易》提出“刚柔相推而生变化”④，“一阴一阳之谓道”⑤，这是说阴阳交感而化生万物，认为万物的氤氲造化是由于事物内部矛盾的彼此作用；老子也看到了矛盾的同一性，“有无相生，难易相成，长短相形，高下相倾，音声相和，前后相随”⑥。矛盾双方是对立的统一体，皆以彼此的存在为前提。关于矛盾的转化的思想，在先秦哲学中同样有迹可循。《周易·泰卦》说道：“无平不陂，无往不复。”郑玄对其注曰：“泰之极而否之始也。”此言物极必反，即矛盾双方发展到极致，就会有向对立面转化的趋势。老子言“反者，道之动”⑦，阐述了一切事物都具备向对立面转化的可能性，毛泽东更是在《关于正确处理人民内部矛盾的问题》中引用老子

① 毛泽东：《毛泽东选集》第一卷，人民出版社 1991 年版，第 305 页。
② 毛泽东：《毛泽东选集》第一卷，人民出版社 1991 年版，第 305 页。
③ 毛泽东：《毛泽东选集》第一卷，人民出版社 1991 年版，第 327 页。
④ 郭彧译注：《周易》，中华书局 2006 年版，第 357 页。
⑤ 郭彧译注：《周易》，中华书局 2006 年版，第 360 页。
⑥ 饶尚宽译注：《老子》，中华书局 2006 年版，第 5 页。
⑦ 饶尚宽译注：《老子》，中华书局 2006 年版第 100 页。

的“祸兮福之所倚，福兮祸之所伏”，来证明在一定条件下矛盾之间可以相互转化。①

但是，由于历史条件的局限，古代哲学家们只能从经验事实中观察到矛盾的普遍存在，这导致中国传统辩证法是一种朴素的、经验性的辩证法，存在着或多或少的缺陷。如“阴阳”之气、高与下、难与易等，这都是对自然、社会、人生现象和历史事实的直观，对彼此之间的相互对立与转化的说明也都表现为经验归纳的叙述方式。这种形态的辩证法思想广泛地包含了社会历史、政治、人生等各个领域的经验，体现了古代哲学家们对社会现实的密切关注，传达了中国传统的重人间世的实践取向。但是，这种朴素辩证法还没有脱离经验形态，也就无法达到必然性的高度，无法成为一般的思维规律和方法论的指导原则。毛泽东在接受马克思主义时，掌握了唯物辩证法的规律和范畴，对中国古代辩证法的不足加以改正，使其从经验形态上升到理论形态，并熔铸于中国革命的具体实践当中。

如前所述，古代哲学家们所言的“阴阳”“有无”“平陂”“福祸”等，相较而言都是对具体事物或具体属性的描述，只有当人类思维进一步发展时，才逐渐产生了对具体的抽象。在《汉书·艺文志》中，古人对矛盾同一性和斗争性的认识就进一步深化了，提到“……辟犹水火，相灭亦相生也。仁之与义，敬之与和，相反而皆相成也”②。后来毛泽东直接将其继承为“相反相成”的命题，他认为，所谓“相反相成”，就是对立统一。③ 这是对矛盾的一般、抽象的描述，超越了具体性和朴素性。“‘相反’就是说两个矛盾方面的相互排斥，或相互斗争。‘相成’就是说在一定条件之下两个矛盾方面互相联结起来，获得了同一性。”④这样，矛盾的实质被概括为“相反相成”，即既对立又统一，万事万物都按照对立统一的规律而发展变化。毛泽东作为实践的马克思主义者，基

① 中共中央文献研究室编：《毛泽东文集》第七卷，人民出版社 1999 年版，第 238 页。
② 陈国庆编：《汉书艺文志注释汇编》，中华书局 1983 年版第 164 页。
③ 毛泽东：《毛泽东选集》第一卷，人民出版社 1991 年版，第 333 页。
④ 毛泽东：《毛泽东选集》第一卷，人民出版社 1991 年版，第 333 页。

于对当时革命形势特殊性的认识，运用对立统一规律探索革命道路，创造性地把“相反相成”的辩证法运用于实际战争，他在《论持久战》中提到“怎样解释战争中提倡勇敢牺牲呢？岂非与‘保存自己’相矛盾？不相矛盾，是相反相成的。……部分的暂时的牺牲（不保存），为了全体的永久的保存”①，讲述了“牺牲”与“保存”之相反相成。可以说，正是中国革命的历史经验构成了《矛盾论》的现实基础，《矛盾论》则是毛泽东在吸收古代“阴阳”和“矛盾”学说的基础上，从哲学高度对“相反相成”辩证法做出的理论说明。

更进一步地，毛泽东还汲取了中国哲学中更抽象的“两一”来解释“矛盾”，所谓“一”就是矛盾的统一体，“两”就是该统一体内部矛盾着的双方，较之“相反相成”，“两一”的说法在形式上更具普遍性和一般性，更能体现出对“矛盾”的辩证本性的概括。传统儒家的“两一”之说传承久远，《易传·系辞上》曰“《易》有太极，是生两仪”②，又曰“分而为二以象两”③，这是从宇宙生成论意义上言，天地起源于混沌的统一体，继而产生两个对立面，二者彼此交感便生成万物。降至宋明，才有了对“两”与“一”、对立与统一的概念上的探讨，也就意味着不再局限于宇宙的生成，而是深入到关于对立统一之运动根源的认识，张载提出“有两则有一”，“两不立则一不可见，一不可见则两之用息”④，突出了“两”“一”的相互依存，事物的运动变化根源于内部的矛盾对立。“两体者，虚实也，动静也，聚散也，清浊也，其究一而已。”⑤“两”就是对立的双方，究其根本，都是一个统一的集合体，最终落到了对矛盾之统一性的强调。

“两一”之说透射出中国自古以来的辩证对举的整体思维，这与《矛盾论》是一脉相承的，毛泽东开篇就引用了列宁对于辩证法的论述：“发展是对立的

① 毛泽东：《毛泽东选集》第二卷，人民出版社 1991 年版，第 482 页。
② 郭彧译注：《周易》，中华书局 2006 年版，第 372 页。
③ 郭彧译注：《周易》，中华书局 2006 年版，第 367 页。
④ 张载：《张载集》，中华书局 1978 年版，第 9 页。
⑤ 张载：《张载集》，中华书局 1978 年版，第 9 页。

统一(统一物分成为两个互相排斥的对立,而两个对立又互相关联着)。”[①]同一性与斗争性本质上是辩证统一的,“两”与“一”的结合构成了完整的矛盾统一体,因此,既不能只讲“一”,也不能只讲“两”,而要在同一中把握对立,在对立中把握同一。同时,他尤其重视矛盾同一性问题,指出“在同一性中存在着斗争性”[②],强调了斗争性要以同一性的存在为前提,对立是同一中的对立,“两”是统一体内部的“两”,由此提出“科学地反映现实变化的同一性的,就是马克思主义的辩证法”[③]。他对韩非子“矛盾”的改造也体现了这一点。“矛盾”一词在韩非子那里,是对立双方不能共存的“非此即彼”之义,“夫不可陷之盾与无不陷之矛,不可同世而立”[④],认为此乃“不相容之事不两立也”[⑤],片面强调矛盾的斗争性而否认其同一性,即只见“两”而不见“一”。毛泽东将其创新为唯物辩证法的“矛盾”,认为统一和斗争的状态并非截然对立,恰恰相反,矛盾双方的斗争(“两”)与统一(“一”)是不可分割的,缺失任何一方都会导致矛盾体的消失。毛泽东对统一体的强调无疑深受中国传统思维影响,与西方哲学追求最高的、唯一的“本体”不同,中国哲学追问的是“共在”,是两个或多个个体间的“关系”。例如,传统辩证法所探讨的,从“刚柔相推”“有无相生”到“相反相成”等都是一对对范畴间的相互转化,在这种强调“共在”的致思方式下而形成的“两”“一”统一的矛盾论无疑是对马克思辩证法思想的延伸和深化。

一言蔽之,毛泽东创造性地把马克思主义唯物辩证法的理论体系与中国古代哲学的“矛盾”、“阴阳”和“两一”范畴相结合,这是在学理层面对马克思主义哲学的继承与发展。在《矛盾论》中,毛泽东坚持马克思主义的基本原理和基本立场,全面地论述了唯物辩证法的最根本的法则——对立统一法则,超越了中国传统朴素辩证法中“阴阳”“变易”的经验性和直观性,上升到更具

---

① 毛泽东:《毛泽东选集》第一卷,人民出版社 1991 年版,第 300 页。
② 毛泽东:《毛泽东选集》第一卷,人民出版社 1991 年版,第 333 页。
③ 毛泽东:《毛泽东选集》第一卷,人民出版社 1991 年版,第 331 页。
④ 王先慎撰,钟哲点校:《韩非子集解》,中华书局 1998 年版,第 381 页。
⑤ 王先慎撰,钟哲点校:《韩非子集解》,中华书局 1998 年版,第 492 页。

必然性和规律性的形式——"两一",最终形成了"两""一"统一的中国马克思主义哲学辩证法理论。

四、中国马克思主义哲学历史观:超越传统民本思想的人民主体论

人民主体论是《实践论》和《矛盾论》在历史观领域的延伸。《实践论》提出,"马克思以前的唯物论,离开人的社会性,离开人的历史发展,去观察认识问题"①,将认识论和历史观统一于实践,讲述了在以实践为基础的认识过程中达到主观与客观、认识与实践的统一;《矛盾论》是以辩证法为核心的方法论指导,"教导人们要善于去观察和分析各种事物的矛盾的运动,并根据这种分析,指出解决矛盾的方法"②,从而实现主观世界与客观世界的统一。在当时的革命实际下,毛泽东对"新""旧"社会形态之间的矛盾运动和中国社会的复杂状况做了系统分析,提出改造客观世界和主观世界及其关系。所谓"客观世界"的实践即实现无产阶级革命事业,作为实践主体的人民群众在改造现实世界的进程中处于中心地位,是历史的创造者和革命事业的推动者,由此产生了中国马克思主义哲学历史观的人民主体论。

中国传统哲学同样关注"现实的人"及其生活的现实社会,从先秦到明清,都对社会历史的主体力量问题有所探讨,加之我国古代是在农业经济基础上形成的宗法社会,以农民为主体的民众是社会正常运行的基本保障,经过历史的积累,形成了传统的"民本"思想。最早可追溯至殷周时期,殷自诩"有命在天"③,却被小邦周覆灭。武王克殷后,周公深感"天命靡常"④,提出"敬德保民",促使哲学家的目光从"天"转向了"人",尤其是民众的作用,故

① 毛泽东:《毛泽东选集》第一卷,人民出版社 1991 年版,第 282 页。
② 毛泽东:《毛泽东选集》第一卷,人民出版社 1991 年版,第 304 页。
③ 孔颖达疏:《尚书正义》,北京大学出版社 2000 年版,第 260 页。
④ 程俊英:《诗经译注》,上海古籍出版社 1985 年版,第 488 页。

《尚书》有言:“民为邦本,本固邦宁。”①这是“民本”见于古籍的最早说法。关于“本”,《说文》释曰:“本,木下曰本。”②《广雅·释木》又曰:“本,干也。”③可见“本”字本义既指树之根,也指树干;而根与干是树木的初始、根基,由此“本”又衍生出根基、根本的含义,“民为邦本”就是以民众作为国家的基础。春秋战国时期,周王室衰落,霸主更迭,民众之于政治兴亡的作用愈发突出,孟子提出“民贵君轻”的民本说:“民为贵,社稷次之,君为轻。”朱熹注曰:“盖国以民为本,社稷亦为民而立,而君之尊,又系于二者之存亡,故其轻重如此。”④“轻”“贵”并非等级之别,而是政治作用的轻重,国家社稷以人民为基础,得民心者才能得天下,“得天下有道:得其民,斯得天下矣”⑤,突出民众对于政权得失的重要性。荀子继承了“民贵君轻”说,进一步提出“君舟民水”之喻,“《传》曰:‘君者,舟也;庶人者,水也。水则载舟,水则覆舟。’此之谓也。”⑥把民看作君的载体,充分肯定民众的重要性,认为“故君人者欲安则莫若平政爱民矣”⑦。随后,“君舟民水”之喻在汉唐之际成为“民本”思想的主要观点,李世民与魏征对此喻反复强调,念兹在兹,并得出“君依于国,国依于民”⑧的结论。宋明时期的民本思想多沿袭旧说,直至明清之际才有新的发展,当是时,北方少数民族进入中原,促使思想家开始对皇权进行反思,产生了民主思想的萌芽,如黄宗羲提出“天下之治乱,不在一姓之兴亡,而在万民之忧乐”⑨和“天下为主,君为客”⑩的思想,肯定了人民群众的社会历史主体地位。

从古至今,传统哲学家在一定程度上看到了民众对于国家进步、社会发

---

① 孔颖达疏:《尚书正义》,北京大学出版社2000年版,第212页。
② 许慎撰,段玉裁注:《说文解字注》,浙江古籍出版社2007年版,第248页。
③ 王念孙:《广雅疏证》,中华书局1983年版,第354页。
④ 朱熹:《四书章句集注》,中华书局2012年版,第375页。
⑤ 朱熹:《四书章句集注》,中华书局2012年版,第285—286页。
⑥ 王先谦撰,沈啸寰、王星贤点校:《荀子集解》,中华书局1988年版,第152—153页。
⑦ 王先谦撰,沈啸寰、王星贤点校:《荀子集解》,中华书局1988年版,第153页。
⑧ 陈磊译注:《资治通鉴》,中华书局2007年版,第246页。
⑨ 黄宗羲:《黄宗羲全集》第1册,浙江古籍出版社1985年版,第5页。
⑩ 黄宗羲:《黄宗羲全集》第1册,浙江古籍出版社1985年版,第2页。

展的巨大推动作用，强调国家要以民众为本，“民为邦本”就是传统民本思想的核心表达，从“民贵君轻”“君舟民水”到“民主君客”都是对这一总命题的延伸和深化。但由于历史条件和阶级的局限，传统民本思想强调“民”的地位和作用是为了在“治人者”和“治于人者”之间寻求相对的和谐，本意是维护专制皇权的统治。毛泽东正是看见了这一历史局限性，在接受马克思主义以后，对“民为邦本”的传统民本思想进行改造并吸取其中民主性的内容，结合中国革命的具体实际，形成了中国马克思主义哲学历史观的人民主体论。

第一，将传统民本思想的“民”概念改造为“人民”范畴。关于传统典籍中的“民”，就本义而言，与“氓”“萌”相通，《诗经·卫风·氓》就讲“氓之蚩蚩，抱布贸丝”①，《说文》解为“民，众萌也”，段注曰“萌犹懵懵无知儿也”②，都是把“民”理解为“愚氓”。又因其愚昧无知，在实际的社会生活中只能听从于“先知先觉者”，所以就政治身份而言，“民”完全被排除在统治阶级之外，与“君”“官”对称，指被统治的、没有政治权力的“百姓”。而“人民”范畴在毛泽东那里，首先具有阶级性和历史性，他按照历史条件的变动所导致的各个时期社会矛盾和实践任务的变化，运用阶级分析的办法对各个历史阶段的“人民”进行了阐释，认为“人民”就是以政治利益为基础的阶级的集合。其次，从唯物史观看，“人民”又具有实践性。《实践论》提出“社会实际生活的一切领域都是社会的人所参加的”③，人的实践活动是社会历史性的活动，人在实际社会中进行的实践活动就是历史发展推进的根本原因。在任何一个社会，广大劳动人民都是最基本的社会实践活动的直接参加者。因此，社会历史的本质就是以人民为主体的认识活动改造客观世界的历史。这样，毛泽东在范畴层面超越了传统民本思想，将被动的、受统治的“民”变为从事变革现实实践活动的“人民”，指明了其阶级性与实践主体性。

第二，提升“人民”的地位，将其视为历史实践的主体，阐发“人民主体

① 程俊英：《诗经译注》，上海古籍出版社 1985 年版，第 106—107 页。
② 许慎撰，段玉裁注：《说文解字注》，浙江古籍出版社 2007 年版，第 627 页。
③ 毛泽东：《毛泽东选集》第一卷，人民出版社 1991 年版，第 283 页。

论”。首先,人民是社会历史的创造主体,是革命事业的实践主体。古代民本思想虽然肯定了人民在历史上的作用,但同时认为,人民作为“后知后觉者”所从事的都是最简单的社会活动,历史的伟大创造和发展要归结于王侯将相和圣贤君子的活动。毛泽东依据唯物史观提出,英雄的思想的原料或者半成品来自人民群众的实践,英雄的作用仅在于对其进行加工,从而制出成品。① 也就是说,英雄诞生于人民之中,人民是英雄的来源。此时,人民推动社会历史前进的主体作用才得以真正显现。《实践论》认为,人的实践包括生产活动、阶级斗争、政治生活和科学艺术活动。② 其中,生产活动是人类社会最基本的活动,以不同形式从事和促进生产实践活动的人民群众是推动社会历史不断前进的真正动力,人类社会赖以生存的物质资料以及在此基础上创造的精神财富无不建立在广大劳动人民劳动实践的基础之上,所以毛泽东说“只有农民和手工业工人是创造财富和创造文化的基本的阶级”③;阶级斗争则是阶级社会中推动社会发展的动力,中国作为传统的农业社会,自古以来农民占据总人口的绝大多数,并且深受压迫而处于水深火热之中,毛泽东看见了人民的被统治者身份以及其身上所蕴含的革命力量,提出“在中国封建社会里,只有这种农民的阶级斗争、农民的起义和农民的战争,才是历史发展的真正动力”④。整个人类历史就是人民群众进行劳动创造的历史,也是人民群众变革社会关系的内容和形式的历史,于是《实践论》提出:“社会的发展到了今天的时代,正确地认识世界和改造世界的责任,已经历史地落在无产阶级及其政党的肩上。”⑤要充分发挥人民群众的主观能动性和实践主体作用,紧紧依靠和发动人民群众进行民主革命。

毛泽东将人民放在国家和历史的主体地位,并将其制度化为人民民主专政,这是他与中国古代民本思想的本质区别。“民为邦本”的传统思想以抽象

① 中共中央文献研究室编:《毛泽东文集》第七卷,人民出版社 1999 年版,第 358 页。
② 毛泽东:《毛泽东选集》第一卷,人民出版社 1991 年版,第 283 页。
③ 毛泽东:《毛泽东选集》第二卷,人民出版社 1991 年版,第 625 页。
④ 毛泽东:《毛泽东选集》第二卷,人民出版社 1991 年版,第 625 页。
⑤ 毛泽东:《毛泽东选集》第一卷,人民出版社 1991 年版,第 296 页。

的"民"为起点,以统治者的治国安邦为目的,对"民"的关注仅停留在基本的生存要求的层面,人民的政治权利和政治主体性在"尊卑有别、贵贱有等"的等级制度下被掩盖了,如"君舟民水"之喻虽有重民倾向,但在逻辑上是以君的政权合理性为前提,把君作为民所拥护的对象,民只是巩固君主统治的工具和载体。与之相应地,毛泽东提出党群关系的"鱼水"之喻①,人民似水,党则是水中之鱼,鱼没有了水,就不能生存。在这里,显示了人民与党的主从关系,党是为人民服务的,突破了传统"以君为主"的思想藩篱,"民"由工具转为价值主体。正是从人民主体性出发,他提出了"一切为了人民,一切依靠人民,从群众中来,到群众中去"的群众路线,中国共产党要以"全心全意为人民服务"为宗旨、"以合乎最广大人民群众的最大利益,为最广大人民群众所拥护为最高标准"②。在实践上,他建立了人民民主专政国家,认为一切权力属于人民,人民是国家的主人,是权力的所有者,这是历史上第一次将人民群众纳入国家权力主体范围中,人民就此从被统治阶级奴役的状态中解放出来,"成为自己的社会结合的主人"③,真正作为自由自主的人在社会实践活动中享有充分的主体性。历史也证明了坚持人民主体性的正确性,坚持人民的历史创造和国家权力主体地位的正确性。

毛泽东的人民主体论同中国传统文化具有密切的关联。在历史上,传统民本思想发挥着制约王权、保护生民的作用,它关注世俗的人、现实的人,具有唯物主义价值取向,这些都与唯物史观有着相通之处。在这样的思想基础上,毛泽东以马克思主义唯物史观为指导,立足于我国革命和建设的实际,挖掘文明基因的优势,在否定中扬弃,在扬弃中发展,才最终构建了超越传统民本的、以人民为主体的中国马克思主义哲学历史观。

总而言之,《实践论》《矛盾论》立足中国实际,实现了马克思主义哲学基

---

① 中共中央文献研究室编:《建国以来毛泽东文稿》第6册,中央文献出版社1992年版,第547页。
② 毛泽东:《毛泽东选集》第三卷,人民出版社1991年版,第1096页。
③ 中共中央马克思恩格斯列宁斯大林著作编译局编译:《马克思恩格斯选集》第三卷,人民出版社2012年版,第817页。

本原理与中华优秀传统文化的结合，形成了带有鲜明中国气派和中国风格的马克思主义哲学思想。《实践论》阐述了知行合一的中国马克思主义哲学认识论，《矛盾论》是关于“两”“一”统一的中国马克思主义哲学辩证法。同时，毛泽东将哲学变为人民群众认识世界和改造世界的思想武器，论述了人民主体论的中国马克思主义哲学历史观。这些思想既是马克思主义的，又是中国的、本土化的，赋予中国马克思主义哲学突出的“中国特性”。《实践论》《矛盾论》为“两个相结合”特别是“第二个结合”提供了范本，其中蕴含的方法论具有重要的现实指导意义，昭示我们推进马克思主义哲学中国化，必须坚持把马克思主义哲学基本原理与中华优秀传统文化相结合，立足中国实际，在回答时代之问和人民之问中，实现对中国传统哲学的创造性转化和创新性发展，不断丰富和发展中国马克思主义哲学。